R²

전지구적
자본주의와
한국사회

다시
사회구성체론
으로?

부커진 R vol.2

초판 1쇄 인쇄 2008년 10월 10일
초판 1쇄 발행 2008년 10월 20일

편집인 이진경 | **편집위원** 고병권, 박정수, 오하나, 이진경, 조원광, 최진호
펴낸이 유재건 | **주간** 김현경 | **편집** 박순기, 박재은, 주승일, 강혜진, 임유진, 진승우, 박광수 | **마케팅** 이경훈, 이은정, 정승연, 서현아 | **영업관리** 노수준 | **경영지원** 양수연 | **유통지원** 조동규

펴낸곳 도서출판 그린비
등록번호 제10-425호
서울시 마포구 동교동 201-18 달리빌딩 2층
전화 702-2717, **팩스** 703-0272
홈페이지 www.greenbee.co.kr
이메일 editor@greenbee.co.kr

ISBN 978-89-7682-713-5
978-89-7682-979-5 (세트)
크리에이티브 디렉팅 & 북 디자인 디자인신지

ⓒ2008 그린비출판사 | 책값은 뒤표지에 있습니다. | 잘못 만들어진 책은 구입하신 서점에서 바꿔드립니다.

PHOTO ESSAY

2008년 촛불시위와 대중의 흐름 오하나 004

EDITORIAL

편집자 서문 이진경 016

ISSUE

01 전지구적 자본주의와 과잉-제국주의 이진경 046
02 유연성의 축적체제와 시뮬라크르 자본주의 이진경 074
03 불안시대의 삶과 정치 고병권 118
04 신자유주의와 욕망의 안보체제 박정수 136
05 유연화체제의 프롤레타리아트, 비정규직 조원광 156
06 흐름의 공간과 분자적 미디어 최진호 180

INTER-VIEW

정규직과 비정규직, 그 생존의 연대

김경욱(이랜드 일반노조 위원장) + 고병권(연구공간 수유+너머 추장) 197

ESSAY

혁명 앞에서의 머뭇거림 : 2008년 촛불시위의 발발과 전개 고병권 241

0.

촛불을 든 개인은 점이었다

점은 선이 되었고 선은 흐름을 만들었다.

대중은 약동하는 흐름이 되었다.

1. 흐름	대중은 흐름이다. 대중의 흐름이 거대해졌을 때 도시에 또 다른 벽을 세워 홈을 판다. 전경으로는 모자라 버스, 버스도 모자라 컨테이너마저 벽이 되었다. 벽이 거대할수록 대중의 흐름도 거대함을 반증한다. 흐름은 벽의 틈새를 향해 돌진한다. 그 흐름을 막기 위해 경찰들은 다시 벽을 덧댄다. 벽과 흐름은 원래 충돌하는 것이었다. 벽의 꿈은 흐름을 잘라 입자를 만드는 것. 분리된 입자는 무력하다. 그러나 이것은 시위의 종지부에서나 볼 수 있는 하나의 극한일 뿐이며, 여기서는 벽도 극한이다.

새시대예술연합

잠 좀 자자

'100만 촛불대행진'

2.
무리와
새로운
…

중고등학생도 잠 좀 자자고 말한다. 새벽잠을 자자는 뜻일 게다.

시위대도 잠 좀 자자고 말한다. 밤에 자게 해달라는 뜻일 게다.

유모차 탄 아기까지 시위대에 동참했다.

아기와 유모차와 부모가 합체된 새로운 시위 주체의 탄생.

청소년들은 성인들의 보호 대상인가?

이번 시위의 시발점이 된 청소년들은,

그들에 대한 우리의 생각조차 크게 잘못된 것임을 보여 주었다.

새로운 얼굴로 등장한 새로운 주체. 깃발 혹은 무리의 얼굴.

그러나 예전에 보지 못하던 얼굴이다.

**3.
유머**

쇠고기 수입 백지화, 한미FTA 백지화, 한반도 대운하 백지화……
이명박의 모든 것의 백지화!
그런데 여기서 주목할 것은 백지화를 주장하는 새로운 방법이다.
유머가 시위의 새로운 표현 형식이 되었다.
그들은 바리케이트 너머에 무거운 얼굴로 줄지어 서 있고,
우리는 이편에서 밤새도록 축제를 벌인다.
그래, 시위는 축제였던 거야!
공포는 대중을 무력화시킨다.
연행이 닭장 투어가 됐을 때, 대중은 공포를 잊는다. 유머의 정치학.

4. 미디어 액트

인터넷 생중계.

시위 현장과 그 외부를 잇는 새로운 연결고리들.

이로 인해 시위대중은 시위에 관심을 가진 모든 사람과 연결될 수 있었고,

시위에 참여하지 않는 사람들도 시위에 참여할 수 있게 된다.

시위대의 손마다 새로운 감각기관이 달렸다.

휴대폰과 더불어 카메라는 이렇게 시위대의 일부가 되었다.

사이보그 시위대중! 새로운 미디어와 결합된 대중은

권력과 합체된 낡은 미디어를 비웃고 무력화시킨다.

대중적 미디어 능력이 거대 미디어 권력을 초과한 것이다.

5. 비폭력

두려움을 잊은 대중은 벽을 부순다.
새로운 돌파구를 만들고 있는 것이다.
컨테이너벽마저 넘으려는 대중과
그런 시도마저 폭력이란 이름으로 저지하려는 대중의 갈등.
비폭력은 본래 투쟁의 방법이었지만,
여기서는 후퇴의 방법이 되었다.
그것은 투쟁을 저지하는 또다른 벽이 된 게 아닐까.
거대한 폭력적 충돌이 있었다.
다음날 사제단은 폭력으로부터 시위대를 보호하겠다고 나섰다.
그 결과 경찰과 대결하던 강력한 시위대는
사제의 보호를 받는 연약한 양떼가 된 게 아닐까?

편집자 서문

'사회구성체론'이라는, 어쩌면 충분히 낡은 느낌마저 주는 주제를 다시 끄집어내며 '전지구적 자본주의와 한국사회'를 다루겠다는 생각을 했던 것은 『부커진 R』 1호가 출판되고 얼마 지나지 않아서였다. 미국식 신자유주의체제의 전면적 도입을 의미하는 한미 FTA 협상이 '타결'되고, 그 협정문이 공개된 때(2007년 5월 25일)쯤이었던 것 같다. 한미 FTA 투쟁을 계기로 민중운동 진영이 다시 결집되기는 했지만, '진보'를 자처하는 노무현 대통령에 의해 무시되었고, 한미 FTA안은 속임수와 번복, 무시와 야합 등 온갖 치사한 술수를 통해 타결되었던 것이다. 타결 직후 한나라당과 조중동을 필두로 하는 보수세력이 자신에게 쏟아 부은 저 쑥스런 찬사들에 대해 그는 어떤 생각을 했을까? 무엇이 자칭 '진보'인 노무현과 극단의 보수주의자들을 하나로 묶어 주었던 것일까? 우리는 이런 정권의 성격에 대해 어떻게 이해해야 하는 것일까?

단지 이것만은 아니었다. 그로부터 한 달 뒤 이랜드 노동조합이 홈에버 월드컵경기장 지점을 점거하면서, 비정규직 노동자 문제가 새삼 첨예하게 부각되었다. 그리고 연구실의 이웃인 이주노동자 방송국에 드나들던 이주노동자 간부들이 강화된 단속추방과 노동조합 탄압의 조짐으로 얼굴도 보기 힘들게 되어 가고 있었다. 반면 시민운동이 이 비-시민들의 문제를 해결할 가능성은 점점 작아지고 있는 것처럼 보였다. 문제는 시민이 아니라 비-시민인 것이다. 시민운동은 활발해졌지만, 새만금의 경우에 잘 보이듯이 자신이 대결하는 정부와 기이한 협력관계를 확대하고 있는 것 같았다. '협치'(governance)라는 개념은 우리에게는 시민운동이 선 모순적인 자리를 잘 보여 주는 말처럼 보였다. 새로운 경계선이 시민운동 주변에 그어지고 있는 것은 아닐까? 노동운동의 투쟁 또한 예전 같지 않았다. 가끔 선언되는 총파업은 대부분 대의원대회를 통해서 번복되어 무산되었다. 이주노동자 문제나 비정규직 노동자에 관한 한 공식적 지지와 비공식적 외면의 이중적 태도를 갖고 있는 것처럼 보였다.

물론 단속추방의 주역은 노무현 정권이었고, 비정규직 노동조합 탄압의 또 한 주역 역시 노무현 정권이었다. 그렇지만 이러한 사태는 그저 노무현 정권만의 문제라고는 할 수 없는 근본적인 어떤 변화를 포함하고 있는 것으로 보였다. 한국 노동운동의 상징이었던 민주노총이 노사정위원회의 한 축이었던 반면, 비정규직 노동자들은 자신의 문제를 다루는 노사정위원회에 '난입'하여 그 타협의 장을 뒤엎어 버리는 것을 선택했다. 민주노총이 한국노총처럼 '기회주의적'이라고 비난할 수 있는 조직이었다면, 이런 사태를 이해하는 것은 전혀 어렵지 않다. 그러나 오랜 투쟁의 결과 만들어진 조직이, 민주적인 노동운동 조직이 이러한 위치에 자리 잡고 있다는 것은 사태를 근본에서 다시 생각해 보지 않고선 이해하기 어렵다.

무엇으로 인해 진보를 자처하는 정권이 보수세력과 하나로 묶이게 된 것일까? 무엇으로 인해 민주노총처럼 '진보적인' 조직이 비정규직 노동자 문제에서 비정규직 노동자들에 의해 거부되는 합의에 나서게 되었던 것일까? 내국인 노동자와 이주노동자, 정규직 노동자와 비정규직 노동자의 관계, 시민운동과 비시민운동의 관계가 새로운 양상의 정치적 지형을 형성하고 있다고 해야 하는 것일까? 그렇다면 한국사회에서 주요한 대립관계를 형성하는 계급적 지반이, 그것을 떠받치는 사회적 관계가 이전에 우리가 알던 것과는 달라진 것이라고 해야 하는 것일까?

이러한 직관적 판단과 아직 명시화되지 못했던 의문들 속에서 우리는 한국사회에 대해서, 혹은 한국사회를 규정하는 현대 자본주의 자체에 대해서 다시 사유해야 한다고 생각

| EDITORIAL | 편집자 서문 | 이진경

했다. 이런 질문들이 우리로 하여금 흔히 '사회구성체론'이란 이름으로 불리는 문제설정 속으로 밀고 갔던 셈이다. 물론 이는 이전의 사회구성체론을 현재의 한국사회에 그대로 적용해서 어떤 결론을 다시 끄집어내는 것은 아닐 것이다. 아마도 이론적 검토는 이론 자체의 변환을 수반하게 될 것이 분명했다. 그럼에도 불구하고 현재의 한국사회를 자본주의와 축적체제, 계급적 관계와 대중운동의 문제라는 실천적 관심 속에서 이론적으로 분석하려는 문제설정을 공유한다는 점에서 우리는 이전의 '사회구성체론'과 연속성을 갖는다고 믿는다. 이미 때 지난 것 같은 이론적 주제를 동시대적 관심 속에 만들어져야 할 이론적 잡지의 특집 주제로 잡을 생각을 했던 것은 이런 이유에서였다.

그러나 지금, 편집자 서문을 쓰는 입장은 아주 곤혹스럽다. 아니, 편집자 서문 이상으로 각각의 원고들 역시 곤혹스러움과 대면하며 쓰여졌다. 많은 토론을 거쳤지만 대체로 작년 말~올해 초에 이미 일차 초고가 쓰여진 글들인데, 글을 고치면 정세가 달라지고, 또 고치면 달라지고 했기 때문이다. 기조야 그대로 유지할 수 있다 해도, 가령 촛불시위 이전에 쓴 글이 그 이후 정세와 정서적인 면에서부터 큰 거리감을 피할 수는 없는 일이다. 요컨대 글이 쓰여지는 그 사이에 단절에 가까운 변곡점이 여러 번 출현했던 것이다.

가령 국내 정세만 보아도, 범죄적 사실마저 은폐하며 "잃어버린 10년"을 되찾겠다는 보수주의 세력의 집요한 시도와 경제부흥의 환상 속에서 돈을 위해서라면 어떤 천박함도 감수하겠다는 대중들의 욕망이 "팔자에 없다"는 이를 대통령으로 만들었다. 아마도 노무현 정권에 대한 배신감이 또한 크게 작용했을 것이다. 그래서일까? 이명박 정부는 초장부터 황당할 정도로 노골적으로, 설마 싶은 지점으로까지 밀고 나갔다. '작은' 부패 정도는

| R2 | EDITORIAL | 편집자 서문 | 이진경

공직 수행에 아무런 문제가 없다는 뻔뻔스런 뚝심으로 비리사범들을 비서관과 장관으로 임명했고, 정해진 임기나 법적 보장 등을 전혀 무시한 채 쓸 만한 요직은 모조리 '자기 사람'으로 채워 나갔다. '민영화'라는 이름으로 공공재산을, 그것도 자기 친인척이나 추종자들이 관련된 곳에 넘겨 사유화하고 있고, 그걸 판 돈으로 재정 부족분을 메꿀 수 있다며 부자들을 위한 지나친 감세정책을 펴고 있다. 어디 그것뿐인가? 성장률 지표 하나만을 위해 모든 것을 '쌩'무시하는 경제정책, 매우 낡은 것이긴 하지만 부동산과 건설경기로 경제를 활성화하겠다는 발상, 경쟁을 부추기면 경쟁력이 생긴다는 안이한 발상에서 경쟁교육을 확대하고 돈 있는 사람들이 유학 안 보내도 되도록 학교에서 굴려 주는 '글로벌 스탠더드 경쟁 교육' 등등.

표면적으로는 '진보'를 표방한 정권에서 '보수'를 표방한 정권으로 바뀐 것이지만, 흔히 '신자유주의'라고 불리는 현금의 정책노선은 노무현 정부, 아니 1997년 IMF 사태 이후의 김대중 정부로 소급되어야 한다. 아니, 좀더 거슬러 올라가야 한다. 80년대 말부터 개방을 요구하는 형태로 밀려오던 신자유주의적 노선은, 은행을 장악한 군사정권에 의해 통제되고 규제되던 재벌들이 서서히 독자적 기반을 갖추게 되면서 요구하기 시작한 '자율화'라는 주장과 공명하면서 서서히 준비되기 시작했고, 통제력을 장악한 군사정부와 대비하여 스스로 '자율적 민간정부'의 정체성을 갖고 있던 김영삼 정부가 OECD 가입을 추진하면서 본격적으로 진행되기 시작했다. 외환위기를 계기로 한국 정부에 강요된 IMF의 요구는 이러한 노선을 극단적으로 확대한 것이었고, 경제위기라는 상황 속에서 김대중 정부는 좋든 싫든 그것을 받아들이고 그에 부합하는 축적체제를 만들어 내야 했다.

다른 한편 87년 이후 급격히 성장한 사회운동과 계급투쟁, 그리고 그로 인한 임금인상

등에 압박을 받고 있던 부르주아지는 이를 계기로 파견노동을 비롯한 고용유연화를 전면적으로 받아들이는 방식으로 노동자계급에 대한 반격을 개시했다. 이후 노무현 정부에 의해 추진된 한미 FTA 협상은 한편으로는 신자유주의적 개방을 더욱 확대하는 한편, 그로 인한 계급적 반격의 범위를 노동자만이 아니라 농민이나 쁘띠부르주아지로까지 확장했고, 이로 인해 이른바 '사회적 양극화'라고 불리는 사태가 급진전되기 시작했다. '경쟁력이 없으니 농업(농민!)을 포기하자'는 노무현의 주장은 국제금융자본과 연대하여 전지구적인 착취와 수탈의 체제를 수립하기 위해 그 모든 대가를 농민이나 민중 전반으로 전가하려는 현금의 부르주아지의 전략을 아주 노골적으로 보여 주는 것이었다. 중산층이나 하층, 혹은 소위 '진보세력'조차 노무현이나 그와 결부된 모든 정치세력에 대해 염증과 혐오의 감정을 갖게 된 것이 이와 무관하다고 할 수 있을까?

결국 지난 10년은 '민주적'이고 '진보적인' 정권이 전지구적 자본주의에서 경쟁력이란 논리 하나로 '보수적'이라기보다는 '반동적'이라는 말이 더 맞을 정도의 공격적 신자유주의 정책을 실행한 기간이었다고 해야 한다. 축적체제의 변화는 '보수'와 '진보'로 다르게 명명되는 정권의 변화를 넘어서 있었던 것이다. 따라서 정작 "잃어버린 10년"이란 말을 해야 할 사람들은 '진보적'이라고 믿고 뽑았다가 등에 칼을 맞은 민중들이다. 이런 점에서 보자면, 노무현 정권과 이명박 정권의 차이는, '민주'와 '진보'란 기치를 내걸고 그와 정반대 방향으로 나아갔는지, 아니면 '기업 프랜들리', '부자 프랜들리'의 깃발을 들고 노골적으로 새로운 착취와 수탈의 체제를 확장하려 했는지 하는 것 이상이 아닌 듯하다. 물론 지금 와서 보면 그 차이도 작은 차이만이 아니라고 생각하지만, 이론적 분석에서 정작 중요한 것은 정반대되는 방향을 갖는다고 보이는 정권들을 하나로 묶어 주는 이 연속성을, 그 공통의 지반을 찾아내고 분석하는 것일 터이다.

「유연성의 축적체제와 시뮬라크르 자본주의」(이진경)는 이러한 연속성을, 1980년대 이후의 축적체제와 경제의 전반적인 증권화 속에서 자신을 시뮬라크르로 만드는 자본의 새로운 증식방식을 통해 이해하고자 한다. 이러한 증식방식의 바탕에 '흐름의 경제'라는, 이전과 구별되는 새로운 경제유형이 자리 잡고 있음을 보여 주고자 한다. '증권화'에 특히 주목했던 「신자유주의와 욕망의 안보체제」(박정수)는 이러한 증권화(securitization)를 자본의 새로운 안보(security) 전략이란 관점에서 정의하면서, 80년대 이래 진행된 자본의 축적체제에 대해 매우 신선한 해석을 제공한다. 그리고 그러한 '안보체제'를, 이른바 '소비의 사회'에서 소비를 욕망하고 의무 같은 소비에 복속된 대중의 욕망을 대신해 증식을 욕망하는 새로운 욕망의 배치로서 포착한다. 「불안시대의 삶과 정치」(고병권)는 이러한 연속성을 '정치적 관점'에서 분석하면서 '민주정부'와 '참여정부'에 의해 진행되기 시작한 '국민국가의 배신'과 그로 인한 '내부난민'을 통해 '배제의 정치학'이 새로운 양상으로 작동하기 시작했음을 보여 준다. 그것은 불안을 일반화하여 대중으로 하여금 '안전'(security)을 욕망하게 하는 체제인 동시에 합의의 형태로 배제의 메커니즘을 작동시키는 체제인데, 이 합의의 장을 깨고 들어가는 대중의 '난입'이 중요한 정치적 행위임을 보여 준다.

이러한 변화는 필경 자본축적 조건의 변화에 기인하는 것이겠지만, 이를 단지 한국에서의 자본축적 조건의 변화만으로 설명할 수 있다고는 생각하지 않는다. '전지구화'(globalization)라고 불리는 과정을 통해 지구상의 나라 전체를 하나로 묶어 연결하는 '전지구적 자본주의'의 작동을 통하지 않고선 경제적인 것만이 아니라 정치적인 것, 사회적인 것 전반에 대해 이해할 수 없으리라고 믿는다. 이와 관련해 우리는 지금의 세계체제가 고전적인

'제국주의'의 시대와 연속적이라고 생각하지 않는다. 그러나 네그리/하트가 말하는 '제국'이란 개념이 이 새로운 세계체제를 해명하는 데 적절하다고도 생각하지 않는다. 『제국』이 현재의 세계체제가 갖는 새로운 양상을 포착하고 있음에도 불구하고 수많은 사람들이 동의하지 못하는 것은 이와 무관하지 않다고 믿는다. 이를 이해하기 위해서는 이라크전에서 미국과 다른 나라들 간의 관계, 그리고 미국 경제의 쇠락과 유럽연합의 약진, 그리고 중남미 국가연합의 시도 등의 사례를 몇 개 드는 것으로 충분할 것이다. 유로화의 강세와 달러의 약화, 그리고 기축통화의 복수화에서도 우리는 '제국'으로의 단일화와 반대되는 경향을 읽을 수 있었다. 지금 달러가 다시 강세를 보이고 있다고는 해도, 이는 역으로 미국 국내 자본시장에서 유동성 위기로 인해 국제 통화시장에서 달러가 빠져나가며 발생한 것이고, 미국 경제의 위기의 산물이지 미국 경제의 강화의 산물이 전혀 아니다.

이런 관점에서 「전지구적 자본주의와 과잉-제국주의」(이진경)는 고전적인 제국주의론과 단일한 전지구적 제국의 이론 사이에서 지금의 전지구적 자본주의를 '과잉-제국주의'(over-imperialism)라는 개념으로 규정하고자 시도한다. 그러나 그것은 단지 고전적 제국주의와 단일한 제국 사이의 중간 단계가 아니라, 지역적 국가연합의 전략과 전지구적 도시들을 연결하는 네트워크를 통해 작동하는 전지구적 흐름의 체제의 복합체를 바탕으로 경제적·군사적 및 정치적 등의 다양한 요인 속에서 과잉결정(overdetermination)되는 새로운 세계체제라고 해야 할 것이다.

이러한 전지구적 세계체제가 구체적으로 진행되기 시작한 것은 한편에서는 그것의 기술적·물질적 조건인 흐름의 공간이 만들어지고, 다른 한편에서는 증식의 기술을 가로막는 모든 제약을 제거하고 전지구적 공간을 자유롭게 이동하며 증식하려는 '새로운 자유주의'

가 본격화된 1980년대 이후일 것이다. 이러한 조건에서 자본은 이동성을 극대화하려는 욕망을 갖게 되는데, 이를 「유연성의 축적체제와 시뮬라크르 자본주의」에서는 '이동성 선호'라고 명명한다. 이는 이동성을 제약하는 물질적 '짐'을 덜기 위해 탈물질화되고 탈생산화되는 경향을 낳는다. 통상 사용되는 '금융화'라는 말은 이런 맥락에서 이해되어야 한다고 믿는다.

서브 프라임 모기지론(subprime mortgage loan)으로 인하여 야기된 금융위기는 기업마저 증권화하여 매매하는 경제의 증권화의 필연적 귀결일 것이다. 이런 점에서 시뮬라크르들이 서로 물리며 증식하는 자본의 시뮬라크르의 세계는, 보드리야르가 말하는 원본 없는 모사물의 세계와는 확실히 다르다. 아무리 금융화되고 증권화되어 파생상품이 파생상품을 낳는 끝없는 증식의 선들이 난무한다고 해도, 경제에서는 실물적 잉여가치로 대체 가능한 지불이라는 최종심급이 소멸되지 않는다. 한없이 증식된 파생상품들의 세계, 시뮬라크르의 세계 그 한 구석에서 발생한 위기가 증식 속도를 초과하는 속도로 자본의 시뮬라크르들을 깨뜨리면서 파급된다. 더욱 난감한 것은 시뮬라크르가 시뮬라크르를 낳는 파생상품의 연쇄가, 누구도 그 정확한 규모조차 파악할 수 없을 정도로 거대하게 되었으며, 자신이 소유한 파생상품조차 그 연쇄의 고리를 파악할 수 없을 정도로 거대한 카오스의 세계를 이루게 되었다는 사실이다.

그 결과 위기가 진행되어 들어올 때조차, 목전에 닥치기 전에는 위기의 양상을 알 수 없게 되었으며, 위기에 대한 통제가능성은 물론 예측가능성조차 사라진 것 같다. 그러나 더 정확하게 말한다면, 이 거대한 위험이야말로 파생상품이 제공하는 거대한 이윤의 원천이라는 것이고, 이런 이유에서 부르주아지로선 거부할 수 없는 위험, 아니 유혹을 떨칠 수

EDITORIAL
편집자 서문 | 이진경

없는 위험이라는 것이다. 한미 FTA를 통해 미국에서 수입하겠다던 '선진금융기법'이 이것이었을 것이다. 지금 닥쳐온 거대한 경제위기는 이 위험의 정도가 얼마나 거대한 것인지를 보여 주지만, 이미 '본원적 상품'의 규모를 상상할 수 없는 규모로 초과한 파생상품의 세계를, 저 초-시뮬라크르의 세계를 통제할 수 없는 한 그것은 결코 제거하거나 축소할 수 없는 위험일 것이다. 맑스의 오래된 표현을 다시 쓰자면, 그것은 '금융화'와 '신자유주의'가 지옥에서 불러낸, 그러나 누구도 통제할 수 없고, 누구도 다시 되돌려 보낼 수 없는 악마인 것이다! 마술적인 증식의 세계, 그것은 마술적인 위험의 세계였던 것이다! 미국 정부의 공적 자금이나 구제금융이 위기를 해결할 수 있을 것이라고 쉽게 낙관할 수 없는 것은 이런 이유에서다.

그렇게 미국에서 시작된 위기는 유럽이나 일본은 물론 이제 한국 경제에까지 그 영향력을 미치고 있다. 아니, 어디보다 더 강하게 영향을 받고 있는 게 한국 경제다. 확실히 이런 점에서 한국 경제도 지구상의 어느 나라 이상으로 전지구적 자본주의와 맞물린 채 충분히 '증권화' 되었을 뿐 아니라, 자본의 시뮬라크르들이 만드는 저 마술적인 세계에 다른 어느 나라 이상으로 충분히 끼어들어 가 있다고 해야 할 것이다. 미국적 자본주의화의 치명적 유혹에 사로잡혀 하루 빨리 경제는 물론 사회 전체를 미국화하고자 했던 한국의 정부와 자본가들의 욕망이 결정적인 시험의 시간과 대면하고 있는 것이다. 물론 그 유혹의 치명성은 거대한 실패 앞에서조차 벗어나기 힘든 것일 거라고 해야겠지만 말이다.

노무현 정권에서 이명박 정권으로의 대체 이상으로 쓰여진 글들을 난감하게 만들었던 것은 촛불시위였다. 돈과 '경제'에 미쳐 이명박을 대통령으로 만든 대중이 그 정부가 들어선 지 두 달 만에 이명박 정부 전체를 부정하는 거대한 저항을 시작했던 것이다. 이러한 사태를 가장 이해할 수 없었던 것은 이명박 정권 자신이었을 것이다. 수많은 결함에도 불구하고 미친 일관성으로 자신을 지지했던 그 대중이 광우병 쇠고기 수입문제로 자신의 존재 전체를 거부하며 100만 명 내외의 사람들이 100일 이상의 긴 기간을 대대적인 저항운동을 벌일 거라고는 전혀 상상할 수 없었을 것이다. 그런데 그건 이미 저항적이었던 '좌파'들에게도 크게 다르지 않았을 것이다. 작다면 작다고 하기 충분한 하나의 사안이 저렇게 거대한 흐름의 변화를 만들어 낼 것이라고는 누구도 예상하지 못했을 것이다.

그런데 여기서 하나의 연속성과 하나의 차이 내지 단절을 보아야 한다. 먼저 연속성을 보자면, 이처럼 급속하게 모이고 급속하게 변화하는 대중운동이 처음이라고 할 순 없는 전례를 가지고 있다는 점을 지적해야 한다. 이미 우리는 2002년 대중운동이 새로운 양상으로 출현하여 진행되었음을 경험했다. 월드컵 응원을 이유로 인도와 차도를 가르는 경계를 넘어서 범람하며 흘러가던 대중들, 미군 장갑차에 죽은 여중생들을 추모하며 시작된 반미시위의 대중들, 그리고 통계학적 예측을 완전히 무시하고 노무현을 대통령에 당선시킨 대통령 선거의 대중들. 세 개의 전혀 다른 이슈, 전혀 다른 방향을 갖는 대중의 흐름이 한 해에 연이어 발생했다. 연이어 세 번 출현한 이 대중들을 전혀 다른 대중이라고 본다면 그것은 사태를 전혀 이해하지 못하는 것이다. 그것은 정확히 대중의 흐름이 조건에 따라 전혀 다른 방향으로 흘러갔던 것이고, 이런 점에서 '동일하다'라는 말을 쓰기는 어렵다고 해도, 하나의 흐름이 취한 상이한 양태요 양상임이 분명했다.

여기서 하나의 대중의 흐름이 전혀 다른 방향으로 쉽게, 그리고 급속하게 방향을 바꾸어 갔음을 주목해야 한다. 이에 비하면 이명박 정권에 대한 지지와 반대의 전변은 사실 작은 변화라고 해야 한다. 사실 이명박 정권을 지지했던 대중이라는 게 명시적인 흐름으로 가시화되었던 것은 아니었기 때문이다. 선거로 표시되는 대중과 운동 내지 흐름으로 표현되는 대중은 전혀 다른 대중이라고 보아도 좋을 것이다.

이러한 사태가 단지 2002년의 특별한 경우에만 그랬던 것은 아니었다. 보수파 정치인의 노무현 탄핵에 맞서서 사태 전체를 순식간에 역전시켰던 '탄핵사태' 때의 대중 또한 그랬고, 전혀 다른 맥락에서지만 황우석 씨를 지지하며 좌충우돌 몰려다니던 대중들과 차분하지만 결국 사태를 뒤집어 놓았던 비판적인 대중의 흐름이 또한 그랬음을 우리는 정확하게 기억하고 있다. 요컨대 대중은 하나의 흐름이며, 이 흐름에는 선악이나 보수/진보의 본성이 따로 정해져 있는 게 아니라, 그때마다의 조건에 따라 상이한 방향으로 이렇게 흘러가게 마련이다. 그때마다의 대중 흐름의 특이한 양상을 정확하게 포착하는 것, 언제나 중요한 문제는 그것일 것이다. 이번에 「포토에세이」(오하나)를 통해 드러내고자 했던 것은 촛불시위에서 대중의 흐름의 새로운 특이적 양상이었다.

물론 대중운동이 최근에 출현한 것은 아니며, 대중이 최근에 와서 흐름이 된 것은 분명 아니다. 광주항쟁 초기의 대중 역시 흐름이었고, 6월항쟁에서의 대중 역시 흐름이었으며, 러시아혁명이나 프랑스혁명에서의 대중 역시 흐름이었다. 그러나 달라진 것은 2002년 이후 그런 대중의 흐름이 매우 쉽게, 그리고 빈번하게 가시화되고 있다는 사실이다. 5~6년 사이에 거대한 양상으로 가시화되었던 사례가 올해의 촛불시위를 포함하면 지금 언급한 것들만으로도 이미 6회나 된다! 덧붙이자면, 이는 단지 한국이라는 특별한 경우로 제한되지 않는다. 사회주의라는 과거와 국가 주도의 개발정책, 그리고 거기서 쉽게 출현하는 민족주의 등의 이유가 있어서 매우 다른 양상으로 드러나지만 중국의 경우에도 대중의 흐름

| EDITORIAL   편집자 서문   이진경

은 최근까지 상당히 빈번하게 가시적 행동을 통해 드러난 바 있다. 좀더 중요한 것은 1999년 시애틀 투쟁 이후 G8이나 WTO 등 국제적인 기구들의 회의가 열리는 곳이면 전지구적 차원에서 결집하여 진행되는 대중운동이 있다. 때론 '성공'하고 때론 '실패'하지만 적어도 이러한 대중운동이 전세계적 차원에서 점차 확장된 규모로 점차 빈번해지고 있음은 분명하다.

우리는 이러한 변화를 크게 두 가지 이유를 들어 이해할 수 있다고 믿는다. 하나는 인터넷과 새로운 양상의 미디어 등 대중적인 소통방식이 달라졌을 뿐 아니라 경제 자체가 그런 소통의 네트워크로 직조되는 '흐름의 공간'을 근간으로 삼아 작동하고 있다는 사실이다. 그 흐름의 공간은 생산뿐만 아니라 대중의 일상생활과 직접적으로 연결되게 되었고, 그 결과 이전에는 분리된 채 살아가던 사람들이 이제는 일상적으로 다른 사람들과 접속하고 연결되어 살아가게 되었다. 대중은 혁명적인 정세 속에서만 흐름이 되는 게 아니라, 일상적인 생활 과정 자체 속에서 이미 잠재적 흐름으로 존재하고 있는 것이다. 그런데 생산 자체가 이미 국경을 넘어 탈영토화되었을 뿐 아니라 자본의 더욱더 많은 부분이 금융적인 흐름이 되었기에, 나아가 흐름의 저지가 아니라 흐름의 가속화에 의해서만 자본이 경쟁에서 살아남게 되었기에, 부르주아지는 그 흐름의 공간이 대중의 흐름을 쉽게 형성하고 쉽게 가속화하는 경향이 있음을 잘 알면서도 그것을 차단할 수 없다.

다른 하나는 고용 없는 착취가 가능해지는 한편 유연성의 축적체제에서 고용의 유연화로 인해 노동자와 비노동자, 고용과 비고용의 경계가 모호해지는 양상과 관련되어 있다. 비정규직 노동자의 급속한 증가는 이러한 사실의 직접적 표현이다. 비정규직 노동자는 노동자와 비노동자 사이에 있을 뿐 아니라, 공장이나 작업장이라는 특정한 공간에 집결하여 조직되는 이전의 노동자와 달리 공간적 국지성에서 벗어난 흐름으로서, 필요할 때 채취하여 이용하는 노동력의 흐름으로서 존재한다. 그러나 노동력의 흐름이 정규적인 고용과 분리되어 있는 한, 사실 노동력의 흐름은 대중의 흐름과 근본적으로 구별불가능한 지대에 존재하는 셈이다. 비정규직이란 말에서 우리는 이랜드나 KTX 승무원 등 투쟁하고 있는 노동자를 떠올리지만, 노동조합으로 조직된 비정규직 노동자는 전체의 3% 정도에 불과하다. 하나의 명시적인 고용주를 갖지 않으며, 노동자인지 실업자인지가 불분명한 수많은 사람들, 그들 전체가 비정규직 노동자인 것이다. 그들은 이미 전체 노동자의 50%를 넘었다는 점에서 통계적으로는 '정상'(normal)이지만 잠정적이고 예외적인 존재로, 즉 비정상적 존재로 다루어진다. 그런 만큼 그들은 규범적인(normative) 지대에서 벗어난 존재이기도 하다. 현재 노동자들의 파업 가운데 반 이상을 이들 비정규직 노동자들의 파업이 차지하고 있는 것은, 일차적으로는 그들의 삶이나 노동조건이 열악해서 그런 것이겠지만, 단지 그것만은 아닐 것이다. 가변자본의 안정된/고정된 자리에서 좋든 싫든 거리를 두고 있고, 그 자체 흐름의 일부로서 존재하며 규범성/정상성의 영역과도 멀어진 존재, 그것이 그들로 하여금 대중의 흐름으로 변환되기 쉽게 만든 것이라고 할 수 있지 않을까?

「유연화체제의 프롤레타리아트, 비정규직」(조원광)은 바로 이 문제를 다룬다. 양적으로는 정상성의 자리를 차지하지만 끊임없이 예외화되고 비정상으로 간주되는 비정규직 노동자, 그들은 공간 단위로 조직되고 움직이며 투쟁하는 이전의 노동자와는 아주 다른 조직형태와 투쟁형태를 필요로 한다고 해야 한다. 그러나 비정규직 노동운동은 여전히 '공간의 경제'에서 만들어진 정규직 노동조합과 노동운동을 모델로 하고 있다. 그것은 어쩌면 투쟁을 시작하면 1년 이상 끌기 마련이고 많은 경우 실패하는 이유 가운데 하나일지도 모른다. 이런 점에서 비정규직 노동자는 양적으로 축소되고 '부분화된' 노동자가 아니라 다른 경제유형에 대응하는 질적으로 다른 노동자임을 함축하는 것처럼 보인다.

다른 한편 이러한 대중의 형성에 직접적으로 결합하여 작동하는 미디어의 차이가 이명박을 지지한 대중과 이명박과 대항하기 위해 모인 대중의 단절과 대응한다. 대통령 선거에서 이명박을 지지한 것 역시 대중임은 분명하지만, 이때 대중적 지지를 조직한 것은 조선, 중앙, 동아의 전통적인 대중매체였다. 그들은 '여론'이라는 이름으로 자신들의 견해와 감각, 정치적 성향과 판단을 반복하여 제시하고 범죄적인 사실은 억지로 지우거나 축소시키면서 자신들이 지지하는 사람을 대통령으로 만들고자 했다. '경제'에 대한 추상적 기대나 노무현 정권에 대한 배신감 등으로 인해 막연하게나마 이명박을 향하던 관심은 이러한 매체적 '작업'을 통해 가속화되면서 '여론'이라고 불리던 지점으로 쏠리게 되었고, 그것이 대통령 선거 결과로 귀착되었다. 반면 이명박 정권에 항의하기 위해 촛불시위를 시작했던 대중이나 이명박 정권에 대한 비판과 저항으로 몰려들었던 대중의 경우, 대중의 흐름을 형성한 것은 인터넷이라는 흐름의 공간에서 작동하는 대중매체였다. 거기에는 자신의 견해를 일방적으로 강제할 수 있는 구조 대신 자발적이고 비중심적인 촉발에 의해 움직이는 '이름 없는' 대중들이 있었고, 그들의 상호촉발에 따라 형성된 흐름이 있었다. 나아가 일방적인 구조로 인해 대중을 쉽게 속일 수 있었던 전통적 매체와 대항해 그들이 과거에 썼던 것을 찾아내 비교하여 보여 주고, 세칭 '전문가'라는 자격을 통해 전문적인 거짓말을 하던 사람들을 반박하는 많은 사실들을 찾아내고 소통하며 토론하는 새로운 '집단지성'이 작동하고 있었다. 촛불시위가 인터넷 등의 새로운 매체와 '조중동'이라고 불리는 낡은 매체 간의 대결이기도 했다는 것은 정확하게 이러한 사태를 표현한다. 요컨대 이명박 지지에 동원된 매체와 이명박 비판에 사용된 매체는 전혀 다른 매체였고, 이런 한에서 매체를 통해 형성된 대중 자신 역시 그 형성방식이나 운동방식, 전달방식과 작동방식 모두에서 전혀 다른 대중이었다고 해야 할 것이다. 그리고 이런 점에서 이명박 정권에 대한 대중의 '배신'은 사실과 다르다고 해야 할 것이다. 그것은 다른 대중이었던 것이다. 비록 그 구별하는 경계가 모호하고 뒤섞여 있다고 해도.

「흐름의 공간과 분자적 미디어」(최진호)는 이처럼 대중의 변화양상과 밀접하게 결부하여 미디어의 문제를 다룬다. 이질적인 사람들을 하나의 상상적인 공동체로 묶어 주었다는 점에서 근대적 미디어는 분산된 공간, 분산된 활동을 하나의 동질적인 사회적 구성체로 통합하는 매개였다고 할 것이다. 그러나 흐름의 경제를 작동시키는 흐름의 공간에서 미디어는 이와 달리 탈국민적인 새로운 정치적 장을 형성한다. 그것은 전지구적 범위에서 자본의 착취와 수탈을 위한 미디어인 동시에, 대중의 흐름, 비자본주의적 활동의 흐름이 만나고 접속하는 미디어다. 나아가 분자적인 미디어의 확산을 중심화된 감시체제에 반하는 새로운 대항-감시의 미디어로 변용시킬 가능성에 대해 강조하고 있다.

'사회구성체론'이란 말에서 때 지난 것을 다시 불러낸다고 느끼는 사람도 있겠지만, 반대로 아주 생소한 느낌을 받는 사람이 어쩌면 더 많을지도 모른다. 80년대를 통과한 사람이 아니라면, 들은 적이 있어도 그것은 그저 소문 이상이 아니었을 것이고, 그것을 진지하게 공부할 기회는 없었을 것이기 때문이다. 그것은 사회주의 체제의 몰락과 함께 우리의 시야에서 사라져 버렸기 때문이다. 사회구성체론을 다시 불러내려는 지금, 그 생소함에 대한 최소한의 해명이 필요하리라고 믿는 것이 편집자만의 느낌은 아닐 것이다. '사회구성체'라는 개념, 사회구성체론이라고 불리는 문제설정, 그리고 그와 관련된 논쟁의 역사에 대해 간략한 소개를 시도하는 것은 노파심 어린 이런 느낌 때문이다.

'사회구성체'란 맑스가 사용했던 단어 Gesellschftsformation의 번역어다. 독일어 Gesellschaft는 '사회'(society)에 해당되고, 영어 단어와 똑같은 철자의 Formation은 '형식'이나 '형태'를 뜻하는 Form에서 파생된 말로서 하나의 형태로 만들어지는 것을 뜻한다. '형성물', '형성체'란 뜻인데, 형성과 비슷한 의미에서 '구성물', '구성체'로 번역되기도 한다. 직접적인 단어 그대로 '사회구성체'란 사회를 하나의 형성물, 구성물로 보는 입장을 표현한다. 이는 사회가 이미 틀지어지고 고정된 형태로 주어진다고 보는 것과 대비하여 이해해야 한다. 사회란 동적인 과정을 통해서 하나의 형태로 구성되어 간다는 것이다.

이처럼 형성물, 구성체로 본다는 것은 상반되는 듯이 보이는 두 가지 측면을 고려한다는 것을 뜻한다. 하나는 사회란 하나의 정형화된 '형태'로 소급될 수 없는 이질적인 부분들로 이루어져 있다는 것이다. 즉 구성체는 형태보다 훨씬 더 이질적인 요소들을 포함하고 있는 셈이다. 다른 하나는, 구성체로 본다 함은 어떤 형태가 형성되어 가는 과정 중에 있음을, 즉 그저 이질적인 상태에 멈추어 있는 게 아니라 어떤 형태를 향해서 사회가 변화해 가는 경향이 있음을 의미한다. 가령 자본주의 사회구성체란, 사회 전체가 자본주의적 형태로 소급될 수 없는 이질적 요소들을 포함하고 있지만, 시간이 지남에 따라 자본주의적 형태로 점차 변화되어 가게 된다는 의미를 함축한다. 따라서 이질적인 요소, 이질적인 생산방식이 공존하는 어떤 사회에 대해, 그 사회가 본질적으로 '자본주의적'인지 '봉건적'인지, 아니면 '노예제적'인지를 말한다는 것은 그 사회에서 변화의 방향이 어디를 향하고 있는 것인지를 표현한다. 이런 점에서 사회구성체론의 문제설정이란 한 사회에서 진행되는 변화의 경향성을 포착하는 것을 뜻하며, 그런 경향성 속에서 이질적인 요소들을 이해하려 함을 뜻한다.

어느 사회든 아주 다른 이질적인 요소들이 존재하게 마련이지만, 그 가운데 변화의 경향을 표현하는 요소들이란 그 사회에 도래할 것을, 혹은 통상적 어법으로 말하면 '미래'의 시제를 갖는 것을 뜻한다. 반면 그 변화의 경향과 상반되는 것은 지금 아무리 양적으로 많다고 해도 변화가 지남에 따라 소멸되어 갈 것을 뜻한다. 이런 점에서 그것은 현재 존재하는 경우에도 사실상 과거의 시제를 갖는 것이라고 해도 좋을 것이다. 한 사회의 변혁을 시도한다 함은 그러한 경향 속에서 현재의 조건을 포착하고, 거기서 이후 중심적인 지위를 차지할 존재와 점차 약화되어 갈 존재를 구별하는 것이며, 상이한 시간성·상이한 위치를 갖는 존재들의 관계를 파악하는 것이며, 이질적인 요소들 전반을 가르는 근본적인 적대를, 그리고 그 적대와 관련해서 서로 간에 가능한 연대의 양상을 파악하는 것이다. 이런 이유에서 사회의 근본적인 모순, 주요모순, 부차적 모순을 구별하는 방법을 맑스주의자들은 사용해 왔다.

사회구성체가 하나의 형태로 형성되어 간다고 했을 때, 그것은 경제와 정치·법·이데올로기 등 상이한 영역 간에도 앞서 말한 두 가지 상반되는 측면을 동시에 포착함을 의미한다. 가령 사회적 조건이나 역사에 따라 경제적으로는 자본주의화가 진행되고 있음에도 불구하고 봉건적인 권력이나 이데올로기가 지배적인 경우가 있다. 가령 인도의 경우 경제적으로는 자본주의가 진행되었어도 카스트제도 같은 봉건적인 신분제도와 이데올로기가 강하게 남아 있음을 알고 있다. 이는 한 영역에서 변화의 새로운 경향성이 지배적으로 자리 잡는다고 해도 자동적으로 쉽사리 따라 변하는 것은 아니다. 그럼에도 불구하고 19세기의 인도에 비해 지금의 인도에서 카스트제도나 이데올로기의 영향력은 확실히 줄어들었음이 분명하다. 암베드카르(B. R. Ambedkar) 같은 불가촉천민이 법무부장관을 할 수 있었다는 것은 이를 잘 보여 준다. 사회가 '전일화' 내지 동질화되는 경향이란 이를 뜻한다.

이전에 맑스는 자신이 검토했던 역사를 통해서 몇 개의 기본적인 사회형태를 제시한 적이 있었다. 원시공동체 형태, 노예제 형태(그리스적 형태), 아시아적 형태, 봉건적 형태(게르만적 형태), 자본주의적 형태가 그것이다(『정치경제학 비판 요강』). 맑스 자신이나 다른 혁명가들에게 문제가 되었던 것은 대개 자본주의로부터 '공산주의'로의 이행이었지만, 많은 경우 아직 충분히 자본주의화되지 못한 시대에 혁명을 시도했기에 봉건제 형태로부터 자본주의로의 이행 또한 중요한 관심 대상이었다. 즉 당시 사회에 광범위하게 존재하는 봉건적인 관계와 새로이 등장하는 자본주의적 관계의 공존 속에서, 혁명을 위해선 그 이질적 계급관계들 속에서 어떤 적대의 선을 긋고 어떤 연대의 선을 그을 것인가 하는 게 핵심적인 문제였다. 아마도 자본주의의 '보편성'이 봉건제에서 자본주의로의 이행이나 자본주의로부터 다음 단계 사회로의 이행을 하나의 보편성 속에서 이해하게 했을 것이다. 이는 이후 확장되어 앞서의 사회형태들을 하나의 시간적 순서에 따라 배열하곤 그러한 대체의 순서 자체에 역사법칙이라는 보편성의 지위를 부여하게 되었다. 헤겔적인 역사철학이 이런 식으로 맑스주의의 역사이론 안에서 작동하게 되었던 셈이다.

그러나 이러한 보편성의 관념을 강하게 견지하고 있을 때에도 사회구성체론에서 가장 중심적인 문제였고, 또 가장 중요한 논쟁이 되었던 문제는 사회 안에 공존하는 이질적인 요소들의 관계를 어떻게 파악할 것인가 하는 것이었다. 가령 1920~30년대 식민지 조선에서는 대부분의 민중들이 생산물의 50% 이상을 소작료로 지불해야 하는 소작농이었다. 즉 지주-소작농 관계가 지배적이었다. 그 관계가 자본주의적이라고 보기는 결코 쉽지 않았다. 반면 공장들이 만들어졌지만, 특히 20년대에는 극히 적었고, 30년대 들어와 공업화가 진행되었다고 해도 노동자의 비율은 매우 적었다. 그러나 일제의 '토지조사사업' 이후 봉건적인 이중소유권(토지에 대한 권리가 지주의 소유권과 농민의 점유권의 이중적 형태를 취하고 있는 경우)은 법적으로 소멸되었고, 농민들의 점유권이 부정되는 방식으로 소유권은 실질적으로도 일원화되어 있었다. 이러한 사회에 대해서 자본주의사회라고 말할 수 있을 것인가, 아니면 여전히 봉건적인 사회였다고 말해야 할 것인가 하는 것이 '사회성격논쟁'이라는 이름으로 진행된 바 있다. 이는 중국에서도, 심지어 일본에서도 비슷한 양상으로 반복되었다. 중국이나 조선에서는 봉건파와 자본파가, 일본에서는 강좌파와 노농파가 치열한 이론적 논쟁을 벌였다. 한국에서 '사회구성체논쟁'이라고 하면 흔히 80년대의 논쟁을 지칭하지만, 사실 1920~30년대 조선이나 중국, 일본에서 진행된 이 논쟁 역시 정확하게 사회구성체논쟁에 속한다.

여기서 알 수 있듯이, 사회구성체론이 미래의 시제를 확보한 것, 변화의 지배적 경향을 획득한 것을 통해 사회 전반을 이해한다고 해도, 거기서 정작 중요한 것은 보편성을 획득한 지배적 경향, 지배적 관계를 지적하는 것이 아니라, 그러한 경향과 너무도 다른 저 이질적 관계들을 이러한 경향과의 관계 속에서 어떻게 포착할 것인가 하는 문제다. 그게 아니라면 상대적으로 미래의 시제를 갖는 사회적 관계의 존재를 찾아내고 확인하면 되겠지만, 그것은 사실 아무런 이론적 설득력도, 실천적 유효성도 갖지 못하게 된다. 사회의 변혁을 꿈꾸는 경우에 양적으로 지배적이라는 것은 결코 부차적인 것이 아닌 것이다. 그렇지만 그 양적으로 지배적인 생산양식이나 계급적 요소를, 가령 자본주의적 관계가 도입되기 이전의 그것과 도입된 이후의 그것을 동일하게 다뤄서도 안 된다. 조선시대의 지주-소작관계가 일제시대의 지주-소작관계와 동일할 리가 없기 때문이다. 중요한 것은 자본주의적 관계와 반봉건적인 관계의 관련을 포착하고 그것의 성격을 이해하는 것이다.

반복하지만 사회구성체론을 다시 불러낸다고 할 때, 이전에 공식화되었던 보편적인 역사법칙을 다시 끄집어낸다면 정말 그것은 시대착오가 될 것이다. 오히려 지금 사회구성체론이 방법론적으로 중요한 것은 이질적인 것이 뒤섞여 공존하고 있는 상황에서 변화의 경향성을 읽고 새로이 미래의 시제를 획득한 것을 찾아내는 것이며, 그러한 변화 안에서 현재 존재하는 요소들의 역사적 위상을 구별하는 것이다. 이는 이전의 맑스주의에서 사용하던 사회형태들의 개념들에 굳이 제약될 이유가 없다고 믿는다. 자본주의사회 안에서도 '경쟁자본주의'니 '독점자본주의', '국가독점자본주의' 같은 개념들이 이미 구별되어 사용되었지만, 지금의 사회를 분석하는 데 적절하다면 이와 다른 종류의 구별 방법 또한 사용되어도 좋다고 믿는다.

마지막으로 80년대의 사회구성체논쟁에 대해 간략히나마 언급해야 할 듯하다. 『창작과 비평』 계간 통산 57호(1985)에서 처음 논쟁적으로 대결했던 것은 '주변부자본주의론' (이대근)과 '국가독점자본주의론' (박현채)이었다. 80년대의 한국사회를 제국주의 중심부에 의해 착취당해 자본주의화가 정상적인 형태로 진행되지 않는 주변부자본주의사회라는 입장과, 제국주의의 지배에도 불구하고 자본주의화가 급속하게 진행된 국가독점자본주의사회라는 입장이 그것이었다. 사실 이러한 대결의 구도는 1984년, 한국에서 쁘띠부르주아지와 노동자계급의 양적인 비율의 변화추세를 통해 주변부자본주의론이나 그 원류가 되었던 종속이론을 비판하면서 정통 맑스주의적 입장에서 한국사회의 자본주의적 발전경향을 파악해야 한다고 주장했던 서관모의 논문(「현대 한국사회의 계급구성과 계급분화」)에서 선행적으로 그려졌던 것이었다. 어느 경우든, 자본주의적 보편성을 확인하고 강조하는 입장과, 제국주의의 지배하에 있는 식민지주변부임을 강조하면서 그러한 보편성이 관철되는 게 아니라 변형·왜곡된다는 입장이 대립하고 있었다. 이는 변혁의 중심세력을 노동자계급으로 설정하는가 그와 달리 주변적인 계급으로 설정하는가, 중심세력을 노동자계급이라고 본다 해도 농민이나 도시빈민 등과의 관계를 어떻게 설정해야 하는가 하는 입장의 대립을 뜻하는 것이기도 했다.

이러한 쟁점은 이후 이른바 'NL파'와 'PD파'(그리고 'ND파')의 대립이 출현하면서 아이러니하게 좀더 고전적인(!) 대립구도로 되돌아간다. 한국사회가 그 군사적 및 정치적 주권이 미국에 있다고 주장하면서 여전히 제국주의의 식민지임을 강조하고, 그러한 식민성으로 인해 반봉건적인 지주-소작관계가 지배적이라고 보는 이른바 '식민지반봉건사회론'이 80년대 한국 운동권에서 다시 출현했던 것이다. 식민지반봉건사회론은 1920~30년대 중국이나 한국에서의 사회성격논쟁 과정에서 제시되었던 것이고, 중국혁명의 성공을 통해 대체로 식민지사회의 표준적인 사회구성체론으로 자리 잡았던 이론이었다. 그것이 '해방' 당시 식민지반봉건사회론을 택하고 있던 북한의 영향 아래, 80년대 남한사회에 재출현한 것이다.

덧붙이자면, 식민지반봉건사회론이 '봉건파'나 '강좌파'의 입장과 가까운 것이었다면, 자본파나 노농파보다 훨씬 더 단순화된, '근대화론'이라고 불러 마땅한 이론이, 사회구성체논쟁이 끝난 후 전혀 다른 맥락에서 재출현했다. 일본 제국주의의 조선 지배가 조선의 공업화와 자본주의 발전, 근대화를 급속히 진전시켜 지금의 '발전된 자본주의' 사회에 이르게 되었다는 주장이 그것이다. 한때 식민지반봉건사회론자였던 안병직과 그의 제자들로 구성된 이 '학파'는 일본의 식민지 지배마저 근대화에 혁혁한 기여를 했기에 문제 삼을 것 없다는 주장을 펴면서 봉건파적인 논리는 물론 식민지성을 강조하는 모든 논리를 시대착오적인 것으로 비난하고 있다. 근대화, 자본주의화를 진전시킨 것이라면 어떤 것도 좋다고 믿는 이들의 논리에는 자본주의 내지 근대란 '발전', 혹은 '좋은 것'과 전적으로 동일한 것이라는 전제가 깔려 있다. 이러한 논리가 모든 나라가 봉건제에서 자본주의로, 혹은 전근대에서 근대로 가는 하나의 보편적 단일법칙을 따른다는, 스탈린식 맑스주의에서 공식화된 보편주의적 역사철학을 소박하게 반복하고 있음을 자신들은 알고 있을까? 이보다 더 놀라운 시대착오를 나는 아직 알지 못한다. 더욱더 우스운 것은 이들이 '뉴라이트'의 깃발을 들고 한국사회에서 우익적인 활동을 주도하고 있다는 사실이다. 자신들이 가진 이론적 입론이 우익적인 것이란 점은 잘 알고 있는 듯해서 다행이다. 그러나 그들이 취한 우익적 입장이 이론적으로는 물론 실천적으로도 결코 새롭지 않다는 것은, 그들이 집요하게 매달리는 어설프기 짝이 없는 역사교과서(그들은 실증주의를 표방하지만 역사적 사실조차 엉터리로 서술해서 웃음거리가 되었다) 하나만 보면 충분하다. 이걸 보면 자신의 이론적 입장에 따라 우익이 된 거라기보다는 우익이 되기 위해 그러한 이론적 입장을 선택한 것 같다는 확신이 든다.

다른 한편 NL과의 논쟁 속에서 PD나 ND 쪽의 입장은 남한을 신식민지라는 규정 아래에서 국가와 독점자본의 융합에 의해 국가-독점체가 주도하여 자본주의화가 급속히 진행된 '신식민지국가독점자본주의사회'라는 것이었다. 특히 PD의 입론에 고유한 것은 신식민지적 규정으로 인해 통상적인 국가독점자본주의사회와는 달리 제국주의적 독점체에 비해 국내독점체의 이윤율이 낮을 뿐 아니라 독점이 강화되는 과정을 통해서도 그 이윤율의 편차가 점차 확대된다는 점에서 '독점강화' 와 '종속심화' 가 결합된 사회라는 것이다.

사실 1980년대의 한국사회가 식민지반봉건사회임을 입증하기는 참으로 어려운 일이었을 것이다. 휴전협정의 당사자가 미국이라고 해도, 그러한 법적 규정의 한 토막을 갖고 주권이 미국에 있다는 말을 하는 것도 쉬운 일은 아니겠지만, 한국에서 지배적 생산관계가 반봉건적이라고 하는 것을 설득하는 것은 자기 자신에게도 쉬운 일은 아니었을 것이다. 이미 인구의 절반 가까이를 차지한 노동자계급과 GDP의 대부분을 차지하고 있는 자본주의적 기업의 경제적 비중을 떠올리는 것만으로도 그러한 주장의 부당성은 쉽게 드러난다. 그 이론이 발생사적으로 농촌에서의 지주-소작관계에 착목했던 것임을 고려한다고 해도, 생산물을 50%로 반분해서 소작료로 준다고 해도 이미 그 소작료율이 은행이자율보다 낮은 상황에서 그 관계를 반봉건적 관계라고 말하는 것도 쉬운 일은 아니었을 것이다. 그래서 논쟁의 막바지에 식민지반봉건사회론은 입장을 바꾼다. '식민지반자본주의사회' 로! 변신에 소심하면 변신을 해도 무의미하게 되는 경우가 많다는 것을 보여 주는 사례다. 사회구성체론에서 중요한 것은 미래의 시제를 획득한 경향성과의 관계 속에서, 그리고 이질적인 요소들의 혼성 속에서 형성되고 변화되는 배치를 보는 것임을 잊었을 때, '특수성' 에 주목하는 것은 보편성에 대한 집착 이상으로 희극적 이론을 산출할 수 있음을 되새기게 된다.

독점강화/종속심화라는 역설적 테제에 대해서는 PD 진영 안에서의 비판이 있었다. 이윤율의 편차만으로 종속적 독점과 제국주의적 독점을 구별하는 것에 대한 비판, 그리고 독점강화가 독점체의 독립성을 강화하는 게 아니라 종속성을 강화한다는 데 대한 비판 등이 그것이었다. 이러한 입론은 독점의 강화가 종속성의 완화로 이어질 것이라는 입장으로 이어진다. 그에 따르면 신식민지적 규정성의 해소를 쉽사리 상정하게 된다. 즉 독점자본주의의 일반적 규정성만이 남게 된다.

그런데 독점과 종속의 문제는 지금이라면 다른 배치 속에서 이해될 수 있지 않을까 싶다. 가령 정성진은 「한국 자본주의 축적의 장기추세와 위기 : 1970~2003」에서 금융적 측면에서나 실물적 측면에서 한국 자본주의의 경제적 종속이 심화되고 있음을 보여 주고 있다. 물론 거기서 독점체의 강화를 직접 다루지는 않기에 독점강화/종속심화를 주장한다고 말할 순 없지만, 한국 자본주의에서 독점체의 강화를 부정하지 않는 한, 이는 다른 방식으로지만 독점강화/종속심화라는 테제를 입증하는 것으로 읽힐 것 같다. 실제로 국가 주도적 경제체제 속에서 급속하게 성장했던 한국의 독점체(재벌)들은 1980년대 후반 이후 국가로부터 자율성을 확보하고자 하게 되며, 1990년대 후반 이래 금융적 자립성이 강화되면서 실질적으로 국가적 금융에 대한 의존성에서 벗어나게 된다. 가령 삼성그룹의 경우 국가기관은 물론 심지어 대통령에 비해서도 결코 약자의 위치에 있지 않다는 것을 확인하게 해준 일련의 사건들은 이러한 관계의 한 단면이라고 할 것이다.

그렇다면 다시 독점강화/종속심화 테제를 밀고 나가야 하는 것일까? 그보다는 이전의 동일한 테제조차 다른 이론적 맥락에서 이해하는 게 더 적절할 것 같다. 가령 정성진이 상장주식 시가총액에서 외국인 지분의 급증이나 외국인 직접투자의 급증, 가치의 국외유출 증대를 들어 지적하는 금융적 종속이나 수출의존도 증대, 국내 산업연관 약화, 생산수단의 수입의존을 들어 지적하는 실물적 종속을 우리는 흐름의 경제 안에서 전지구적 금융화와 생산의 전지구적 탈영토화라는 관점에서 이해한다. 즉 자본의 탈영토화가 국민국가의 경계를 넘어서게 되면서 자본 자체가 국제적 네트워크의 형태를 취하게 되었으며, 자본은 태생적 영토성이 아니라 기능적 영토성을 갖게 되었고, 필요에 따라 복수의 국적성을 갖게 되었다는 것이다. 이 경우 '종속의 심화'란 1980년대 후반 미국을 필두로 하는 '신자유주의적' 압력 아래 시작된 부분적 개방이 90년대 중반 이후 급속히 진행되면서 한국의 기업들이 전지구적 자본주의에 편입된 결과라고 할 수 있을 것이다. 이는 미국의 경우에도 앞서 말한 지표들의 많은 부분이 심각한 '종속'을 표시하는 것으로 나타난다는 점을 안다면 쉽게 이해할 수 있는 것이다. 이는 전지구적 자본주의에 편입된 것을 '종속'과 동일시할 수 없음을 뜻한다. 한국 경제 전체를 더욱더 개방할 것을 요구하고, 금산분리법 같은 금융적 증식의 제한을 완화할 것을 주장하는 것, 개방체제로서의 FTA를 급속히 진행하자고 주장하는 것 등에서 국제 독점체와 한국의 독점체 간에는 정확하게 이해가 일치한다. 따라서 '종속의 심화'로 드러나는 지표는 이런 점에서 보자면 한국의 독점체가 전지구적 자본주의에 편입되어 간 정도를 표시하는 것이라고 해야 하지 않을까?

정확하게 이런 이유에서 국가를 약화시킬 게 아니라 '재활성화'(강화!)하여 한국의 재벌들을 국가가 '보호'해 주면서 그들이 사회민주주의적 분배 정책에 동참하도록 해야 한다는 주장에 대해 우리는 동의하지 않는다. 국가는 국내 재벌들을 위해 무엇을 보호해 줄 수 있을까? 재벌들이 정말 국제적 독점체나 국제 금융자본으로부터 국가가 자신을 '보호'해 주는 어떤 방어벽을 바라고 있다고 말할 수 있을까? 전지구화하는 시대에 자본과 같은 이동적 자산들이 떠나지 않게 하려면, 혹은 비슷한 말이겠지만 외국의 자본을 국내로 불러들이려면 "국가나 노동 같은 '이동성 적은 자원'을 매력적으로 만들어야 한다"(신장섭/장하준, 『주식회사 한국의 구조조정』, 창비, 2004, 203~204쪽)는 말과 한국을 "기업하기 좋은 나라로 만들겠다"며 미국의 자본가들 앞에서 했다는 이명박 씨의 연설은 그다지 다르게 들리지 않는다. 파견노동에 대한 제한을 완화하며 고용 유연성을 확보해 주고, 농업 내지 농민 전체를 포기하는 한이 있더라도 외국 시장 진입조건을 좀더 유리하게 확보하려는, 김대중 정부에서 이명박 정부까지 일관되게 지속된 태도가 바로 그것을 위한 게 아니었던가? 자국의 일부 국민을 포기하면서까지도 전지구적 시장을 떠도는 자본을 유혹해야 한다는 강박에 시달리고 있는 것이 지금의 국민국가라고 해야 하지 않을까? 그렇다면 '종속'이라는 말 또한 예전과 같은 의미로 사용할 수 있을지 다시 생각해 보아야 하지 않을까?

3개월 이상 거대하게 타올랐던 촛불의 열기가 지금은 어느덧 사라져 거의 꺼져 버린 듯이 보인다. 대중에 대한 공포 속에서 꼭꼭 숨어서 거짓말만 하던 정부관리들도 이젠 과감하게 촛불시위의 대중들을 비난하고 있다. 여기서도 우리는 또 하나의 변곡점을 통과한 셈이다. 대중의 투쟁은 또 한 번 실패하고 우리는 패배한 것일까? 그럴지도 모른다. 그러나 그렇다면 '그들'이 승리했다고 할 수 있을까? 그게 아닌 건 분명하다. 왜냐하면 촛불시위가 잦아든 것은 그들의 성공적인 대처나 효과적인 승리를 통해서가 아니라, 끝없는 실수를 피하기 위해 시야에서 사라진 채 무대책으로 그저 기다리기만 했던 무능력의 산물이기 때문이다. 사실 거의 매일 계속된 시위가 100일 가까이 이렇게 지속될 수 있었다는 것이 오히려 기적이라고 해야 할 것이다. 이런 점에서 대중은 패배했다고들 하지만, 결코 패배했다고 할 수 없다. 지쳐서 중단된 운동, 그것은 '승리'라고 말할 순 없다 해도, 결코 '패배'라고는 말할 수 없기 때문이다. 이런 점에서 오히려 '패배를 다루는 법' 못지않게 '승리를 다루는 법'을, 자신이 얻은 승리를 정확히 보는 법을 배워야 한다고 주장하는 「혁명

앞에서의 머뭇거림: 2008년 촛불시위의 발발과 전개」(고병권)를 유심히 읽어 줄 것을 부탁하고 싶다.

그러나 패배의 느낌을 지울 수 없는 것 또한 부정할 수 없는 사실이다. 그것은 사실 패배했기 때문일 것이다. 그런데 그 패배 내지 실패의 요인은 투쟁의 대상이었던 '그들'에게 있는 게 아니라 대중 자신에게 있는 것처럼 보인다. 그것은 무엇보다 '비폭력'이라는 내부의 장벽에 갇혀 새로운 투쟁형태를, 대중운동의 새로운 출구를 찾아내지 못했기 때문이다. 폭력투쟁을 했어야 한다고 하려는 것은 아니다. 그러나 '비폭력'이 폭력 앞에서도 물러서지 않고 깨지면서도 버티며 저항하는 투쟁의 방법이 아니라 폭력적 형태를 수반하는 모든 투쟁에 대한 거부를 뜻하는 한, 그리하여 충돌과 대결을 피하는 우회와 회피의 방법에 머물러 있는 한, 비폭력이란 말은 올바른 비폭력투쟁의 방법에 대해서도 생각하지 못하게 한다. 폭력적 형태 일체에 대한 강박적 거부는 새로운 투쟁형태에 대한 모든 상상력을 억압하고 무력화한다. 그리고 새로운 변화와 발전의 계기를 찾아내지 못하는 한, 대중의 흐름은 소진되고 약화되기 마련이다. 따라서 이 내부의 벽을 돌파하는 법을 찾지 못한다면, 아마도 이후의 대중운동 또한 다시 패배하게 될 것이다.

대중운동에서 권력의 장악으로 이어지는 고전적인 혁명의 경로는 사회주의 체제의 몰락 이후 이미 무효화된 것 같다. 국가권력의 장악과 이용이라는 관념이 국가권력이 소멸되는 길로 인도하기보다는 오히려 강화되는 길로 인도했다는 점을 누구도 부정할 수 없는 한에서. 그러나 이번의 촛불시위는 거꾸로 대중의 투쟁이 거시적인 권력장치의 변환을, 혹은 제도적이고 거시적인 영역에서의 변화를 만들어 내는 어떤 조건을 확보하지 못한다면 이겨도 이기지 못한다는 것을 보여 주었다고 해야 할 듯하다. 거시적인 권력을 장악하는 방식의 혁명도 불가능하고, 그것을 장악하지 않는 혁명도 불가능하다는 아포리아가 이번 촛불시위를 통해 혁명의 딜레마로 부상했다고 해야 할 듯하다. 그러나 그것은 우리로 하여금 혁명을 기각하게 할 이유가 아니라, 혁명에 대해 근본에서 다시 사유하고 근본에서 다시 시도하게 하기 위한 질문이다. 근본적인 질문, 그것은 진정 혁명적 사유가 시작되는 새로운 출발점이다. 이명박 정부는 우리를 다시금 거리로 불러낼 것 같다. 우리는 다시금 거리에서 만나고 거리에서 사유하게 될 것이다. 저 근본적인 질문과 더불어.

2008년 9월
이진경

R²

대중은 이제 흐름일 뿐 아니라 함께 느끼고 함께 판단하며 함께 행동하는 지성적 대중, 생각하는 흐름이다. 전지구적 자본주의와 나란히 전지구적 차원에서 대중의 저항과 투쟁이 확대되고 있다. 시애틀 투쟁 이후 매년 이런저런 사안에 따라 모이고 흩어지며 다시 모이는 대중의 흐름이 전지구적 스케일에서 형성되고 있는 것이다. 흐름의 공간에서 탄생한 새로운 대중의 흐름, 그것은 아마도 전지구적 차원에서 자본에 대항하는 투쟁의 새로운 조건이 될 것이 분명하다.

전지구적 자본주의와 과잉-제국주의 | 이진경
유연성의 축적체제와 시뮬라크르 자본주의 | 이진경
불안시대의 삶과 정치 | 고병권

전지구적 자본주의와 한국사회 **+** : 다시 사회구성체론으로?

신자유주의와 욕망의 안보체제 | 박정수
유연화체제의 프롤레타리아트, 비정규직 | 조원광
흐름의 공간과 분자적 미디어 | 최진호

SUE

ISSUE 01

전지구적 자본주의와 과잉-제국주의

이진경

1.
제국주의의 시대?

전지구적(global) 자본주의는 자본주의 세계체제의 또 하나의 새로운 단계다. 이전의 세계체제가 제국주의적 '탈영토화' 조차 국민국가적 영토성에 기반하여 영토성의 확장이라는 '영토화' 형태로 진행되었다면, 지금의 세계체제는 국민국가적 영토성이 여전히 잔존하고 있음에도 불구하고 자본의 탈영토성이 국민국가적 영토성 자체로부터 탈영토화되는 방식으로 진행되고 있다는 점에서, 그리하여 식민주의적 착취조차도 국민국가적 영토화의 형태에서 벗어난 새로운 재영토화의 형식을 창출하면서 진행된다는 점에서 자본주의 세계체제의 새로운 단계를 보여준다.

이전에 레닌은 제국주의를 특징짓는 5가지 지표를 제안한 바 있다. 생산의 집적과 독점, 금융자본과 금융과두제, 상품수출에서 자본수출로의 이동, 국제적 독점자본가 단체의 세계분할, 열강에 의한 영토적 분할의 완성이 그것이다.[01] 지금의 전지구적 자본주의는 이 지표 모두에서 중요한 변화를 보여 주고 있다.

먼저 생산의 집적이 정보통신수단과 네트워크의 발전에 따라 국가적 경계를 넘어서 확장, 전지구화되고 있다. 가령 IBM 노트북 컴퓨터의 경우 CPU는 미국에서, RAM은 대만에서, 액정은 한국에서, 하드디스크는 중국에서, 키보드는 말레이

---

01. V. Lenin, "Imperialism, the Highest Stage of Capitalism", *Lenin's Collected Works*, Vol. 22, Progress Publishers, 1964. [『제국주의론』, 남상일 옮김, 백산서당, 1988.]

시아에서, CD 드라이브는 필리핀에서 생산되어 일본에서 조립되어 전세계로 판매되는 식이다. 생산을 위한 어떤 요소(원료, 노동력 등)를 위해, 혹은 생산된 것의 판매를 위해 외국으로 나가는 게 아니라, 생산 자체가 처음부터 전지구적 스케일에서 이루어진다.

'금융화'라는 말이 신자유주의 체제를 특징짓는 가장 중요한 양상이란 점에서 금융자본이나 금융과두제는 이전과 유사해 보인다. 그러나 레닌이나 힐퍼딩(R. Hilferding)이 금융자본과 금융과두제에 대해 지적할 때 중요한 것이 산업적 독점체와 금융적 자본의 융합이었다면, 지금의 금융화는 자본이 실물적 생산에서 이탈하여 금융적 자본의 형태로 변환되는 방식으로 진행된다는 점에서 융합보다는 차라리 '유리'(遊離)가 중요하게 되었다고 해야 한다. 자본의 탈물질화와 탈생산화가 지금의 금융화에서 이전과 다른 중요한 특징이다.

이로 인해 자본수출의 양상 역시 달라진다. 물론 외국으로 수출되는 자본이 생산자본으로 전화되는 경우도 많지만, 80년대의 '금융화' 이후에는 주식, 채권, 외환 및 거대한 파생금융상품시장 등을 흘러다니며 단기적 차익에 따라 빠르게 드나드는 금융적 자본의 형태가 지배적이다. 직접투자 형태의 자본수출 또한 식민지 본국에서 식민지로 가던 제국주의 시기와 달리 미국권, 유럽연합권, 일본 및 동남아 등의 '삼두체' 사이에서 상호 투자의 형태가 지배적이다.[02]

이로 인해 자본가 단체의 분할양상 또한 달라진다. 많은 수의 해외지사를 갖는 '국민적' 기업들의 국제적 확장이 아니라 이미 국제적인 생산·유통의 네트워크로 연결된 '초국적' 기업들이 지구적 수준에서 작동하고 경쟁한다. 세계분할의 양상 역시 달라졌다. '제국주의' 시대에 세계를 분할하는 방식은 영토에 대한 배타적 독점권을 갖는 식민지를 통해서였고, 이는 국민적 영토의 외연적 확장이라는 방식이었다. 즉 제국주의는 국민국가라는 영토성의 형식에서 벗어나지 않았다. 반면 지금은 그러한 영토의 배타적 영유라는 형식을 취하지 못하며, 복수의 다국적 기업들이 경쟁하며 병존한다.

2.
전지구화와 신자유주의

이는 한편으로는 축적조건과 생산의 양상이 달라진 상황의 산물이고, 다른 한편으로는 식민주의의 외연적 진행이 근본적 한계에 이른 상황의 산물이다. 이러한 한계지점을 넘어서기 위해서 자본은 국민적 영토성을 넘어선 새로운 활동

---

02. F. Chesnais, *La mondialisation du capital*, Syros, 1994. [『자본의 세계화』, 서익진 옮김, 한울, 2003, 90~91쪽.]

의 형태를 창안한다. 거기서 가장 일차적인 기초가 되었던 것은 컴퓨터와 디지털화, 그리고 인터넷을 비롯한 전지구적 소통수단의 창안이었다. 인터넷과 통신수단의 발전은 대중들의 활동범위는 물론 자본의 활동범위를 전지구적 스케일로 확대했다. 거기에 언어적 경계는 있지만 국가적 경계는 없다. 이것이 제국주의와는 다른 양상으로 진행되는 자본의 탈영토화 운동의 기술적 기초를 제공한다.

네트워크와 소통기술의 발달로 인해 가능해진 생산 및 유통의 탈영토화로 인해 이전이라면 소위 '법인기업'과 같은 대규모 초국적 자본들에 한해서만 이용할 수 있었던 초국적 스케일의 네트워크를 이제는 그 규모에 크게 제약받지 않고 대부분의 자본이 이용할 수 있게 되었다. 즉 이제 네트워크는 자본 전체가 이용해 전지구적 투기와 착취를 수행하는 일반적 수단이 되었다. 이전에는 국민국가가 자본들을 분할하고 통합하는 매개의 역할을 했고, 이로 인해 자본은 본래 국경이 없음에도 불구하고 국민국가적 영토성을 기반으로 활동했다면, 이제 자본을 연결해주는 네트워크는 국민국가의 경계를 넘어서 자본들을 새로이 분할하고 통합하는 매개가 되었다. 자본의 네트워크는 이제 국민국가의 경계를 넘어서는 새로운 경제적 '공동체'를 형성하고 있다. '법인기업' 형태와는 구별되는 자본의 새로운 조직형태가 출현하고 있는 것이다. 이러한 형태의 조직이 지배적이라는 점에서 현재의 자본주의를 '네트워크 자본주의'라고 불러도 좋을 것이다.

이러한 소통수단과 네트워크로 인해 자본은 국민적 형식의 충돌이나 대립 없이, 생산이나 유통의 '자연스런' 내부성의 형식으로 국민적 영토를 넘어서 착취와 영유의 영토를 확보한다. 이제 자본은 빛의 속도로 지구상의 모든 곳을 이동하면서 투자와 생산, 유통과 소비를 조직하여 잉여가치를 영유하는 하나의 흐름이 되었다. '흐름의 경제'라고 불러 마땅한 새로운 경제유형이 출현한다. 지구 전체가 자본의 흐름이 흘러갈 수 있는 일종의 '매끄러운 공간'이 된다. 자본의 매끄러운 공간. 이는 지구 전체가 빛의 속도로 이동하는 자본의 흐름에 착취·영유되는 영토가 된 것을 뜻한다. 자본의 탈영토화가 전체 지구를 자신의 착취를 위한 영토로 재영토화한 것이다. 그러나 이는 동시에 노동력의 흐름이, 그리고 대중의 흐름이 전지구적 스케일로 탈영토화되는 시대가 시작된 것임을 뜻한다. 착취에 대항하는 투쟁이 전지구화되는 시대가.

물론 아직까지 국민국가적 경계에 따라 자본의 이동을 제한하는 장벽들이 부분적으로 존재하지만, 그리하여 투자나 투기는 물론 생산이나 유통을 제한하는 여러 가지 조건들이 존재하지만, 그것은 급속도로 약화되고 와해되고 있다. 1980년대 이래 진행된 이른바 '탈규제화'는 전지구를 자본의 흐름이 자유롭게 흘러다니며 착취할 수 있는 '매끄러운 공간'으로 변환시키는 결정적인 문턱이 된다. '신자유주의'란 이 문턱에 붙여진 이름이다.

그러나 전지구적 차원에서 자본의 탈영토화 운동을 야기한 것은 단지 기술적 조건의 자연발생적 산물이 결코 아니다. 오히려 그러한 기술적 조건조차 1970년대 들어와 전면화되기 시작한 자본주의의 위기의 산물이다. 즉 국민국가의 범위를 넘어 자본이 탈영토화되는 것은 역으로 자본이 일국 내부에서는 충분한 이윤율을 확보하는 것이 처한 곤란에 기인하며, 그 자체로 그러한 곤란의 징표이기도 하다. 특히 이른바 '선진국'에서 자본의 이윤율 감소는 70년 이래 두드러지게 되었음을 여러 사람이 입증한 바 있다. 이는 한편으로는 60년대 말까지 지속되던 포드주의적 축적체제나 이른바 케인스주의적 '복지국가' 모델이 더 이상 지속될 수 없음을 뜻하는 것이었다. 이를 위해 부르주아지는 새로운 계급투쟁을 현실화하게 된다.[03] 실리콘 내지 디지털로 상징되는 자동화기술이나 인터넷으로 상징되는 정보·소통기술을 통해 생산의 장에서 노동자 없는 노동을 향해 새로운 결정적 일보를 내디뎠을 뿐 아니라, 공장 이외의 영역에서 고용되지 않은 사람들의 활동을 영유하는 새로운 착취의 장을 열었다.

금융적 자본의 '매끄러운 공간'으로 넘어가는 문턱 역시 이러한 위기의 산물이다. 알다시피 70년대 이래의 이윤율 저하는 자본의 과잉을 야기한다. 즉 기대이윤율이 확보되는 생산의 영역을 찾지 못한 자본이 증가하게 된다. 과잉자본의 형성. 이렇게 유휴화된 과잉자본은 생산 아닌 곳에 투자되며 다른 형태의 이윤을 겨냥하게 된다. 70년대 이래 미국이나 유럽에서 과잉자본은 생산에 투여되지 않으면서 다른 이윤을 추구하는 금융적 성격의 자본이 되는 경향을 갖게 된다. 그러나 70년대는 경기침체 상태에서 진행된 인플레이션으로 잘 알려진 시기이기도 했다. 이자율은 낮았고, 여기에 인플레이션이 더해지면서 실질이자율이 마이너스가 되는 일이 발생하기도 했다. 이윤율 저하에 따라 자본이 유휴화되어 금융화되는 경향이 강화되는 데 반해 낮은 이자율과 높은 물가인상률은 최소한의 이자조차 확보하기도 힘든 상황. 이 위기 상황 속에서 이미 하나의 주요한 자본 형태로 자리 잡은 금융적 자본의 이득을 위해 1979년 미연방준비기금 이사장 볼커는 이자율을 크게 올렸다. 그 이후 금융적 자본의 활동과 그들에게 돌아가는 이윤 부분을 크게 확대하는 일련의 과정이 진행되어 왔다. 금융적 자본의 움직임을 통제하던 많은 규제조치들을 해제한 '탈규제화'는 이런 조건 속에서 진행된 것이다.[04]

03. 자본주의는 이윤의 확보에 유리하지 않다면 있는 기술도 이용하지 않는다는 것을 우리는 잘 알고 있다. 기술적 혁신이 자본주의의 구조 자체를 바꾸는 비약을 야기하는 것은, 이미 18세기 말의 산업혁명이 보여 준 것처럼 위기의 돌파를 위해서다. 그 시기 산업혁명과 마찬가지로 60년대 말 이래의 기술적 혁명 역시 노동자계급에 대한 자본자계급의 계급투쟁이었다.

04. G. Duménil · D. Lévy, *Crise et sortie de crise*, Presses Univ. de France, 2000. [『자본의 반격』, 이강국 외 옮김, 필맥, 2006.]

따라서 이른바 '신자유주의'란 한편에서는 포드주의 내지 케인스주의적 축적체제의 중단과 자본 및 노동의 유연성 확대를 위해 시장 메커니즘을 새로운 공격수단으로 내세운 계급투쟁의 국내적 형식이고, 다른 한편에서는 자본의 자유로운 이동을 가로막거나 제약하는 장벽이나 조건들을 혁파하는 계급투쟁의 국제적인 형식이다. 그러나 그것은 필경 대중들의 새로운 저항과 투쟁을 야기할 수밖에 없다. 전지구적 차원에서의 새로운 연대를 촉발할 수밖에 없다. 지구 전체가 새로운 차원에서 계급투쟁의 장이 된 것이다.

3. '제국'의 시대?

국민국가로부터 자본의 탈영토화와 전지구적 재영토화는 정치적 형태의 변화를 야기한다. 테러나 전쟁 같은 그 자체로 직접 국제적인 성격을 띠는 정치·군사적 사안은 물론, 이민자나 난민같이 경제적 이유에서 야기되는 정치적 문제, 나아가 질병이나 식량문제처럼 보건이나 생존과 관련된 문제 등 수많은 정치적 문제들이 이미 탈국민적 차원에서 진행되고 있다. 카스텔은 미국이나 독일을 비롯한 많은 '중심부' 국가들의 정부지출의 증가가 점점 더 해외차입에 의존하고 있다는 점에서 전지구적 자본시장에 대한 정부들의 대외의존도가 심화되고 있다고 지적한다.[05] 이런 맥락에서 그는 국민국가가 약화되면서 각각의 국민국가가 전지구적인 네트워크의 결절점이 되는 전지구적 네트워크 국가가 만들어지고 있다고 주장한다. 이는 부시 행정부 이후 미국의 일방주의에 의해 국민국가가 귀환함에도 불구하고 거스를 수 없는 대세라고 본다. 정치적 전지구화가 진행되고 있는 것일까?

네그리와 하트는 여기서 더 나아간다. 네트워크 자본주의의 전지구적 체제와 결부하여 하나의 새로운 정치적 체제가 출현했다고 주장한다. 그들은 이를 근대적 주권과 다른 새로운 종류의 주권 패러다임의 출현으로 이해한다. 제국 주권 패러다임의 출현으로.[06] "이러한 새로운 전지구적 주권형태를 우리는 제국이라 부른다."(16쪽) 이러한 전지구적 주권의 등장으로 인해 열강들의 각축으로 특징지어지던 제국주의 체제와 근본적으로 다른 체제가 출현했다고 한다. 이 체제는 전지구적 차원에서 정치적 및 경제적, 군사적으로 주권적 단일성을 갖는다. 즉 제국은 "전지구적 교환들을 효과적으로 규제하는 정치적 주체, 즉 세계를 통치하는 주권

---

05. M. Castells, *The Power of Identity*, Blackwell Publishers, 1997. [『정체성 권력』, 정병순 옮김, 한울, 2008, 390~400쪽.]
06. A. Negri·M. Hardt, *Empire*, Harvard University Press, 2000. [『제국』, 윤수종 옮김, 이학사, 2001, 193쪽.] 이 절에서 이 책의 인용은 괄호 안에 쪽수만 표시한다.

권력이다."(15쪽) "정부와 정치는 초국적 명령 체계 속으로 완전히 통합되게 된다. 통제는 일련의 국제기구 및 기능을 통해 연결된다."(402쪽) "국민 주권이라는 개념이 효율성을 잃어 가고 있는 만큼 마찬가지로 이른바 정치적인 것의 자율성도 효율성을 잃어 가고 있다."(401쪽)

새로운 제국적 주권은 세 가지 권력 형태로 이루어진 피라미드 구조를 갖고 있다. 첫째, 제국의 정점에는 전지구적 무력사용에 대한 헤게모니를 쥐고 있는 미국이라는 하나의 최강권력이 자리 잡고 있다. 이는 제국의 군주정적 성분이다. 둘째, 몇 개의 주요한 국민국가들이 중요한 전지구적 통화수단들을 통제하며 국제거래를 조절한다. G7, 파리와 런던클럽, 다보스 등으로 묶이는 나라들이 그것이다. 제국의 귀족정적 성분이다. 셋째, 수많은 NGO를 포함하는 이질적 단체들이 전지구적 수준에서 문화권력과 생명정치적 권력을 전개한다. 제국의 민주정적 성분이다. 이는 세 가지 통제수단을 갖는다. "폭탄은 군주권력이고, 화폐는 귀족권력이고, 에테르는 민주권력이다."(445쪽)

정말 우리는 전지구적 차원에서 통합된 단일한 주권권력이 탄생했다고 말할 수 있을까? 제국주의 시대와 분명히 구별되는 현단계의 자본주의 세계체제를 단일한 주권권력에 의해 통합된 '제국'이라고 말해도 좋을까? 가장 먼저 말해야 할 것은, 주권적 단일성의 근거로 삼는 사실들이 매우 의심스럽다는 것이다.

첫째로, 전지구적 단일성을 형성하는 군사적 요소를 지적하면서, 이들은 단지 폭탄이라는 군사력의 절대적 우위만을 말하지 않는다. 이권과 이해에 의해 벌어지던 제국주의 전쟁 대신에 전지구적 차원에서 '정당한 전쟁'의 관념이 도입되었다는 것이다. 윤리적으로 근거지어져 있는 한에서의 군사적 장치의 정당성, 바라는 질서와 평화를 얻기 위한 군사 행동의 효과성, 이 두 가지 요소의 종합이 제국의 토대와 새로운 전통을 결정하는 핵심요소라는 것이다(39쪽). 걸프전과 코소보전쟁이 이러한 근본적 변화를 보여 주는 사례이며, 반대로 "베트남전쟁은 미국의 입헌 기획과 그것의 제국으로 향하는 경향에서 일탈한 것"으로(346쪽) "미국이 구제국주의의 외피를 모호하게 상속하여 생긴 마지막 에피소드"(330쪽)라고 한다. 베트남전쟁 시기까지 소급·적용되는 '제국적 경향'이란 정말 놀라운 것이다. 제2의 베트남전쟁이 된 이라크전쟁은 미국이 '전지구적 협의'나 정당성에 반하여 전쟁을 벌임으로써 이전의 어떤 전쟁보다도 서구국가들의 적은 지지와 지원 속에 사태가 진행되고 있음을 보여 준다. 그렇다면 이전에는 냉전으로 인해 얻을 수 있었던 '우방국'의 지원조차 예전처럼 쉽지 않게 된 것이라고 해야 하지 않을까? 직접적인 전쟁에서만은 아니다. '정당한 전쟁'과는 반대로 미국은 군사적으로, 조약 위반으로 일관하고 있으며,[07] 교토의정서를 거부함으로써 환경문제에 대해 형성된

---

07. Ch. Johnson, *The Sorrow of Empire*, Metropolitan Books, 2004. [『제국의 슬픔』, 안병진 옮김, 삼우반, 2004, 105쪽]

전지구적 협의마저 부당하게(!) 깨고 와해시키는 주범이다. 차머스 존슨은 수많은 사례를 들어 말한다. "미국은 세계적인 규칙으로부터 등을 돌리고 있다."⁰⁸

전지구적인 '귀족정적' 통일성을 상정하는 경제적 측면에서도 역시 '제국적 경향'은 역사와의 불화를 보여 준다. 그들은 "세계시장의 경향적 통일성"을 말하지만(339쪽) 이는 그들 말대로 "전세계에 걸친 테일러주의적인 노동력, 포드주의적 노동력 및 훈육된 노동력의 욕망과 요구의 결과"란 점에서(342쪽) '제국' 이전의 것으로 보인다. 전지구적 기축통화의 단일성을 표상하는 브레턴우즈 체제의 해체는 "포드주의 통화체계의 해체"로서 국제적인 자본체계의 포괄적인 재구조화와 패러다임 전환을 요구하는 것이었다고 말하지만(354쪽), 전지구적 단일성을 형성하는 제국적 경향이 어째서 통화적 단일성을 해체한 것인지는 이해하기 어렵다. 더구나 유럽연합의 성립과 더불어 출현한 유로라는 새로운 거대통화의 안정과 강화는 달러의 급격한 약체화와 나란히 국제적인 기축통화가 복수화되고 있음을 명확하게 가시화하고 있는데, 이러한 추세는 경제적 통합성이 이전에 비해 현저하게 약화되며 경제적 중심이 복수화되고 있음을 보여 준다고 해야 하지 않을까? 그렇다면 오히려 제국적 경향과는 반대로 분화와 분열의 경향이 진행되고 있는 것이라고 해야 하지 않을까? 이란이나 베네수엘라에서 유로 결제 석유시장의 개장 시도는 달러와 유로 사이의 관계로 표상되는 '두' 열강 간의 경제적 역관계를 보여 주는 하나의 징표처럼 보인다. 자본주의로 '이행'한 중국의 급속한 부상 역시 이러한 관점에서 결코 사소하지 않은 사실로 보인다. 아직은 미국의 상품 및 자본시장에 대한 의존성으로 인해 독자적인 경로의 가능성을 갖고 있다고 말할 순 없다 해도 말이다. 미국의 '앞마당'이었던 남미에서의 경제적 독립성의 강화 경향 역시 이런 맥락에 있다고 할 수 있을 것이다. 2008년 5월 출범한 남미국가연합(UNASUR)은, 그것이 안정적인 국가연합이 되기엔 많은 난관이 개제되어 있으며 많은 시간이 필요할 것임은 분명하지만, 이러한 경향이 더욱더 명확하게 가시화되고 있음을 보여 준다. 따라서 '전지구적 시장'이 형성되는 경향이 분명 사실이라고 해도, "세계시장의 완전한 실현은 필연적으로 제국주의의 종말이다"(431쪽)라는 선언적 문장은 너무 안이한 추측에 따른 지극히 공허한 문장으로 들린다.

이와 별도로 '제국'의 개념은 동의하기 힘든 이론적 요소를 갖는다. 두 가지만 지적하자면, 하나는 제국의 개념을 추동하는 주권이론이라는 방법론이고, 다른 하나는 "제국은 외부를 갖지 않는다"(12쪽)는 이론적 명제다.

먼저, 주권이론의 중심 개념인 주권이란 기본적으로 법적 개념이다. 정치나 권력의 문제를 주권의 관점에서 접근한다는 것은 대개 법적 관념을 통해 그 문제에 접근하는 것이다. 아마도 그래서라고 보이는데, 『제국』에서 네그리와 하트는

---

08. 존슨, 『제국의 슬픔』, 111쪽.

미국의 헌법이나 로마의 제국적 법에 대해 지대한 관심을 보이고 있을 뿐 아니라 미국헌법 구조와 제국적 주권의 구조 간에 어떤 동형성을 상정하고 있는 듯이 보인다. 미국헌법의 개방성과 비제국주의적 성격을 지적하면서 그것이 보편적 공화국(228쪽)을 지향하고 있다고 해석한다.(226~228쪽) 이런 점에서 미국헌법은 제국적 경향을 가지며(246쪽) 그것이 갖는 팽창적 성격은 제국주의적인 것과는 다른 민주주의적 팽창(sic!)이라고 주장하면서(227쪽) 미국의 역사를 제국의 역사로 이해한다(229쪽). 미국의 팽창이나 역사에 대한 통념을 깨는 이 놀라운 해석은 제국적 주권의 구성에서 미국이 차지하는 특권적인 지위의 이유를 제공한다. "제국적 권위를 전지구적으로 구성하는 데 있어서 미국이 특권적인 지위를 지니는 여러 가지 이유가 있다. …… 헌정사의 관점에서 우리는 미국이 자신의 고유한 헌법의 제국적 경향에 의해 더욱 중요하게 특권화된다는 것을 알 수 있다."(246쪽) 아마도 미국 헌법이 없었다면, 제국이 없었을지도 모르고, 우리는 근대적 주권 형태 아래에서 계속 고통스레 신음해야 했을 것 같다.

푸코는 주권이론의 관점에서 권력에 접근하는 것이 사법적 사유 안에 있음을 지적하면서 그러한 사고가 정교하게 다듬어진 것은 왕권 주변에서였고 "모든 사법적 구조물의 중심인물은 왕이었다"라고 말한다.[09] 다음의 지적은 법적 형식의 사고에 대해서만이 아니라 네그리와 하트의 저 당혹스런 주권이론에 대해서도 아주 적절하다고 보인다. "중세 이래로 법이론은 권력의 정통성을 확립하는 역할을 가지고 있었다. 주권의 문제야말로 그 주변에 법이론이 형성되는 중심적인 주요 문제다. …… 법의 체계는 전적으로 왕에 집중되어 있다. 다시 말해 결국 그것은 지배와 그 결과를 제거해 버리는 것이다."[10] 그러면서 이러한 사고방식이 빈번하게 의존하는 것이 로마법인데, "이러한 로마법의 복원은 전제적이고 관리적인, 요컨대 절대적인 왕권을 구성하는 기술적 도구의 하나였다"라고 한다. 반면 네그리와 하트는 주권의 개념을 대신하여 푸코가 제안한 통치성의 관점조차 주권 관념 안에서의 이행으로 내부화하며(134쪽), 푸코의 지적대로 로마법으로 반복하여 되돌아가며 사법적인 것과 윤리적인 것의 일치로 표상되는 제국권리의 로마적 전통을 강조한다. "투키디데스……가 가르쳐 주는 것처럼 제국은 힘 자체를 기반으로 하여 형성되는 것이 아니라 힘을 권리와 평화에 기여하는 것으로서 제시할 수 있는 능력을 기반으로 형성된다."(43쪽) 이를 이유로 이렇게까지 말한다. "제국에는 평화가 있으며 제국에는 모든 인민을 위한 정의의 보증이 있다."(36쪽) 따라서 "미국의 실험이 …… 특히 제국적 로마에 의해 영감을 받은 정치이론을 얼마나 많

09. M. Foucault, *Il faut défendre la société*, Gallimard, 1997. [『사회를 보호해야 한다』, 박정자 옮김, 동문선, 1998, 43~44쪽.]
10. 같은 책, 44~45쪽.

이 닮았는지 놀라울 뿐이다!"(226쪽)라는 말처럼 놀라운 것도 없다.

"제국은 외부를 갖지 않는다"라는 명제는 스피노자가 '내재성의 사유'를 통해 신(실체)에 대해 부여했던 지위를 동일한 방법으로 제국에 부여한다. 이제 모든 것은 제국의 내부에 있다. 더불어 네그리와 하트는 프랜시스 후쿠야마를 빌려 "주권권력은 더 이상 자신의 '타자'[다른 주권]와 대결하지 않을 것이고 더 이상 자신의 외부와 대면하지 않을 것이며, 오히려 전지구를 자신의 고유한 영역으로 만들기 위해 자신의 경계를 점차 팽창시킬 것"(255쪽)이라고 말한다. 따라서 "제국주의 전쟁, 제국주의 사이의 전쟁, 그리고 반제국주의 전쟁의 역사는 끝났다. 그러한 역사의 종말은 평화의 지배를 가져왔다 …… 모든 제국적 전쟁은 내전, 치안활동이다."(255쪽) 사법과 윤리가 일치하여 수행되는 '정당한 전쟁'이 그 모든 제국적 치안활동을 정당화할 것이다. '무(無)-장소'라는 개념은 이러한 관념의 다른 표현이다. "제국의 이런 매끄러운 공간 속에서 권력의 장소는 없다 — 권력의 장소는 도처에 있지만 또한 어디에도 없다."(257쪽) 따라서 제국에 저항하는 어떤 '외부'를 만드는 것도 불가능하거나 무의미하다. "제한된 국지적 자율성을 겨냥하는 기획으로는 제국에 저항할 수 없다."(276쪽) 물론 저항이 불가능하다는 것은 아니다. 제국시대에 저항의 근본관념은 사보타주가 아니라 탈주인데, "이러한 탈주는 어떤 장소를 갖지 않는다. 그것은 권력의 장소를 비우는 것이다"(284~285쪽). 그러나 권력이 장소를 갖지 않는 세계에서 권력의 장소를 비운다는 건 대체 어떤 것일까?

우리는 제국의 단일성에서 외부의 부재와 권력의 무장소성으로 이어지는 이러한 논리 자체가 부당하다고 생각한다. 왜냐하면 첫째, 내재성의 사유란 외부를 통한 사유라고 믿기 때문이다. 내재성이란 외부의 부재를 통해 사유되는 게 아니라 도처에 외부가 있으며, 내부조차도 항상-이미 외부에 불과하다는 것, 내부란 어떤 것이 어떤 외부와 만나는가에 따라 다른 본성을 갖게 된다는 것, 외부와 무관한 어떤 내적 본질, 초월적 본질은 없다는 것을 뜻한다.¹¹ 따라서 제국에 외부가 없다는 명제는, 설혹 단일한 제국을 인정하는 경우에도 제국의 역학을 사유할 수 없게 할 것이다. 둘째, 전체를 포괄하는 단일체처럼 보인다고 해도 제국은 수많은 외부들에 의해 관통되고 있다고 우리는 믿는다. 제국의 권력은 어디에나 있는 것처럼 보이지만, 사실은 어디든 그것이 작동하지 않는 구멍들, 외부들이 광범하게 존재한다고 믿는다. 그런 외부가 없다면, 네그리가 그토록 강조하는 다중이나 저항적 대중의 형성은 불가능한 게 아닐까? 역으로 그 모든 저항의 지점들, 저항이 발생하는 모든 지점들이 제국적 권력의 외부라고 해야 하지 않을까?

동일한 이유에서, 제국 안에서 국민국가를 저항의 거점으로 삼는 것이 무익

---

11. 이진경, 『노마디즘』, 1권, 휴머니스트, 2002, 120쪽.

할 뿐 아니라 유해하다고 하는 주장 역시 받아들이기 힘들다. 물론 국민적 차원에서 권력의 장악을 목표로 삼는 것이 혁명의 핵심고리라고는 생각하지 않는다. 그러나 가령 베네수엘라의 차베스 정권의 존재가 제국체제 안에서 제국과 대결하는 데 별 다른 의미가 없다고는 생각하지 않는다. 심지어 중국이나 쿠바 같은 사회주의 국가나, 이란 같은 반미국가의 존재 또한, 제국적 체제 안에서 의미 없는 존재라고는 생각하지 않는다. 제국주의와 다른 단계의 현 세계체제를 하나의 단일한 것이라고 본다고 해도, 그 체제는 미국과 그 '귀족'들과는 다른, 쉽게 통제되지 않고 종종 적대적이기도 한 국가들, 그리고 러시아나 중국처럼 많은 경우 협조자로 행동하지만 언제나 그런 것만은 아닌 국가들이 공존하는 체제다. 그 국가들은 제국적 국가들과는 다른 특이점을 형성하고 있는 것이다(이런 점에서 이들 국가는 제국적 체제 안에 포함되는 경우에도 제국의 '내부'라고 할 수 없다). 따라서 혁명을 통해서든 선거를 통해서든 제국적 체제 안에 제국적 국가와 다른 종류의 특이점들이 만들어지는 것은, 제국적 체제를 약화 내지 교란시키고 그것에 대한 저항의 전선을 형성하는 데 결코 적다고 할 수 없는 의미를 갖는다.

4.
국가와 자본

지금의 전지구적 자본주의, 혹은 새로운 세계체제를 개념화하기 위해 먼저 자본과 국가(영토국가)의 관계에 대해 간단히라도 말하지 않으면 안 된다. 자본이 이윤의 형태로 잉여가치를 착취하는 포획장치라면, 국가는 세금의 형태로 잉여가치를 착취하는 포획장치다. 자본이 노동력을 착취대상으로 삼는다면, 국가는 '주민'(population)을 포획대상으로 삼는다. 물론 '주민'이 암묵적이나마 하나의 정치적 실체로 성립된 것은 영토국가가 성립된 17세기 이후이고, '인구'(population)의 관리가 통치의 일차적 과제로 부상한 것은 18세기 말이었지만,[12] 약간의 소급적 논리를 이용해 우리는 국가는 모두 자신의 '주민'의 생산능력을 세금의 형태로 영유하여 그들을 통치하는 포획장치라고 말할 수 있다. 프랑스혁명 이후 대중의 흐름이 정치의 일차적 흐름임이 분명해지고 그들의 신체와 생명을 좌우할 수 있는 군주의 권력을 전복하면서, 국가는 주민의 생명/생존을 관리하지 않고는 포획의 권리를 갖지 못하는 것이 되었다. 이를 통해 역으로 국가는 대중들의 생산적 능력의 결과만이 아니라 그들의 삶/생명 자체를 통치할 수 있는 계기를 확보했다.

12. M. Foucault, *Sécurité, territoire, population*, Gallimard, 2004. [*Security, Territory, Population*, G. Burchell tr., Palgrave Macmillan, 2007, p. 69 이하.]

국가는 단지 자본의 이해를 대행하는 상부구조가 아니라, 그것과 구별되는 독자적인 대상을 가지며, 따라서 자본으로 환원불가능한 논리를 갖는다. 가령 자본이 시장과 경쟁을 작동 조건으로 삼고 생산성/효율성을 정당화의 이데올로기로 삼는다면, 국가는 법과 통치를 작동 조건으로 삼고 국민주의를 정당화의 이데올로기로 삼는다고 할 것이다.

그러나 근대 이래 국가는 자본 없이는 작동할 수 없는 것이 되었다. 주민의 생존이란 경제적으로 그들을 자본이 필요한 노동력으로 만드는 것을 전제하고, 토지와 도로, 역이나 항만 등 국가가 자금을 투자해 만들어 낸 설비 또한 자본이 없이는 유휴화되거나 무효화되고 만다. 국가는 자본 없이는 통치할 수 없다. 이런 이유로 국가는 유효한 통치를 위해서도 자본의 이해를 대변하고 부르주아지의 요구를 받아들여야 한다. 국가가 부르주아지의 집행위원회로 나타나는 것은 이런 조건에서다.

이런 점에서 국가는 자본의 '기-생체'(para-site)다. 그것은 자본의 옆(para)에 있으며 자본에 기대어-생존하고 기대어-작동하지만, 역으로 자본의 증식에 관여하고 그 증식의 양상을 규정한다.¹³ 따라서 국가는 자본의 이익에 기대어 존속하기에 그것의 이익에 부합하여 작동하며, '이용'의 형식으로 상이한 이해의 자본들이 모이고 조정하는 중심이지만, 그렇다고 자본의 이익으로 환원될 수 있는 '상부구조' 같은 것은 아니다. 거꾸로 그것이 있기에 자본의 이익이 결집과 결속의 형태로 형성될 수 있다는 점에서 어쩌면 자본보다 선행하며 자본의 운동방식을 규정하는 조건이라고 해야 한다. 기-생체가 숙주의 생존조건인 것이다.

동일한 의미에서 자본 또한 국가의 '기-생체'다. 하지만 자본 역시 국가의 작동방식으로 환원되거나 국가적 이익에 귀속되는 어떤 부속적 존재는 아니다. 자신의 이해에 따라 국민적 영토성에서 이탈하여 운동한다. 현재의 전지구화는 국민적 영토에서 이탈한 자본의 운동방식에 일차적으로 기인한다. 자본의 '보편성'이 영토적 '특수성'을 초과한 것이다. 덧붙이자면, 자본은 언제 어디에서나 '모두'에 대해 적용가능한, 근대적 법의 형식에서 아주 명료하게 드러나는 공리적 보편성의 형식을 취하지만, 증식에 유리한 조건이라면 그러한 보편성에 반하는 어떠한 조건도 이용할 준비가 되어 있다는 점에서, 그리고 정확하게 이를 위하여 특수성의 형태를 취하는 국가적 영토성을 이용하고 그것과 손을 잡는다는 점에서 '특수성'의 여백을 항상 포함하며, 이런 점에서 '보편'과 '개별성'의 거리로서의 '특수성'을 자신의 작동원리로 한다고 말해야 한다.

자본과 국가는 역사적 조건에 따라 상이한 관계를 맺는다. 17세기 이전에 자

13. 이러한 기-생체의 개념에 대해서는 M. Serre, *Parasite*, B. Grasset, 1980. [『기식자』, 김웅권 옮김, 동문선, 2002] 참조.

본은 도시를 통해서, 혹은 도시와 도시를 연결하는 네트워크를 통해서 자본을 증식했다. 이 경우 도시 내지 도시동맹체는 한편으로는 봉건영주의 침탈로부터, 다른 한편으로는 농촌 인민들의 '침탈'로부터 시민들의 삶을 '보호'하며 그 대신 다양한 형태의 세금을 영유하는 국가장치를 형성했다. 자본은 이들 도시적 국가장치의 연결망을 따라 상품을 매매하고 자본을 증식했다. 17세기에 영토국가는 내부적으로는 전국적 통치공간의 형성비용을 확보하기 위해 자본과 손을 잡았고, 자본 역시 특정 국가의 영토 안에서 전국적 시장을 포함해 영토단위의 공간에서 새로운 초과이윤을 확보하기 위해 영토국가와 손을 잡았다. 이 관계를 통해 자본가는 조세권이나 화폐발행권을 담보로 국가에게 화폐를 조달해 주고, 자본에게 국가는 한편으로는 착취장치를, 다른 한편으로는 다른 자본과의 경쟁을 제한할 수 있는 보호장치를 제공했던 셈이다.

전지구적 수준에서 생산과 유통이 진행되어 자본이 국민국가에서 탈영토화되는 경향이 뚜렷한 현금의 자본주의에서도 자본은 그러한 이중의 장치로서 국가장치를 선호한다. 그래서 자신의 국적을 벗어던지기보다는 유지하고 이용한다. 하지만 이미 초국적 스케일로 존재하고 활동하는 자본은 태생적 원적에 충실하기보다는 자신의 이득에 필요한 국적을 취득하고 이용한다. 즉 초국적 자본조차 국적을 유지하고 있다고 하지만, 그 국적의 성격은 태생적 영토성이 아니라 기능적 영토성을 갖는다. 즉 자본은 새로운 조건에서 자신의 증식과 착취에 유리한 국가에 직접적으로 근접하여 그것을 이용하려고 한다. 초국가적 범위의 네트워크는 그것을 가능하게 한다. 이런 의미에서 초국적 자본은 이제 다국적 영토성을 갖는다. 가령 미국의 법적·시장적 조건에 맞추기 위해 미국에 설립되어 생산하고 증식하는 도요타 자동차를, 단지 그것이 일본에 기원을 두고 있는 사람들에 의해 시작되었다는 이유만으로 일본의 회사라고 보는 것은 자본의 영토성이 갖는 기능적 유연성을 보지 못하는 것이다(삼성-르노 자동차의 국적은 한국일까 프랑스일까?). 따라서 이렇게 말해야 한다. 자본은 수많은 국적을 갖는다. 왜냐하면 "자본에는 국적이 없"기 때문이다.

따라서 전지구적 자본주의에서 국민국가는 일종의 딜레마 내지 역설에 처하게 된다. 국민국가의 국민적 발전을 위해서는 이미 전지구화된 자본을 끌어들여야 하고 이를 위해선 그것의 활동성을 보장하기 위해 국민적 보호의 벽을 완화해야 하기 때문이다. 다시 말해 자국 자본을 위해선 자국 자본을 위한 벽을 포기해야 하고, 자국의 경제적 성장을 위해선 자국 주민의 경제적 생존을 포기해야 하는 역설과 대면하게 된다. 카스텔의 말처럼 이것이 어떤 식으로든 국민국가의 힘이나 지위를 약화시킬 것은 분명한 듯하다.[14] 자신의 국가적 지위를 유지하기 위해 자신

14. 카스텔, 『정체성 권력』, 411, 454~463쪽.

의 힘을 약화시키는 역설이 국민국가의 역설에 달라붙은 채 작동한다. 그렇지만 여기서 국민국가의 소멸을 추론하는 것은 너무 성급하고 단순한 것이다. 왜냐하면 국민국가는 여전히 다른 국가에 비해 자국이 자본의 투자와 증식에 유리하다는 것을 보여 주는 방식으로 자신의 '특수성'을, 자본의 보편성에 부합하는 고유한 개별성을 드러내고 과시해야 하기 때문이다. 물론 그러한 특수성은 항상-이미 보편성 안에 있는 보편성의 일부이기에, 평균화되는 방식으로 보편화되는 것을 막을 수 없다고 해도 말이다. 그럼에도 그러한 '보편화'와 약화의 경로가 지역적 확장의 형태를 위하는 길을 따라 진행되는 것과 흐름의 공간을 통한 해소의 길을 따라 진행되는 것은 구별되어야 할 것이다. 이 두 가지 길의 교착과 융합이 전지구적 자본주의에서 국가와 정치의 문제를 규정하는 지반이 될 것이다.

이러한 역설은 이른바 '거시경제' 단위와 '거시정치' 단위의 탈구를 보여 준다. 아주 다른 맥락에서였지만, 제인 제이콥스는 국민국가가 거시경제의 단위라는 통념을 깨면서 도시간 연합체가 다른 종류의 새로운 거시경제단위로 정의되어야 함을 주장한 바 있는데,[15] 이는 뒤에 보듯이 자본의 전지구적 네트워크가 전지구적 도시들의 연결을 통해 형성되는 지금의 자본주의에서라면 더욱 적극적으로 검토되어야 할 테제로 보인다. 이자나 환율에 대한 국가적 통제가 정책적 목표에서 벗어나 작동하게 된 것은 거시경제정책은 여전히 국민국가라는 단위를 전제로 실행되지만 자본이나 통화의 흐름은 다른 종류의 범위를 갖는 단위 안에서 움직이기 때문이다. 물론 초국가적 연합의 출현이 이미 현실적인 것으로 가시화된 조건에서, 거시정치의 단위가 국민국가로 고정되어 있을 것이라는 가정 역시 유지되기 어려울 것이다. 하지만 그것이 전지구화의 진전에 따라 변형되고 '확대'되는 양상은 거시경제적 단위가 변형되고 확장되는 것과는 다른 형태를 취할 것이다. 전지구화된 자본주의에서 국민국가와 세계체제의 변화양상을 포착하는 문제는 이러한 문제를 포착하는 문제기도 하다.

5.
전지구화와 지역화

생산의 전지구화는 생산자본으로서의 자본의 영토성을 '다국적'으로 변환시킨다. 인도네시아, 타이, 필리핀, 말레이시아에서 특화된 형태로 부품을 생산하여 상품판매에 유리한 나라에서 각각 조립·완성하여 판매하는 도요타 자동차의 경우

---

15. J. Jacobs, *Cities and the Wealth of Nations*, Random House, 1984. [『도시와 국가의 부』, 서은경 옮김, 나남, 2004, 41~44쪽.]

는 이를 잘 보여 준다. 즉 생산의 전지구화는 자본의 고정성을 전지구적 스케일로 분산시켜 태생적 영토성을 다국적화하고, 시장조건은 기능적으로 유리한 국적성에 접근하게 만든다. 다른 한편 80년대 이후 진행된 자본의 '금융화'는 자본으로 하여금 생산의 실물적 고정성에서 이탈하여 금융적 자본의 형태를 취하는 것을 선호하게 했으며, 이처럼 금융화된 자본의 활동을 위한 대대적인 금융상품과 금융거래를 창출했고, 이를 가로 막는 제도적 규제를 철폐하게 했다. 나아가 이 금융자본의 이동을 제한하는 국가적인 제도적 장벽들 또한 철폐케 하여 전지구적 수준에서의 이동가능성을 확보했다. 인터넷과 정보통신혁명이 제공한 새로운 인프라는 이제 자본으로 하여금 빛의 속도로 이동하며 증식할 수 있는 지반을 제공했다. 이것이 자본의 영토성을 급속히 탈국적화하고 전지구적 단일성을 형성하는데 결정적인 역할을 했다는 것은 의문의 여지가 없다. 자본이 급속히 국민국가로부터 탈영토화되는 것은 일차적으로 이로 인한 것이다. 전지구화된 자본주의란 이처럼 생산 및 상품자본 형태의 고정성을 탈영토화하는 생산의 전지구화와 화폐자본의 운동을 규제하는 국가적 제한의 철폐와 자본 전반의 금융화를 수반하는 금융적 전지구화라는 이중적 운동을 통해 파악되어야 한다.

전지구적 '단일성'을 형성하는 네트워크는 무엇보다 자본 자체에 의해 만들어진다. 자본의 불가피한 고정성과 증식에 필요한 국민적 영토성에도 불구하고 자본은 이미 국민적 경계를 넘어서 탈영토화되고 있다. 전세계 생산량의 20~30%를 초국적 기업이 차지하고 있으며, 세계무역의 2/3를 초국적 기업이 차지하고 있다. 게다가 그 절반(즉 세계무역의 1/3)은 초국적 기업의 자회사 간에 발생한 거래다.[16] 미국의 해외교역에서 초국적 기업이 차지하는 비중은 80%를 넘어섰고, 미국 해외교역량의 1/3 이상은 초국적 기업의 기업 내 거래다. 그리고 전세계적으로 이루어지는 해외직접투자의 대부분은 초국적 기업에 의한 것이다.[17] 그래서 사센 (S. Sassen)은 이제 초국적 기업은 세계경제의 전략적 조정자가 되었다고 말한다.[18] 카스텔은 "초국적 기업에서 국제적 네트워크로 진화할 것"이라고 본다. 이 경우 "다국적 기업에 의해 형성된 네트워크들은 국경, 국가적 정체성, 국가적 이해 등을 초월한다".[19]

'초국적 자본'은 단지 거대 기업에 한정된 것이 아니다. 그것은 국경을 넘나들며 증식하는 자본의 일반성을 획득했다. 하청을 포함하는 다양한 '네트워크 조

---

16. M. Castells, *The Rise of the Network Society*, Blackwell Publishers, 1996. [『네트워크 사회의 도래』, 김묵한 외 옮김, 한울, 2003, 160쪽.]

17. S. Sassen, *Cities in a World Economy*, Pine Forge Press, 1994. [『경제의 세계화와 도시의 위기』, 남기범 옮김, 푸른길, 1998, 42쪽.]

18. 같은 책, 43쪽.

19. 카스텔, 『네트워크 사회의 도래』, 267쪽.

직'의 형태로 다양한 종류의 기업들이 초국적 자본에 연결되어 있으며, 그러한 연결이 없는 경우에도 거대 자본이 아닌 기업조차 초국적인 수준에서 생산하고 판매하는 초국적 성격을 획득해 가고 있기 때문이다. 가령 원예사업을 하는 조그만 기업조차 지금은 중국과 베트남, 한국과 일본을 넘나들며 사업을 하고 있다. 비정규직 탄압으로 악명 높은 이랜드의 경우 지금은 수많은 회사를 거느린 '재벌'이 되었지만, 애초에는 이대 앞의 조그만 옷가게에서 시작해 일찍이 중국의 싼 원료와 노동력을 이용해 생산하여 한국과 중국, 일본 등에서 판매하는 사업으로 성공했다. 이러한 예들은 초국적 성격이 작은 규모의 자본을 포함한 자본 일반에 대해서 유효하다는 것을 잘 보여 준다. 요컨대 자본 자체가 초국민적 수준에서 네트워크가 되고 있으며, 생산과 유통·금융과 소비 등의 형태로 만들어지는 그 자본들의 다양한 연결망들이 전지구적 네트워크를 빠른 속도로 직조하고 있는 것이다.

그러나 생산자본이 갖는 불가피한 고정성은 IT산업 같은 첨단적인 산업조차 피할 수 없을 뿐만 아니라, 가장 이동성이 큰 금융적 자본의 경우에도 '사업'으로서 진행되기 위해서는 사무실이나 정보통신설비를 비롯한 다양한 고정적 인프라를 필요로 하며, 그 '사업'에 종사하는 사람들의 일상적 욕구를 위한 실물적 설비들을 필요로 한다. 이로 인해 사센이 '전지구적 도시'(global city)라는 개념을 제안하면서 강조했던 것처럼, 전지구적 이동성은 물리적 영토성을 갖는 고정성을 수반하며, 전지구적 네트워크는 그러한 '사업'을 조직하고 지휘·통제하는 중심적 거점들을 연결하는 방식으로 만들어진다.[20] 그러나 사센 역시 나중에 인정했듯이 전지구적 도시가 뉴욕, 런던, 도쿄 등 거대 중심 몇 개로 한정될 이유는 없다고 보인다.[21] 그리고 확대된 숫자의 전지구적 도시들과 그것들에 기능적으로 종속된 부속도시들로 구분하여 새로운 위계를 설정하기보다는[22] 전지구적 스케일에서 자본의 네트워크를 형성하는 데 기능하는 다양한 도시들의 전체를 전지구적 도시라고 보는 게 타당할 것 같다. 이 경우 '전지구적 도시'란 특정 요건을 충족시키는 도시들의 집합을 지칭하는 개념이라기보다는 전지구적 네트워크상의 모든 거점이나 결절점, 혹은 기능적 매듭들로서 도시들이 갖는 성격 그 자체를 지칭하는 개념으로 정의되어야 한다.

전지구적 도시는 자본의 탈국민화된 네트워크를 연결하는 매듭일 뿐 아니라, 국민국가 내부에서 전지구화를 받아들이고 확산시키는 거점들이다. 즉 국민국가 내부에서의 탈국민화가 진행되는 거점들이다. 자본의 운동양상뿐만 아니라 노동자들의 고용형태나 노동방식, 대중들의 활동방식이나 생활방식, 혹은 사고방식에

---

20. S. Sassen, *The Global City: New York, London, Tokyo*, Princeton University Press, 1991, pp. 189~190.
21. S. Sassen, 「グローバルシテイ：反論に答える」, 鈴木淑美 譯, 『現代思想』, 2003年 5月號.
22. S. Sassen, 「グローバルとナショナルの間：經濟學的グローバリゼーションの時空間性」, 鈴木淑美 譯, 『現代思想』, 2003年 5月號.

서의 전지구화/탈국민화, 그리고 심지어 국가관료를 비롯해 국가장치의 내부적 탈국민화가 진행되는 거점이다. 하지만 정말 중요한 것은 전지구적 자본의 운동에 국민국가 내부의 대중이나 삶이 포섭되는 거점이고 자본의 전지구적 운동에 의해 '주민'들이 착취되는 거점이란 사실일 것이다. 전지구적 스케일로 활동하고 돈을 버는 첨단산업의 '전문가'들뿐만 아니라 반대로 대개는 비정규적 고용형태를 취하며 이주자들이나 '주변인'들이 떠맡고 있는 다양한 '잡직'들이 전지구적 도시에 높은 비율로 집중되고 있다는 점은 상징적인 하나의 사례일 것이다. 전지구적 도시에서 가장 극단적으로 나타나는 양극화는 이러한 사태를 단적으로 집약하는 현상일 것이다. 물론 그것은 정확히 그런 이유로 인해 새로운 대중운동과 계급투쟁이 펼쳐지기 시작하는 거점이기도 할 것이다.

전지구적 도시들을 연결하는 전지구적 네트워크는 자본은 물론 노동력이나 삶의 방식, 문화가 탈국민화된 형태로 이동하는 장이다. 그런데 이는 단지 전지구적 도시들이나 자본의 연결망으로 환원될 수 없는 새로운 통신망에 의해 뒷받침되고 있다. 인터넷과 이동전화로 상징되는 네트워크가 그것이다. 이 네트워크는 애초에 군사적 목적으로 시작되었고, 오래 지나지 않아 자본의 자유로운 이동을 위한 인프라가 되었지만, 그보다 더 먼저 사실은 전지구적 대중들이 접속하고 소통하는 공간이 되었다. 그리하여 지금은 자본은 물론 다양한 정보의 흐름, 기술의 흐름, 욕망의 흐름, 그리고 대중의 흐름이 모이고 접속하며 흘러가는 공간이 되었다. 굳이 카스텔의 개념을 곧이 곧대로 따르지 않는다고 해도 이를 '흐름의 공간'이라고 이해하는 것은 쉬운 일이다.[23] 전지구적 차원에서 흐름의 경제를 작동시키는 공간, 자본의 흐름과 노동력의 흐름, 그리고 대중의 흐름이 이동하는 공간.

이러한 흐름의 공간을 통해 지구상의 영토들은 하나의 전지구적 세계로 묶이고 연결된다. 이것이 현재의 세계체제를 레닌의 규정과 달리 하나의 전지구적 실체로 표상하게 하는 요인일 것이다. 이런 의미에서 전지구적 자본주의란 한편으로는 전지구적 도시들을 연결하며 만들어지는 자본의 네트워크를, 그리고 그 네트워크를 통해 빠른 속도로 이동하며 전지구적 스케일로 잉여가치를 영유하는 자본의 흐름 자체를 지칭하지만, 다른 한편으로는 노동력과 대중의 흐름이 이동하고 사람들의 삶과 활동이 전염되고 전달되는 새로운 관계의 장을 지칭한다. 흐름의 공간으로서 전지구적 네트워크는 일차적으로 전지구적 스케일로 흘러다니며 잉여가치를 영유하는 자본의 공간이지만, 동시에 사람들의 활동과 사유가 국민적 경계로부터 탈영토화되어 섞이며 서로를 촉발하는 삶의 공간이기도 하다.

이런 점에서 한 나라 단위의 경제라는 관념은 이제 점점 부적절한 것이 되어가고 있다. 가령 '미국경제'라는 개념은, "미국의 초국적기업들은 생산·경영의

---

23. 카스텔, 『네트워크 사회의 도래』, 536쪽.

전지구적 네트워크 속에 조직화되어 있고, 미국의 경제활동과 고용의 상당 부분은 외국 기업의 투자와 무역에 의존하고 있다"는 점에서 실제 진행되는 사태를 오도할 수 있는 것이라고 카스텔은 지적한다.²⁴ 거시경제단위가 국민국가가 아니라 전지구적 네트워크로 연결된 초국적 자본들의 집합체로, 혹은 사센 식으로 말하면 전지구적 도시들의 네트워크를 중심으로 연결된 도시들의 네트워크 전체로 변환되었다고 해야 한다. 한국의 경우에도 다르지 않을 것이다. '흐름의 공간'이란 전지구적 수준에서 형성된 새로운 거시경제적 단위를 지칭한다고 해도 좋지 않을까? 국민국가적 스케일의 거시경제학이 아니라 이 흐름의 공간을 대상으로 하는 새로운 거시경제학이 필요하게 된 것이 아닐까?

그러나 지금의 세계체제를 이러한 전지구적 네트워크의 단일성만을 갖고 파악한다면 그것은 사태를 지나치게 단순화하는 것이다. 자본의 전지구적 탈영토화를 받아들인다고 해도, 국민국가가 자본과 동일한 방식으로 그 탈영토화 운동을 따라갈 순 없다. 국민국가는 국민적 단위로 존재하는 '주민'들을 대상으로 통치하며 착취하는, 말 그대로 '국민'국가이기 때문이다. 자본 없이는 유지될 수 없기에 자본의 탈영토화된 이해를 따라가긴 하지만, 고용이나 소비는 물론 생산연계효과가 '국민'경제에 미치는 영향으로 인해 영토적 제한을 유지하고자 한다. 통화적 형태로 자본에 부여되는 국적성 역시 이런 제한과 결부되어 있다. 자본유출에 대한 국가적 제한이 아직도 많은 나라에 남아 있다. 그러나 이는 국제통화를 통해 얼마든지 탈영토화될 수 있는 국적성이다. 즉 이 국적성은 화폐자본 자체에는 없는 국적성이 자본의 이동(탈국민화)을 제한하려는 국가의 제도적 규제로 인해 인위적으로 부여된 것이다.

자본 또한 전지구화라는 하나의 방향으로만 달려가지 않는다. 전지구화의 발전이 전지구적 도시로의 국지적 집중이란 형태로 진행되는 것처럼, 자본 또한 그것이 갖는 물질적 성격으로 인해 물질적 조건과 결부되어 존속한다. 따라서 국적을 가지면서도 탈국민화되고 있는 자본의 탈영토화 운동을 이해하기 위해 자본의 고정성과 이동성을 규정하는 요인들을 보아야 한다. 먼저, 하비가 강조하듯이 자본은 그 실물적 형태로 인해 '고정성'을 갖는다.²⁵ 자본이 투자된다는 것은 특정한 영토의 토지상에 구체적인 실물적 설비로 물질화되고 그 영토상의 노동자들을 고용함을 뜻한다. 즉 생산자본으로서의 자본은 실물적 고정성을 가지며, 언어나 관습 등 노동력 조건이나 국가가 제공하는 인프라나 제도적 조건 또한 자본의 이동을 저지하는 고정성의 벡터를 함유한다. 이것이 자본으로 하여금 주어진(태생적) 국적에 일차적으로 매이게 만드는 요인이다.

24. 카스텔, 『정체성 권력』, 441쪽.
25. D. Harvey, *The New Imperialism*, Oxford Univ. Press, 2003. [『신제국주의』, 최병두 옮김, 한울, 2005, 117쪽 이하.]

한편 상품자본으로서의 자본은 '실현' 조건으로서 시장을 필요로 하며, 이는 국민국가적 경계에 의해 제한되어 있다. 이는 고정성을 갖지는 않지만 자국의 국적성을 유지해야 하게 만드는 요인이면서 동시에 판매되어야 할 나라의 시장조건에 적응하게 하는 요인이다. 여기서 자본은 한편에서는 공간의 경제의 구성요소인 공간적 장벽을 넘어서려 하지만, 동시에 여전히 공간의 경제가 제공하는 그 장벽을 이용하고자 한다. 자본은 외국 자본에 대해 독점적 지위를 유지하기 위해 국민적 경계를 이용하고 국가적 제약을 이용하고자 한다. 자유경쟁과 자유무역을 주장하면서도 모든 부르주아지가 가령 WTO의 '원칙' 조차 남에게는 강요해도 자신은 받아들이지 못하는 것은 이러한 이유 때문이다. 따라서 노동자는 물론 타국 자본에 대해서 전지구화가 제한적인 것도 이 때문이다. 반면 동일한 이유가 다른 나라에 대해 경계를 개방할 것을, 그들이 확보하고 있는 독점적 지위를 개방할 것을 요구하게 한다. 이런 이유로 인해 경제적 '개방'의 문제는 필경 '쌍무적' 개방의 형태를 취한다. WTO가 성공하지 못한 것도, FTA가 쌍무적 개방의 형태를 취하는 것도 모두 이러한 이유 때문이다.

생산자본이나 상품자본의 물질적 성격은 국민국가 내부에서 생산이나 유통 등의 입지조건에서 국지화를 야기하지만, 자본이 국민국가로부터 탈영토화되는 양상에서도 공간적 제한성을 야기한다. 무엇보다 생산된 상품이 시장으로 운송되어야 한다는 점, 이 경우 공간적 거리란 자본에게 비용을 뜻한다는 점으로 인해, 다른 조건이 동일하다면 가까운 지역으로 재영토화하려는 경향이 나타난다. 즉 생산하는 장소는 시장에서 가능한 한 가까워야 한다. 물론 미국이나 중국처럼 시장이 거대한 경우라면, 거기서 팔 상품은 현지에서 생산하는 게 좋을 것이다. 실제로 그렇게 하는 경우도 많다. 자본이 이미 확보하고 있는 실물적 자산과 '인적 자산', 그리고 자본의 활동에 중요한 기반이 되는 다양한 '인간관계' 등은 그런 경우에도 자국으로부터의 탈영토화를 제한하는 '고정성' 요인이 된다. 그처럼 거대한 시장이 아니라면 자본이 자국 내 영토성을 지속하려는 경향은 더욱더 강할 것이다. 이런 점에서 자본은 국민적 영토에서 벗어나는 경우에도 가능한 공간적 이동비용을 최소화하고 자국적 영토성과 공간의 경제를 최대한 이용하기 위하여 자국의 거점에서 가까운 곳으로 탈영토화하려는 경향이 발생한다. 즉 자본의 탈영토화는 다른 조건이 같다면 우선적으로 자국 인근의 국가들을 선호하는 지역적 영토화의 양상을 취한다는 것이다. 요컨대 자본의 물질성 내지 '고정성'이, 전지구적 스케일에서 자본들 전체를 보면 '전지구적 도시'라는 거점으로 집중되는 것과 마찬가지로, 초국적 네트워크를 형성하는 하나의 자본을 보면 가능한 한 자국의 거점을 중심으로 하는 어떤 지역으로 탈영토화의 범위가 상대적으로 제한되는 경향이 있다는 것이다.

대개 자연발생적 형태로 진행되는 이러한 양상의 지역적 영토화를 바탕으로 지리적으로 인접한 국가들 사이에서 지역적인 경제연합을 구성하려는 시도들이 나타난다. 물론 지리적 근접성으로 인해 필경 발생하게 되는 정치적 및 군사적인 연합 내지 '통합'(!)의 시도들 또한 이미 충분히 있었다고 해야 한다. 그런데 지금의 지역적 국가연합의 시도들은 일반적 식민주의가 가능했던 제국주의 시대의 그것과도 다르고, 정치적 동기에 의해 과잉결정되었던 냉전시대의 그것과도 다르다. 유럽연합이나 NAFTA, 혹은 UNASUR처럼 좀더 명확하고 가시적인 형태의 '지역' 연합체들이 만들어지기도 하고, 동남아시아 국가들을 연결하는, 아직은 지역연합체라고 말하기는 어려운 모호한 지역적 연합체를 형성하려는 경향도 있다. 이것이 현재의 세계체제 형성에서 또 하나의 중요한 분할과 배제 및 통합의 정치적·경제적 배치를 구성하고 있다.

더불어 국민국가 간의 쌍무적 통합/배제의 형식을 만들기 위해 진행되는 수많은 FTA의 시도들 역시 이런 맥락에서 이해할 수 있을 것이다. 물론 그것은 적극적인 통합의 목적도 있겠지만, 미국의 경우처럼 아시아나 남미에서 지역적 국가연합으로 통합되어 가고 있는 기존의 구도에 개입하여 자신에게 불리한 배치를 저지하기 위해 진행되는 것도 있다고 해야 할 것이다. 동아시아 통화통합의 시도를 와해시켰던 IMF-미국의 개입이 그런 경우의 대표적 사례일 것이다.

따라서 현재의 세계체제를 이해하기 위해선 상이한 논리와 형태로 진행되는 탈국민화의 두 형태를 결합해서 파악해야 한다. 즉 선별과 배제를 작동시키는 국민국가적 경계를 유지하며 진행되는 탈영토화/재영토화 형태로서 '지역적 국가연합'과 전지구적 도시들을 거점으로 하는 자본의 네트워크들로 직조되는 전지구적 흐름의 공간이 그것이다. 그렇다면 다국적 지역연합의 형태로 통합/분할된 국민국가들의 집합체들이 있고, 이 분할된 지역연합성 집합체들을 하나로 연결하는 전지구적 흐름의 공간이 있다고 말해도 좋지 않을까? 그러나 지역적 국가연합이 전지구적 통합을 위한 중간단계로서 존재한다고 말해선 안 될 것이고, 역으로 전지구적 흐름의 공간이 지역적으로 분할되어 통합된 연합체를 연결하는 기능을 위해 존재한다고 해도 안 될 것이다. 그것은 각각이 상이한 논리와 상이한 방식으로 작동하는 통합의 형식이며, 서로 대립된다고는 할 수 없지만, 그렇다고 쉽게 상보적이라고 말할 수도 없는 독자성을 갖고 각각 작동한다고 해야 한다.

여기에서 전지구적 도시는 한편에서는 흐름의 공간을 네트워크로 직조하는 거점들이면서 다른 한편으로는 그러한 전지구적인 자본의 착취와 전지구적 대중의 흐름이 국민국가적 벡터로 변환되는 거점이고, 흐름의 공간을 관통하는 회로와 연합의 형태로 확장된 영토적 공간을 관통하는 회로가 만나고 중첩되는 지점이다. 그러나 그 거점은 상이한 세 회로를 통과하는 이질적 흐름을 통합하고 동질화하는 장소가 아니라 그 이질적 흐름이 뒤섞이고 공존하며 중첩되는 장소라 해야 할 것이다. 그리하여 전지구적인 코스모폴리탄적 형태와 국민적 형태, 지역연합적 형태의 사유와 활동이 상충되며 공존하는 혼성의 지대라고 해야 할 것이다.

6.
과잉-
제국주의

앞서 지적한 것처럼 새로운 국제통화의 출현이나 유럽연합의 출범, 그리고 남미나 중국·인도 등지에서 미국의 '제국적' 통합력에 반하는 거점들의 출현과, 다른 한편에서 미국의 금융적 자본을 필두로 한 신자유주의적 통합의 양상이나 네트워크를 통한 광범위한 전지구화의 공존을 우리는 이런 방식으로 이해할 수 있다고 믿는다. 아마도 여기서 후자만을 강조한다면 세계체제는 단일한 전지구적 연합체로, 하나의 '제국'을 이루는 통합체로 보일 것이다. 반대로 전자만을 강조한다면 단지 제국주의 체제가 좀더 확대된 형태로 지속되고 있는 것으로 보일 것이다. 그러나 지금의 세계체제는 상이한 논리에 따라 상이한 경로로 만들어지는 이 두 가지 요소들이 결합되어 작동하고 있다는 점에서 이전과 확실히 다르지만, 그렇다고 단일한 전지구적 통일체만이 있다고 말해도 안 된다고 믿는다. 그렇다고 이를 단지 두 가지 세계체제 사이의 어떤 중간단계라고, 하나의 과도기에 지나지 않는다고 말해도 안 될 것이다. 그것은 이러한 체제가 단일한 제국으로 귀착될 것이라는 믿음 속에서 세 가지 세계체제 형태들 간의 차이를 단지 양적 차이에 지나지 않는 것으로 축소하는 것이기 때문이다. 이를 요약하면 다음의 도식으로 표시할 수 있을 것이다.

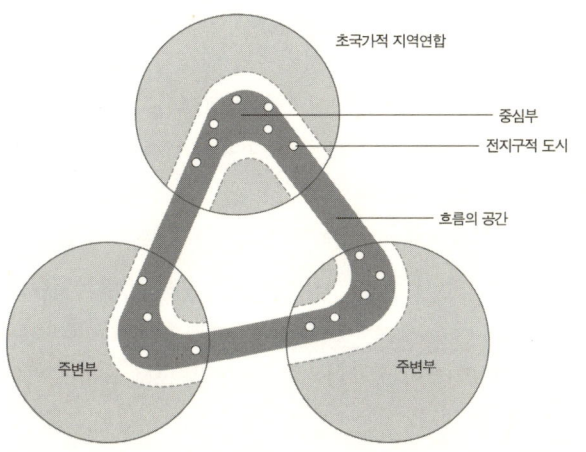

이러한 세계체제에서 제국주의는, 식민지적 침략적 체제로서 제국주의는 사라진 것인가? 그건 아니라고 분명하게 말해야 한다. 과거 식민지 인민들의 투쟁으로 인해 식민주의적 침략이 불가능해진 상황에서 외연적이고 공간적인 착취와 침략의 형태가, 흐름의 공간을 통해 자본의 흐름이 어떤 나라에도 자유롭게 침입하여 착취하고 빠지는 형태로 대체된 것이다. 국민국가의 외연을 확장하는 공간적 '침략'의 전략이 국민국가적 경계를 자유롭게 넘나들며 노동력의 흐름과 부의 흐름을 착취하는 흐름의 '침입'으로 대체된 것이다. 이런 점에서 이전 시기의 '공간적 제국주의'가 지금에 와서는 '흐름의 제국주의'로 대체되었다고 말해도 좋을 것이다. 가령 1997년 한국은 물론 동남아시아 전체를 덮친 금융 위기는 자본의 이동을 제한하는 규제가 사라진 조건에서 자유롭게 이동하며 침입했다 빠져나가는 금융적 자본의 흐름이 해당 국가 인민들의 주머니를 턴 것이었다.

그러한 침입을 통해 착취되는 대상 또한 국민국가적 형태의 식민지에서, 혹은 '제3세계'에서 그대로 발견되지 않는다. 차라리 대립은 흐름의 공간 안에 내부화된 자본의 흐름, 그리고 그 자본의 흐름에 편승한 수많은 기능적 자본가들(소위 '고급 인력')을 한편으로 하고, 흐름의 공간에서 배제된 거대한 지역과 흐름의 공간 안에서 국경에 의해 재절단 당하면서 초과착취 당하는 이민자들이나 주변적 노동자들을 다른 한편으로 한다고 해야 한다. 이런 점에서 세계체제의 중심과 주변 또한 달라졌다고 말해야 한다. 그것은 이제 국민국가적인 단위로 진행되는 분할의 형식이 아니라, 흐름의 공간과 그것의 외부, 혹은 전지구적 네트워크로 통합된 지역과 거기서 배제된 지역을 가르며 진행되는 분할의 형식이라고 말해야 한다. 전지구적 도시에서 발견되는 극심한 양극화나, 가령 한국의 경우 국가 전체의 영역에서 발견되는 전반적인 양극화는 이러한 관점에서 이해할 수 있을 것이다.

다른 한편 FTA의 진행과정에서 드러난 것처럼, 이러한 침략적 착취에 확장된 영토에서 독점적 지위를 확보한 국내외 자본의 착취가 더해진다. 제국주의적 착취는 전지구화된 세계체제에서 완화되는 게 아니라 이중적 형태로 가중된다. 그리고 이러한 착취는 구식민지를 대신하는 식민지적 국가뿐만 아니라 구제국주의 나라의 노동자나 대중들에 대해서도 유사한 양상으로 진행된다. 이런 점에서 제국주의적 '강탈'과 착취는 이전에 비해 과소한 게 아니라 과잉한 게 된다. 흐름의 제국주의에 확장된 영토적 제국주의가 더불어 작동하는 이중의 회로를 통해 제국주의적 국가관계가 과잉결정된다는 의미에서, 그리고 그 결과 제국주의적 강탈과 착취가 이중으로 과잉화된다는 의미에서 이러한 체제를 일단 '과잉-제국주의'(over-imperialism)라고 부를 수 있을 것이다. 하지만 이 개념이 좀더 구체화되는 것은 정치·군사적 층위의 조건을 고려한 위에서일 것이다.

경제적 층위에서의 전지구화가 현재의 자본주의를 전지구화하는 일차적 추동력이라고 해도, 현재의 세계체제가 구성되고 작동하는 양상을 그것만으로 이해할 순 없다. 특히 지역연합이 진행되는 양상이나 전지구적 정치가 진행되는 양상에서 가령 군사적인 요소는 간과되어선 안 될 위치를 가지며, 이전에 냉전이 그랬고 지금은 테러나 국지적인 민족분쟁이 그런 것처럼 경제적 논리로 환원될 수 없는 독자적 논리를 갖는다. 그런데 여기서는 초국적 연합 단위로 사태가 진행되기보다는 그러한 지리적 및 정치적 인접성의 바탕 위에서 국민국가들의 참여/개입의 형태로 사태가 진행된다. 경제적 영역에서와 달리 정치적 영역에서는 주권이란 형식으로 인해 심지어 초국적 연합행위조차 국가적 행위의 형식으로 진행되기 때문이다. 가령 아프가니스탄 점령이나 이라크전에서 영국은 유럽연합의 일부지만 유럽연합의 다른 나라들과 다른 독자적 행보를 뚜렷이 했고, 이는 프랑스나 독일·이탈리아 등 역시 마찬가지였다. 지정학적 인접성은 국민국가에 비해 훨씬 이차적인 위상을 가질 뿐인 것이다.

여기서 국가나 국가연합을 하나의 '전지구적 전체'로 묶는 역할을 하는 것은 미국이다. 이는 냉전시대에 그 기초를 확보한 것이고 냉전 이후에는 오히려 전지구적 범위로 확대된 것이다. 전세계 바다 위를 떠도는 '현존함대'와 전세계의 미군기지, 그리고 무기 등으로 구성된 미국의 군사력이 전지구적 무력의 흐름을 주도하는 중심 회로를 구성한다. 적어도 미국의 정치적 통제력에 포섭된 한에서, 다른 나라의 공식적인 군사력은 이 회로를 따라, 세계의 경찰 역할을 자임하는 미국의 통제 하에 움직인다. 여기서는 경제적 차원의 세계체제와 달리 중심/주변이 아니라 내부/외부의 개념이 일차적 분할을 이해하는 데 더 적절하다. 즉 미국의 군사적·정치적 영향력에 포섭된 부분을 회로의 내부라고 한다면, 그렇지 않은 부분을 외부라고 할 수 있을 것이다. 그러나 모든 나라, 모든 인민의 정치적·군사적 능력이 이 회로 안에 들어 있는 것은 아니며, 2차 이라크전이 보여 주

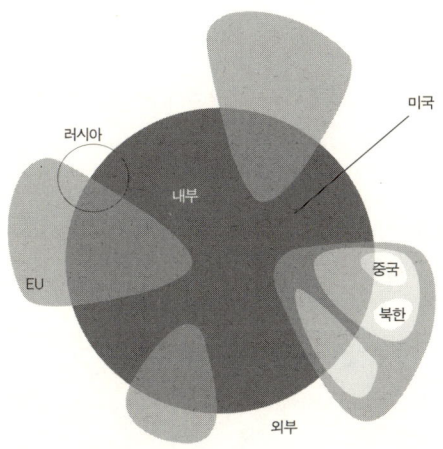

었듯이 유럽의 국가들조차 전적으로 그 회로 안에 있다고 할 수 없다. 그리고 북한이나 이란, 베네수엘라나 쿠바, 혹은 중국이나 러시아도 각각 상이한 방식으로 그 경계선의 외부를 형성하고 있다(물론 내부에 들어간 부분도 있고, 걸친 부분도 있다).

전지구적 체제를 미국이 만들고 있다는 이유로 인해 전지구적 차원의 문제에 대한 개입도 항상-이미 미국이라는 국민국가의 형식을 경유하며 이루어지며, 그렇기에 당연히 미국의 정치적·'이념적' 성향이나 이해관계에 의해 항상-이미 채색된 상태에서 이루어진다. 군사적 문제에서 '세계주의'란 '미국주의'와 분리될 수 없다. 물론 클린턴 정부 때처럼 때론 미국주의보다는 세계주의적 입장이 적어도 표면적으로는 크게 부각되기도 하고, 부시 정부 때처럼 때론 미국주의가 일방적으로 부각되기도 하지만, 네그리와 하트처럼 '미국주의 없는 세계주의'로서 전지구적 전쟁이나 정치를 상정하는 것은 매우 부적절하다고 해야 한다. 지구상의 여러 지역에서 벌어지는 전쟁이 전지구적 제국 내부의 내전으로, 제국적 치안으로 표상되는 것은, 어떠한 전쟁도 미국과 결부되지 않을 수 없다는 사실에, 결국은 미국이 전지구적 무력의 회로 전체를 장악하고 있다는 사실에 기인하는 것이지만, 동시에 미국주의와 세계주의를 직접적으로 동일시하는 오해에 기인하는 것이기도 하다.

정치적 층위에서 전지구적 세계체제가 정의될 수 있다면, 그것은 이러한 군사적 층위와 앞서 말한 경제적 층위에서의 세계체제의 정세적 접합에 의해 정의되어야 할 것이다. 그러나 경제적 층위의 세계체제와 군사적 층위의 세계체제 같은 것이 독립적인 차원에서 별도로 존재하며, 그것이 서로 영향을 주고 받는다는 식으로 이해되어선 안 된다. 왜냐하면 가령 이라크전이 전지구적 경제의 양상에 일차적인 규정력을 행사하기도 하고, 유로화 체제의 성립이 미국과 서구 간의 정치적 관계는 물론 이라크전에 대한 전지구적 개입의 양상을 이전과 다르게 만들듯이, 실질적인 과정은 항상-이미 다른 층위에 영향을 미치는 '사건'에 의해 과잉결정되기 때문이다. 이런 점에서 두 층위 이전에 접합이, 혹은 상이한 층위를 관통하며 접합하는 '사건적 효과'가 선행한다고 말해야 한다. 이러한 사건적 효과를 통해 상이한 층위의 과정이 응축되며 전개된다는 점에서 '과잉결정'이란 말은 알튀세르가 사용했던 의미에서처럼[26] 강한 의미로 이해되어야 한다. 전지구적 정치란 흐름의 공간을 통해 작동하는 전지구적 경제의 흐름과 미국의 무력을 통해 통합되는 전지구적 무력의 흐름이, 정세적으로 발생하는 사건적 효과를 통해서 국가적 형식의 개입으로 변환되는 지점을 표시한다고 해야 할 것이다.

---

26. L. Althusser, *Pour Marx*, F. Maspéro, 1965. [「유물변증법에 관하여(기원들의 불균등성에 관하여)」, 『맑스를 위하여』, 이종영 옮김, 백의, 1997, 253~259쪽.]

제국주의적 침입과 착취가 진행되는 것은 바로 이 지점을 통해서일 것이다. 제국주의가 소멸된 것이 아니라 차라리 과잉인 것은 경제적 착취와 정치·군사적 침입에 의해 과잉결정된 개입의 형태이기 때문이다. 전지구적 흐름의 공간에서 자본의 흐름과 초국적 연합의 형태로 진행되는 경제적 및 정치적 사건들, 그리고 미국이 주도하는 전지구적인 정치·군사적 개입 등을 통해 단순히 자본의 이해만으로 환원되지 않는 복수의 복합적 요소들의 과잉결정이 현재의 전지구적 자본주의에서 제국주의의 작동양상을 규정한다. 그것은 제국주의를 대체한 전지구적 제국의 '통치'가 아니며, 또한 전지구적 윤리와 법에 의해 이전보다 완화되었다는 의미에서 과소한 제국주의가 아니라 반대로 멀리 떨어진 나라에서 발생한 전혀 무관해 보이는 사건에 의해서조차 경제적 착취나 군사적 침략에 노출될 수 있다는 점에서 과잉된 제국주의다. 이런 의미에서 우리는 현재의 전지구적 자본주의를 '과잉-제국주의'라고 명명할 수 있을 것이다.

7. 전지구적 자본주의에서 계급과 대중

지금까지 본 것처럼 오늘날의 전지구적 자본주의는 제국주의 시대의 그것과 분명 다른 단계에 속한다. 그러나 그것은 제국적 단일성을 갖는 그런 자본주의도 아니다. 그것은 한편으로는 전지구적 도시를 비롯한 여러 거점들을 연결하는 네트워크와 그것을 물질적으로 뒷받침하는 흐름의 공간에 의해 떠받쳐지고 있는 것이지만, 다른 한편으로는 지역적 범위에서 재영토화된 자본과 국가의 움직임에 기초하고 있는 것이기도 하다. 여기에 국가의 국민적 성향이 더해지면서, 정치와 군사 및 경제적 요인들의 혼성 속에서 정세적인 과잉결정의 형태로 자본과 권력이 응집되며 작동한다. 그러나 지금 자본주의에서 전지구화는 지구상의 전 지역을 동일하게 포섭하고 동일하게 동질화하는 것이 아니라 '전지구적'이라는 이름으로 명명되는 특정한 국지적 지대들만을 자본의 흐름에 포섭하며 작동한다. 그 결과 전지구적 도시들을 연결하는 자본의 네트워크 주위에 전지구화의 혜택을 보는 중심부가 형성되고, 그것과의 거리 속에서 현단계 자본주의의 주변부가 형성된다. 따라서 중국이나 말레이시아에도 중심부가 있는 것처럼 미국이나 일본에도 주변부가 있다. 자본주의는 언제나 세계를 중심과 주변이라는 대비되는 지역으로 분할해 왔지만, 지금 자본주의는 공간의 경제가 작동하던 시기와 달리 국민국가적 범위와는 전혀 다른 방식으로 중심과 주변을 분할하고 있다. 여기에 정치·군사적인 내부와 외부의 경계가, 그리고 국민국가의 전통적인 경계가 포개진다. 특히 9.11 이후 테러리즘을 빌미로 내부와 외부를 구별하고 절단하는 장치는 더욱더 잔혹하고 경직된 방식으로 작동하면서, 주변과 중심의 분할 속에서 이미 분절된 삶을 다시 한번 분절하고 있음은 특별히 지적될 필요가 있다.

이러한 분할과 절단의 메커니즘이 흐름의 공간 안에서 노동력의 흐름이나 대중의 흐름 또한 분절하고 있다. 흐름의 공간은 첨단적인 '고급' 노동력이, 그와 함께 점차 급속하게 늘어나는 이주노동자들의 흐름이, 나아가 자본의 전지구적 착취에 대항하는 대중의 흐름이 형성되고 이동하는 공간이지만, 그 흐름에 대조적인 방식으로 작동하는 선별이 끼어든다. 먼저, 소위 '고급 노동력'의 이동은 이미 국경의 제약을 넘어서 이루어지고 있다. 초국적 기업의 '잘나가는' 직업을 가진 사람들은 빈번하게 국경을 넘나들며 '코스모폴리탄적인' 삶을 살고 있으며, 기업의 국적을 넘어서 다양한 이동의 경로를 취하고 있다. 미국의 하이테크 산업에서는 매년 20만 명 이상의 엔지니어와 과학자가 외국에서 수입되어 충당되며, 90년대의 10년간 실리콘밸리에서 새로 만들어진 기업의 30% 이상이 중국이나 인도 출신의 엔지니어에 의한 것이었다고 한다.[27] 이는 전지구화된 취업으로 이어지는 고등교육의 흐름과 나란히 진행되고 있다. 이러한 흐름에서 일차적인 지위를 갖는 것은 미국인데, 가령 미국 대학에서 배출한 과학이나 공학 박사들의 절반 이상을 외국 학생들이 차지하고 있다.[28] 전체 취업자 가운데 차지하는 비율은 낮다고 해도 엄청난 수의 '고급노동력'들이 흐름의 공간을 통해 전지구적 수준에서 이동하며 활동하고 있는 것이다.

반면 '저급노동력'의 이동은 이렇게 자유롭지 못하지만, 사센이 잘 보여 준 것처럼 역시 엄청난 수의 노동자들이 전지구적 도시의 하급 직종들을 떠맡으며 흐름의 공간 안에서 이동하고 있다. 이에 대해 국민국가는 전지구적 도시들 안에서 발생하는 '저급' 직종들을 좀더 낮은 가격으로 채우기 위해, 그리고 전지구화된 경쟁에 기인하는 임금압박에 대처하기 위해 외국의 싼 노동력을 수입하고자 한다. 그러나 이는 국가 간의 임금수준 차이가 평균화되지 않는 한에서 유의미하기 때문에, 국경을 개방하여 수입하는 게 아니라 국경을 통해 내국인과 외국인을 차별화하는 메커니즘을 유지하고자 한다. 이를 위해 국가는 노동력의 흐름을 절단하고 통제하기 위해 그 흐름의 공간 안에도 국경이라는 절단장치를 그대로 작동시킨다. 중심과 주변을 분할하려는 절단장치 안에서 국민 내외부를 가르는 또 하나의 절단장치와 포개져 작동한다.

이로 인해 전지구화가 고창(高唱)되는 이 시기에, 그리고 국가와 자본이 앞장

27. 카스텔, 『정체성 권력』, 441~442쪽.
28. 같은 책, 441쪽.

서서 노동자의 수입을 추진하는 이 시기에, 역으로 국경이란 절단장치가 이전보다 더 강력하게 작동한다. 국경은 노동력 가격의 국가적 격차를 이용하여 초과착취하려는 자본의 이익을 위해 이주노동자들의 흐름을 분할하고 절단하는 기계인 것이다. 노동자들에게 국가는 없다. 다만 국경이 있을 뿐이다. 그러나 이러한 분할과 절단의 결과 노동자 안에 국경이 만들어진다. 이주자와 내국민을 가르는 경계. 노동자들이 아직도 국민국가적 국적에서 탈영토화되지 못하고 있는 것은 이러한 분할·절단의 결과일 것이다. 이전에 식민지나 제3세계 노동자와 선진국 노동자 간에 발생했던 대립이 국민국가 내부로 이전되고 있는 것이다. 이주노동자들은 탈영토화의 선을 따라 가는 반면, 내국인 노동자들은 자신들의 지위를 보장하는 국민적 영토성에 머무는 경향이 나타난다.

이와 더불어 내국인 노동자 안에도 새로운 분할이 등장한다. 생산과 유통, 소비가 피드백의 고리로 연결되면서 발생하는 유연성의 요구와 생산 및 투자의 전지구화에 따른 불안정성으로 인해 노동자들의 고용 또한 유연하게 하려는 자본의 전략에 따라 다양한 형태의 비정규직이나 불안정한 노동이 급격하게 증가한다. 흐름의 경제에서 점차 확대되는 자본의 무능력을 전가하기 위한 이러한 전략으로 인해 노동자 내부에 새로운 양극화가 발생한다. 정규직이나 '고급노동력'이 흐름의 공간에 적극 포섭되는 층이라면, 이들은 거기서 배제되면서 그것을 유지하기 위한 부담을 짊어지게 되는 층인 셈이다. 이는 전지구화에 수반되는 거대한 양극화 경향에서 하나의 중요한 부분을 형성한다. 하나의 국경 안에서 중심과 주변을 가르는 전지구적 절단장치가 작동하고 있는 것이다. 국적으로 인해 불리한 지위를 감수해야 하는 이주노동자들이 국민국가로부터 탈영토화되는 노동자였다면 '비정규직'의 불안한 삶을 살아야 하는 이들은 자본 자체로부터 탈영토화되는 노동자들이다. 비록 아직은 가시화되고 있지 않다고 해도, 전지구화에 따른 탈영토화된 흐름의 확대과정 속에서, 그리고 자본에 대한 투쟁을 통해서 이 상이한 두 개의 탈영토화의 선이 합류하리라고 기대하는 것이 비현실적 몽상이라고 말할 수 있을까?

이런 점에서 자국의 정규직 노동자들은 상대적으로 안전한 위치에 있는 건지도 모른다. 외국인을 끌어들이며 배제하는 절단의 날을 피해, 자본의 유연성을 위해 자국민을 불안정한 삶으로 몰아내는 주변화의 날을 피해 안전지대에 살아남았다는 점에서. 그러나 자본주의에서 실업의 위협은 실업자에게 가해지기 이전에 취업자에게 가해지는 것처럼, 그리하여 맑스 말대로 헤파이스토스의 쐐기처럼 노동자들을 복종에 길들이는 것처럼, 비정규직화의 위협은 사실 정규직 노동자 자신에게 이미 날을 들이대고 작동하고 있음이 분명하다. 아직은 짤리지 않았다는 안도감 속에서 자신의 안전에 안주하며 복종하게 하는 실업화의 칼날처럼, 그것 역시 아직은 정규직으로 살아남았다는 안도감 속에서 자신의 안전에 안주하며 복종하게 하고 있을 것이다. 그러나 자신은 정규직 노동자였지만, 정규직 노동조합의 투쟁을 위해 비정규직 노동자를 규합하고 모으면서 비정규직 노동운동을 시작했다는 이랜드 노조위원장의 말이야말로 점차 분할되어 양극화되고 있는 두 노동자 층이 어떤 관계에 있는지를 아주 잘 보여 준다. 내국인 노동자와 '외국인' 노동자 사이에서도 마찬가지의 관계를 발견할 수 있지 않을까? 이런 점에서 노동조합 운동은 다시 기로에 서 있는 것이 분명하다. 비정규직을 배제함으로써 정규직의 안정성을 확보할 수 있다고 믿으며 자본에 더욱더 강력하게 포섭되는 길과 자신을 위해서도 비정규직이나 이주노동자들 같은 자신의 타자들과 손을 잡고 자본과 대결하며 새로운 삶의 가능성을 창조해 가는 길 사이에.

'전지구화'를 누구보다 재앙의 기표로 받아들이는 것은 농민일 것이다. 사실 자본이 도시의 성벽 안에 제한되어 있을 때부터도 자본은 농민들을 착취했다. 농산물은 헐값에 사고 공산품은 비싸게 파는 상인들의 시장 독점이 사라지고, 전국적인 시장이 자유의 다른 이름인 양 행세할 때에도, 수요나 공급에 둔감하고 가격 변동에 대처할 능력이 없다는 점에서 농민은 항상 빼앗기고 수탈당하는 처지였다. 시장이란 메커니즘 자체가 농민들에 대한 수탈의 방법이었던 것이다. 농민들을 포위한 시장의 규모가 커지고, 시장에서 거래하는 자본의 규모가 커질수록 농민들은 더욱 큰 강도로 수탈당한다. 전지구화는 시장의 전지구화라는 점에서 그러한 수탈의 최대치를 의미한다. 전지구적 스케일의 시장에 개방됨으로써 모든 농민은 이제 거대 곡물자본과 상대해야 하게 된다. 공업적 스케일의 미국 농민들조차 보조금 없인 생존할 수 없게 파괴해 버린 거대 곡물자본들은 유전자 조작 식물을 비롯한 염가곡물을 이용해 전세계의 농민들의 자립적 기반을 파괴한다. 여기서 이제 농민에겐 국가가 없음이 분명하다. 왜냐하면 국가는 자신의 '발전전략' — '포획의 전략' — 을 위해 자본의 요구에 맞추어 이미 경쟁력이 없음이 명백한 자국 농민의 이익을 포기할 준비가 되어 있기 때문이다. NAFTA에서 멕시코 정부나 한미FTA에서 노무현 정부가 농민들을 명목상으로조차 '보호'하길 포기하겠다고 선언했던 것은 이러한 사태를 잘 보여 주는 사례일 것이다.

전지구적 자본주의는 전지구적 스케일에서 착취와 수탈을 행하는 체제다. 이전에 자본주의가 전 인민을 노동하게 하여 착취하고자 했다면, 지금의 자본주의는 그 노동의 안정성을 빼앗고 생존 자체를 위협하는 방식으로 착취하고 수탈하고자 한다. 안정된 자와 불안정한 자, 안주하는 자와 배제되는 자, 복종하는 자와 투쟁하는 자를 가르는 새로운 분할의 체제가 수립되고 있다. 그러나 이것이 모두라고 생각한다면 아주 큰 오산일 것이다. 전지구적 자본주의가 가동되기 위해 필요로 하는 흐름의 공간은 단지 착취를 위한 자본의 이동만으로 제한되지 않는 다양한 흐름의 장이 되고 있기 때문이다. 물론 포르노적 욕망과 냉소적 허무주의, 쓰레기 같은 욕설이 난무하며 흘러다니는 공간이기도 하지만, 새로운 삶을 욕망하고 새로운 삶의 방식을 창안하려는 적극적 활동이 만나고 접속하며 전염되고 확산되는 공간이기도 하다. 그러나 무엇보다 그것은 대중이라는 흐름이 형성되는 공간이다.

대중이란 주어진 자리, 할당된 자리에서 이탈하여 하나로 합류하며 전염되며 흘러가는 흐름이다. 인터넷과 이동전화는 지위나 소속, 성별이나 계급 등의 고정된 자리에서 벗어나 이름마저 지우면서 만나며 하나로 묶이는 흐름의 공간이다. 이 공간은 이런저런 위치에 서 있던 사람들이 이전과 다른 속도로, 이전과 다른 양상으로 급속하고 강력하게 하나의 흐름이 되는 것을 가능하게 해 준다. 지난 5월 이후 100일 이상 지속된 촛불시위는 이를 더할 수 없이 잘 보여 준다. 또한 거기서 우리는 그 거대한 통신망이 카메라나 휴대폰 같은 분자적 미디어와 연결되어 거대한 감각기관이 되는 것을 보았고, 수많은 사람들이 찾아 낸 정보와 지식, 자료들이 소통되며 공유되는 거대한 신경망이 되는 것을, 그 정보와 지식들이 가공되어 구체적인 행동의 지침으로 변형되는 거대한 뇌가 되는 것을 보았다. 대중은 이제 흐름일 뿐 아니라 함께 느끼고 함께 판단하며 함께 행동하는 지성적 대중, 생각하는 흐름인 것이다. 전지구적 자본주의와 나란히 전지구적 차원에서 대중의 저항과 투쟁이 확대되고 있다. 시애틀 투쟁 이후 매년 이런저런 사안에 따라 모이고 흩어지며 다시 모이는 대중의 흐름이 전지구적 스케일에서 형성되고 있는 것이다. 흐름의 공간에서 탄생한 새로운 대중의 흐름, 그것은 아마도 전지구적 차원에서 자본에 대항하는 투쟁의 새로운 조건이 될 것이 분명하다.

ISSUE 02

유연성의 축적체제와 시뮬라크르 자본주의

이진경

1. 다시 '사회구성체론'으로?

1997년 이른바 IMF 위기 이후 한국사회가 매우 극적인 변화를 겪었다는 것은 긴 설명을 필요로 하지 않는다. 먼저, 소득의 양극화가 급속도로 진행되었다. 가처분 소득을 기준으로 1996년 상위 소득 20% 계층의 소득은 하위 소득 20% 계층의 소득의 4.49배였지만, 2000년에는 6.79배로 급증했고, 이 비율은 이후에도 지속적으로 상승하여 2006년 7.02배가 되었다. 소득불평등 정도를 보여 주는 지니계수는 1997년 0.283이었는데, 98년에는 0.316으로 급증했고 2006년까지 0.31~0.32 수준을 유지하고 있다. 이는 서구 국가 중 소득불평등도가 가장 높은 미국 수준에 근접하는 것이다!

문제는 양극화가 단지 전통적인 부자와 빈자 간에만, 그리고 양적인 층위에서만 진행되고 있는 게 아니라는 점이다. IMF 위기 시기 대대적으로 증가한 실업자야 '위기' 탓이라고 해도, 그 위기를 대강 넘긴 이후 본격적으로 증가하여 지금은 전체 노동자의 60% 가까이를 차지하게 된 비정규직 노동자들을 단지 일시적인 위기 탓으로 돌릴 순 없을 것이다. 그 결과 정규직과 비정규직이라는 고용형태의 분화가 노동자 자체를 둘로 나누고 있다. 중간층이 분해되어 부르주아지와 프롤레타리아트로 양극화되는 전통적 분해를 넘어서 노동자 자체가 분해되어 두 개의 대립적인 층으로 분해되고 있는 것이다. 비정규직 노동자의 임금이 정규직 노동자의 임금의 반도 안 된다는 점에서, 고용형태의 양극화는 노동자 내부에서의 소득격차의 양극화를 수반하고 있다. 뿐만 아니라 2000년 한국통신 계약직 노조의 파업에 대한 한국통신 노조의 악명높은 외면 이래, 최근 KTX 승무원들에게 민주노조로 알려진 철도 노조가 농성천막을 철거하라고 요구한 사례에 이르기까지 심지어 민주적 노동운동 진영 안에서조차 정규직 노동노합이 비정규직 노동운동과 대립적인 관계를 보여 주고 있다. 이는 노동자 계급의 양극화가 '객관적인' 층위뿐 아니라 운동이라는 '주체적인' 층위에서까지 진행되고 있음을 보여 준다.

덧붙이면, 이전과 달리 이제는 '부자 되세요!'가 명시적인 인사말로까지 '승격'되었고, 부자임을 자랑하는 것에서도 더 나아가 오직 부만을 추구하는 것을 당연한 것으로 간주하고 축재를 위해 하는 것이라면 어떤 일도 '자연스런' 것인 양 간주되고 있다. 최근 이명박 정부는 국가관리에 요구되는 최소한의 기준마저 무시하면서 축재를 위해 비리를 행사한 것이 공직 수행에 무슨 문제가 있느냐, 안 그런 사람이 어디 있느냐는 식의 태도를 공언함으로써, 이러한 태도를 아무런 포장도 없이 노골적으로, 아니 공격적으로 과시하고 있다. 다른 한편 새만금 사업에 대한 전북도민들의 공격적 태도를 비롯하여 '개발이익'을 위해 자신의 삶의 터전을 팔고 망가뜨리는 대중들의 '이권주의' 내지 '개발주의'는 단지 어느 한 지역 주민들에게 한정되지 않는 일반적 '욕망'이 되어 버렸다. 그 결과, 지금은 아주 우스운 게 되었지만, 지난 대통령 선거에서 숱한 범죄적 비리와 천박한 결함들에도 불구하고 경제개발의 전위가 되어 주리라는 어이없는 믿음 하나로 대통령을 뽑는 놀라운 선택을 하기도 했다.

이와 반대로 4월 말 시작된 이래 3개월 이상을 거대한 힘으로 지속해 온 촛불시위는 대중의 다른 면모를 놀라운 강도로 보여 주는 것이었다. 5달 전 이명박을 대통령으로 뽑았던 '바로 그 대중'이 그로 표상되는 부자들의 권력, 개발주의, 경쟁주의, 시장만능주의에 대항하여 유례없는 거대한 투쟁을 하고 있는 것이다. 그런데 이렇게 모여 촛불을 들고 오랜 기간 싸우고 있는 대중에 대해, '누가 주도하고 있는가? 노동자인가 중산층인가?' 하는 식의 흔히 던져지던 전통적 질문을 다시 던질 경우 대답하기가 그리 쉽지 않다는 것을 발견하게 된다. 촛불시위는 분명 노동자계급이 주도한 것이 아니다. 그렇다고 '중산층'이 주도했다고 말할 수도 없다. 다른 어떤 계급에 대해서도 그렇다. 그렇다고 혹자들이 말하듯이 '소비자 대중'의 소비자운동이었던가? 나는 결코 그렇게 생각하지 않는다. 촛불시위를 단지 '쇠고기 문제'만으로 한정한다고 해도, 자신의 생존이 걸린 문제를 두고 싸우는 것을 쇠고기 사 먹는 쇠고기 소비자의 입장으로 귀속시킬 순 없는 일이다. 그것은 '생명권'을 위한, 최소한의 생명권조차 자본의 권리 앞에 팔아넘긴 국가권력에 대한 투쟁이라고 해야 한다. 그런데 이 경우에도 그 투쟁의 근간을 이루는 계급이 무엇이었는가를 묻는다면 대답하기가 그리 쉽지 않다. 이 난감함 역시 지난 10여 년간 진행된 사회 변화와 무관하지 않을 것이다.

지금 새삼스레 '사회구성체론'이라는 오래된 명칭을 상기시키면서 우리가 사는 이 사회의 '성격'에 대해 다시 묻는 것은 이런 조건에 대해 질문하는 것이다. 그것은 지난 10여 년, 아니 20여 년 동안 우리가 사는 사회에서 무엇이 어떻게 변했는가를 묻는 것이며, 그로 인해 우리 자신의 삶이, 그리고 그 삶을 직조하고 추동하는 우리 자신의 욕망이 어떻게 변했는가를 묻는 것이다. 그런데 그것은 20년 전 우리가 갖고 있던 이론적 틀에 지금의 사회를 다시 집어넣는 식으로 가능한 것은 아닐 터이다. 오히려 그것은 우리가 사회를, 우리의 삶을 보고 이해하는 방식에 대해 묻는 것이고, 우리가 지금 대면하고 있는 세계를 통해 우리가 보는 방식에 어떤 변화가 필요한 것인가를 묻는 것이다. 언제 어디서나 적용하기만 하면 되는 그런 만능의 이론은 세상 어디에도 없기 때문이다.

우리는 먼저 전지구적 자본주의에 대한 분석을 통해 제국주의 세계체제에 발생한 변화를 이해하기 위해 제국주의에 대한 이론 자체가 변환되어야 함을 보여줄 수 있었다고 믿는다.[01] 그리고 자본주의-기계가 작동하는 방식에 대한 분석을 통해서, 현재 지배적인 흐름의 경제에 대해 접근하기 위한 몇 개의 새로운 개념을 얻을 수 있었다고 믿는다.[02] 여기서는 흐름의 경제와 관련된 글의 요지를 간단하게 요약한 뒤, 현재의 자본주의 축적체제를 '유연성의 축적체제'라고 명명하고, 그 위에서 자본의 새로운 작동양상과 그것이 포함하고 있는 자본 및 대중의 욕망에 대해 요약적으로 그려 볼 것이다. 지구 전체를 포괄하면서 형성되고 작동하는 이러한 체제에 대한 서술은 지구 전체를 장악하며 진행되는 것이란 점에서 어떤 강제적 '보편성'을 갖는다. 물론 그러한 강제적 보편화조차 지역적 불균등성과 이질성을 제거하지는 못하며, 오히려 지구적 범위에서 중심과 주변을 가르는 양극화를 수반하며 진행된다고 해도, 그러한 사태 전반을 야기하는 사회경제적 성분을 드러내 줄 수는 있을 것이다. 이러한 관점에서 한국 자본주의의 축적체제에 대한 간략한 서술을, 그리고 몇몇 논점에 대한 개인적 의견을 덧붙이고 싶었지만, 이미 너무 길어진 글과 너무 길어진 시간도 문제였지만, 많은 시간을 준비해서 별개의 글로 쓰지 않으면 안 될 것이었기에 포기해야 했다. 여기서 쓰고 있는 것이 한국사회에서 진행된 역사적 과정을 대신해 주지는 못하겠지만, 이미 한국에서도 현재의 시제로 진행되고 있는 사태와 맞물린 공시성으로 인해 일정한 유효성을 가지리라는 믿음으로 위안을 삼는 수밖에 없을 듯하다.

01. 이 책 46쪽의 「전지구적 자본주의와 과잉-제국주의」 참조.

02. 이에 대해서는 재출간된 『사회구성체론과 사회과학방법론』(그린비, 2008) 뒤에 덧붙인 「자본주의와 흐름의 경제」를 참조.

2. 자본주의와 흐름의 경제

1) 코드의 경제

자본주의의 발생지라고 알려진 중세도시 내지 도시동맹체는 '원격지 교역'을 통해 이윤을 얻었고 자본을 집적할 수 있었다. 그것은 지역마다 상이한 상품들의 가격의 차이를 이용해서, 가령 함부르크에서 100을 주고 산 상품을 노브고로트에 가서 500에 파는 식으로 이윤을 획득했다. 이는 지역마다 상품이나 물건을 사용하는 방식(코드!)이 다르고, 따라서 사용가치가 다르기 때문에, 물건에 매겨지는 가격이 달라진다는 점에 의해 가능한 이윤취득방식이었다. 다른 말로 하면 지역마다 사물들이 서로 다른 코드체계 속에 편입되어 있기에, 어떤 물건에 대해 큰 가치를 부여하지 않는 코드체계에서 분리하여 큰 가치를 부여하는 다른 코드체계로 이동시킴으로써 그 차이를 이윤으로 얻는 것이다. 이는 상품을 하나의 코드에서 다른 코드로 변환하여 얻는 잉여가치이기에 '코드변환의 잉여가치'라고 명명할 수 있다. 미국에선 쓰레기로 버려지는 소의 내장이나 뼈가 한국에선 비싼 값에 팔리는 경우가 그렇다.

    이러한 잉여가치가 지속될 수 있으려면 상이한 지역 간의 코드체계의 차이가 유지되어야 한다. 그것이 동질화되어 사라지면 코드의 차이에서 발생하는 잉여가치도 사라지기 때문이다. 이런 점에서 코드변환의 잉여가치는 코드체계를 이용하여 획득하는 '코드의 잉여가치'에 속한다.[03] 코드의 잉여가치란 장인적인 비법이나 기술, 혹은 고도의 숙련된 생산능력 등과 같이 코드화되어 있는 것을 이용하여 획득하는 잉여가치다. 비전(秘傳)으로 코드화되어 있는 기술이라면, 물론 사려는 사람이 있어야 한다는 조건이 그저 일방적인 가격을 제한하지만, 부르는 게 값일 것인데, 이는 장인적 생산이 이윤을 얻는 핵심적인 방법이었다. 이 역시 코드의 지속이 잉여가치 영유의 전제가 된다. 비전이나 기술은 탈코드화되는 순간 그 잉여가치의 원천을 잃기 때문이다. 이런 이유로 인해 중세도시는 시장이나 교역, 수공업 등을 발전시켰지만, 그것이 자신의 영토 밖으로 확산되는 것을 극력 저지했다. 도시인들은 인근 농촌으로 시장이 확장되는 것을 강하게 저지했고, 장인들은 자신의 비기를 "며느리도 모르게" 감추었다. 이런

---

03. 코드의 잉여가치라는 개념을 처음 사용한 것은 들뢰즈와 가타리였다. (G. Deleuze · F. Guattari, *L'anti-Oedipe*, Éditions de minuit, 1972.; R. Hurley et al. tr., *Anti-Oedipus*, Minnesota University Press, 1983, pp.150~151.) 그러나 그들은 이를 원시사회에서 증여를 통해 발생한 권위를 설명하기 위해 사용하기에, 지금 여기서 사용한 것과는 전혀 다른 의미를 갖는다.

점에서 장인적인 생산이나 도시의 교역은 자본주의적 관계를 창출했지만, 그것의 확산과 '발전'을 저지했다.

이처럼 코드의 잉여가치를 통해 작동하는 경제를 '코드의 경제'라고 부르자. 여기에서는 노동력 내지 생산능력 역시 특별한 종류의 기술이나 '비전' 같은 형태로 코드화되어 있고 생산자들은 대개의 경우 신분적이고 법적인 코드에 의해 코드화되어 있다. 코드의 경제 속에서 생산된 것들은 자본의 탈영토화된 흐름을 따라 이동한다. 코드변환의 잉여가치가, 다시 말해 지역마다 다른 코드의 체계가 생산물의 이동 내지 탈영토화의 이유를 제공한다. 전체적으로 탈영토화된 흐름은 봉건적 체제는 물론 도시의 상업적 체제를 위협하기에 엄격하게 금지되거나 제한되고 처벌된다. 도시 외부에서 시장이나 교환의 금지, 혹은 도시 간 교역도 허용된 관계와 경로 안으로 제한된다.

코드의 경제는 코드화/코드변환을 통해 작동하고, 코드화/코드변환을 통해 발생하는 잉여가치를 통해 작동한다. 탈영토화를 제한하는 것조차 법이나 규칙 같은 코드적 규칙에 따라 이뤄졌으며, 코드화의 범위 안에 제약되어 있었다. 따라서 대중들이 탈코드화되는 것은 '도망'이라는 형식으로만 가능했고, 대중들이 탈영토화되는 것은 전쟁이나 순례라는 재영토화의 형식으로만 가능했다. 물론 그럼에도 불구하고 대중의 탈영토화를 저지할 순 없었지만, 그것은 주로 걸식이나 부랑이라는 '비정상적'이고 '범죄적인' 형태로만 진행된다. 통제되고 제한되지 않은 형태로는 어떤 탈코드화된 흐름이나 탈영토화된 흐름을 허용할 수 없는 것, 그것이 코드의 경제가 갖는 또 다른 특징이다. 그리고 그런 탈영토화된 흐름이 발생할 경우, 그것은 정상적인 사회 외부에 속하는 것으로 밀쳐 낸다. 16세기 이후 인클로저 등의 요인으로 걸인이나 부랑자 등의 탈영토화된 대중이 대대적으로 하나의 흐름을 형성하게 되었을 때, 이를 저지하기 위해 끔찍한 처벌을 동원한 영국식 '빈민법'이 만들어지고[04] 유럽 전반에 걸쳐 거대한 수용소가 만들어지게 되었던 것은[05] 코드의 경제가 갖는 이런 특징과 무관치 않을 것이다. 흐름의 범람, 혹은 가속화로 인해서 전면적인 탈코드화가 진행되는 것을 막기 위해, 혹은 코드변환의 잉여가치를 위하여 탈코드화의 지대를 제한하기 위해 흐름을 가로막고 제한하는 방식의 통제체제가 수립되어 작동한다.

04. K. Marx, *Das Kapital*, Bd.1, *Karl Marx/Friedrich Engels Werke*, Bd. 23, Dietz Verlag, 1964. [『자본론』1권 (하), 김수행 옮김, 비봉출판사, 2001, 1009쪽 이하.]

05. M. Foucault, *Histoire de la folie à l'âge classique*, Gallimard, 1972. [『광기의 역사』, 이규현 옮김, 나남출판, 2003, 133쪽 이하.]

2) 공간의 경제

자본주의가 사회 전반을 관통하는 하나의 원리가 되고 그것을 통해 사회의 다양한 부분들을 장악하여 자본의 색으로 물들이며 하나의 전체로 구성해 가는 것은 지역이나 영역 간에 넘을 수 없는 벽을 만드는 코드의 경제와는 다른 경제를 통해서였다. 그것은 코드화와 코드변환이 아니라 탈영토화/재영토화를 기본적인 작동원리로 하여, 자신의 작용범위를 하나의 배타적 영토로 영토화하고 그 영토 내부에 존재하는 벽이나 이동의 장애물을 제거하여 하나의 동질적 공간으로 만들어 가는 '공간의 경제'가 성립됨으로써였다.

공간의 경제의 초기조건을 형성한 것은 일차적으로 영토국가였다. 17세기를 전후해 영국, 프랑스, 스페인의 왕정은 다른 나라와의 전쟁을 통해 자국의 영토적 경계를 확장하고 확립하려 하면서, 다른 한편 자국의 봉건영주들에 의해 분할되어 있고 도시들의 네트워크에 의해 국지적으로 점거되어 있는 자국에 대해 통일적인 지배를 수립하고자 하게 된다. 이를 위해 도시적 교역의 네트워크에 주어졌던 면세조치를 철회하고 자국 내부의 상인들을 보호하고 타국의 상인들을 배제하면서 도시 간의 '국제적' 네트워크를 절단하려 하는 한편, 전국적 범위에서 시장이나 교역을 만들어 내기 위해 도로 등을 비롯한 교통 및 유통의 체계를 수립했다. 중상주의란 국가적 영토성을 만들어 내고 유지하기 위한 절대왕정의 통치술의 총칭이다.[06] 절대왕정은 이러한 작업에 소요되는 거대한 비용을 충당하기 위해 도시 간 교역을 통해 거대한 부를 집적한 자본가들을 끌어들인다. 역으로 새로운 세력자로 등장한 영토국가의 힘을 감지하고 그것을 새로운 축적과 집적의 계기로 삼고자 했던 자본가들 또한 있었다.

영국과 프랑스는 자본이 영토국가와 연합하는 좀더 일반적인 방식을 보여 준다. 조세권을 담보로, 화폐발행권이나 대외무역을 독점할 권리와 같은 어떤 특권을 얻으면서 국가의 채무를 덜어 주거나 자금을 제공하는 것이 그것이다. 중앙은행은 이러한 관계를 매개하는 새로운 중심의 역할을 하게 된다. 단일한 국정 화폐에 의해 영토국가는 다양한 주체에 의해 발행되는 다양한 종류의 화폐를 대신해 이제 하나의 단일한 화폐가 배타적으로 통용되는 경제적 단위가 된다.[07] 이는 전국의 각 지역을 연결하는 교통·통신수단에 의해 뒷받침되는 전국시장과 더불어 국민국가를 배

---

06. K. Polanyi, *The Great Transformation*, Beacon Press, 1944. [『거대한 변환』, 박현수 옮김, 민음사, 1997, 88쪽.]

07. 고병권, 『화폐, 마법의 사중주』, 그린비, 2005, 105~112쪽.

타적인 경제적 영토로 만든다. 18세기 말엽에 새로이 출현한 기술이나 생산체제는 이런 전국적 시장, 전국적 경제권을 조건으로 하여 비로소 '산업혁명'이 될 수 있었다.[08] 물론 역으로 산업혁명은 이렇게 만들어진 경제권에 실질적인 활력을 불어넣을 수 있었던 조건이기도 했다. 이로써 국민국가의 영토에 속하는 범위 전체가 자본의 힘에 의해 통합되어 가는 하나의 사회적 '구성체'를 이루게 된다. 자본의 흐름에 직접적으로 결부된 국지적 지역으로 제한되어 있던 이전의 시기와 달리 자본은 전국적 범위의 경제 전반을 하나의 사회구성체로 전환시킨다.

이러한 변화를 우리는 코드의 경제에서 공간의 경제로의 전환으로 이해할 수 있을 것이다. 여기서 자본의 활동, 자본의 흐름이나 교역의 흐름은 코드를 달리하는 상이한 두 지역을 연결하여 그 코드체계의 차이를 이용하는 것이 아니라 전국적 시장이라는 국민적 공간으로 이동하며 국민국가가 제공하는 보호막을 이용하여 다른 국적의 자본가들에 대해 특권적인 지위를 확보하는 방식으로 이루어진다. 공간의 내부와 외부를 강력하게 분절하여 보호벽 내지 장애물을 만들고, 자국 영토 내부에 대해서는 봉건적인 형태든 도시적 형태든 특권적 구획을 제거하고 전국적인 교통·통신망을 만들어 이동을 가로막는 장애물을 제거하는 것을 통해 국민국가 내지 영토국가는 자본의 흐름은 물론 경제적 활동 전반을 분절하는 공간적 단위가 된다. '국민경제', '민족자본'이라는 관념이 탄생하는 것은 이러한 사태를 단적으로 보여 준다. 자본에 국적이 생긴 것이고, 국적 내지 국경을 이용하여 증식하는 체제가 성립된 것이다.

공간의 경제에서 자본은 국지적인 코드의 차이가 소멸하거나 '평균화'되는 전국화된 공간이란 조건 속에서 새로운 잉여가치의 원천을 찾아내야 한다. 이를 위해선 맑스가 말했듯이 가치대로 구매하지만 그것을 사용함으로써 구매한 것 이상의 가치를 획득할 수 있는 특별한 종류의 상품을 일반화된 형태로 발견해야 했다. '노동력'이라는 상품이 그것이었다.[09] 그러나 그것은 '숙련'이라는 코드에서 벗어난 것이어야 했다. 노동 내지 생산에서 코드의 장벽이 결정적으로 제거되는 것은 산업혁명을 통해서였다. 산업혁명은 인간의 노동을 기계로 대체했을 뿐 아니라 인간의 노동 자체를 기계적인 동작들의 집합으로 분해하여 탈코드화했다. 이제 일하던 누군가가 그만두어도 그를 대신해서 일할 사람을 구하는 것은 아주 쉬운 일이 되었다. 거대한 노

08. F. Braudel, *Civilisation matérielle, économie et capitalisme*, t. III, A. Colins, 1979. [『물질문명과 자본주의 III : 세계의 시간』 상/하, 주경철 옮김, 까치, 1997, 413쪽.]

09. 맑스, 『자본론』 I권(상), 218~219쪽.

동력의 흐름이 언제나 이용가능한 형태로 자본가 앞에 존재하게 된 것이다. 이런 의미에서 노동력은 개별적인 노동자가 아니라 언제든지 다른 사람으로 대체가능한 하나의 흐름이 되었다고 할 수 있다. 노동의 탈코드화가 노동력을 하나의 흐름으로 만든 것이다. 공간의 경제에서는 흐름의 잉여가치가 코드의 잉여가치를 대신하게 된다.

노동력의 흐름과 구별되는 대중의 흐름이 범죄나 도망의 추방적 형태가 아니라 정치적 행위의 주체를 만들어 내는 긍정적 형태로 형성된 것은 공간의 경제라고 명명된 이 시기의 또 하나의 중요한 사실이다. 프랑스혁명은 이러한 대중의 흐름이 전면화된 계기였다. 그것은 영토국가 내부의 다양한 벽과 장애들을 넘어서 인민들이 이동하고 범람하면서 코드의 장벽, 영토의 장벽을 혁파하여 '대중'이라는 하나의 흐름이 형성되는 결정적 사건이었다. 이를 통제하기 위해 국가는 대중의 흐름을 '국민'이라는 영토적 주체로 변환시키고, 대중의 힘을 국민의 권리라는 법적 형태로 제도화한다. 하나의 공간적인 재영토화 형식인 셈이다. 다른 한편 자본가들은 대중의 흐름과 인접하고 중첩되기에 위험한 노동력의 흐름을 통제하기 위해 '공장'이라는 새로운 공간적 통제의 방식을 만들어 내어 그 안에서 거대한 훈육의 체계를 만들어 낸다.[10] 즉 '국민'과 공장은 공간의 경제가 대중의 흐름을 통제하기 위해 재영토화하는 주된 공간적 형식이었던 것이다.

공간의 경제에서 잉여가치는 시간적 형식으로 착취된다. 그러나 시계적 시간의 형태를 취하는 그 시간이란, 사실은 시간을 길이라는 외연적 양으로 공간화한 것임을 안다면, 시간마저 공간화하여 영유하는 것임을 쉽게 이해할 수 있을 것이다. 뿐만 아니라 협업이나 분업, 공장의 규율 등에서 빈번하게 등장하는 시간의 통제 형식 역시 시계적 시간이 특권화된 것이고, 공간적 절단을 가동하는 공간화된 시간의 형식이라고 해야 한다. 이 시기에 시계적 시간이 특권화되는 이유를 이러한 맥락에서 이해할 수 있을 것이다. 다른 한편, 공간의 경제는 자본의 탈영토화 운동에도 공간적 형식을 부여한다. 제국주의적 식민주의가 그것이다. 제국주의 이전의 식민주의 또한 영토적 영유의 형식을 취한다고 하지만 그것은 '국가'의 영토적 성격과 결부된 것이었다. 그러나 20세기 제국주의처럼 국민적 경계를 범람하는 자본의 흐름에 의해 이루어진 식민주의마저 국민적 영토의 '확장'이라는 형태로 진행된 것은, 이 시기의 자본주의가 공간적 형식으로 작동하는 것이었음을 보여 준다고 할 것이다. 즉 20세기 제국주의는 국민국가가 자신의

10. 맑스, 『자본론』, I권(하), 562쪽.

공간적 외연을 확장해 가는, 공간적 포섭을 통해 작동하는 공간적 제국주의였다고 할 것이다.

3) 흐름의 경제

현금(現今)의 자본주의는 생산에서 유통, 소비 등 자본의 모든 국면이 국민적 영토로부터 탈영토화된 것으로 특징지어진다. 물론 이전에도 상품이나 자본은 국경을 넘어다녔지만, 지금은 만들어진 상품이 국경을 넘어다니는 게 아니라 여러 나라에서 생산된 것들이 판매에 유리한 곳에서 수합되어 조립되고 판매된다. 즉 생산 자체가 처음부터 국민국가의 범위를 넘어서 전지구화되어 있다는 점에서 '전지구화'는 자본의 탈영토성이 새로운 단계에 도달했음을 보여 준다. 물론 국가라는 장치 자체가 국민이라는 주민의 영토적 형식에서 벗어나지 못하는 한, 이러한 탈영토화 운동에도 불구하고 국민국가라는 공간적 형식은 사라지지 않을 것이라고 해도 말이다. 자본 또한 개별 기업 형태의 자본이 국가적 범위를 넘어서 '초국적' 형태로 존재하게 된 조건에서, 국적이란 필요와 기능에 따라 이용할 수 있는 것이 되었고, 많은 경우에는 여러 국가의 국적을 갖고 이용한다는 점에서 '다국적' 형태를 취하게 된다. 자본의 태생적 영토성은 급격히 약화되고 기능적 영토성이 새로이 중요하게 부각된다. 자본과 국민국가가 하나의 결합된 구성체를 형성하던 시기가 끝나고, 서로 교차하고 어긋나면서 자신의 권력이 작동하는 새로운 지대를 만들어 가고 있는 것이다.

다른 한편 현금의 자본주의는 공장에서 생산하고 그것을 공장 바깥에서 판매하고 소비하게 하는 것이 아니라, 소비나 유통행위 자체가 POS 시스템에 의해 입력되어 생산이나 설계에 피드백되고, 그것을 통해 생산량이나 생산속도·재료의 조달은 물론 생산물 자체의 설계 자체에 반영되는 방식으로 작동한다. 또 정보통신네트워크의 발달로 인해 공장 아닌 모든 곳이 생산활동과 접속가능하게 되었고, 그 결과 생산활동이 공장으로 국한되지 않고 전지구적 영토로 탈영토화되었다. 즉 생산활동 자체가 이미 공장이라는 이전의 공간적 경계를 넘어서 탈영토화된 것이다.

이런 점에서 공간을 단위로 구획하고 통제하며 분절하는 공간의 경제와는 다른 종류의 경제유형이 형성되어 작동하고 있다고 할 수 있다. '전지구적' 범위에서 생산하고 투자하고 착취하는 시대가 시작된 것이다. 이러한 탈영토화 운동에 기본적인 조건을 제공한 것은 생산과 결합된 새로운 과학·기술적 조건이다. 잘 알다시피 '정보통신혁명' 등으로 불리는 새로운 기술의 흐름이 그것이다. 자동화와 정보화가 이 새로운 산업혁명의 두 축을 이룬다. 자동화란 산업혁명을 통해 진행된 육체노동의 기계화와 최근의 극소전자기술혁명을 통해 진행된 정신노동의 기계화가 결합되어, 노동자 없이 노동능력 자체를 영유하는 것이라면, 정보화는 다양한 종류의 이질적 활동들을 디지털이라는 하나의 공통형식으로 환원하여 통신네트워크를 통해 어디로든 전송하고 결합할 수 있게 함으로써 가능한 결합노동의 폭을 전지구적 범위로 확장한 것이다.

이는 잉여가치 영유방식에서 또 하나의 중요한 분기점을 만들어 낸다. 가령 현금인출기를 사용하는 행위가 임금의 지불 없이 은행창구에서 일하는 노동을 대체하듯이 정보망에 접속되어 활동하는 활동은 임금의 지불없이 자본에 의해 영유되고 착취되게 된다. 아무런 대가없이 올린 동영상을 유튜브가 자신의 자산으로 바꾸어 영유하듯이, 다양한 코뮨적인 사회적 활동을 자본이 무상으로 영유한다. 생산이 그렇듯이 착취 또한 공장의 벽을 넘어 사회적 영역 전반으로 확장된다. 이처럼 자본에 의한 노동의 포섭이 공장이란 영역을 넘어 사회적 활동 전반을 포섭하게 되는 것을 우리는 '노동의 형식적 포섭'이나 '실질적 포섭'과 구별하여 '노동의 사회적 포섭'이라고 명명할 수 있을 것이다. 이러한 방식으로 자본에 의해 착취되는 잉여가치를 '사회적 잉여가치'라고 부르자. 다른 한편 자동화에서처럼 노동 자체를 기계화함으로써 노동자 없이 노동을 착취하는 것을 '노동의 기계적 포섭'이라고 명명할 수 있을 것이다. 이를 통해 자본이 착취하는 잉여가치를 '기계적 잉여가치'라고 부르자.[11]

이제 자본에 의해 구매되는 직접적인 노동력이 이전에 비해 그 비중이나 중요성이 감소하고 있는 것처럼 보인다. 나아가 고용 없는 착취가 확대되고 있음을 뜻하지만, 역으로 고용 없이 살아갈 가능성이, 다시 말해 노동 없이 살아갈 가능성이 확대되고 있음을 뜻하는 것이기도 하다. 노동과 생산의 이러한 변화는 또한 노동력의 흐름이 약화되거나 해체될 가능성을 함축한다. 노동력의 흐름 자체가 비정규적이고 단속적인 것으로 변형되고 있는 것은, 물론 생산의 유연화를 위한 고용 유연화의 직접적 결과이지만, 생산과 착취에서 발생한 이러한 변화와 무관하지 않을 것이다. 이로써 이전에 노동과 비노동(실업) 사이에서 작동하던 경계효과가 지금은 노동 내부로 이전되었다. 정규직/비정규직의 구별이 중요하게 부상하고 있는 것

---

11. 자세한 것은 이진경, 「노동의 기계적 포섭과 기계적 잉여가치 개념에 관하여」, 『미-래의 맑스주의』, 그린비, 2006 참조.

은 이를 보여 주는 것이다. 노동 안에서의 이러한 새로운 분할이 노동자계급 내부에서의 새로운 계급적 분해와 양극화의 이유라고 해야 할 것이다. 여기서 어떤 것이 현금의 자본에 일차적으로 부합하는지는 다시 말하지 않아도 될 것이다. 이런 점에서 보자면, 정규적 취업이라는 노동형태는 점차 소멸하고, 고용없이 착취하고 필요한 때 가끔씩 고용하며 착취하는 착취형식이 지금 우리에게 다가오는 자본주의의 미래라고 해야 할지도 모른다.

따라서 노동의 착취를 이전처럼 공간화된 시간의 길이 안에 존재하는 외연적 분할(잉여노동시간과 필요노동시간)로서 정의하는 것은 부적절하다. 특정한 공간 안에 붙잡아 두고 노동하게 하는 시간의 길이가 아니라, 그 공간 밖에서 흘러가는 활동능력의 단속적인 포획이 중요해지기 때문이다. 미적 감각의 포획이나 지적 능력, 심지어 생물학적 능력(생명력)의 포획 역시 노동시간의 외연과 다른 차원에서 이루어진다. 이렇게 포획된 잉여가치가 평균화되면서 무화되는 것을 막는 것이 중요해지고, 그에 따라 지적 소유권의 범위가 급격히 확대되고 그것의 비중이 점점 증가하고 있는 것은 이런 이유에서다. 소프트웨어나 정보 내지 콘텐츠 상품, 상표권 등이 공간화된 시간 개념에 기초한 노동가치론을 궁지에 빠뜨리고 있다는 사실은 이러한 사태와 무관하지 않을 것이다. 공간의 경제에서 자본이 공간화된 시간의 연장적 길이를 착취했다면, 흐름의 경제에서는 흐름으로서의 시간을 착취하게 된 것이라고, 다시 말해 흐름 속에서 활동이나 능력을 단속적으로 포획하고 착취하게 된 것이라고 말해야 하지 않을까?

공간의 구획을 넘어서 확장된 자본의 흐름이 역시 공간의 구획을 넘어선 생산능력의 흐름을 영유하는 이러한 경제를 공간의 경제와 구별하여 '흐름의 경제'라고 정의해도 좋을 것이다. 국민국가로부터 탈영토화된 생산이 공장과 고용의 제약을 넘어서 탈영토화된 생산의 흐름을 가능하게 하는 것은 일차적으로 자본이나 노동, 활동은 물론 지식이나 정보 등의 흐름이 흘러다니며 다양한 지점에서 결합될 수 있게 만드는 전지구적 통신망이다. 이는 분리된 활동이 접속하고 결합할 수 있게 해주는 미디어지만, 이제는 단지 분리된 지점을 연결하는 '매개'(media)가 아니라 다양한 지점에서 발생하는 생산이나 활동의 직접적인 일부가 되었고 생산 및 활동의 직접적인 조건이 되어 버렸다. 또한 그러한 생산이나 활동이 흘러다니는 통로가 아니라 생산이나 활동을 흐름으로 변환시키는 직접적 조건이 되었다. 어떤 활동도 이 새로운 네트워크와 접속하여 진행되는 한 항상-이미 흐름이 된다. 따라서 다양한 요소들의 이러한 흐름 그 자체가 흐름의 경제를 구성하는 일차적 성분이 된다. 전지구적인 스케일의 모든 지점들을 하나로 연결하며 활동이나 생산, 지식이나 감각을 높은 변환계수를 갖는 하나의 흐름으로 통접하는 이 새로운 네트워크를 우리는 가장 일반적이고 가장 추상적인 의미에서 '흐름의 공간'이라고 정의할 수 있을 것이다.

흐름의 경제는 흐름의 공간을 통해 작동한다. 이러한 흐름의 공간을 통해 자본주의는 이제 전지구적 규모에 흩어져 있는 여러 지역들을 하나로 연결한다. 여기서 배제되는 지역, 혹은 외면되는 지역이 훨씬 광범위하게 존재한다는 것은 분명하다. 따라서 흐름의 경제 또한 공간적 이원화를 동반한다는 점을 지적해야 한다. 가령 1980년대 이후 국제적인 규모에서 자본의 직접투자는 미국, 유럽연합, 일본의 소위 '3두체'와 새로이 부상한 아시아 지역 간에 교차적인 형태로 진행되고 있으며, 그에 따라 이외의 지역은 자본의 흐름에서 배제되고 있다. 이는 기술의 흐름에 대해서도 마찬가지다.[12] 하지만 이 새로운 '주변부'는 이전의 공간의 경제에서 국경이나 공장의 벽처럼 뚜렷한 절단기계를 통해 분리되어 있다기보다는 '원리상' 얼마든지 통합가능하며 이익이 된다면 언제든지 연결되고 통합될 것이란 점에서 공간의 경제에서 공간적 분리와는 다르다고 해야 할 것이다.

'제국주의'라는 개념을 여전히 유의미하다고 믿지만, 공간의 경제에서 국민적 공간의 확장이란 형태로 작동하던 공간적 제국주의가 그대로 지속되고 있다고 할 수는 없다. 이제 흐름의 경제에서 제국주의는 공간의 외연을 배타적으로 독점하기를 포기하고 대신 자본의 흐름을 가로막는 장벽을 제거하여 다국적화된 자본의 흐름, 금융의 흐름이 자유로이 드나들며 착취하는 새로운 형태로 대체되었다고 말해야 한다. 자본의 진입과 철수를 제한하는 국민적 장벽을 전지구적 범위에서 대대적으로 제거하며 시작된 1980년대 이후 신자유주의란 제국주의의 이러한 양상을 보여 주는 징표라고 말해야 한다. 그렇다면 이전의 '공간적 제국주의'가 새로이 '흐름의 제국주의'의 형태로 변환되었다고 말해도 좋지 않을까?

흐름의 경제가 모든 종류의 흐름을 개방하고 그것에 편승하여 그것을 영유한다고 해도, 모든 것이 전지구적 범위로 동일하게 확산되고 흘러가는 것은 아니다. 자본이나 그들이 필요로 하는 기술, 그리고 그것을 다루는 소위 '고급' 노동력은 전지구적 중심거점들로 연결된 지대를 자유롭게 흘러 다니는 데 반해, 대부분의 노동력은 여전히 국민적 형태로 절단되어 채취된다. 전지구화 과정 속에서 일반적인 이주노동자들의 흐름은 점차 중

12. F. Chesnais, *La mondialisation du capital*, Syros, 1994. [『자본의 세계화』, 서익진 옮김, 한울, 2003, 90-91쪽].

가하고 있지만, '고급노동력'과 달리 이들의 경우 이동은 제한되고 선별된다. 국적의 차이가 노동력의 흐름을 분할하는 하나의 중요한 지표를 제공하며, 이는 이주노동자들을 초과착취하는 조건이 되고 있다. 흐름의 경제를 통해 전지구적 수준에서 이동하며 '잘나가는' 고용의 흐름과 더불어 노동력의 '저급화'가 진행되고 있는 것이다. 미국이나 유럽을 포함한 모든 나라들 내부에 새로운 주변성의 지대가 창출된다. 한국의 경우 1987년 이후 노동운동의 급성장에 의해 임금이 증가하게 됨에 따라, 이 부담을 전가하기 위해 본격적으로 진행된 외국인 노동자의 수입은 아주 극단적인 방식으로 이를 잘 보여 준다.

반면 흐름의 경제에서 대중의 흐름은 전에 비해 더 강화되고, 이전보다 훨씬 더 넓은 영역으로 확대되며, 훨씬 더 쉽게 형성될 수 있게 되는 것 같다. 먼저 사람들의 일상생활이나 일상활동과 결합되어 작동하게 된 흐름의 공간은 그것과 결부된 활동 전반으로 대중의 접속가능성을 확장한다. 인터넷을 비롯한 정보망이 일상의 삶 내부로 깊숙이 침투함에 따라 대중의 개별적 활동이 쉽사리 다른 사람들과 접속하여 대중적 흐름을 형성하기 쉽게 된다. 대중의 흐름이 일상화되고 전에 없이 가속화된다. 한국은 이 또한 아주 극명하게 잘 보여 준다. 2002년 이래 최근의 촛불시위에 이르기까지 반복적으로 드러나고 있는 것처럼 대중의 투쟁이 점차 공장이나 생산의 장에서 벗어나 다른 장소로 이동하고, 지위나 소속의 동질성으로 통합할 수 없는 사람들의 이질적 복합체가 투쟁의 주력이 되는 현상이 그것이다. 흐름의 공간은 또한 전지구적 범위에서 다양한 활동을 접속가능하게 해주는 네트워크의 발전을 통해 접속가능한 범위로 대중의 범위를 확장한다. 서울에서 벌어지는 사안이나 시위에 부산이나 광주에 사는 사람이 참여하고, 최근의 쇠고기 문제의 경우에 그랬듯이 한국의 광우병 쇠고기 문제에 미국의 동물보호단체나 재미교포 주부가 직접 결합하여 개입한다. 대중의 흐름이 흐름의 공간을 통해 전지구화되고 있는 것이다. 시애틀 투쟁을 통해서 명확하게 가시화된 전지구적 대중의 흐름은 이제 대중의 외연이 국민이라는 공간에 한정되지 않게 되었음을 보여 준다.

이러한 대중의 흐름을 통제하기 위해 흐름이 통과하는 지점마다 다양한 문(gate)들을 설치하고 그것을 통과할 수 있는 요소와 그렇지 못한 요소를 선별하여 분절하는 새로운 통제의 방식이 출현한다. 건물의 출입을 아이디 카드에 표시된 통과자격에 의해 자동으로 절단하는 기계적 메커니즘이나, 신용의 흐름을 '자격요건'에 의해 선별하거나 자격상실자를 배제하는 금융적 메커니즘이 거기에 속한다. 인터넷을 비롯한 흐름의 공간은 이미 이러한 방식이 광범위하게 자리 잡았다. 공간을 구획하고 분리하는 벽을 흐름을 선별하여 통과시키는 문이 대신하게 된 것이다. 이를 '문(게이트)의 관리체제'라고 부르자. 그러나 이것이 대중의 흐름을 절단하여 무력화시키기엔 턱없이 부족하다는 것은 최근의 촛불시위에서 아주 명확하게 드러났다고 해도 좋을 것이다.

3. 유연성의 축적체제

1) 유연성의 축적체제

이처럼 자본의 흐름이나 노동력의 흐름, 대중의 흐름과 그것의 절단·채취방식을 통해 자본주의의 기계적 작동방식을 구별할 수 있다. 이는 자본의 증식방식, 혹은 축적방식의 역사적 조건을 이룬다. 그러나 자본의 축적방식이나 축적전략을 이러한 기계적 작동방식의 조건으로 환원할 수는 없다. 이러한 조건 위에서 계급투쟁이나 세계체제 등 재생산조건과 관련하여 부르주아지는 축적을 위한 고유한 전략을 구성한다. 이러한 축적전략이 일반화된 패턴을 형성할 때 이를 '축적체제'라고 정의할 수 있다. 축적체제는 자본의 흐름이나 노동력의 흐름, 대중의 흐름을 절단하고 채취하는 방식에 기초해야 한다는 점에서 자본주의-기계의 기계적 작동방식에 기초하지만, 하나의 자본주의-기계의 경제적 유형에 오직 하나의 전략이, 오직 하나의 축적체제가 대응된다고는 말할 수 없다. 한 유형의 사회-기계 안에도 조건에 따라 복수의 축적전략이 있을 수 있다. 다만 그 가운데 특정한 역사적 조건과 결부된 지배적 축적전략이란 게 있을 수 있고, 그것이 일반화된 패턴을 형성하는 한 하나의 축적체제를 그러한 역사적 조건에 대응시킬 수는 있을 것이다. 그렇지만 그러한 경우에도 하나의 경제 유형 안에 하나의 축적체제를 대응시킬 수는 없을 것이다.

가령 '공간의 경제'라고 명명한 사회-기계의 경제 유형 안에서도 20세기 초까지의 금욕주의적 축적체제가 있는 반면, 이와 달리 1930년대 이후 가시화되기 시작하여 제2차세계대전 후 확고하게 자리 잡은 '포드주의적 축적체제'가 있다. 간단하게 말해서, 전자가 금욕주의의 형태로 자본가의 소비를 극소화하여 축적률을 높이게 하는 한편 공장에서 노동자의 훈육체제를 가동시켰다고 한다면, 후자는 '유효수요'를 확대하여 포드주의적 대량생산에 부합하는 대량소비체제를 구성했다. 금욕주의적 축적체제가 욕망의 억압을 통해 작동했던 것과 반대로 후자는 대량소비를 촉진하기 위해 욕망을 자극하는 점에서 상반되는 욕망의 체제에 속한다. 그러나 이 모두가 공간의 경제와 상응하는 축적체제란 것은 잘 알려진 것이다.

하지만 애초에 조절이론가들이 제안한 이 '축적체제'란 말은 개념적으로 생각만큼 그리 명료하지 않으며, 조절학파의 이론가들마다 상이한 방식으로 정의한다. 여기서는 조절이론의 개념을 그대로 사용하기보다는 맑스가 제시한 자본의 순환도식을 참조하여 간단하게나마 자본의 축적체제를 개념적으로 구성하고자 한다. 맑스는 화폐(G)형태의 자본이 노동력(A)과 생산수단(Pm)을 구매하는 단계(G-A, G-Pm), 그 다음에는 그렇게 구매된 노동력과 생산수단이 조직되어 생산과정이 진행되는 단계(A/Pm…P…W), 그리고 그렇게 생산된 상품(W)이 다시 화폐로 전환되는 실현의 단계(W-G)로 구분하여 그것의 전체적인 연쇄가 반복적으로 진행되는 것을 자본의 순환과정으로 정의한다. 즉

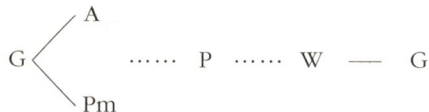

여기서 화폐자본이 노동력으로 전환되는 계기와 결부된 자본의 전략을 '고용전략'이라고 명명하고, 생산수단의 구매와 관련된 전략을 '조달전략'이라고 명명하자. 구매된 노동력과 생산수단으로 생산과정을 조직하는 계기와 결부된 자본의 전략을 '생산전략', 생산된 상품을 판매하는 계기와 결부된 자본의 전략을 '시장전략' 내지 '소비전략'이라고 한다면, 이 전략적 계기들의 집합을 자본의 축적전략으로 정의할 수 있다. 물론 이와 다른 차원에서 자본이 다른 형태의 증식방법, 즉 이자부자본의 형태로 변환되는 경우(G-G)도 있기 때문에, 그리고 이는 자본의 축적전략에서 또 하나의 중요한 계기이기 때문에 이것이 이 세 가지 계기에 추가되어야 한다. 이를 '금융전략'이라고 하자. 이와 함께 통화를 운용하는 방식인 '통화전략'이 포함되어야 할 것이다. 물론 이러한 전략은 그 자체로 항상-이미 고용이나 통화, 금융 등에 관한 제도, 자본 운용에 대한 규제요인, 국가적 발전전략 등에 의해 규정되며, 사회적 관행이나 습속 또한 포함되기에 개별 자본가에 의해 결정되는 것이 아니라 사회적인 것의 층위에서 결정되는 것이다. 일단 여기에서는 생산의 직접적인 조직화와 결부된 세 가지 계기를 통해 현재 자본주의에서의

자본의 축적전략을 간략하게 요약하고, 다음 절 이하에서는 금융전략을 포함하여 현재 자본주의에서 작동하고 있는 증식전략의 고유한 양상을 살펴볼 것이다.

알다시피 포드주의 축적체제는 표준화된 작업과 부품 등에 의해 작업을 분할하여 어셈블리 라인을 이용하여 거대 규모로 노동력을 결합하는 대량생산체제다. 규모의 경제를 극대화하기 위해 대규모화된 생산설비와 대규모의 안정적인 고용을 확보하고자 한다. 포드주의의 힘은 '규모'에서 나온다고 할 수 있을 것이다. 이러한 체제가 공간의 경제가 작동하는 하나의 극적인 양상이라는 것은 분명하다. 생산수단 및 노동자의 거대한 공간적 집결, 시간관리와 동작관리에 기초한 공간화된 동작분할, 어셈블리 라인을 축으로 한 작업의 공간적 조직화, 그리고 상대적 고임금에 의한 공장 내·외부 격차의 확대 등은 그것이 근대적 노동체제의 극한일 뿐 아니라 공간의 경제에서 생산을 조직하고 노동력을 채취하는 가장 극단적 형식임을 보여 준다. 이로써 대량생산이 가능해지지만, 이를 구매할 적절한 수요를 찾기는 쉽지 않다. 생산과 소비의 관계는 일방적이기 때문에, 생산이 요구하는 대량의 수요를 충족시키기 위해서 고임금 전략이나 국가의 재정지출 등을 통해 화폐를 공급하여 '유효수요'를 창출한다. 케인스주의적 복지국가가, 그 발생적 기원을 달리함에도 불구하고, 포드주의 축적체제의 상관물인 것은 이런 이유에서다. 공간의 기계적 조직화와 기계적 리듬에 맞춘 강도 높은 노동, 그리고 그렇게 생산된 상품을 확장된 유효수요를 향해 푸시(push)하는 시장전략이 더해지면서 대량생산·대량소비라고 흔히 요약되는 포드주의 축적체제가 구성된다. 그리고 투자나 소비, 재정지출에 필요한 유동성을 확대하기 위한 금리정책과 통화정책이 더해진다.

반면 앞서 말했듯이 흐름의 경제는 이러한 공간적 구획을 넘어서 생산과 소비를 조직하는 새로운 전략들이 출현하는 조건을 제공한다. 물론 흐름의 경제에서도 공장이나 사무실이라는 공간적 구획이 사라지는 것은 아니며 공간적으로 배열된 분업의 조직화가 사라지는 것도 아니다. 그러나 이러한 생산의 조직화는 네트워크를 통해 공장 외부에서 진행되는 소비나 유통과 긴밀하게 결합되어 이루어지며 그것에 따라 생산의 속도나 리듬, 생산에 필요한 자재나 도구 등의 흐름이 조절되고 통제된다. 도요타 공장에서 창안된 '적기(Just-in-Time)생산방식'은 생산과정의 각 공정마다 뒤의 공정으로부터 피드백되는 정보에 따라 작업량이나 물류의 흐름을 조절한다. 이러한 과정이 공장 내부만이 아니라 소비자에게까지 이어지는 유통망 전체에 걸쳐 행해진다. 일방적인 어셈블리 라인이 피드백되는 적기

생산방식으로 대체된 것이다. 여기서 중요한 것은 공간의 조직화가 아니라 피드백되는 정보를 통해 흐름을 조직화하는 것이다.

피드백 체계는 생산의 각 공정을 유연화시킨다. 뿐만 아니라 생산 자체를 소비와 유통의 상황에 따라 쉽게 변화될 수 있게 한다. 팔리는 물품의 양뿐만 아니라, 그 상품 각각에 대한 소비자의 반응이 쉽게 회류(回流)하여 집계되기 때문에, 소비자의 감각에 맞추어 생산물 자체의 디자인까지 조절하게 된다. 대량으로 만들어 푸시하는 일방적 시장전략이 아니라 소비자의 기호에 맞추어 생산 자체를 변화시키고 조절하는 다변화된 시장전략이 가능하게 된다. 끊임없이 다변화되어 생산되는 상품들은 소비자가 소유한 상품의 사회적 마모를 촉진하여 새로운 수요를 창출한다. 생산의 유연성은 시장의 가변성에 민감하게 반응하게 된다. 정해진 소량의 품목을 대량생산하여 판매함에 따라 쉽게 포화상태에 처하게 된 시장의 한계를 돌파하기 위한 새로운 전략이 이로써 가능하게 된다. 흔히 말하는 '다품종 소량생산'은 이를 요약해 주는 말이다.

생산의 유연화와 시장의 다변화는 그에 따른 노동력과 물류의 흐름 또한 유연화할 것을 요구한다. 그러나 필요한 생산량이 갑자기 늘었다고 고용한 노동자를 해고할 순 없는 일이고 그렇다고 놀릴 수도 없는 일이다. 반대의 경우도 마찬가지다. 아무리 노동력이 흐름으로 존재하게 되었다고 해도 매일 필요한 만큼을 충원하고 남는 인원을 배출하는 것은 불가능하다. 필요한 생산수단들도 마찬가지다. 필요한 게 줄면 적게 사면 되겠지만 그렇다고 있는 걸 처분할 순 없는 일이고, 갑자기 필요한 게 늘어났다고 해서 쉽게 그걸 조달할 수 있는 것도 아니다. 이로 인해 직접적인 고용을 최소한으로 줄이고 늘리거나 줄여야 할 노동력은 임시직 내지 기간제로 고용하거나 인력회사에게 맡겨 간접적으로 고용한다. 생산의 유연성이 고용의 유연성으로 이어지면서, 기간제 고용이나 간접고용 등 비정규직 노동이 크게 증가하게 된다. 이는 소비-생산의 흐름에 맞추어 노동력의 흐름을 가능한 최소시간단위로 절단·채취하는 것이란 점에서 노동의 영유 자체가 흐름으로서의 시간에 좀더 근접해 간 것을 의미한다.

생산수단의 흐름 또한 유사한 변화를 겪게 된다. 특히 자동차 산업처럼 필요한 부품이 많은 경우 소비-생산의 흐름에 따라 그것의 수급을 조절하는 것은 쉬운 일이 아니다. 이러한 문제를 해결하기 위해 하청이나 외주를 늘리고 공급받는 부품의 완성도를 높여 적기에 조달한다. 즉 부품들을 부분적인 완성품으로 모듈화하여, 모듈화된 부품을 공급하는 업체를 통해 하청이나 외주를 중층화함으로써 부품 수급의 유연성을 높이는 것이다. 또한 위험분산을 위해 설비는 물론 기술 등에 이르기까지 엔간하면 하청업체로 넘기고 원청업체는 그 하청업체를 연결하여 조립하는 네트워크의 허브 같은 위상을 갖는 경향이 있다. 한때 성공신화로 등장했던 시스코 같은 기업은 이러한 네트워크적 조직화를 통한 유연화체제의 사례라고 할 것이다.

요약하면, 생산의 유연화, 시장의 다변화, 고용의 유연화와 조달의 유연화, 이것이 직접적인 생산과 관련하여 흐름의 경제에서 자본의 축적체제를 구성한다. 이러한 축적체제를 '유연성의 축적체제' 라고 정의해도 좋을 것이다.

2) 유연성의 강제, 유연성의 권력

유연성의 축적체제는 생산, 고용, 조달과 유통, 소비에 이르는 모든 영역에서 유연성의 극대화를 추구하는 체제다. 그런데 이 모든 유연성은 사실상 자본의 유연성이다. 즉 유연성의 축적체제는 자본에 대해 극도의 유연성을 요구하는 조건의 산물이다. 유연성은 자본이 생존하기 위한 조건이 되었다는 점에서 '유연성의 강제' 가 자본에게 부과되고 있는 것이다. 무엇이 자본에게 이러한 유연성을 요구하는 것인가? 그것은 무엇보다 우선 흐름의 경제에서 자본의 무능력지대가 확장되었다는 점에 기인한다.

사실 자본은 자연이나 사람의 활동이나 그 산물을 가치화(Ver-wertung)함으로써 가치를 증식(Verwertung)한다. 경제학적 가치증식(valorization)과정이란 가치화과정을 뜻한다. 그리고 또 자본은 자연이나 사람, 기계의 접속과 협력에 의해 발생하는 이득을 가치화함으로써 잉여가치를 획득한다. 자본은 사람이나 자연, 도구나 기계 등이 접속하는 공동체적 고리를 끊고 자신이, 자신이 소유한 화폐가 그것을 대신하여 생산의 요소를 이루는 사람과 자연, 기계를 결합하게 하는 위치를 차지함으로써 착취할 수 있는 지위를 확보한다. 자연과 인간, 생산수단과 생산자의 모든 공동체적 고리를 해체하며 진행된 소위 '본원적 축적'이 그 절단과 해체의 과정이었다면, 화폐에 의해 구매된 상품의 형식으로 노동자와 생산수단이 결합됨으로써만 실질적인 생산과정이 진행될 수 있게 되었다는 사실이 모든 활동을 가치화하여 잉여가치를 확보할 수 있게 하는 조건이다. 자본주의에서 자본에게 구매되기를 거절한다는 것은, 생산수단과 결합될 수 없음을, 결국은 능력이 있어도 생산하지 못하고 굶어죽게 됨을 뜻하기 때문이다.

그런데 흐름의 경제에서 자동화와 정보화 등으로 구성되는 새로운 기술을 통해 노동의 기계적 포섭과 사회적 포섭이 가능해지면서 자본은 공간적 구획 바깥에서, 그리고 임금의 지불 없이 사람들의 활동능력, 생산능력을 영유할 수 있게 되었다. 그런데 이같은 고용 없는 착취가능성의 확대란 고용 없는 생산가능성의 확대를 의미한다. 즉 사람들이 고용 없이 활동하고 살아갈 수 있는 가능성이 확대되었음을 의미한다. 능력의 분리와 파편화로 인해 생존능력을 상실하여 노동력을 팔 수밖에 없게 된 사람들이 이제 자본의 고용 없이도 서로 접속하여 활동하고 서로 협력하여 살아갈 가능성이 커진 것이다. 물론 자본은 그것을 포획하여 가치화하고, 그것을 통해 잉여가치를 획득하지만, 공장에서 자신이 고용한 사람들에게 하듯이 그렇게 할 순 없다. 유튜브의 '경영자'들이 언제까지 동영상을 얼마만큼 만들어 올려 달라고 요구할 순 없는 것이다. 그리고 생산적인 활동의 결과물에 대해서도 이래라저래라 할 수 없다. 이는 자본이 예측할 수 없고 계산하기 힘든 자발적인 활동에, 그 활동의 잠재성에 전에 없이 크게 의존하게 되었음을 뜻한다. 자본이 자본 자신이 통제할 수 없는 것에 더욱 크게 의존하게 된 것이다.

나아가 흐름의 공간은 사람들이 일상적으로 만나고 접속하는 공간을 제공했고, 그 공간을 통해 사람들이 일상적으로 접속하여 사고하고 행동하게 했으며, 이로써 대중의 욕망이나 활동이 흐름으로 변환되는 공간을 제공했다. 여기서 대중의 욕망은 쉽게 전염되고 쉽게 변환되며, 그 결과 예측하기 힘든 가변성의 폭이 크게 확장된다. 이를 따라가지 못하는 자본은 외면당한다. 여기에 더해 생산기술은 점점 더 빠른 속도로 변화·갱신되고, 대중들의 욕망이나 활동 역시 광범한 정보와 쉽게 접속하여 더욱 급속한 속도로 탈영토화된다. 또한 흐름의 공간은 생산과 유통, 소비를 전지구화함으로써 자본가들 간의 경쟁 또한 전지구화했다. 내부적으로도 가격이나 디자인, 성능 등 모든 요소와 관련해 경쟁이 격화되어 자본의 성공과 몰락 모두가 전에 비해 훨씬 용이하게 되었음을 의미한다.

다른 한편 많은 사람들이 지적한 것처럼, 유연성의 축적체제는 포드주의 축적체제의 위기에 기인한다. 60년대 말~70년대 초 이후 이윤율의 하락과 이윤의 감소로 인해 노동자나 대중을 포섭할 수 있는 경제적 조건이 급격히 축소된다. 그러나 포드주의 축적체제는 규모의 경제를 극대화하고자 했기에, 이윤율의 하락은 설비의 과잉으로, 자본의 과잉으로 이어지게 된다. 또한 거대한 공장은 거대한 노동조합을 동반했고, 자본의 힘만큼이나 조직된 노동자의 힘의 성장을 야기했다. 여기에 이윤의 감소에 따른 경제적 포섭능력의 약화가 더해지면서 노동조합과의 갈등이 강하게 추가되게 된다. 이러한 조건에서 설비나 고정자본 부분을 최대한 축소하고 원료나 부품의 조달 또한 '적기'에 맞추어 적체를 줄이는 것, 그리고 시장으로 푸시하는 전략이 과잉생산의 한계지점에 봉착하면서 시장상황에 맞추어 생산을 조절하는 것이 새로운 축적전략으로 떠오른 것이다. 나아가 고용의 유연성은 임금비용을 줄이는 효과와 생산에 요구되는 유연성에 고용을 대응시키는 효과뿐만 아니라, 거대하게 조직된 노동조합을 약화시키고 고용불안정을 통해 노동자들을 매우 취약한 조건으로 밀어 넣는 계급적 효과 또한 갖는 것이었다. '유연성'이란 말은 그 단어의 표면 뒤에 계급투쟁의 칼날을 감추고 있었던 것이다!

요컨대 유연성의 축적체제란 포드주의 축적체제의 위기를 넘어서기 위해, 새로이 흐름의 경제라는 조건 위에서 생산과 유통, 소비와 고용에서 발생한 가변성과 예측불가능성에 대응하는 것이며, 한편으로는 노동자계급에 대한 기술적이고 경제적인 공격으로 취해진 계급투쟁의 표현이다. 그렇지만 그것이 자본가계급의 적극적 대응이라고는 해도, 흐름의 경제에서 새로운 생산기술이나 착취방식, 시장상황, 경쟁상황 전반에 걸쳐서 흐름의 속도가 빨라지고 그 변화와 유동의 폭이 크게 확대된 결과, 가변성이나 우발성·예측불가능성이 비할 수 없이 확대되었다는 사실을 보여 주는 것임은 분명하다. 흐름의 경제는 자본에 새로운 착취의 기회를 제공한 것 이상으로 그것의 무능력 지대를 유례없이 확대한 것이다. 자본이 살아남기 위해서는 이제 자신의 예측 바깥에서 진행되는 이 변화의 속도와 방향에 발빠르게 대처하고 적응해야 한다. 이것이 자본에게 전례없는 유연성을 요구하고 강제한다. 이런 점에서 유연성의 축적체제란 자본의 무능력의 지대가 확대되는 데 따라 증가한 위험성과 불확실성에 대처하기 위해 자본이 선택한 축적체제다.

그런데 이는 또한 정보·통신망이나 극소전자 생산기술, 네트워크 형태의 새로운 조직형태 등을 통해 그러한 가변성과 불확실성에 대처하고, 효율성이나 유연성의 이름으로 하청업체나 노동자 등에게 자신이 지불해야 할 비용이나 위험성을 전가하는 축적체제다. 생산이나 소비, 고용이나 조달 등 모든 면에서 자본이 선택한 전략을 요약해 주는 '유연성'이란 전지구적 범위에서 빛의 속도로 이동하고 전파되는 가변성·불안정성·불확실성을 특징으로 하는 흐름의 경제에서, 그에 따라 급변하는 시장조건, 기술·기계적 변화에 대응하여 위험을 분산하고 대응속도와 생산조직의 가변성을 극대화하는 방식으로 대처하는 전략의 집합을 의미한다. 그것은 흐름의 경제에서 자본이 감수해야 할 가변성과 예측불가능성에, 다른 말로 자본의 근본적 불안정성에 대처하기 위해 선택된 전략의 이름이다.

따라서 유연성이란 가변성 내지 예측불가능성을 갖는 활동의 흐름, 능력의 흐름을 통제가능한 형태로 변형시키는 지점이고 흐름을 통제하고 영유하게 되는 변환의 문턱이다. 그것은 흐름의 경제에서 발생하는 유연성의 강제가 유연한 방식으로 대처하려는 욕망으로 변환되고, 그 욕망이 생산수단이나 생산자를 유연하게 통제하는 권력으로 변환되는 문턱이다. 그것은 유연성에 대한 자본의 욕망이 생산자나 생산수단의 조달을 맡은 자들에게 유연성의 권력으로 변환되는 지점이다. 유연성의 축적체제, 그것은 이런 의미에서 흐름의 경제에서 자본이 작동하는 권력의 배치를 표시하는 이름이다.

4. 이동성 선호

하지만 이러한 유연성조차 자본의 위험을 해소해 주기엔 근본적으로 충분하지 못하다. 자본이 물적인 형태를 취하는 한, 다시 말해 생산자본, 상품자본의 형태를 취하는 한 빛의 속도로 전파되는 가변성과 불확실성을 따라잡을 순 없기 때문이다. 한때 잘나가는 기업으로 떠올랐다 언제인지도 모르게 몰락한 기업들이 얼마나 많은가! 가변성과 불확실성을 따라잡기 위해선 변화와 이동을 저지하는 모든 '짐을 덜어 내야 한다. 발목을 잡는 모든 종류의 '고정성'에서 벗어나야 한다. 돈 안 되는 곳에서 빨리 빠져나와 좀더 많은 돈을 벌 수 있는 곳으로 최대 속도로 이동하는 것, 그것이 자본의 새로운 '이념'이다. 고정자본, 그것은 돈 안 되는 곳에서 빠져나오는 것을 저지하는 덫이고, 돈 되는 곳으로의 빠른 이동을 가로막는 짐이다. 저토록 빠르게 변화되는 대중적인 욕망의 흐름을, 혹은 이윤의 흐름을 최대한 따라잡는 것, 그것이 자본의 새로운 욕망이다.

최대 속도로 최대 이윤을 향해 이동가능한 자본, 그것이 자본의 새로운 이념이 된다. '이동성'의 극대화를 추구하는 것이다. 이러한 자본의 욕망을 '이동성 선호'라고 명명할 수 있을 것이다. 이동성을 극대화하기 위해선 최대한 고정성을 갖는 요소를 줄여야 한다. 이러한 욕망이 거대한 생산설비를 필요로 하는 생산자본의 형태로부터 거리가 멀 것임은 길게 말할 필요가 없을 것이다. 판매를 기다리는 상품자본 형태 역시 이동성의 제약요인을 많이 갖고 있다. 계정을 옮기는 것만으로도 충분한 이동성을 확보하는 것! 이처럼 금융적인 형태의 자본이나 증권 등과 같이 '이동가능성'이 큰 자산을 보유하려는 성향을, 실물적인 자산이나 생산자본 형태로 투자하려는 것과 대비하여 '이동성 선호'라고 정의할 수 있을 것이다. 다시 말해 이동성이란 금융적 이득의 가능성이 증대된 상황에서 부동산이나 생산설비 등 고정성이 큰 자산보다는 쉽게 처분하여 다른 자산으로 변환시킬 가능성을 뜻하며, 이동성 선호란 이자소득을 포기하면서 화폐를 보유하려는 태도가 아니라 좀더 이득이 많은 자산으로 쉽게 이동하기 위해 이동성이 큰 자산을 보유하려는 경향을 뜻한다.

이러한 이동성의 최대치를 갖는 것은 화폐자본 형태일 것이다. 그러나 여기서 화폐자본이 '화폐'를 뜻하는 것은 아니다. 또한 이 경우 '이동성'은 화폐와의 교환가능성을 뜻하지 않는다는 점에서 케인스가 말하는 '유동성'과 다르며, '이동성 선호'는 위험으로 인해 이자소득을 포기하면서 화폐를 보유하려는 것이 아니라 위험을 무릅쓰고서라도 최대 이득을 제공해 줄 어떤 자산을 보유하려는 것이란 점에서 '유동성 선호'와 다르다. 그렇기에 이동성은 이자율에 의해 규정되지 않는다. 이자율이 높아도 그보다 높은 금융적 수익이나 투기적 수익이 예상된다면 자본은 돈을 빌려 투자를 할 것이기 때문이다.

이동성 선호 개념에 두 가지 측면이 있다. 하나는 이동성의 정의 그 자체에 따른 것으로, 자본이 증권이나 다양한 종류의 금융상품처럼 이동성이 큰 자본형태를 선호하는 것이다. 형태적인 차원에서 자본의 이동성이 이와 관련된 것이라고 하겠다. '자산유동화증권'처럼 고정성이 있는 자산을 이동성이 큰 증권으로 변환시키는 것은 이를 잘 보여 주는 사례일 것이다. 80년대 이후 미국을 필두로 하여 주식이나 채권, 외환은 물론 다양한 종류의 파생상품들이 폭발적으로 증가되어 온 것 역시 이런 맥락에서 이해할 수 있을 것이다.

다른 하나는 외연적이고 공간적인 차원의 이동성과 결부된 것이다. 좀더 많은 이윤을 얻을 수 있다면, 자본은 지구상의 어떤 지역으로도 이동하고자 하게 된다. 이를 위해 자본의 이동을 가로막는 여러 가지 형태의 장벽들을 제거하고 금융시장은 물론 자본시장 전체를 자유로이 출입할 수 있는 조건을 확보하고자 하게 된다. 즉 자본의 이동을 가로막는 다른 나라의 장벽들, 금융적 자본의 투기나 소유를 제한하는 장애들을 제거하려는 경향을 갖는다. 우리는 이러한 장벽들이 1980년대 중반 이후 미국이나 서구 이외의 지역에서 급속히 제거되어 왔음을 알고 있다. 한국 역시 80년대 중반 이후 개방압력을 받으며 상품시장은 물론 자본시장과 금융시장을 개방하기 시작했고, OECD 가입을 추진하던 90년대 초반부터 금융 및 자본시장 개방이 본격화되었다. 그리고 결정적으로는 1997년 'IMF 위기' 이후에 자본이동을 제한하는 제도적 요인이 거의 사라졌고, 그 결과 많은 기업들의

지분이 외국자본에 넘어갔고 증권시장에서 외국자본의 비중이 급격히 증가했음을 잘 알고 있다.[13]

　　이동성 선호는 흐름의 경제에서 이윤의 흐름에 대한 욕망이 '유연성'을 초과하게 된 자본의 욕망을 표시한다. 그것은 유연성의 형태로 대응하면서 생산하려는 자본의 욕망을 초과한 욕망이고, 그 초과분의 이동속도를 얻기 위해 실물적인 짐으로부터 벗어나려는 자본의 욕망이고, 그렇기에 생산에서 분리되어 순수한 금융의 흐름 그 자체로 존재하게 된 자본의 욕망이다. 그것은 유연성의 축적체제와 상관적인 금융적 전략이지만 그것을 초과하여 상대적 독자성을 갖고 작동하는 금융적인 축적전략을 산출한다. 생산에서 분리되어 끝없이 파생에 파생을 거듭하며 증식되는 금융상품의 흐름을 만들어 내고, 투자가 가격을 올리고 그게 다시 투자를 부르며 그게 다시 가격을 올리는 누진적 피드백을 통해 실물적 이윤으로부터 벗어나 거대하게 몸을 불리며 판돈을 키우고 그 판돈의 흐름 속으로 대중들을 끌어들여 주머니를 터는 과장과 증폭의 전략이 거기서 출현한다.

　　이동성 선호가 구체적인 경제적 양상으로 진행되기 위해선 또 다른 물질적 조건이 필요했다. 자본이 빛의 속도로 이동할 수 있는 물질적 조건뿐만 아니라, 어디로 이동할 것인가를 판단하기 위해 전지구적 차원에서 증권시장의 상황이나 기업에 대한 정보를 쉽고 빠르게 얻을 수 있어야 하며, 이동에 소요되는 거래비용이 이득을 크게 잠식하지 않을 수 있을 정도로 축소되어야 한다. 흐름의 공간을 구성하는 전자네트워크가 빛의 속도로 이동할 수 있는 길을 제공했다면, 컴퓨터 정보기술과 수학적·금융적 지식, 그리고 금융시장의 결합은 정보의 취득과 비교, 종합 등을 전문지식 없이도 가능하게 해주었다. 또한 전자주식거래에 관한 새로운 제도는 증권사를 거치지 않고 투자가 전자

13. 1980년대 후반 들어오면서 그 동안 급속히 성장해 온 재벌 등 독점자본이 은행을 통한 국가의 통제에서 벗어나고자 '자율성'을 요구하기 시작하는데, 이것이 다른 이유에서지만 국가적·제도적 제약을 제거하고 자율성을 확대하려는 국제 금융자본의 요구와 더불어 '신자유주의'의 제도적 기반을 만들어 낸다. 1997년의 IMF 체제는 이러한 변화가 파격적으로 급격히 도입되는 계기를 제공한다. 그것은 또 87년 이후 급속히 성장한 노동운동에 대해 강력한 '신자유주의적' 공세를 펼치는 계기가 되기도 한다. 그것은 파견노동이나 비정규노동 등에 대한 국제 금융자본의 요구를 받아들이는 방식으로 진행되었는데, 이는 이후 아주 급속하게 비정규직 노동이 증가하는 결과로 이어지면서 노동자계급의 분할과 노동운동의 약화를 가져온다. 그리고 이 시기 이후 자본의 이윤율은 하락하는데(정성진, 「한국 자본주의 축적의 장기추세와 위기: 1970~2003」, 경상대사회과학연구원 편, 『한국 자본주의의 축적체제변화: 1987~2003』, 한울, 2006, 20쪽), 그와 동시에 증권시장에 상장된 시가총액과 거래대금은 급속히 증가하기 시작한다(김의동, 「한국 경제의 금융 부문 역할 심화 추세와 함의」, 경상대사회과학연구원 편, 앞의 책, 167~168쪽). 이런 점에서 우리는 1987~97년 사이에 한국 자본주의가 '신자유주의' 혹은 '금융화'라고 명명되는 현재적인 양상으로 변환되는 분기점이 있다고 생각한다. 이러한 변화가 갖는 의미에 대해서는 이후 계속 서술될 것이다.

네트워크를 이용해 직접 거래하는 것을 가능하게 했다. 나스닥이 컴퓨터네트워크에 창설된 것은 1971년이었지만, 이것이 실질적인 거래의 장이 된 것은 1990년대였다. 이는 전자주식거래를 일반화하고 대중화하는 조건이 되기도 한다. 그 이후 온라인거래는 매우 빠른 속도로 증가하여, 일반적인 거래방식으로 자리 잡게 되었다.

이는 이동성 선호가 자본 일반의 욕망이라기보다는 흐름의 경제라는 특정한 조건의 산물임을 보여 준다. 그러나 여기서 '조건'이란 단지 기술적인 조건만을 뜻하지는 않는다. 그것은 특정한 경제적 조건과 결부되어 출현한다. 아무리 흐름의 가변성이 크다고 해도, 흐름을 좇는 것 자체가 자본의 목적이나 욕망은 아니다. 자본은 이윤을 위해, 이윤의 극대화를 위해 움직이고 이동한다. 이동성이 중요하다고 해도, 이동성이 큰 자산으로부터 얻을 수 있는 이득이 크지 않다면 이동성은 자본의 욕망이 되지 못한다. 1970년대 후반이 그랬다. 자본이나 설비는 과잉인 상태인데, 이자율은 낮아서 물가를 고려한 실질이자율이 마이너스인 상태였기에, 생산에서 투자처를 찾지 못한 자본도 금융적인 형태의 자본으로 이동할 이유가 없었다. 이런 점에서 이 시기의 축적 위기는 단지 생산자본에 해당되는 것만은 아니었던 것이다. 금융적 자본 역시 적절한 투자처를 찾지 못하고 있는 상황이었던 것이다.

새로운 투자처를 만들어 내는 것이 필요했다. 이를 위해서 자본의 투기적 운용을 막기 위한 많은 '제약조건'들이 제거되어야 했다. 다음 절에서 다시 말하겠지만, 1980년 직후 '자유'와 '시장'의 이름으로 이러한 제약조치들이 제거되었다. 그 결과 다양한 종류의 새로운 금융상품들이 개발되고 주식은 물론 외환시장, 채권시장이 활성화되었고, 금융적 자본의 출구를 만들어 내는 새로운 조건이 제공되었다. 자본이 다양한 형태의 금융상품 형태로 좀더 높은 이윤을 찾아 다양한 영역을 넘나들며 이동할 수 있는 경제적·제도적 조건이 확보된 것이다. 이후 증권시장은 아주 급속히 성장했고, 금융수익율은 비금융자본의 이윤율로부터 아주 빠른 속도로 분리되어 가파른 상승 곡선을 그리며 독자적으로 움직이기 시작한다. 금융상품이 설비나 장비 같은 고정성이 큰 자산을 대신해 중심적인 투자 대상으로 부상한다. 심지어 비금융자본 기업에서조차 돈을 빌려 증권을 사는 경향이 일반화된다. 여기서 우리는 자본이 점차 탈생산화되고 탈물질화되는 경향을 본다. **자본의 이동성은 자본이 생산에서 이탈하여 탈물질화하는 경향을 함축한다고 해야 할 것이다.**

이후 돈을 빌려 주식을 사는 식의 투자가 금융기업 아닌 제조업에서도 중요한 부분을 차지하게 된다. 그래서 1990년에 미국 비금융법인의 GDP 대비 부채비율은 10년 전에는 59% 수준이었던 것이 크게 증가해 80%에 이르렀다. 제조업 순자본스톡의 연평균 증가율은 60~73년에 4.65%였고 불황기였던 73~79년에도 3.6%였던 데 비해 79~90년에는 1.8%로 하락했고, 제조업 투자 연평균 증가율은 60~73년의 6.3%, 73~79년의 5.6%에서 79~90년에는 2.5%로 하락했다. 플라자 합의에 의한 미국 제조업의 국제경쟁력 상승으로 86~89년 사이 제조업의 이윤율이 49%나 급등했을 때조차, 미국 제조업 부문도 금융자원을 신규설비와 장비에 투자하기보다는 차입에 기반한 인수합병 및 자기 회사 주가부양을 위한 자사주 매입에 주력했다. 84~89년 사이에 비금융법인의 비주택 고정자산에 대한 투자 지출은 연평균 840억 달러에 불과한 반면, 인수합병에 사용한 지출은 연평균 1,840억 달러였다.[14]

요컨대 이동성 선호란 낮은 이윤율과 높은 금융수익률, 그리고 금융적 자본의 활동에 대한 규제해소로 요약되는, 금융적 유연성이 극대화된 '신자유주의 체제'에서 자본이 보여 준 새로운 경향을 설명해 주는 욕망 내지 전략이라고 말할 수 있을 것이다. 자본이 직접적인 생산이나 실물적인 형태의 투자보다는 이동성이 큰 금융적 형태의 자산에 투자하려는 경향, 그리하여 한편에선 신종 금융상품 및 파생금융상품이 폭발적으로 증가하지만 '물질적 생산'의 투자는 정체되는 경향을 이동성 선호라는 자본의 욕망을 통해 이해할 수 있을 것이다. 1980년대 이후 '금융화'라고 명명되는 사태와 전지구상을 관통하는 자본의 자유로운 운동조건을 확보하기 위한 조치들의 집합으로서 '신자유주의'를 우리는 이런 관점에서 이해할 수 있을 것이다.

이는 유연성의 축적체제에서 태어났고 그것의 일부를 이루지만, '유연성'을 초과하며 그로부터 벗어나 독자적인 증식의 전략을 형성하게 된다. 이를 흔히 '금융화'라고 명명하지만, 이는 단지 금융자본의 비중이 증가하고 금융자본의 이윤이 비금융자본에 비해 증가했다는 걸 뜻하지 않는다. 자본은 물론 경제의 전반적인 '증권화' 경향이 나타난다. 심지어 기업 자체를 증권화하고 그 가격을 관리하여 판매하는 증식전략이 출현하기도 한다. 이제 중요한 것은 무엇을 어떻게 생산하는가가 아니라 시장에서 어떻게 보이고 평가되는가이다. 자본이 증권화된다는 것은

14. R. Brenner, *The Boom and The Bubble*, Verso, 2002. [『붐 앤 버블』, 정성진 옮김, 아침이슬, 2002, 96~97쪽, 103~04쪽.]

이제 생산에 필요한 자본을 얻기 위해 분할가능한 증서의 형식을 취하는 게 아니라, 생산이나 실물적 형태에서 벗어나 시장의 평가에 의해 독립적 실존을 획득하게 된다는 것을 뜻한다. 이제 이러한 변환의 과정을 좀더 자세히 살펴보아야 한다.

5. 경제의 '증권화'와 대중-부르주아

앞서 말했듯이 이동성 선호로 요약되는 자본의 새로운 경향은 80년대 들어와 매우 강력한 형태로 가시화되었다. 흔히 지적되는 80년대 이후의 자본의 '금융화'는 이 새로운 경향이 현실화되는 결정적인 분기점을 제공했다.

브레너나 뒤메닐·레비 등이 실증적으로 입증한 것처럼, 이러한 변화의 근저에는 서구 자본주의에서 이윤율의 하락이라는 현상이 자리잡고 있다. 가령 뒤메닐과 레비는 미국과 유럽에서 이윤율과 축적률, 그리고 실업률의 변화를 다음과 같이 요약해서 보여 주고 있다.

〈도표 1〉 이윤율 하락과 그 결과

단위 : %

	미국		유럽	
	1965~74	1975~84	1965~74	1975~84
이윤율	20.6	15.4	18.1	13.8
축적률	3.8	3.0	4.8	2.3
실업률	4.6	7.7	1.8	6.1

출처 : 뒤메닐·레비, 『자본의 반격』, 이강국·장시복 옮김, 필맥, 2006, 49쪽.

미국, 유럽, 일본에서의 순이윤율의 변화추이를 보여 주는 브레너의 다음 그래프(도표 2)는 60년대 말 이래 이윤율의 급격한 감소를 아주 두드러지게 보여 주고 있다. 70년대 말 들어와 일본 제조업의 이윤율은 어느 정도 회복세를 보여 주는 듯하다가 90년대 들어와 다시 감소하며, 미국과 독일의 경우는 전반적인 하향세와 더불어 전반적 정체를 보여 주고 있다.

이러한 경제상황은 생산성의 하락과도 결부되어 있다. 브레너에 따르면, 미국 농업을 제외한 제조업 생산성 연평균 증가율은 1950~58년의 2.2%, 1958~65년의 3.3%, 1965~73년의 2.7%로 상당히 장기간에 걸쳐 2.5~3.0% 정도의 안정적

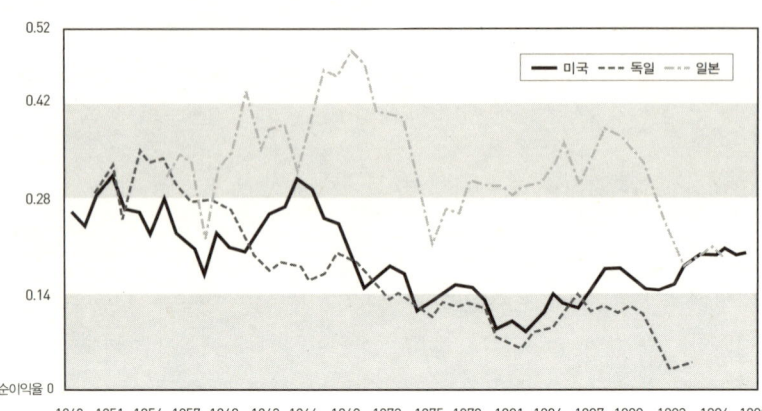

〈도표 2〉 제조업 순이익률 : 미국, 독일, 일본, 1948~99

출처 : 브레너, 『붐 앤 버블』, 56쪽.

인 값을 갖고 있었지만, 1973~79년에 이르면 1.1%로 크게 저하한다.[15] 이는 1973년 이후의 경기침체가 이전과 다른 어떤 문턱을 넘어선 것은 아닌가 하는 생각을 하게 한다. 아마도 포드주의적 축적체제의 위기가 이러한 이윤율의 장기적인 하락과 정체, 생산성의 급락으로 표현된 것일 게다.

이러한 조건에서도 거시경제정책은 포드주의 축적체제와 상관적인 케인스주의적 노선을 따르고 있었기 때문에, 이자율은 경기활성화를 위해서도 낮게 책정되어 있었다. 뒤메닐·레비에 따르면 미국의 장기실질금리는 60년대 이래 2.5%대를 유지하다가 70년대 들어와 더욱 낮아졌으며 74년에는 -2%에 가까이 내려간다. 물론 76년 다시 2% 가까이로 되돌아가지만, 그 이상은 아니었다. 그러던 것이 80년대에 들어오면서 7% 이상으로 비약적으로 상승한다. 이후 내려가서도 약 5%대를 유지한다.[16]

80년 이전의 이러한 사태는 이윤율의 하락과 정체에 따라 과잉화된 자본이 금융적인 형태로도 충분한 이윤을 얻지 못하게 된 상황을 뜻하는 것이다. 경기는 활성화되지 않은 상태에서 이자율은 낮고 인플레이션으로 실질 금리가 더욱 저하하여 자본으로서의 존립 자체를 위협하는 상황. 여기서 새로이 미연방준비기금 이사장으로 취임한 폴 볼커는 이자나 금융적 이득에 대해

15. 브레너, 『붐 앤 버블』, 60쪽.

16. G. Duménil · D. Lévy, *Crise et sortie de crise*, Presses Univ. de France, 2000. [『자본의 반격』, 이강국 외 옮김, 필맥, 2006.]

갖고 있던 케인스주의의 부정적 태도를 내던지고 금융자본의 이득을 위해 인민의 생활이나 소비, 고용을 포기하는 새로운 노선을 현실화했다. "미국인들의 생활수준은 더 낮아져야 한다"면서 11%였던 연방기금 (명목)금리를 79년 말 14%로 인상했다. 이로 인해 심각한 불황이 닥치자 금리를 낮추었지만, 다시 올리기 시작해서 81년 7월에는 19%에 이르게 된다." 채권자 시대의 개막을 알리는 79년의 이러한 조치를 뒤메닐과 레비는 '쿠데타'라고까지 부른다. 채권자들의 쿠데타, 금융적 자본의 쿠데타였던 것이다. 다시 불황이 시작되었고 취임 당시 6%였던 실업률은 곧 8%로, 나중엔 11%로 치솟았지만 그들은 이를 노동자계급에 대한 공세로 이용했다. 81년 집권한 지 6개월 만에 항공관제사 노조를 짓밟았던 레이건은 이러한 정책의 충실한 동조자였던 셈이다. 이러한 고금리기조는 82년 8월 멕시코의 채무위기에 이르기까지 지속되었다.

그러나 이것만은 아니었다. 자본의 운용이나 이동을 가로막는 제도적 규제들을 철폐해야 한다는 주장이 경제학적 이론으로 등장하기 시작한 것은 낮은 이윤율과 낮은 이자율의 궁지 속에서 출구를 찾던 이러한 상황 속에서였다. 자본에 대한 그러한 규제나 제약의 철폐가 80년대 초에 급격한 방식으로 요구되었고, 공채시장의 자유화, 국고채의 경매 및 2차시장 설립, 금융상품과 관련해 은행에 주어졌던 규제들의 철폐 등 일련의 조치들이 진행되었다. 볼커의 금리 인상과 무관한 것이 아니라고 해도, 그것 이상으로 중요한 것은, 자본 증식의 새로운 조건을 형성한 이러한 조치들이었다. 이후 영국의 대처 정부도 이러한 흐름에 동참하면서, 이는 유럽의 다른 선진국들로 확산되었고, 점차 전세계로 확대되어 갔다. 자본이나 금융시장에 견고한 보호벽을 쌓고 있던 한국에 대해서도 80년대 후반 금융시장과 자본시장 개방이 요구되기 시작한 것은 이러한 맥락에서 진행된 것이며, 이는 이후 90년대 들어와 더욱더 강력하게 요구되고 실행되게 된다. 이것이 자본의 새로운 자유를 위해 국가적 내지 제도적 통제를 제거하는 '신자유주의'의 이름으로 불리고 있다는 것을 우리는 잘 알고 있다.

흔히 '금융화'로 요약되는 이러한 조치들을 통해서 무엇보다 중요하게 부상한 것은 자본의 전반적 '증권화'였다. 기업의 주식뿐만 아니라 국가의 채무가 증권화되고, 외환 또한 금융상품이 된다. 80년을 전후로 하여 취해진 공채시장의 자유화와 그것을 거래하는 2차시장의 성립은 공채소유자들에게 높은 유동성을 보장하였

17. D. Henwood, *After the New Economy*, New Press, 2003. [『신경제 이후』, 이강국 옮김, 필맥, 2004, 290–292쪽.]

을 뿐 아니라 정부의 '공공채무'를 국채 형태로 증권화할 수 있게 함으로써 미국 같은 적자정부의 예산제약을 완화하여 재정위기를 일시적으로나마 해소하는 수단을 제공했다.[18]

직접적으로 '증권'의 형태를 취하는 것은 아니지만, 국제통화와 외국환 또한 1980년대 이후 금융적 이득을 찾는 금융적 자본의 중요한 투기 대상으로 떠오른다. 이는 길게 보면 미국이 달러의 금태환 중지를 선언하여 변동환율제로 이행한 70년대 초로까지 소급될 수 있는 것이다. 달러의 가치가 금태환 조건에서 벗어났기 때문에 국제경제나 미국경제의 요구에 따라 달러의 발행이 자유로워지면서 달러의 가치는 매우 불안정하게 되었다. 이와 더불어 대부분의 나라들로 확대된 변동환율제로 인해 각국의 국민통화는 달러의 가치나 각국의 경제사정에 따라 쉽게 동요하게 되었다. 달러는 물론 외국환이 금융적 자본의 중요한 투자 내지 투기 대상이 되었다. 그러나 통화의 안정성에 대한 요구 때문에 통화 거래를 제한하는 제약들이 있었는데, 1980년 영국 정부가 외환거래에 대한 통제를 철폐함으로써 외환거래를 '자유화' 했다. 런던이 국제 외환거래의 중심지였기에 이러한 조치의 효과는 즉각 전세계로 확대되게 된다. 그 결과 1980년대 말에 이미 외환시장 거래액의 85~90% 정도가 투자 내지 투기적 목적과 결부된 것이 된다.[19]

이러한 고전적 금융상품에 더해 '파생상품'이라는 새로운 '금융상품'들의 확장은 자본의 증권화에 결정적인 문턱을 제공한다. 미국은 1980년대 초 금융상품 창조에 대한 제한을 철폐함으로써 새로운 형태의 이자부 통화성 예금이 탄생하는 계기를 제공했다. 사실 미국에서 옵션시장이 처음 만들어진 것은 1972년 시카고에서였는데, 이것이 1980년 이후 급속히 팽창하여 다품목 파생상품시장으로 발전한다. 1982년 시카고 다음으로 두번째의 금융선물거래시장이 런던에 설립된다. 1986년에는 그 뒤를 이어서 프랑스가 파리 금융선물거래소를 설치했다. 이후 싱가포르나 홍콩이 이러한 추세에 적극 동참했다. 나아가 선물, 옵션, 스와프 등의 파생상품을 대상으로 하는 선물옵션, 스와프선

18. 이후 미국 정부의 국채는 일본이나 중국 등의 외국자본을 끌어들이는 중요한 수단을 제공했고, 이로 인해 매우 낮은 저축률이나 축적률에도 불구하고 외자를 이용한 수입으로 소비를 유지하는 방식으로 경제구조가 유지되게 된다. '공공채무의 증권화' 내지 '시장화'는 미국 정부의 재정위기를 쉽게 해소해 주었지만, 이는 역으로 미 연방 정부의 채무를 폭발적으로 증대시키는 길을 열어 주었다. 여기서 결정적인 계기는 '작은 정부'를 내세웠던 레이건 정부로 하여금 거대한 재정지출을 하게 했던 '별들의 전쟁' 같은 대규모 국책사업이었다.

19. 셰네, 『자본의 세계화』, 49쪽.; R. Guttmann, "Les mutations du capital finacier", F. Chesnais, et al., *La mondialisation financière*, Syros, 1996. [『금융자본의 변동』, 『금융의 세계화』, 서익진 옮김, 한울, 2002, 99쪽.]

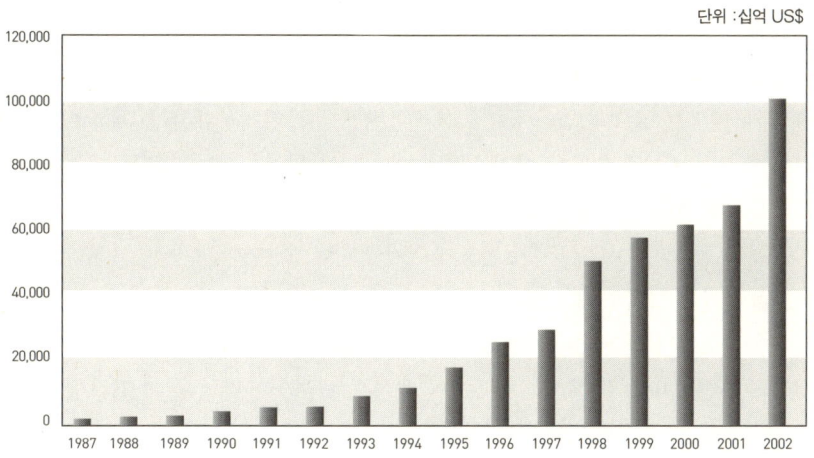

〈도표 3〉 장외파생상품 거래량

출처 : J. Arnoldi, "Derivatives : Virtual Values and Real Risks", p. 29.

물, 스와프옵션 등의 2차 파생상품이 만들어졌고, 이후 현물이나 증권, 채권을 담보로 하는 파생상품, 그 파생상품을 이용한 파생상품이 계속해서 꼬리를 물고 만들어지며 거대한 파생상품의 세계가 형성되었다. 가령 지금까지 경제위기의 진앙지 역할을 하고 있는 서브프라임 모기지론 사태는 서민들의 주택자금을 대상으로 한 채권(서민들의 채무!)마저 증권화하여 그로부터 파생상품의 연쇄를 연이어 만들어 낸 것에서 시작된 것이다.

파생상품의 규모를 보면, 1994년 말 미국의 7대 시중은행은 13조 7천억 달러라는 자금을 투자하고 있었는데, 이에 비해 당시 7대 은행의 본원상품은 2천억 달러에도 못 미쳤다고 한다. 이 은행들이 94년 파생상품으로 얻은 수익은 이들의 총 영업수익의 15~ 65%에 달했다고 한다.[20] 장외파생상품 거래량의 변화를 보여 주는 〈도표 3〉의 그래프는 파생상품 규모의 폭발적인 성장을 아주 잘 보여 준다. 2002년 현재 파생상품의 거래량은 100조 달러를 훨씬 상회한다.[21] 헨우드에 따르면 국제결제은행의 자료를 근거로 파생상품의 명목원금이 2002년 6월 현재 151조 달러라고 하며, 이는 18개월 전보다 38% 증가한 것이라고 한다.

금융자본의 투자 대상이 이처럼 다양해지고 확대된 것과 나란히 금융자본의 투자 주체가 1980

20. 구트만, 「금융자본의 변동」, 앞의 책, 98쪽.

21. J. Arnoldi, "Derivatives : Virtual Values and Real Risks", *Theory, Culture and Society*, 21(6), 2004, p. 29.

년대 이후 급속히 확대되었다. 증권시장이 발달하면서 기업들이 은행의 대부보다는 증권시장을 통해 자금을 조달하는 방향으로 옮겨 갔으며, 기업에 대한 은행의 대출은 감소되었다. 이에 따라 은행들이 증권투자에 적극적으로 뛰어들기 시작했다. 미국에서는 역시 80년대 들어오면서 은행들의 증권시장 참여를 제한하던 이전의 조건들이 사라졌다. 나아가 증권투자를 위한 대출을 늘림으로써 다른 투자자들을 통한 은행의 간접적인 증권투자의 비중도 늘어났다.

좀더 두드러진 것은 뮤추얼펀드나 연기금의 급성장이다. 1980년까지만 해도 비금융기업 순자산의 40%에도 못 미치던 뮤추얼펀드와 연기금의 보유자금이 2000년경에 이르면 비금융기업 자산의 2배 가까운 규모로 증가한다.[22] 펀드와 연기금의 자산이 80년에 비해 20년간 5배 이상으로 증가한 것이다. 그 결과 미국에서 금융회사들 전체의 자산 가운데 연기금과 뮤추얼펀드의 비중은 1960년 12.6%에서 80년 21.0%로 늘어나다가 1993년이 되면 39.3%로 증가한다. 이에 반해 은행자산이 차지하는 비중은 60년 38.2%, 80년 34.8%였던 것이 1993년에는 25.4%로 떨어진다.[23]

연기금과 뮤추얼펀드를 통해 이제는 기업만이 아니라 봉급소득자를 포함한 일반 대중들이 자신의 의사와 무관하게 어느새 증권투자의 새로운 주체로 자리잡게 된 것이다. 가령 미국의 경우 '가계'는 모든 연기금과 뮤추얼펀드의 3분의 2를 보유하고 있으며, 펀드에 대한 단순한 투자자를 넘어서 펀드 운영의 주체가 되었다. 뿐만 아니라 스톡옵션 등의 형태로 경영자는 물론 봉급생활자의 급료를 증권화하는 경우도 매우 급속히 늘어났으며, 이러한 분위기 속에서 노동자를 포함한 대중 자신이 증권투자나 펀드 등의 형태로 증권시장에 적극적으로 참가하는 양상이 광범위하게 나타난다. 1920년대에는 100만 명에 이르던 미국의 증권투자 인구가 90년대에는 그 100배(1억 명!)로 증가한 것이[24] 이를 단적으로 잘 보여 준다고 하겠다.

이처럼 주식시장이 급격히 성장하면서 기업이 대출보다는 주식을 통해 자금을 충당하는 경우가 많아진다. 이제 주가의 관리가 기업의 경영에 매우 핵심적인 요인이 된다. 이를 위해 비금융기업조차 전통적인 방식의 투자, 비용절감 등을 통한 이윤극대화에서 벗어나 직접적으로 주가를 부양하여 주주가치를 극대화하는 방향으로 선회하게

22. 뒤메닐·레비, 『자본의 반격』, 153쪽.

23. 구트만, 「금융자본의 변동」, 『금융의 세계화』, 98쪽.

24. 헨우드, 『신경제 이후』, 263쪽.

된다. 주가를 부양하기 위해 자사주를 매입하여 소각하는 게 중요한 전략노선이 된다. 이는 90년대 후반에 들어와 더욱더 뚜렷하게 되는데, 가령 94년~98년 사이 합병으로 인한 기업의 주식 매입과 기업의 자사주 재매입에 따른 매입주식을 포함하여 비금융기업의 총소각주식의 연간금액은 3배로 증가하여, 98년에는 그 금액이 2,995억 달러에 이르게 된다. 이 가운데 자사주 매입은 더 급격하게 증가하여 같은 기간 4배로 증가했다.[25] 비금융법인의 거대한 부채 가운데 반 이상이 자사주 매입을 포함한 주식 매입에 사용된 것이다. 이러한 경향은 80년대 이후 본격화된 것인데, 83년~90년 사이에 비금융기업이 사들인 주식순매수의 총액은 1983~1990년 미국의 주식순매수 총액의 72.5%를 차지했다. "이를 통해 비금융기업들은 같은 기간 주가 상승의 견인차가 되었다."[26] 은행이나 보험사 같은 금융적 자본이 아니라 비금융기업이 주식매수의 3분의 2 이상을 차지하는 핵심적인 투자자로 등장한 것이다. 금융기업은 물론 비금융기업까지 자본의 생산에 필요한 실물적 투자보다는 증권시장에서의 자신의 가치를 관리하기 위해 부채를 얻어 그것으로 자사주를 사는 식의 투자 패턴이 형성된 것이다. 자본의 순환 전체가 증권시장에서 자신을 어떻게 '증권화' 하는가에 의해 결정되고 있는 것이다. 아니, 석유나 곡물, 심지어 서민들의 주택-채무에 이르기까지 돈이 되는 것이라면 어떤 것도 '증권화' 하고, 그 증권으로 다시 파생적인 증권을 만들어 가고 있는 것이다. 경제 전반이 증권화되고 있는 것이다.

이런 점에서 80년 이래 진행된 '금융화' 란 단지 금융적 형태의 자본이 지배적인 지위를 점하게 되었다거나, 금융적 자본의 이득이 일차적인 것이 되었음을 뜻하지 않는다. 증권화된 금융상품을 통한 이윤의 획득이 자본의 일반적인 욕망으로 자리잡게 되었을 뿐 아니라, 제조업 등 생산적이고 실물적 자본조차 자신의 증권적 가치를 위해 투자형태를 바꾸며, 증권화된 가치에 의해 그것의 실질가치가 평가되는 양상, 그리하여 자본의 순환형태 전체가 증권화의 일차적인 규정 속에서 과잉결정되는 상태, 이런 식으로 경제 전반이 증권화되는 현상, 그것이 지금 '금융화' 를 통해 자본이 새로이 도달한 지점이다. 이를 **경제의 '증권화'** 라고 명명해도 좋을 것이다.

이러한 증권화에는 연기금이나 펀드의 급성장과 더불어 시작된 대중적인 증권투자 또한 포함된다. 미국에서만 1억의 인구가 증권투자 대열에 들어서고 있다는 사실을 다시 상기하는 것이 좋을

---

25. 브레너, 『붐 앤 버블』, 191~192쪽.

26. 같은 책, 190쪽.

것이다. 그처럼 증권투자에 나선 사람들의 삶이나 행동, 욕망이나 관심이 증권 주변을 맴돌 것이라는 건 길게 설명할 필요가 없을 것이다. 즉 자본의 전반적 증권화는 단지 실질적인 자본가들에게만 국한되지 않는다. 그것은 이미 대중에게까지 확대되어, 대중을 증권화된 욕망 속으로 끌어들이고 있는 것이다.

이는 한국의 경우에도 다르지 않아서, 가령 최근 한국에서 불었던 펀드 열풍은 이를 잘 보여 준다. 이는 대중들을 증권화된 자본의 세계에 끌어들여 증권화된 자본의 증식을 자신의 욕망으로 삼게 했음을 뜻한다. 증권화된 욕망을 통해 대중 자신이 부르주아화되고 있는 것이다. 이를 '**대중-부르주아**' 라고 불러도 좋다면, 대중을 증권투자의 주체로 확장하는 새로운 양상은 '**대중의 부르주아화**' 라고 불러도 좋을 것이다. 증권시장에 돈을 대주다가 한꺼번에 주머니를 털리는 이른바 '개미투자가' 들 역시 이런 관점에서 보면 대중-부르주아와 동일한 의미에서 '개미-부르주아' 라고 불러도 좋을 것이다.

경제의 증권화가 자본가의 영역을 넘어서 노동자를 포함하는 대중 전반으로 확장되었다. 이제는 자본만이 아니라 대중을 전반적으로 자본가화하고 있는 것이다. 대량생산과 대량소비로 요약되는 포드주의적 축적체제에서 만들어졌던 가속화된 소비를 향한 대중적 욕망의 체제가, 자본 자신은 물론 봉급생활자나 노동자를 포함한 **대중 개개인이 증권투자와 투기적 증식을 향해 치달리는 새로운 욕망의 체제**로 변환된 것이다. "부자 되세요"가 일상적 인사말이 되고, 부자들이 자신의 부를 드러내거나 부를 위해선 어떤 일도 할 수 있을 듯한 태도를 감추기는커녕 노골적으로 드러내는 것, 그리고 대중들 자신 또한 경제적 이익의 관점에서 자신의 삶을 둘러싼 많은 문제를 바라보고 계산하는 '대중적 개발주의' 등은 이러한 새로운 욕망의 배치와 무관하다고 할 수 없을 것이다.

6. 자본의 시뮬라크르, 혹은 허구적 자본주의

'경제의 증권화' 는 단지 자본이나 경제적 요소 전반을 증권화하는 것만을 뜻하지 않는다. 증권화가 단지 경제적 요소를 증권으로 변환하는 형식적 대체관계에 머물지 않기 때문이다. 생산물이 화폐의 형태로 대체되고 나면, 그 다음엔 화폐적 형식이 생산물을 지배하듯이, 그리하여 화폐와 교환될 수 없는 생산물은 '가치 없는 것' 이 되고 말듯이, 경제적 요소가 증권화되고 나면 증권으로 표시되는 '가치' 가 그것의 현실적인 경제적 가치가 된다. 그러나 80년대 이래 진행된 증권화는 단지 여기에 그치지 않는다. 파생상품의 끊임없는 연쇄적 증식이 실제 가치에서 분리되어 거대하게 증폭된 경제적 세계를 구성하듯이, 증권화된 세계는 실제 경제와 분리되어 또 다른 증폭된 세계를 구성한다. 이것이 특히 두드러지게 드러난 것은 97년 이후 이른바 '신경제'(New Economy)에서였다. 어차피 증권화된 세계가 실제 가치 세계보다 과장되고 증폭되기 마련이지만, 당시 연방준비제도이사회 의장이던 그린스펀조차 '이상과열'이라고 불렀던 극심한 과장과 증폭이 당시 세계 경제를 끌고 갔던 것이다. 이를 아주 잘 보여 주는 것은 기업의 수익과 주가지수의 변화를 보여 주는 〈도표 4〉의 그래프다.

    1982년부터 오르기 시작한 주가지수는, 실질적인 경기는 결코 좋았다고 할 수 없었음에도 자본의 벨 에포크였던 50~60년대처럼 증폭되는데, 이것이 97년 이후에는 거의 수직에 가까운 어이없는 기울기로 상승하고 있음을 볼 수 있다. 이것이 보여 주는 것은 주가지수가 기업의 이윤율로부터 분리되어 독자적으로 움직이기 시작했다는 것, 그것도 아주 과장된 증가폭을 갖고 상승하고 있다는 것이다. 이에 대해 1996년 12월 그린스펀은 '이상과열'이라고 했지만 이를 진정시키기 위한 별다른 조치를 취하지 않았을 뿐 아니라, 다음해부터는 '신경제'라는 이름을 붙여 새로운 경제적 시대가 개막된 것으로 간주했으며, 이를 이어받아 수많은 매체나

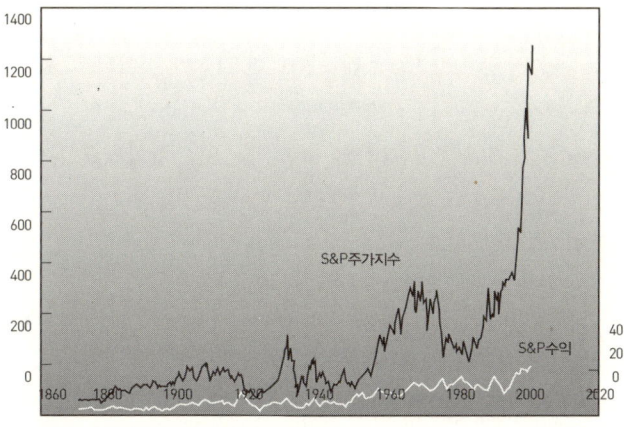

〈도표 4〉 스탠다드 앤 푸어스의 실질 주가지수와 연간 실질수익(1871~2000)

출처 : 쉴러, 『이상과열』, 이강국 옮김, 매일경제신문사, 2003, 23쪽.

학자들이 정보통신혁명과 연결하여 '신경제'에 대한 찬사를 보내기 시작한다. '신경제'란 이 이상과열 상태가 항상적인 것으로 일반화된 상태이고, 그렇게 과열이 정상이 된 상태란 점에서 '정상과열'이라고 말해도 좋을 것이다. 그것은 이상이 정상이 된 상태인 것이다. 이상과열이 아니라 '정상과열'이 되어 버린 것이다.

이처럼 증권화된 세계가 실질적인 세계와 괴리되어 독립적으로 작동하는 것, 실질적인 이윤 이상으로 부풀리고 과장하여 작동하는 것, 그리고 그 과장된 차이를 통해 새로운 착취의 영역을 확장하는 것, 이것이 '경제의 증권화'의 또 다른 일면이라고 할 것이다. 실제적 이윤을 초과하는 저 거대한 '이득'으로 인해 이제 증권화된 경제는 자본으로 하여금 증식의 또 다른 전략을 사용하게 한다. 대부분의 기업들에 의해 가장 흔히 사용되는 방법은 앞서 말했던 것처럼, 부채를 내서라도 자기 주식을 사서(자사주 매입) 자기 회사 주가를 올리는 것이다. 이런 식으로 주가를 올려 기업의 장부가치를 올리고 상승한 장부가치를 바탕으로 주식가치를 다시 올리는 것이다. 주식가치와 장부가치가 서로를 물어 끌어올리는 마법의 순환이 만들어진다. 이는 기업의 '가치'를 높이기 위한 일반적 전략을 가능하게 한다. 즉 실물적인 투자를 늘리고 실물적인 생산성을 증가시켜 이윤을 획득하는 통상적인 방법 대신에 '구조조정'을 통해 고용을 줄이고 생산영역에서 소요되는 비용을 줄이면서 금융부문에 적극 진출하여 자사주 재매입 등을 통해 주가를 높이고 기업의 '가치'를 증대시키는 전략, 혹은 기업을 인수해 '구조조정'을 해서 다시 되파는 방식으로 이윤을 취득하는 방식, 혹은 요란한 인수합병을 통해 기업의 능력을 과장하고 과시하는 방식으로 기업의 주가를 높여 그것을 다시 파는 방법 등이 그것이다. "80년대 이후 정크본드 붐을 필두로 하여 기업경영권이 거래되는 엄청난 규모의 시장이 형성된"[27] 것을 우리는 이러한 관점에서 이해할 수 있을 것이다. "주주가치 극대화를 통한 시장가치경영"을 내걸고 이러한 경영전략을 통해 수익이나 배당금은 물론 기업의 '시장가치'를 비약적으로 끌어올렸던 제너럴 일렉트릭의 성공은 이런 전략의 모범이 되었다. 이후 미국 100대 기업 중 3분의 1이 이러한 전략을 따르고 있다고 하는 사실은 이러한 사태가 단지 개별적인 사례가 아니라 아주 일반적인 축적전략이 되었음을 보여 준다.[28]

이러한 방법에서도 이미 사용되고 있는 것이지만, 주가 부양을 위한 이러한 방법 이외에 좀더 일반화된 전략이 있다. 그것은 증권시장에서 좀더

27. 홍기빈, 「IMF에서 FTA로: 축적기획으로서의 신자유주의」, 금융경제연구소 심포지움 발표문, 2007, 7쪽.

28. 같은 글, 8–9쪽.

높은 평가를 받기 위해 **기업을 일종의 '스펙터클' (spectacle)로 만드는 것**이다. 중권화된 경제의 경우, 주식시장에서 기업의 이미지가 어떠한가가 그것의 실물적 가치와 무관하게 그 주가를 올리거나 주가상승을 통한 기대이익을 증가시키는 데 결정적인 영향을 미치기 때문에, 기업의 활동이나 성과를 시장에서 일종의 '스펙터클'로 만드는 것이 매우 중요하다. 야후나 구글, 혹은 최근의 유튜브 같은 기업들의 '첨단적 이미지'는 성공이나 성장의 이미지로 이어지면서 그 기업들의 실물적 가치와 별도로 그 기업의 주가가 상승할 것이라는 기대감을 증폭시켜 주식시장에서의 투자를 유인하고, 그렇게 유인된 자본이 상승시킨 주가는 또 다시 주가상승에 대한 기대감과 그 기대에 대한 신뢰감을 높여서 다시 자금을 끌어들이는 체증적 되먹임(positive feedback)을 만들어 낸다. 자사주 재매입을 통한 주가의 부양조차 사실은 이런 전략의 일부라고 해야 할 것이다. 실물적인 가치와 다른 차원에서 이미지라는 가상적 자산의 증식이 주가를 올리고 자산을 증대시키는 회로를 형성하는 데서 핵심적인 것은 그 기업을 하나의 화려한 스펙터클로 만드는 것이다.

    유전자 복제를 통해 인슐린을 생산하겠다는 계획으로 만들어진 보이어와 스완손의 회사 제넨텍은 이를 아주 잘 보여 주는 사례다. DNA를 잘라 내는 제한효소의 발견자였던 생명과학자 보이어의 명성과 유전공학과 생명산업이 새로운 첨단산업이 되어 거대한 이윤을 낳을 것이라는 대중적인 이미지, 유전자 복제를 통한 인슐린의 생산이라는 첨단적 이미지 등이 결합되어 이 회사의 주식은 제품이 생산되지도 않았는데 뉴욕 증시에 상장되자마자 주당 35달러 하던 주식이 89달러로 폭등했다. 그러나 이는 정말 스펙터클 효과였는데, 왜냐하면 이미 인슐린은 돼지나 소의 췌장에서 추출되어 제넨텍이 내놓을 제품보다 훨씬 싼 값으로 생산되어 팔리고 있었기 때문이다. 그러나 그들은 이보다 훨씬 비싼 자신의 제품을 팔기 위해 자기들이 내놓을 제품이 '동물'의 것이 아닌 '인간'의 인슐린임을 선전했고, 그것은 생물에서 추출한 것보다 더 비싼 값의 유전자 복제 인슐린이 더 좋은 전망을 가질 거라는 '믿음'을 형성하는 데 성공했다. 좀더 아이러니한 것은 이들이 유전자 복제로 만들어 낸 인슐린은 이전의 것보다 훨씬 효과가 떨어질 뿐 아니라 심각한 부작용을 갖고 있었고, 그로 인해 당뇨병으로 인한 사망자가 크게 느는 결과를 빚었다는 사실이다![29] 그럼에도 불구하고 이들이 대중적으로 형성한 스펙터클한

---

29. J. Le Fanu, *The Rise and Fall of Modern Medicine*, Carroll & Graf Pub., 1999. [『현대의학의 역사』, 조윤정 옮김, 아침이슬, 2005, 360~366쪽.]

이미지는 상장 당일 주가가 3배 가까이 뛰게 만들었고 이후에도 이런 의학적이고 실질적인 사실은 인터넷과 유전공학에 대한 찬란한 이미지에 가려 보이지 않게 된다. 복제가 원본을 대신할 뿐 아니라 그것으로부터 유리되어 그것을 가리고 대신하는 치환이 증권화된 자본의 세계에서 발생하고 있는 것이다.

 '호리에몽' 이라는 별명으로 잘 알려진 호리에 다카후미의 라이브도어의 증식 방법은 이를 좀더 극적인 방식으로 증폭해서 보여 준다. 1996년 '온더엣지' 라는 이름의 인터넷 홈페이지 제작업체로 출발한 '조그만' 기업이었던 라이브도어는 2000년 도쿄증시 신흥기업시장인 마더스에 상장하면서 경영규모를 확대하기 시작하여 금융, 중고차 분야로 사업을 확장해 갔으며 주가상승에 힘입어 공격적 M&A를 통해 2004년에는 31개 계열사의 그룹으로 성장한다. 실질적 인수 의사가 있었던 건지 의심스럽지만 2004년 6월에는 프로야구구단 '오사카 긴테스 버팔로스'를 인수하겠다고 나서서 대중들의 시선을 대대적으로 장악했고, 이후 M&A를 통해 후지 TV를 인수하려 함으로써, 비록 성사되지는 않았지만 매스컴을 떠들썩하게 만들어 거대한 방송사마저 인수합병할 수 있는 능력이 있음을 과시했다. 호리에 자신도 캐주얼한 복장과 튀는 행동, 거침없는 언사로 매스컴의 시선을 받는 '스타'가 되었으며, 대중들의 욕망을 유인하는 아이돌이 되었다. 이것이 라이브도어가 주도적이고 선진적인 기업이라는 이미지를 증폭시켰음을 물론이다. 주식의 액면가 분할이라는 방법을 도입해 소주주들의 접근을 용이하게 하여 라이브도어 주가를 부양하고 부풀리기도 했는데, 2006년 검찰의 기획수사로 구속되었다. 컴퓨터 관련 첨단의 이미지를 갖고 주로 금융관련 사업을 벌였고 주가부양과 인수합병을 통해 계열기업을 확장한 라이브도어는 기업의 활동은 물론 사장 개인의 활동마저 거대한 스펙터클로 만들어 기대수익을 부풀려 주가를 올리고 그것으로 다시 자산을 증식하는 스타일의 축적전략을 종합적으로 사용했고 극적인 효과를 거두었다. 그래서 10년도 안 되는 사이에 급속하게 증식하여 새로운 부의 증식방법을 알려 주고 '돈이 승리' (호리에는 2004년 『돈의 승리』라는 책을 출판한다)하는 사회를 꿈꾸게 할 수 있었다. '스펙터클이 돈' 임을 보여 주었던 극적인 사례였던 셈이다.

 이러한 스펙터클들을 통해 증권화된 자본은 실물적인 자본에서 분리되어 독자적으로 증식하는 '시뮬라크르'(simulacre)가 된다. 자본의 시뮬라크르들! 원본의 모사지만 원본에서 분리되어 움직이며 원본과 무관한 독자적 증식의 회로를 만들어 내는 시뮬라크르들의 연쇄들이 만들어진다. 기업이나 자본을 일종의 '브랜드'로 만드는 이미지의 관리가 새로운 기술의 개발이나 생산성 상승보다 훨씬 더 돈이 되는 일종의 역전이 발생한다. 상품의 '브랜드'가 대중적 소비에서 중요한 가치를 갖게 되고 잉여가치의 중요한 원천이 되는 것이 '소비의 사회'로 불리는 포드주의적 축적체제와 상관적이라면, 상품은 물론 기업 자체를 브랜드화하는 것('브랜드 자본')은 이처럼 자본 자체를 가시적인 스펙터클로 만들어 내어 기업의 가치를 올리는 이 새로운 축적체제와 상관적인 것이라고 해야 할 것이다. 최근 이명박 정부가 표명한 것처럼 국가마저 브랜드화해야 한다는 강박적 발상은 이런 맥락에서 이해할 수 있을 것이다.

실제 기업을 초과하는 이미지의 과잉, 그것이 어쩌면 실제 이윤을 초과하는 증권화된 이득의 과잉과 상응하는 것이라고 해야 할지도 모른다. 자본의 시뮬라크르들! 제넨텍의 사례가 아주 잘 보여 주는 것처럼 이러한 시뮬라크르를 만드는 데서 중요한 것은 '첨단적인' 이미지다. 1997년의 이상과열에서 인터넷이나 정보통신기술 관련 산업이 특히 과대평가되었던 것 역시 이런 이유에서일 것이다. 예를 들어 1998년 당시 1만 명을 고용하고 4/4분기 당기순이익이 6,800만 달러였던 '아메리카온라인'의 그해 말 주가총액은 664억 달러였는데, 이는 제너럴 모터스(GM)의 주식시가총액인 344억 달러의 거의 2배에 가까운 액수였다. 당시 GM의 노동자는 60만 명, 분기별 당기순이익은 8억 달러였다. 또 당시 야후는 고용한 노동자가 673명이었고 분기별 당기순이익이 1,670만 달러에 불과했으나 주식시가총액은 339억 달러였다. 이에 비해 종업원 수가 23만 명인 보잉은 분기별 당기순이익이 3억 4,700만 달러였는데도 주식시가총액은 야후와 비슷한 358억 달러였다.[30] '신경제'의 과열을 주도한 닷컴기업 열풍은 주가상승에 대한 예견으로 이어지는 첨단적인 이미지의 산물일 것이다. 이에 대해 '이상과열'에 대한 책으로 유명한 쉴러는 과열을 촉진한 요인 가운데 첫번째로 인터넷을 들면서도 이렇게 말한다. "주식시장 호황에서 중요한 것은 인터넷혁명이라는 현실이 아니라, 알아차리기 힘들지만, 이 혁명이 만들어 내는 대중적 인상(impression)이다."[31]

시뮬라크르가 원본으로부터 벗어나서 자신의 고유한 생존을 획득하고 원본으로는 결코 따라잡을 수 없는 놀라운 증식력을 확보하는 것은 이런 대중의 믿음을 획득하는 방식으로다. 대중의 믿음, 그것은 "저것은 돈이 될 것이다"라는 집단적 환상

30. M. Castells, *The Rise of the Network Society*, Blackwell Publishers, 1996. [『네트워크 사회의 도래』, 김묵한 외 옮김, 한울, 2003, 200쪽.]

31. 쉴러, 『이상과열』, 42쪽.

이다. 인터넷 이외에도, 미국에서는 이미 대중화된 증권전문채널방송, 그런 방송이나 매체에 기고하면서 대개는 사거나 보유하라고 권유하는 애널리스트들, 그리고 '새로운 시대'임을 강조하며 열기가 지속되리라는 믿음을 유지하는 관료나 지식인들 등은 이런 대중적 믿음을 만들어 내는 장치들이다. 이렇게 만들어지는 집단적 환상, 집단적 믿음이 자본의 시뮬라크르들에 실재 이상의 힘을 부여한다. 그것을 향해 투자자들이 몰리고, 그것을 통해 원본에서 분리된 시뮬라크르들이 평가되며, 그렇게 평가되는 가치를 위해 원본들이 '재구조화' 되고 재조직된다. 이 놀라운 자본의 시뮬라크르들은 실제적 원본에서 분리된 것이란 점에서 '허구적인' (fictitious) 것이지만, 맑스가 말했던 것처럼 이것들은 "'양도가능한 형태를 취하여 거래되기 시작하는 순간"[32] 실제적인 현실이 된다. 그것은 현실적인 허구들이다.

여기서 우리는 **자본의 시뮬라크르가 원본인 자본에서 분리되어, 집단적인 환상을 만들고 유지하는 또 다른 종류의 시뮬라크르들에 의해 변환되고 증식되며 그것이 역으로 원본적인 자본을 움직이고 바꾸어 놓는 힘을 행사하는 자본주의**를 본다. 이를 자본의 시뮬라크르들이 만들어 내는 시뮬라크르의 자본주의라고 불러도 좋지 않을까? 또한 우리는 여기서 증권화된 허구적인 자본이 실제적인 자본처럼, 아니 그 이상으로 양도되고 거래되는 자본주의를 본다. 이를 맑스의 말을 빌려 '허구적' (fictitious) 자본주의라고 명명해도 좋지 않을까? 보드리야르라면 이러한 회로를 통해서 자본이 실물적인 '원본'에서 독립된 일종의 시뮬라크르를 들어 '포스트모던 자본주의'에 대해 말할지도 모른다. 시뮬라크르가 원본에서 분리되어 시뮬라크르에서 시뮬라크르로 이어지는 증식의 연쇄를 만들고, 그것이 원본마저 좌우하는 실재적인 힘을, 원본 이상의 실재적인 힘을 갖게 된 것이란 점에서 '과잉-실재' (hyper-reality)라고 말할지도 모른다.[33]

그러나 어떤 이름으로 부르든 간에, 유념해야 할 것은 자본주의는 이처럼 시뮬라크르가 지배적인 '증권화'의 양상을 취할 때조차도 보드리야르의 말처럼 원본에서 완전히 해방된 시뮬레이션만의 세계를 구성하지는 않는다는 것이다. 왜냐하면 사회구성체에서 경제가 최종심급임을 부정할 수 있을지는 모르겠지만, 경제에서 실물적인 '원본'이 최종심급임을 부정할 수는 없기 때문이다. 시뮬라크르로 거래되고 양도된 자본 또한 최종심급에서는 지불을

32. 맑스, 『자본론』, III권(상), 568~69쪽.

33. J. Baudrillard, *Simulacres et simulation*, Galilée, 1981. [『시뮬라시옹』, 하태환 옮김, 민음사, 1992.]

요구하기 때문이고, 지불가능성이 사라지자마자 그 시뮬라르크 역시 무효화되어 사라지기 때문이다. 알튀세르의 말처럼 사회구성체에서 경제라는 최종심급의 고독한 시간은 오지 않을지 모르지만, 경제에서 지불이라는 최종심급은 무한히 유예될 수 없기 때문이다. 아니, 지불 이전에 지불가능성이 어떤 의심의 흐름에 부딪치는 순간, 시뮬라크르의 연쇄 전체가 파국적인 위기 속으로 끌려 들어가기 때문이다. 가령 1998년 기업공개를 했을 때 절정에 이르렀던 더글로브닷컴(TheGlobe.com)의 주식은 애초에 9달러에 공개되었고 곧바로 97달러까지 폭등했지만, 실제 실적이 별로 좋지 않았기에 기업공개 후 2년도 안 되어 공모가격의 절반 아래로 폭락했고, 2003년 2월에는 0.075달러로까지 떨어졌다. 1999년 5월 주당 20달러에 공모된 이토이스(eToys)의 주가는 상장 첫날 76달러까지 상승했고 5개월 뒤에는 86달러까지 올랐지만, 그 뒤 93%나 하락했다. 97년 호황 당시 전례없는 자금이 몰렸던 미국의 통신산업은 호황이 끝날 무렵 2조 달러의 시장가치를 날렸으며 경제 전체 채무불이행 금액의 거의 절반인 1,100억 달러의 빚을 갚지 못했다.[34] 2001년 3월 호황은 끝났고, 새로이 불황이 시작되었다. 그리고 과잉 열기 속에서 거대하게 증식되었던 시뮬라크르들은 서브프라임 모기지 사태 이후 연쇄적인 붕괴과정 속으로 들어갔다. 그 동안 증폭되었던 만큼의 부가, 혹은 그 이상의 부가 사라져 가고 있는 것이다.

경제의 최종심급은 이처럼 빨리 오며 이처럼 가혹하다. 그런데 그 가혹한 최종심급의 피해자는 단지 도박판에 내깃돈을 걸었던 자본가들만이 아니라 자본이 주도한 그 증권화의 열기 속으로, 증권화의 욕망 속으로 끌려 들어갔던 대중-부르주아들, 개미-자본가들이다. 대개는 어느 정도 주가가 오른 뒤에야 막차 타듯 따라갔다가 이처럼 시뮬라크르가 붕괴하는 순간 모든 것을 털리고 마는 것이다. 그러나 피해자는 거기서 그치지 않는다. 거대한 붕괴 속에서 파산하는 회사들의 연쇄적 증식을 막기 위해 대개는 정부가 나서서 구제금융의 형태로 엄청난 공적 자금을 쏟아 넣기 때문이다. 그것은 증권과는 아무런 관련이 없었던 일반 대중들의 세금이 그 거대한 시뮬라크르의 도박판 속으로 끌려 들어가는 것을 뜻한다. 자본가들은 이처럼 붕괴하는 경우에도 대중들을 착취하는 것이다. 거대 투자회사들이 연이어 '파산' 하고 이를 해소하기 위해 7,000억 달러라는 사상 초유의 거대한 구제금융을 실시하려는 미국 정부의 시도가 이러한 시뮬라크르 자본주의의 귀착점을 보여 준다면, 그런 조치에 대한

---

34. 헨우드, 『신경제 이후』, 265~266, 282, 276쪽.

대중들의 명시적 저항은 그러한 착취의 메커니즘이 결코 순탄치만은 않을 것임을 보여 준다.

7. 결론

흔히 '신자유주의'라고 일컬어지는 지금의 자본주의를 이해하기 위해 우리는 흐름의 경제와 유연성의 축적체제, 이동성 선호와 경제의 증권화, 그리고 자본의 시뮬라크르와 시뮬라크르 자본주의 등의 개념으로 요약되는 자본운동의 흐름을 추적해 보았다. 간단하게 요약하면, 한편으로는 이른바 '정보통신혁명'을 기초로 진행된 노동의 기계적 포섭과 사회적 포섭을 통해 고용없는 생산의 가능지대를 창출하고 다른 한편으로는 생산의 흐름을 전지구화했던 흐름의 경제는 그와 동시에 대중의 흐름, 대중의 욕망의 흐름이 흐름의 공간을 따라 예측불가능한 가변성을 갖고 빠른 속도로 이동하는 새로운 조건을 창출했다. 이는 그 자체로 축적 위기로부터 벗어나기 위해 부르주아지가 노동자를 겨냥해 실행한 기술적 차원의 계급투쟁이기도 하다. 생산의 장에서 노동자 없는 노동, 고용 없는 생산의 가능성을 확장하여 노동자계급을 무력화시키는 것. 그러나 그것은 역으로 고용에서 분리된 생산, 노동에서 벗어난 대중의 확장가능성을 확대하는 것을 뜻하는 것이기도 했고, 대중의 욕망을 자본의 직접적 통제 아래 두는 것이 불가능하게 된 것을 뜻하는 것이기도 했다. 그렇다고 흐름을 다시 제한된 공간 안에 가두는 것은 불가능해진 상황에서 자본은 한편으로는 모든 방향으로 흐르기 시작한 대중을 흐름의 길목마다 설치된 '게이트'들을 통해 통제하려 하지만, 그것이 흐름을 통제하기에 불충분하리라는 것은 분명하다.

흐름의 경제에서 이처럼 가속화된 생산과 소비, 욕망 등의 흐름은 그 가변성과 예측불가능성이 급격히 확장됨에 따라 자본의 무능력지대를 확대한다. 좋든 싫든 흐름을 가두거나 정지시키는 것이 자본 자신의 욕망에 비추어도 불가능하게 된 이 조건에서 자본은 이 가변성과 예측불가능성에 적응하기 위해 생산이나 조달, 고용이나 시장의 가변성을 확대하는 '유연성의 축적체제'를 만들어 낸다. 직접적 고용 없는 착취의 가능성이 증대된 조건에서 고용의 유연성을 확대하려는 자본의 시도는 고용에서 배제되거나 필요할 때 일시적으로만 고용되는 비정규직 노동을 급격히 확대한다. 고용 없는 착취가 빠른 속도로 현실화되고 있는 것이다.

그러나 자본의 유연성이 물질적 생산이 어떤 식으로든 피할 수 없는 물질성, 고정성을 갖고 있는 한, 유연성은 흐름의 가변성과 예측불가능성을 따라잡을 수 없다. 따라서 자본의 유연성은 이를 따라잡기 위한 자본의 이동가능성을 확보하고자 하게 된다. 이러한 자본의 욕망을 우리는 '이동성 선호'라고 명명했다. 빛에 근접한 속도로 지구 전체를 이동할 수 있는 이동성을 최대한 확보하기 위해, 그리고 돈이 되는 것이라면 어떤 형태로든 변형되며 이동할 권리를 얻기 위해 자본은 이전에 자본의 이동이나 운용을 규제하던 모든 벽들을 제거하고자 한다. 국가의 경제적 개입 전반에 대한 비난의 형태로 이루어진 이러한 입론들을 흔히 '신자유주의'라고 부른다. 모든 것을 시장에 맡기고, 어떤 것도 돈이 되면 생존할 수 있고 어떤 것도 돈이 되지 않으면 사멸해 마땅하다고 보는 극한적인 '시장만능주의'가, 자본에 대한 삶의 방벽, 대중의 방벽을 제거하는 국가적 권력에 의해 전지구적 스케일로 확장되고 있다.

자본의 이동성 선호는 자본의 이동을 제약하는 물질적 제약을 최소화하고자 하게 되며, 이런 이유에서 물질적 고정성을 극소화하고자 시도한다. 이는 생산설비를 비롯한 고정자산을 수반하는 생산 자체로부터 이탈하려는 경향을 갖는다. 자본의 이동성 선호는 자본의 급속한 탈생산화·탈물질화 경향을 수반한다. 자본이 금융적 형태의 자본으로, 화폐에서 화폐로 증식하는 경로로 급속히 몰려가는 것은 이런 관점에서 이해할 수 있을 것이다. 자본이 투기적 자본이 되는 것을 막던 규제들이 사라진 자리에 증권화된 형태로 투기를 조장하는 새로운 제도들이 들어서고, 자본이나 은행은 물론 연기금이나 이런저런 펀드 형태로 대중들을 '증권투자'의 주체로 만드는 대대적인 증권화가 진행된다. 이로써 대중 자신은 자본가적 증식욕망을 갖는 '대중-부르주아'가 되며, 경제 전반이 증권화된다.

이러한 증권화는 자본 자신에게 되돌아오면서 자본의 운영방식을 바꾸어 놓는다. 자본은 증권투자의 주체일 뿐 아니라 그 대상이기도 하기 때문이다. 증권시장에서 자신이 어떻게 평가되는가(가치화되는가)가 경영자의 중심적인 문제가 된다. 빚을 내어 자기 회사 주식을 사 주가를 올리고, 증권시장에서의 평가를 위해 '구조조정'을 하는 것은 물론, 증권시장에서 가치 있는 기업의 이미지를 만들어내기 위한 시도들이 행해진다. 자본 자신을 스펙터클로 만드는 전략이 전면에 떠오르면서, 자본의 시뮬라크르들이, 시뮬라크르가 또 다시 시뮬라크르를 낳는 연쇄들이 만들어진다. '허구적' 자본주의, 혹은 시뮬라크르 자본주의가 출현한다.

자본을 생산에서 분리된 시뮬라크르로 만들고 그것이 실물적인 자본 자체를 규정하는 이 새로운 양상은 이동성 선호라고 명명된 자본의 욕망을 그 추동력으로 갖는다. 그런데 이동성 선호는 자본의 유연성을 초과하지만 유연성의 축적체제 속에서 발생하는 것이며, 그런 점에서 유연성의 축적체제에 속한다. 흐름의 경제에서 자본의 유연성은 이미 그 자신을 초과하는 이동성을 필연적으로 함축하고 있는 것이고, 그것이 생산이나 소비의 유연성을 넘는 새로운 차원의 유연성(금융적 유연성?)을 산출한 것이며, 실물적 세계에서 분리된 그 새로운 차원의 유연성이 자본의 축적체제 전반을 규정하고 있는 것이다.

그것은 대중을 자본가화하여 부르주아적 증식욕망에 포섭하면서, 동시에 그들에게 분배된 소득마저 다시 착취하는 또 하나의 착취회로를 가동시키고 있는 것이다. 이런 점에서 소위 '신자유주의'란 단지 국가적 '보호'나 사회보장을 축소하여 대중을 방치하는 체제, 혹은 대중을 오직 돈 되는 것만이 생존할 수 있는 저 끔찍한 '시장'의 권력 아래 내던져 두는 체제에 그치지 않는다. 그것은 대중을 고용 없이 착취하고, 대중의 소득마저 시뮬라크르의 연쇄들이 만드는 금융적 흐름에 끌어들여 착취하며, 경제위기의 해결책이란 이름으로 시뮬라크르의 붕괴를 메우는 '공적 자금'의 형태로 대중의 부를 부르주아지의 도박판에 쑤셔 넣는 새로운 착취체제라고 해야 한다. 그런데 그것은 그런 노골적인 방식으로라도 대중을 착취하지 않고선 존속할 수 없도록 자본의 능력이 약화되었음을 보여 주는 것이 아닐까? 이전처럼 대중을 포섭할 수 있는 잉여가치는커녕 대중에게 지불한 소득마저도 다시 착취하지 않고선 유지되기 힘들 정도로 자본의 능력이 약화되었다는 사실의 징표라고 해야 하지 않을까?

이런 점에서 돈와 시장의 직접적 지배에 대한 투쟁, '민영화'라는 이름으로 대중의 공동소유물을 사유화하려는 시도에 대한 투쟁, '금산분리 완화'처럼 자본의 저 허구적 증식을 증폭시키려는 국가적 시도에 대한 투쟁, 비정규직의 확대에 대항하는 투쟁, 돈 없는 민중들의 삶에 대한 책임을 개인이나 시장에 전가하려는 시도들에 대한 투쟁 모두가 중요한 의미를 갖는다고 믿는다. 그러나 그것만은 아닐 것이다. 국가가 걷은 세금을 자본가들의 투기판에서 날아간 판돈을 메우는 데 사용하는 것은 쉽게 용인하면서, 고용 없이 착취하려는 자본의 욕망으로 인해 양산되는 비정규직이나 실업자가 기본적인 삶을 영위할 수 있도록 보장하는 '보장소득'(basic income)에 대해서는 비생산적이거나 비현실적이라고 비난하는 경제학적 통념과 대결해야 한다. 대중이 고용 없이도 살 수 있는 최소조건을 제공할 것을 요구하고 그것을 위해 투쟁할 수 있어야 한다. 다른 한편 지금의 체제는 대중을 자본가화하고 대중의 욕망을 허구적 증식욕으로 포섭하는 체제라는 점에서, 역으로 우리 자신의 그러한 욕망에 대해서도 냉정하게 인식하고 그러한 욕망과 대결하지 않으면 안 된다. 그러한 욕망과는 다른 욕망이 작동할 수 있는 새로운 욕망의 배치를 만들어 내야 한다. 단순화하자면, 돈의 증식을 위해 삶을 거는 욕망이 아니라 삶을 위해 돈을 사용하는, 화폐마저 비자본주의적으로 사용하는 새로운 관계를 구성해야 한다. 화폐의 지배를 보장하는 가치법칙과 대결하며, 화폐와 시장이 조장하는 경쟁적 관계 대신 타인에 대한 배려 속에서 자신의 삶을 능동적으로 구성하는 이 새로운 종류의 관계를 우리는 '코뮌주의'라고 부른다.

ISSUE 03 불안시대의 삶과 정치

고병권

1.
세계-주변-존재

작년 12월 대선을 하루 전후해서 뉴코아와 홈에버 노조 간부들 33명이 해고를 알리는 문자 메시지를 받았다. 12월 초만 해도 해빙무드가 조성되는 듯했으나 사측이 갑자기 강경 자세로 돌아선 것이다. 노조는 "당시 이명박 후보가 '이랜드 사태의 원인이 노조에 있다'는 취지로 발언한 것이 그 원인일 것"이라며 분개했다.[01] 이명박 후보의 당선이 기정사실화되고, '이랜드 사태'에 대한 그의 인식이 어떤 것인지 분명해진 이상 이랜드 자본으로서는 강경 대처를 마다할 이유가 없었다는 것이다. 물론 상황 변화에 대한 노조의 추측은 말 그대로 추측이며 사측 태도 돌변의 실제적 이유는 확인된 바 없다.

사실 이랜드 노조의 지난 수백 일의 투쟁을 생각한다면 이 일이 그렇게 큰 의미를 갖는 건 아니다. 투쟁 중인 노동자들은 이미 실질적 해고 상태에 있고 이들의 복직 여부는 결국 투쟁의 결과에 달려 있기 때문이다. 그럼에도 내가 이 사건을 언급한 것은 주권이 어디서 어떻게 작동하는가를 상징적으로 보여 주기 때문이다. 파업 중인 이랜드 노동자들은 당선자의 확정 소식과 자신들의 해고통지를 동시에 전달받았다. 그리고 그들은 자본이 보낸 해고통지에 국가의 목소리가 실려 있음을 직감했다.[02]

한마디로 주권은 한 사회의 주변, 변두리에서 가장 빨리, 가장 강하게 작동한

01. 『경향신문』, 2007년 12월 21일자.
02. 이명박 정부가 들어서자마자 이랜드, 기륭전자와 함께 '비정규직 농성 3대 사업장'으로 꼽히던 코스콤의 농성장이 바로 철거된 것도 이런 맥락에서 생각해 볼 수 있을 것이다.

다. 한 사회를 지배하는 최고 권력이 어떤 명령을 내리기도 전에 주변에 있는 이들은 이미 그 명령의 내용을 예감한다. 그 예감은 결코 피해망상이 아니다. 설령 어떤 망상처럼 보일 때조차 그 예감은 한 사회의 주권이 주변에서 얼마나 강하게 작동하는지를 보여 주는 참된 망상이다. 예감은 주권의 명령에 대한 그들의 실재적 경험에서 나온 것이다.

안전이 보장된 사회의 내부에 있는 이들은 주권이 어떤 것인지, 더 나아가 한 사회의 정상을 규정하는 척도가 어떤 것인지를 일상에서 경험하기 힘들다. 주권이란 가령 구조조정 관련 법안이 입법화됐을 때 어느 날 해고통지를 받은 노동자, 미군기지를 건설할 테니 수십 년 살아온 고향을 당장 떠나라는 이주통지를 받은 대추리의 주민, 지정된 장소와 시간의 제한을 넘겼으니 당장 떠나라는 출국통지를 받은 이주노동자 같은 사람들이 실감하는 것이다. 자기 삶이 송두리째 국가 권력에 맡겨져 있었음을 뼈저리게 느끼는 이들이야말로 주권을 실감하는 사람들이다.

한 사회의 최고 권리로서 주권은 '합법과 불법의 기준을 정할 수 있는 합법적 권력'이다. 주권은 한편으로는 법 안에, 다른 한편으로는 법 바깥에 존재한다. 슈미트가 잘 포착한 것처럼 주권은 합법적으로 법을 중지시킬 수 있는 권리, 즉 '예외상태(비상사태)에 대한 결정권'이다.[03] 어떤 부당하고 근거없는 행동도 주권자가 행하는 한에서는 정당성과 근거를 획득한다. 주권 자체가 법과 근거를 창출하는 척도적 권력이기 때문이다.

법의 안과 바깥을 넘나드는 주권의 이러한 예외성을 증언하는 이들은 마찬가지로 사회의 안과 바깥을 넘나들며 살 수밖에 없는 사람들, 사회 안에 있지만 사실상 사회의 바깥을 체험하고 있는 사람들이다. 그들은 세계의 주변에서 살아가는 사람들이다. 그들에게 주권은 어느 날 갑자기 날아온 해고통지이며 이주와 출국의 명령이다. 주권이 관장하는 세계의 주변에서는 주권의 단속추방이 끊이질 않는다. 미등록이주노동자들의 증언처럼 단속추방은 시간을 가리지 않고(한밤에도 그들은 들이닥친다) 장소를 가리지도 않는다(공원에서 길거리에서 심지어 기숙사 창문을 뚫고도 그들은 들이닥친다). 세계의 주변에서는 시간도 공간도 불안정하다.

주변은 주권이 강하게 작동하는 영역, 주권이 그 한계를 정하는 영역이다. 우리는 척도적 권력이 중심에 있다는 생각을 해왔다. 권력의 동심원적 공간, 즉 중심에는 핵이 있고 주변으로 갈수록 권력이 옅어지는 그런 공간을 상상해 온 것이다. 하지만 정작 핵심은 중심에 있지 않고 내부에 있지도 않다. 그것은 내부를 규정하는 주변에 있다. 주변이야말로 어디까지 내부인지를 규정하는 척도가 가장 선명한 곳이다. 주변은 내부가 확장하다가 멈춘 곳이 아니다. 오히려 내부야말로 주변으로부터 안쪽 방향으로 자라난 상상의 공간일 뿐이다.

03. C. Schmitt, *Politische Theologie*, Duncker&Humblot, 1922. [『정치신학』, 김효전 옮김, 법문사, 1988.]

그런데 주변은 또한 역설의 지대이다. 이곳은 분명 주권의 명령이 가장 선명한 곳, 주권의 정체가 가장 잘 드러난 곳이지만 또한 주권의 한계가 드러나는 곳이기도 하다. 주권의 명령이 가장 선명한 곳은 주권의 명령이 더 이상 작동할 수 없는 영역, 즉 외부를 이웃하고 있다. 그래서 우리는, 아리스토텔레스가 암시하듯, 주변은 항상 척도보다 많은 것을 담고 있다고 말할 수 있다.[04] 한편으로는 살기 위해 주권에 매달리면서도 다른 한편으로는 거기서 탈주할 가능성이 공존하는 곳이 세계의 주변이다.[05]

이 글은 이 '주변'(margin)으로부터 한국 대중들의 삶과 정치적 현실을 파악해 보려는 시도이다. 공동체 안에 있지만 사실상 바깥의 삶을 살고 있고(보호를 전혀 받을 수 없고), 바깥에 있지만 내부의 어느 곳보다 척도의 명령이 강한 곳, 내부와 외부가 섞여 있는 '주변'으로부터 한국사회의 성격을 이해해 보고자 한다. 이는 우리 사회의 부차적인 부분을 다루겠다는 말이 아니다. 세계의 주변을 다루는 일은 세계를 다루는 일이다.

2. 신자유주의 시대의 국민주의

1) 국민국가의 배신

노무현 정부의 몰락을 지켜보며 많은 이들이 '지지층에 대한 배신'을 거론했다.[06] 그리고 이라크 파병과 한미FTA 추진 등을 그 예로 들었다. 실제로 이 두 사안은 그의 지지자들에게는 엄청난 실망을, 그리고 그를 조롱하고 비방하던 이들에게는 엄청난 찬사를 불러일으켰다. 노무현을 극력 비판해 왔던 한 우파 칼럼니스트는 그의 한미FTA 추진을 "역설이며 기적"이라 불렀다. 그리고 노무현을 사실상 "자기정파를 떠나" "나라 전체를 생각하는 사람"으로, "국가적 지도자"(Statesman)로 추켜세웠다.[07] 그는 스스로의 이념을 떠나 국익의 관점에 선 노무현을 "보수진영이 밀어주어야 한다"고 주장하기도 했다.[08]

그러나 지금 여기서 다루려는 것은 특정 정부의 특정 사안에서의 극적인 배신이 아니다. 그것은 짧게는 진보세력을 자임하는 정부의 지지층 배신, 길게는 점

---

[04] 아리스토텔레스의 말을 빌리자면 "아르케(archē)는 페라스(peras)의 일종이지만, 모든 페라스가 아르케인 것은 아니다." Aristoteles, *Metaphysica*, Δ, 1022a. [『형이상학』, 김진성 역주, 이제이북스, 2007, 5권, 247쪽].
[05] 고병권, 「주변화와 소수화」, 『소수성의 정치학』(부커진 R. 1호), 그린비, 2007.
[06] 「'진보 외치며 정책은 보수' 정체성 혼란」, (연중기획 '다시 그리고 함께', 제2부 성찰—다시 보는 참여정부 5년 (5) 방향 잃은 정체성), 『한겨레』, 2008년 2월 4일자.
[07] 「복받은 나라」, (문창극 칼럼), 『중앙일보』, 2007년 4월 3일자.

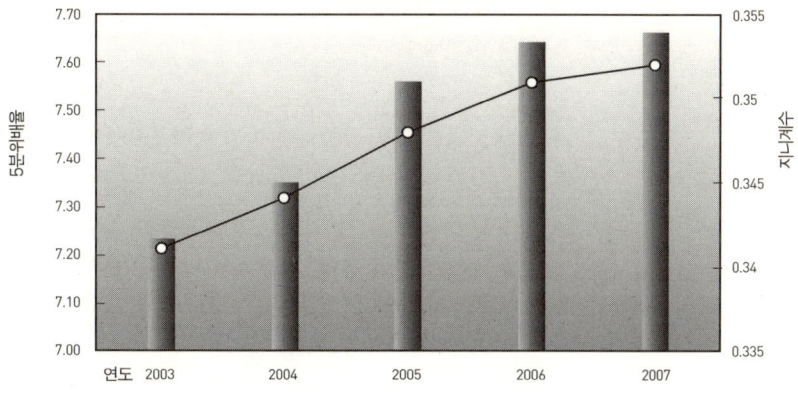

〈도표 1〉 소득불평등도 추이

전국 2인 이상 가구 표본조사. 막대그래프는 5분위 배율을, 선그래프는 지니계수를 나타낸다.
출처 : 통계청, '2007 4/4분기 및 연간 가계수지 동향'.

차 일상적으로 구조화되고 있는 대중에 대한 국민국가의 배신에 있다. 이라크 파병이나 한미FTA가 노무현 정부의 '배신'을 드러내는 상징적 사건임에는 분명하지만, 드라마보다는 일상에서 지난 정부를 평가해 볼 필요가 있다.

가령 올해 2월 통계청은 '2007년 가계수지 동향'을 발표했는데, 흥미롭게도 소득분배정책에 관심이 많은 것으로 알려진 노무현 정부 5년 동안 소득불평등이 꾸준히 확대되었음이 드러났다.[09] 노무현 정부 집권 첫해에는 상위 20%의 소득과 하위 20%의 소득이 7.23배였는데, 그것이 지속적으로 확대되어 2007년에 7.66배에 이르렀다. 지니계수도 0.341에서 계속 확대되어 0.352에 이르렀다. 그리고 이 경향은 김대중 정부로까지 거슬러 올라간다.

역설적이게도 1990년대 중반 한국사회의 신자유주의적 재편을 밀어붙이려 했던 집권세력이 대중적 반발에 부딪혀서 몰락했던 반면, 그들을 대체한 소위 '민주정부'들은 'IMF 구조조정 프로그램'의 성실한 이행자 노릇을 하면서, 과거 몰락한 반대자들의 꿈을 대신 이루어 주고 말았다. 노동시장의 구조조정, 공기업 민영화, 시장 전면 개방과 규제 완화 등의 신자유주의 노선은 김대중 정부에서 시작되어, 한미FTA를 추진하는 노무현 정부에서 계속 발전되었다. 노무현 정부 스스로는 "진보의 핵심가치는 복지이며, 이 복지를 위해 노력한 5년"이라고 평가했지

---

08. 「이승만과 노무현」(문창극 칼럼), 『중앙일보』, 2006년 4월 18일자.
09. 이는 실제로 정부가 표방한 것과 달리 소득재분배 정책이 강력하지 않았음을 보여 준다. 그런데 많은 언론들이 노무현 정부의 '재분배 우선 정책'이 '재분배의 실패'를 가져왔다고 공격했다(「'복지' 내세워 온 노정부 5년의 분배 역주행」, 『문화일보』, 2008년 2월 16일자; 「분배 강조한 참여정부에서 심화된 양극화」, 『서울경제』, 2008년 2월 15일자; 「소득분배악화, '복지철학' 재검토를」, 『파이낸셜뉴스』, 2008년 2월 15일자; 「분배에 집착하다 불균형 더 키운 5년」, 『매일경제』, 2008년 2월 15일자). 인위적인 분배정책이 기업가들의 의욕을 꺾었기 때문에 소득격차가 커졌다는 둥, 노무현 정부에서 부유층에 대한 세금 약탈이 심했다는 둥 소득불균형과는 상관도 없거나 오히려 반대되는 황당한 주장까지 덧붙이며, 그들은 재분배정책을 포기하고 시장친화적인 강력한 성장정책을 펼 것을 요구했다.

만, 사실 자기 스스로에 대해 역부족인 정부였다. 즉 노무현 정부의 복지정책으로는 자신의 신자유주의 경제정책이 양산해 낸 빈곤층을 감당해 낼 수가 없었던 것이다.[10]

그러고는 이제 신자유주의 노선을 더욱 노골화한 이명박 정부로 정권이 교체되었다. 새 정부는 그 반대 당파가 닦아 놓은 노선 위에서 마음껏 질주할 준비를 하고 있다. 지난 대선에서의 정권 교체는 노선의 교체보다는 속도의 교체라는 표현이 옳을 것이다. 정권 교체 세력들은 소위 '민주 정부' 10년을 '잃어버린 10년'이라고 불렀다. 그러나 새로운 각료들에 대한 인사청문회에서 드러났듯 그들은 잃어버린 게 별로 없는 사람들이었다. 어찌 보면 지난 대선은 지난 10년간 아무것도 잃어버린 것이 없는 자들이 많은 것을 잃어버린 자들을 '상실의 동료'로서 호명한 독특한 사건이었다. 아마 '상실'이란 말이 새로운 집권자들과 대중들에게 얼마나 다른 의미를 갖는지는 곧 폭로될 것이다. 그리고 이 대중과의 '상실감의 유대'가 끊어졌을 때 새로운 집권자들이 어떤 대응을 보일지도 궁금하다. 게다가 그들이 변속된 기어를 감당할 정치적 주행 역량을 갖추었는지는 미지수다.

하지만 우리가 '정권 교체'라는 시끄러운 사건에 정신이 팔려 '교체되지 않는 노선'이라는 중대한 사실을 망각해서는 안 될 것이다. 희망에서든 절망에서든 지난 정권과 현 정권을 지나치게 대비하는 것은 속도의 차이와 노선의 차이, 스타일의 차이와 방향의 차이를 혼동하는 것이다. 사실 이명박 정부의 최근 실정들, 가령 각료 인선과 교육정책, 쇠고기 시장 개방 협상 등에서 드러난 문제들로 인해 지난 정부와의 연속성을 사고하는 것은 더욱 어려워지고 있다. 그러나 이명박과 노무현의 개인적 차이는 클지언정 두 정부의 차이는 생각보다 크지 않다.

모두가 잘 알고 있듯이 1990년대 중반 이후 한국사회에서는 두 번의 정권 교체가 있었다. 그런데 여러 극적인 사건들에도 불구하고 여당과 야당은 릴레이 선수들처럼 바통을 참으로 잘 이어받았다. 김영삼 정부가 추진한 금융시장 개방과 노동시장 구조조정을 완수한 것은 정권을 교체한 김대중 정부였고, 노무현 정부가 완수하지 못한 한미FTA 최종 비준을 강하게 밀어붙이는 것도 역시 정권을 교체한 이명박 정부의 몫이다. 서로의 당파가 달랐지만 흥미롭게도 그들은 신자유주의라는 하나의 트랙 위에서 바통을 후임자에게 성공적으로 건네주었다. 어찌 보면 1990년대 중반 이래 우리에게는 두 번의 정권 교체, 네 개의 정부가 있었던

---

10. 노무현 정부가 과거 정부에 비해 복지예산 비중을 늘린 것은 어느 정도 사실이다. 특히 기초생활보장이나 사회서비스, 여성 및 보육 관련 예산은 상당히 늘었다. 하지만 노무현 정부의 복지정책은 자신의 신자유주의적 경제 및 사회정책을 통해 양산되는 빈곤층의 증가를 막기에는 역부족이었다. 김연명은 노무현 정부의 복지정책을 다음과 같이 정리하고 있다. "노 대통령의 복지담론은 진보적 언어의 성찬이었다. 실제 정책의 내용은 진보적 언어의 성찬만큼 화려하지 않았다. 참여정부를 지지한 상당수 국민은 노 대통령에게 확실한 진보적 복지정책을 기대했다. 그러나 노무현 정부의 사회복지정책이 그런 지지자들의 욕구를 채워 줬다고 하기에는 여기저기 드러난 상처가 너무 깊어 보인다."(김연명, 「말의 성찬」 노무현 복지담론, 상처 얼룩진 '진보적 복지'」, 『신동아』, 2008년 2월호)

게 아니라, 교체 되지 않는 하나의 정권, 동일한 노선을 지닌 하나의 정부가 있었던 셈이다. 따라서 문제는 지금 갓 태어난 이명박 정부의 성격이 아니라, 십여 년 전부터 계속 성장하고 강화되고 있는 하나의 정권, 하나의 정부가 가진 성격을 해명하는 것이다.

국민국가의 배신을 이야기할 수 있는 것도 이 수준에서다. 한국에 신자유주의 정권이 들어선 이래 국민국가의 성격에 큰 변화가 생기고 있는 것 같다. 여전히 국민국가이지만 이때의 국가와 국민의 성격은 아주 달라지고 있다. 신자유주의 하에서 국민주의는 매우 역설적인 상황에 처해 있다. 하비의 표현을 빌리자면, 한편으로 "신자유주의는 강한 국가를 지지할지라도 원칙적으로 국민을 선호하는 것처럼 보이지 않는다." 그것은 일종의 "경제 엘리트의 권력을 회복시키기 위한 정치적 프로젝트"이기 때문이다. 하지만 다른 한편으로 "신자유주의 국가는 존립하기 위해 특정한 종류의 국민주의를 필요로 한다." 국민을 "세계시장에서의 경쟁적 행위자로 상상하게 해서 자본 활동에 우호적인 분위기를 형성하는 데 국민주의가 효과적이기 때문"이다.[11]

한국사회에서도 지난 10여 년 동안 이런 역설이 지속되고 있다. 한편에서는 박정희 시대 못지않은 국민 통합 이데올로기, 국민 형성 프로젝트가 수행된다. 97년의 외환위기는 위기에 처해 있는 단일한 주체로서 국민을 상상하게 했다. 외환위기는 국가 부도 사태에 대한 궁극적 책임 주체로서 국민을 호명했다. 당시의 범국민적 '금 모으기' 운동은 식민지 시대 민족운동의 하나였던 '국채보상운동'을 연상시키기에 충분했다. 최근 자유무역협정에서도 강력한 국민주의가 작동하고 있다. 글로벌 시대의 생존 경쟁에서 위기에 처한 주체로서의 '국가=국민'을 호명하는 것이다. 국민은 세계시장에서의 승리와 패배, 긍지와 굴욕의 운명 공동체이다. 그리고 신자유주의 정부는 이런 운명 공동체를 상상하게 함으로써, 기업들이 세계시장에서 성공할 수 있는 최적의 환경을 제공할 수 있도록 사회를 재편한다.

그러나 국민 통합 이데올로기의 이면에는 국민 분할 지표로서 양극화가 자리하고 있다. 지난 10여 년의 통계는 삶의 위기에 처한 국민 혹은 무한 책임 주체로서 국민이라는 것이 현실적으로 존재하지 않음을 보여 준다. 사람들의 운명은 동일하지 않았다. 일부가 삶의 불안정에 시달릴 때 다른 일부는 막대한 부를 축적했고[12]

---

11. D. Harvey, *A Brief History of Neoliberalism*, Oxford University Press, 2005. [『신자유주의』, 최병두 옮김, 한울, 2007, 36, 110~111쪽.]

12. 한국은 부자 생성 속도와 빈곤층 생성 속도가 세계적 수준인 나라가 되었다. 2006년과 2007년에 메릴린치 증권이 발표한 「아시아·태평양 부자 보고서」에 따르면, 한국은 금융자산 백만 불 이상을 소유한 백만장자의 전년 대비 증가율이 세계적 수준을 기록했고(2005년에는 세계 1위, 2006년에는 세계 6위), 그 수도 십만 명에 육박한다(Merrill Lynch & Co. and Capgemini, 「아시아·태평양 부자 보고서」(2007년판http://www.merrill-lynch.nl/media/84560.pdf, 2006년판http://www.mlbs.ch/en2/aboutus/files/EN-AsiapacWR2006.pdf 참조). 그런데 절대빈곤가구(1인가구 포함)의 비율 역시 2000년 8.2%에서 2006년 11.6%로 크게 늘었다(김연명, 앞의 글).

그 둘의 상반된 운명이 우연한 불행이나 축복이 아니라 상호 깊이 연관된 이유 때문이라는 것, 즉 전자에게 일어난 일과 후자에게 일어난 일이 동일한 이유 때문이라는 것이 분명해지고 있다.

국민 통합과 국민 해체의 동시적 진행이라는 역설. 과연 이 역설은 어떻게 해소될 것인가. 신자유주의 시대의 국민주의가 붕괴될 것인가, 아니면 국민주의 때문에 양극화가 시정될 것인가. 아마 어떤 길로도 쉽게 가진 않을 것이다. 먼저 우리는 신자유주의 하에서 만들어지고 있는 독특한 국민주의를 이해할 필요가 있다. 신자유주의 하에서 상상된 국민은 양극화의 진실을 아는 순간 깨져 버릴 그런 단순한 것이 아니다. 우리는 무엇보다 세계의 주변으로 추방된 대중들, 양극화의 고통을 가장 극명하게 체험하고 있는 대중들에게 국민주의가 어떤 것인지, 어떤 면에서 그들이 국민주의를 강화하게 되는지를 이해해야 한다.

2) 비국민 혹은 내부 난민

신자유주의 정부 하에서 국민이 자주 호명된다는 것은 주변의 대중들에게 무엇을 의미하는가. 이들은 무엇보다 국민 전체의 생존이 위기에 처해 있다고 간주될 때 가장 먼저 희생을 요구받는 이들이다. 국가 부도의 위험을 이유로 구조조정의 불가피한 희생자로 지목된 노동자들, 글로벌 시장에서 국가 경쟁력 강화를 위한 산업 구조조정의 불가피한 희생자인 농민들. 국민 전체의 생존, 국민 전체의 경쟁력을 이야기할 때마다 자기 생존을 희생해야 하는 사람들이 있다.

이들은 정부가 당파적 이해를 떠나 국민 전체의 이해에 다가갈수록 거기서 배제되고, 국민 전체를 호명할 때마다 그 국민으로부터 배제되는 사람들이다. 정부가 국가 경쟁력을 이야기할 때 그 자원으로 고려하지 않는 인구 집단, 기껏해야 사회적 안전망을 통해서 생존만이 보장되는 사람들이라고 할 수 있다. 형식적 시민권 소유 여부와 상관없이(이주노동자들의 경우는 이마저도 갖고 있지 않지만) 사실상 제 나라에서 '비국민'으로 살아가는 이들. 영토적으로는 국민국가 안에 존재하지만 실제로는 어떤 방어막도 없이 시장의 전지구적 폭력에 적나라하게 노출된 이들. 이들은 아렌트가 1930년대 나치 하의 유태계 독일 시민들을 가리키며 사용했던 말을 떠올리게 한다. "이들은 국가의 일원(Staatsangehörige)이지만 국민(Reichsbürger)은 아닌 자들이다."[33]

이러한 '비국민'의 양산이 과연 신자유주의 시대 국민주의를 불가능하게 만들 것인가. 그럴 것 같지는 않다. 그보다는 새로운 형태의 국민주의가 탄생할 가능성이 높다. 과거 국민주의가 다른 국민을 경쟁적이거나 적대적인 타자로 설정하고, 자기 국민을 동일성 속에서 표상했다면, 새로운 국민주의는 타자를 이중화할 수 있다. 즉 그것은 '다른 나라 국민'에 대해서만이 아니라 '같은 나라의 비국민'에 대해서도 작동할 수 있다.

게다가 지구적 규모로 진행되는 시장 개방과 경제 통합 문제를 생각한다면, 국민주의는 국민국가들 사이에서보다 국민국가 내부에서 더 큰 영향력을 발휘할 가능성이 높다. 지구화는 세계시장의 차원에서는 동일성을 표상하지만, 지역의 공동체에는 막대한 이질성의 유입을 의미하기 때문이다. 즉 타자는 세계가 아니라 국내 차원에서, 지역 차원에서 발견될 가능성이 높다. 기묘한 역설이지만 몰적인(molar) 차원에서 거대한 하나의 동일성이 태어나는 순간에 분자적(molecular) 차원에서는 수많은 이질성들이 곳곳에서 조우하게 된다.

문제는 국민국가 내부에서 '비국민들'(그들이 외부에서 밀려왔든 내부에서 양산되었든 간에)이 '국민'의 타자가 되었을 때 생겨나는 국민주의의 변증법이다. 이 변증법은 전체 인구를 하나의 국민으로 동원하려 했던 과거 국민주의와는 다른 새로운 국민주의, 즉 '비국민'을 양산하면서도 여전히 '국민'이라는 강력한 표상을 통해 지배하는 국민주의의 가능성을 보여 준다. 이 변증법의 한쪽에는 '내부-국민들'의 '주변-비국민들'에 대한 혐오와 반감, 거리두기, 비국민으로 전락할지 모른다는 두려움이 있다. 그리고 다른 한쪽에는 '주변-비국민들'의 자기 부정과 혐오, '내부-국민'에 대한 선망과 동일시가 있다.

우리가 이 변증법의 비밀을 이해하기 위해서는 무엇보다 '세계-주변-존재'로서 대중들이 느끼는 불안의 정서를 이해해야 한다. 지난 10여 년간의 추방과 배제에도 불구하고 어떻게 사회통합이 가능한지, '주변으로의 추방'에 어떤 통합 기제가 들어 있는 것은 아닌지를 따져 볼 필요가 있다. 그때 우리는 '배제적 통합', 더 나아가 '비국민을 양산하는 국민주의'라는 역설에 대한 이해에 한 발 더 다가설 수 있을 것이다.

푸코의 근대 생명권력(biopower)에 대한 설명은 이와 관련된 하나의 유용한 시각을 제공한다.[14] 국가 권력은 사실 오래전부터 자기 인구의 생사여탈을 결정해 왔다. 그런데 푸코에 따르면 고전주의 시기(17~18세기) 국가와 근대(19세기 이후) 국가가 생사여탈권을 행사하는 방식은 아주 다르다. 고전주의 시기에 국가가 가진 생사여탈권은 기본적으로 '살리는' 권리가 아니라 '죽이는' 권리였다. 푸코는 그것을 "죽게 만들고 살게 내버려 두는 권리"라고 불렀다. 군주가 누군가를 죽이기로 결심했을 때 그 권리가 행사된다.

하지만 근대 권력은 기본적으로 인구를 살게 하는 데 관심을 갖는다. 인구의 건강과 복리를 증진시키는 것이 권력의 관심사다. 20세기 초 복지국가의 권력은 확실히 그 쪽에 어떤 관심을 갖고 있다. 하지만 왜 인구를 잘 살게 하는 것에 관심을 가진 생명권력 시대에 잔혹한 인종학살이 그토록 빈번히 일어났을까. 푸코는

---

13. H. Arendt, *Eichmann in Jerusalem*, Viking Press, 1963. [『예루살렘의 아이히만』, 김선욱 옮김, 한길사, 2006, 94쪽.]

14. M. Foucault, *Il faut défendre la société*, Gallimard, 1997. [『사회를 보호해야 한다』, 박정자 옮김, 동문선, 1998, 278~279쪽, 293쪽.]

그것이 가능하다고 말한다. 전체 인구의 건강과 안전을 위해, 즉 개개의 인간이 아니라 하나의 종[가령 국민]의 생명력을 증진시키기 위해 "살아야 하는 것과 죽어야 하는 것"을 가른다는 것이다. 나쁜 인종, 열등한 인종을 정리하는 것이 전체 건강을 위한 일이라는 것이다. 고전주의 시기와 달리 근대의 생사여탈권은 "살게 하고 죽게 내버려 두는 권리"이다. 근대 생명권력은 전체의 건강을 위해 "살아야 하는 자"와 "죽어야 하는 자"를 구별한다. 전체를 살게 하기 위해 누군가를 죽이거나, 최소한 죽도록 방치한다.

한미FTA를 추진한 노무현 정부의 '이것이 국민 모두가 살 길'이라는 식의 수사는 소위 비국민의 삶을 사는 이들의 '제발 우리를 살려달라'는 외침과 대칭을 이룬다. 국가 권력이 적극적 육성 대상으로 삼은 인구에서 탈락한 이들은 장기적으로 국가의 경쟁력을 저해하는 요소이고 국가가 떠안아야 할 비용으로 인식될 것이다. 바로 자기 나라 안에 있으면서 사실상 자신을 보호해 줄 정부를 갖지 못하는 이들을 나는 '내부 난민'이라고 부르고자 한다. 국민주의는 바로 이러한 이 내부 난민들을 타자화하는 이념으로 작동할 가능성이 크다.

그런데 아렌트의 말처럼 나라를 잃은 난민들은 어느 나라에서든 충성심 높은 시민을 연기한다. 나치의 탄압을 피해 독일에서 프랑스로 넘어온 한 유대인이 프랑스인들에게 이렇게 말했듯이. "우리는 독일에서 이제껏 훌륭한 독일인이었습니다. 이제 프랑스에 왔으니 훌륭한 프랑스인이 될 수 있을 것입니다." 난민들은 "원리상 무엇에도, 그리고 누구에게도 적응한다."[15] 난민들이 어느 나라에서든 그 나라 시민보다 애국적인 모습을 보이는 이유는 간단하다. 바로 그들이 그 나라에서 커다란 존재 불안을 느끼고 있기 때문이다. 존재의 불안을 느끼는 대중은 기본적으로 정치적 보수주의를 견지한다. 그들은 자기 삶의 불확실성을 키우는 사태를 견딜 수 없어 한다. 내부 난민의 경우에도 이런 태도는 크게 다르지 않다. 주변으로 추방된 대중은 대개의 경우 살기 위해서라도, 자신을 내치는 국가와 자본에 필사적으로 매달린다. 대중은 '내치는데도' 매달리며, '내치기 때문에도' 매달린다.

3.
공포체제에서 불안체제로

1) 대중의 불안-영속화된 위기

신자유주의 시대 불안정한 대중들의 삶을 이해하기 위해서는 주변의 삶에 대해 좀더 음미해 볼 필요가 있다. 주변의 삶이란 한마디로 '안'에서 '바깥'을 체험하는

---

15. H. Arendt, "We Refugees", *The Menorah Journal*, January, 1943, pp. 63, 64.

삶이다. 비르노는 칸트의 숭고에 대한 설명에서 이 의미를 잘 포착했다.[16] 숭고의 감정이란 산 중 대피소에서 창 밖에서 일어나는 끔찍한 눈사태를 볼 때 드는 감정이다. 즉 저 엄청난 힘 앞에 '나는 정말 무력하다'고 느끼는 동시에 '나는 안전하다'고 느끼는 감정의 뒤섞임이 숭고다. 눈사태라는 특수한 위험과 대피소의 우연한 발견은 세계 자체에 내재한 일반적인 위험으로부터 나 자신을 절대적으로 지켜 줄 대피소를 발견할 수 있는가의 질문으로 이어진다. 칸트는 도덕적 자아에서 그 피난처를 발견하지만 그의 대답과는 별도로, 그의 모델은 비르노의 말처럼 "공포/방어의 변증법이 인식되어 왔던 세계에 관한 아주 분명한 모델을 제공한다."[17]

한편에는 우리가 그 대상을 지목할 수 있는 구체적인 위험들이 존재한다. 그것은 어떤 짐승에 대한 두려움일 수도 있고, 일자리 상실과 같은 것에 대한 두려움일 수도 있다. 그러나 다른 한편으로는 대상을 특정화할 수 없는 세계 자체에 대한 불안이 있다. 온갖 짐승들이 득실대는, 온갖 위험들이 득실대는 광야로 버려졌다는 두려움, 우리가 예측할 수도 없고, 우리 능력을 능가하는 온갖 존재들로 가득 찬 곳에 우리가 내던져져 있다는 느낌을 가질 때, 우리는 세계 자체에 대해 두려움을 갖는다.

우리는 하이데거로부터도 비슷한 영감을 얻을 수 있다. 하이데거는 우리를 위협하는 것이 성격 규정되어 있을 때, 그래서 우리가 그 유해함을 알고 그 방향을 알고 있는 어떤 것이 다가올 때 느끼는 두려움을 '공포'라고 불렀다. 반면 규정되지 않은 두려움, 그 대상이나 장소나 방향을 알 수 없는 가운데 엄습하는 두려움을 그는 '불안'이라고 했다.[18] 즉 공포는 정돈된 세계, 위협하는 존재가 이미 규정되어 있는 세계 안에서 그 위협하는 존재에 대해 느끼는 감정이다. 마치 냉전시대 공산주의 진영과 자본주의 진영처럼, 그리고 남북관계에서처럼. 반면 불안은 위협하는 존재의 미규정성에 오는 감정으로, 마치 '테러와의 전쟁'에서처럼, 어디서 오는지(테러리스트는 특정한 나라에 있지 않다. 미국 안에도 미국 바깥에도 있다), 누구인지(누구든 폭탄을 터뜨릴 수 있다)를 알 수 없는 적에 대한 두려움의 감정이다. 버틀러는 테러와의 전쟁과 관련해서 미국인들의 불안한 삶의 한 단면을 이렇게 묘사한 적이 있다. "저기 어딘가에 내 생명을 좌우하는 타자들이 있다는 것, 내가 알지도 못하고 알 수도 없는 사람들이 있다는 생각, 이 익명의 타자들에 대한 근본적 의존성을 나는 떨쳐 버릴 수 없다. 어떤 안전보장(security) 조치도 이 의존성을 끝낼 수 없다."[19]

물론 오늘날 대중이 역사적으로 경험하고 있는 '불안'과 하이데거가 말한

---

16. P. Virno, *A Grammar of the Multitude*, Semiotext(e), 2003. [『다중』, 김상운 옮김, 갈무리, 2004, 49~51쪽].
17. 비르노, 같은 책, 50쪽.
18. M. Heidegger, *Sein und Zeit*, Max Niemeyer, 1976. [『존재와 시간』, 이기상 옮김, 까치, 1999, 195쪽, 255~256쪽].
19. J. Butler, *Precarious Life*, Verso, 2004. p. xii.

'불안'에는 큰 차이가 있다. 대중들이 겪는 '생계'나 '테러'에 대한 불안은 그 두려움을 주는 존재[해고나 테러리스트]의 시간과 장소가 불확정적이라고 할지라도 그 내용이 전적으로 미규정적이지는 않기 때문이다. 하이데거가 말하는 '불안'은 자신을 위협하는 세계내부적인 존재자가 규정되어 있지 않을 뿐만 아니라, 세계내부적인 존재자들 전체가 무의미해지는 체험이다.[20] 하이데거가 '불안'을 말할 때 문제가 되는 것은 '세계-내-존재' 자체이다. 하지만 '세계-주변-존재'로서 오늘날 대중이 겪는 '불안'은 하이데거가 말한 의미와 무의미, 규정과 미규정, 공포와 불안이 매우 복합적으로 혼재되어 있다. 이는 '내부'와 '외부'가 혼재된 '주변' 지대의 독특한 성격에서 기인한다.

가령 국가가 더 이상 자신들을 보호해 주지 않고, 자신의 생존이 전지구적 시장의 폭력 앞에 적나라하게 노출된 신자유주의 시대 대중들의 불안에 대해 생각해 보자. 비르노에 따르면 공포는 그 위협적 존재가 공동체에 의해 규정되어 있다는 점에서 공적인 감정이자 공동체 내부에 위치한 감정인 반면, 불안은 그런 공동체의 규정성이 상실된다는 점에서 지극히 내밀한 개인적 감정이자 공동체를 벗어나 세계로 나아갔을 때의 감정이다.[21] 하지만 우리는 '세계-주변-존재'로서 오늘날 대중이 겪는 불안을 공동체의 안과 밖으로 단순히 구별할 수 없다. 그것은 대중의 불안이 공동체 바깥에서 느끼는 감정이라기보다는 자기 공동체 안에서, 자기 나라 안에서 느끼는 감정이기 때문이다. 대중들은 공동체 안에서 공동체 바깥의 삶을 체험한다. 즉 그들은 자기 집 안에서, 자기 고향 안에서, 자기 나라 안에서 온갖 위험이 득실거리는 광야를 체험한다.

정돈되고 구조화된 '공동체'와 미규정적이고 구조를 갖지 않은 광야로서의 '세계'라는 이분법은 더 이상 적절치 않다. 무엇보다 지난 10여 년간 한국사회는 구조화와 탈구조화가 동시에 진행되는 영속적 구조조정(재구조화, restructuring)을 하나의 구조로 갖게 되었기 때문이다. 외환위기가 닥치고 전 사회적으로 구조조정의 광풍이 몰아칠 당시만 하더라도, 사람들은 그것이 매우 예외적인 사태이기 때문에 감내해야 한다고 생각했을 것이다. 위기는 매우 예외적인 시간을 의미했고, 이때 이루어지는 구조조정은 다른 구조로의 이행을 위한 과도적인 것이었다. 그러나 이는 착각이었다. 예외적 시간은 아주 길어졌고 결국 우리가 일상으로 살아가야 하는 시간이 되었다. 즉 예외성이 일상성이 되었고, 구조 전환기에 단 한 번 겪는 줄 알았던 구조조정(리스트럭처링)은 하나의 상시적 구조(스트럭처)가 되고 말았다.

이제 대중들은 영속적인 위기 속에서 살아가는 법을 배워야 한다. 시간과 장

20. 하이데거, 『존재와 시간』, 254쪽.
21. 비르노, 『다중』, 52쪽.

소도 전혀 보장되어 있지 않다. 소위 '0개월 계약서'가 상징하듯 사람들은 언제든 해고될 수 있다는 조건 하에서 고용된다.[22] 게다가 해고 사유에 대한 규정 역시 광범위하고 모호해서 자의적 해석의 여지가 있다.[23] 최근에는 불확정의 시간에 날아오는 문자 메시지를 통해 일자리가 생기기도 하고[24], 일자리가 사라지기도 한다.[25] 언제, 어디서, 왜 그런 명령이 날아오는지를 이해하는 것은 불가능하다.

2) 대중에 대한 불안 - 신자유주의적 안전보장(security)

신자유주의 정부의 통치상의 중요한 특징 중의 하나는 탈규제에 대한 요구와 강력한 법질서의 강조가 동시에 이루어진다는 점이다. 가령 지난 대선 기간 중 한국 우파 운동 단체들 가령 '선진화국민회의', '뉴라이트전국연합' 등에 속한 연구자들은 한나라당 여의도연구소가 주최한 정책토론회에서 탈규제와 함께 강력한 법치주의 확립을 요청했다.[26] 이들은 법치주의의 이름 아래 공권력에 대한 도전에 엄정 대처함과 동시에 정부에 대해서 '세금폭탄'과 같은 사유재산침해를 없애야 한다고 말하고 있다.

또 한국개발연구원(KDI)의 한 보고서는 "최근 법 질서를 준수하지 않는 행위가 경제의 효율성을 저해하고 성장 잠재력을 훼손"한다며 법 질서와 경제성장 관계를 분석한 결과 "우리나라가 OECD 평균 법 질서 수준을 유지했을 경우 1991~2000년의 기간 동안 연평균 0.99%의 경제성장을 추가로 이룰 수 있었을 것"으로 추정한다고 말했다.[27]

이명박 역시 취임 순간부터 법 질서에 대한 강조를 멈추지 않고 있다. 그는 지난 3월 19일 법무부 업무 보고 자리에서, 한국개발연구원의 위 보고서를 보기라도 한 것처럼, "법과 질서를 제대로 지키면 국민총생산이 1% 올라갈 수 있다"고 지적했다. 이에 화답하여 법무부 장관은 "경찰의 시위대 검거 등 정당한 업무집행에 과감한 면책을 보장해서 적극적으로 공권력 행사를 독려하고 불법파업 형사재판

---

22. 가령 '뉴코아-이랜드 사태'의 경우, 뉴코아의 사측은 2007년 5월, 노동자들에게 '0개월', '1일', '1주일' 등 초단기 계약 체결을 강요했다(『뉴스메이커』 736호, 2007년).
23. 기업의 비정규직 확대를 막고 비정규직의 권익을 보호하기 위해 감시 감독 업무를 수행하는 노동부 자신이 공공부문의 비정규직 노동자들의 해고 사유를 아주 포괄적으로 규정하고 있다. 노동부가 작성한 「무기계약 및 기간제 근로자 등 인사관리 표준안」에 따르면, "업무 수행 능력 부족이나 태만, 고의 중과실로 인한 손해 초래" 등의 요인 외에도, "업무량 변화나 예산감축" 등에 따라 재계약을 하지 않는 것은 물론 "근로계약기간 중이라도 해고할 수 있다"고 규정하고 있다(노동부, 「무기계약 및 기간제 근로자 등 인사관리 표준안」, 2007년 4월 참조).
24. 일거리가 있을 때만 가서 일하는 '호출근로'에 종사하는 비정규직 노동자가 급속히 증가하고 있다. 2007년 3월 현재 '호출근로 종사자' 수는 90만 명 정도에 이르는 것으로 나타났다. 이는 전체 비정규직 879만 명 가운데 5.8%에 해당한다(김유선, 「비정규직 규모와 실태」, 『노동과 사회』 127권, 한국노동사회연구소, 2007).
25. 지난 2004년 외환은행은 160여 명의 노동자에게 휴대폰 문자를 보내 해고를 예고했고, 2005년엔 일간스포츠와 기륭전자 노동자들이, 지난해엔 케이티엑스(KTX) 여승무원들이 '문자 해고'를 당해 논란이 일었다. 사회적 문제가 되자 노동부는 작년 7월부터 서면 해고통보만 그 효력을 인정하겠다고 밝혔다(『한겨레』, 2007년 4월 8일자).
26. 「한나라당 여의도연구소 정책토론회 자료」, 2007년 11월 22일.
27. 차문중, 「법 질서의 준수가 경제성장에 미치는 영향」, 『KDI 정책포럼』 제173호, 2007년 1월 5일자.

때 민사상 손해배상 책임도 함께 판결하도록 법을 개정하겠다"고 밝혔다.[28] 앞서 경찰청도 3월 15일 청와대 업무 보고에서 "시위 현장에 경찰관으로 구성된 체포 전담반을 신설 운용하고, 가벼운 공무집행 방해 사범에 대해서도 무관용 원칙을 적용하는 한편, 불법시위에 대한 민사상 손해배상 청구와 즉결심판 회부, 불법 시위 단체에 대한 정부보조금 지원 제한 확대 방침도 밝혔다."[29]

군사정부 시절의 백골단을 연상시키는 체포전담반, 게다가 시위 진압 경찰은 면책하고 시위대는 법을 개정해서라도 사법처리하겠다는 발상 등을 어떻게 이해해야 할까. 치안에 관한 한 새 정부는 아련한 과거로 퇴행하는 것일까. 왜 규제 철폐와 정부 축소를 외치는 정부가 강력한 법치주의와 치안강화를 이야기하는가. 물론 자본주의 사회에서 자본에게 자유를 주고, 노동자계급에게는 재갈을 물리는 게 당연하지 않느냐고, 그리고 이명박 정부에서는 그런 성향이 더 분명해진 것뿐이라고 말할 수도 있겠다. 하지만 어느 시대, 어느 곳에서나 맞는 이야기는 어느 시대, 어느 곳에서도 잘 맞지 않는 이야기이기도 하다. 지배계급이 자의적으로 권력을 사용한다는 초역사적 단언보다는 현 시점에서 '치안' 내지 '안전보장'(security)이 부각될 수밖에 없는 이유를 생각해 보는 것이 더 유익할 것이다.

내 생각에 신자유주의 시대의 '안전보장'은 이 시대에 고유한 '불안'과 상응하는 것처럼 보인다. 안전보장 담론의 강화는 신자유주의 정부 역시 주변화된 대중들만큼이나 어떤 불안을 겪고 있음을 보여 준다. 그것은 '대중의 불안'에 상응하는 '대중에 대한 불안'이 아닐까 싶다. 그리고 '불안을 야기하는 대중'은 우리가 앞서 살펴보았던 바로 그 '불안한 대중'이다. 신자유주의 정부의 자본에 대한 탈규제와 구조조정은 대중들을 무차별한 시장의 폭력 속에 방치하는 결과를 낳았다. 그렇게 양산된 것이 '불안한 대중'이고 또 '불안을 야기하는 대중'이다.

우리는 신자유주의 시대 국민주의가 '비국민'의 양산을 특징으로 한다고 했다. 안전보장은 신자유주의 시대 국민주의의 특징을 잘 보여 준다. 도시 하층에 대한 일본 정부의 태도 변화를 연구한 니시자와 아키히코(西澤晃彦)는 '국민'과 관련해서 중요한 패러다임의 변화가 있는 것 같다고 말한다. "근대의 빈곤층은 사회적으로 멸시를 받으면서도 '좋은 국민'으로 가는 과도기 상태로 그 존재가 긍정되었다. …… 하지만 탈산업화 시대 들어 비효율적인 훈육(=치료)의 비중이 낮아지면서 치료할 필요도 없어진 빈곤층은 치안 관리의 대상이 되었다. 이제는 …… '문명', '풍요', '중류' 같은 대중적 준거점은 존재하지 않으며, 빈자가 찾아가야 할 장소도 준비되어 있지 않다."[30] 주변화된 대중들, 소위 '비국민들'은 국가가 그 건

---

28. 『한겨레』, 2008년 3월 20일자.
29. 『한겨레』, 2008년 3월 16일자.
30. 西澤晃彦, "貧者の領域", 『現代思想』, 33卷 1號, 2005年 1月. [「빈자의 영역」, 『목소리 없는 자들의 목소리』(부커진 R, 1.5호), 남효진 옮김, 그린비, 2008, 129~130쪽].

강과 복리에 관심을 갖고 있는 대상이 아니며 오히려 치안 관리의 대상이 되었다고 할 수 있다. 들뢰즈의 표현을 빌리자면 '훈육사회'는 '통제사회'로 변화했다.[31]

마이크 데이비스(M. Davis)는 최근 빈민들이 몰려들고 있는 도시의 외곽에 대해 이렇게 말한 바 있다. "도시 변경은 추방된 자의 세계이자 새로운 바빌론이다."[32] 한편으로는 이주노동자들처럼 쫓기듯 경계를 넘어온 자들이 있고 다른 한편으로는 비정규노동자나 농민들, 도시 빈민들처럼 경계로 밀려난 자들이 있다. 여기에는 실제로 시민권을 갖고 있지 않은 비국민도 있고, 사실상 시민권이 의미가 없는 비국민도 있다. 비정규노동자, 농촌이주자, 실업자, 이주노동자 등 온갖 사람들이 몰려 있는 이 비국민의 지대, 내부 난민의 지대가 우리 사회 곳곳에서도 생겨나기 시작하고 있다.

자본이 그 생산과 소비 능력을 평가절하하고 정부가 적극적 육성을 포기한 이 인구들이 이제는 치안 관리 대상이 되는 사람들이다. 이러한 정치적·경제적 영역에서의 대중들의 추방과 방치는 인식적 영역에서의 추방과 방치와 연결되어 있다. 주변화된 대중들의 목소리는 사실상 '목소리 없는 자들의 목소리'가 되고, 이들의 행동은 이해할 수 없는 난동, '이유없는 난동'처럼 간주된다. 미국 시사잡지 『타임』은 1977년에 커버스토리로 '미국의 하층(underclass): 풍요로운 나라의 빈곤과 절망'을 다룬 적이 있는데 하층민들을 다음과 같이 묘사했다. "일반인들의 상상보다 더 다루기 어렵고 이질적이며 적대적인 사람들의 커다란 집단. 그들을 아우르는 것은 불가능하다."[33] 사실 이런 시각은 폭동이나 테러의 온상으로 주변 지대를 바라보는 오늘날 지배층의 생각과 통하는 면이 있다. 이들은 주변화된 대중들을 통제 불가능한 위험 집단으로 간주한다. 그래서 이들은 비효율적인 '퍼주기식' 복지보다는 치안 대책을 강화하는 것이 더 중요하다고 말한다.

'테러와의 전쟁'을 치르면서 미국은 테러리스트들을 '악마'로서 묘사했다. 데이비스의 말처럼 '악마화의 수사'는 일종의 '인식론적 장벽 세우기'라고 할 수 있다.[34] 그것은 적에 대한 이해의 포기, 더 나아가 이해의 거부를 의미한다. 강도와 방식은 다를지 모르지만 대중들의 저항을 대하는 한국 정부의 태도 역시 점차 그쪽으로 나아가는 것처럼 보인다. 한미자유무역협정에 대한 반대에서부터 최근의 쇠고기 파동에 이르기까지, 대중들의 주장은 '괴담'으로 치부되고 대중들의 행동은 '난동'으로 묘사된다.

어찌 보면 '대중을 이해하기를 거부하는 자'가 '이해할 수 없는 대중'과 마주

---

31. G. Deleuze, "Post-scriptum — sur les sociétés de contrôle", *Pourparlers*, Éditions de minuit, 1990. ['추신 : 통제사회에 대하여」, 『대담』, 김종호 옮김, 솔, 1993]
32. M. Davis, *Planet of Slums*, Verso, 2006. [『슬럼, 지구를 덮다』, 김정아 옮김, 돌베개, 2007, 256쪽]
33. 酒井隆史, 『自由論』, 靑土社, 2001, p.13에서 재인용.
34. 데이비스, 같은 책, 257쪽.

치는 것은 당연한지도 모른다. 그리고 그것이 초래하는 위험은 고스란히 지배자들의 몫이다. 대중에 대한 이해를 거부하는 것은 대중에 대한 이해를 상실하는 것이다. 위협의 방향과 내용이 분명한 외적(外敵)에 대한 국방(defense)보다, 어디서 왜, 어떤 방식으로 생겨날지 모르는 위험에 대처하기 위한 안전보장(security) 개념이 중요해진 것은 이런 맥락에서일 것이다. 내부 범죄자를 제압하기 위한 과거의 '치안' 개념을 넘어, 이제는 내부와 외부의 구별이 불분명한 주변지대, 내부에 있지만 또한 외부를 형성하고 있는, 이해할 수 없는 적에 대한 체제 안전보장이 중요하게 떠오른 것이다.[35]

4.
합의정치의 폭력, 그리고 대중의 난입과 탈퇴

한국에서 10여 년간 지속적으로 강화되고 있는 신자유주의 통치 양식의 매우 두드러진 특징 가운데 하나는 '배제의 정치'(politics of exclusion)이다. 보통 한국사회에서 배제의 정치의 전형으로 언급되는 것은 사실 박정희 정부이다. 국가가 대중들의 의견에 상관없이, "위로부터 사회정책을 설계하고 관철시키는 정책결정 유형"을 보통 배제의 정치라고 부른다.[36] 이를 대체하는 흐름이 지난 김대중 정부와 노무현 정부에서 중요한 기능을 수행한 '노사정위원회'와 같은 코포라티즘 모델이다. 이해관계자의 대표자들이 하나의 위원회에서 상호 타협과 이해에 기초한 합의를 이루어 가는 것이라고 할 수 있다. 이것을 우리는 '배제의 정치'와 비교해서 '합의 정치'(consensus politics)라고 부를 수 있을 것이다.

그런데 우리가 신자유주의 시대의 정치 갈등을 통해 목격하는 것은 이 '합의 정치'가 과거의 '배제의 정치'와 꼭 대립하는 것만은 아니라는 점이다. 오히려 '합의'는 '배제'와 긴밀히 맞물려 있다. 신자유주의의 상징인 '워싱턴컨센서스'로부터 노사정위원회에서 추인된 '비정규보호법'에 이르기까지 합의는 자주 신자유주의적 명령이 형성되는 절차가 되고 있다. 나는 신자유주의 시대 정치의 중요한 특징 중의 하나가 '합의를 통한 배제', '합의로부터의 배제' 같은 말로 표현될 수 있

---

35. 흥미롭게도 이명박 정부는 '행정자치부'의 이름을 '행정안전부'로 바꾸었다.
36. 박정희 정부의 유형은 "국가(관료)가 정치집단(정당)과 노동자, 농민, 그리고 사회정책의 대상집단(예, 연금수급 노인) 이해집단을 복지정책의 결정과정과 제도 운영 과정에서 철저히 차단시키고, 제도의 구상·수립·집행 등 복지제도의 모든 과정과 절차를 관료집단이 통제하는 배제의 정치로 규정할 수 있다". 한국노동연구원, 『미래 한국의 경제사회정책 패러다임 연구』, 2007, 106쪽.

다고 생각한다. 앞서 말한 바 있는 '비국민' 내지 '내부 난민' 등은 자신들이 참여할 수 없는 자리('합의로부터의 배제')에서 내려진 결정에 의해 '추방된 삶', '배제된 삶'을 살아가게 된다('합의를 통한 배제').

이러한 합의 정치의 폭력성을 드러내는 중요한 사례가 작년 가을에 있었다. 비정규보호법에 대한 재논의를 위해 소집된 노사정위원회 회의석상에 포스콤과 이랜드, 기륭전자의 노동자들이, 언론 표현을 빌리자면, '난입'한 사건이 일어났다. 당시 회의장에 뛰어든 비규직 노동자들은 "왜 비정규 노동자들의 보호 문제를 다루면서, 비정규 노동자들의 목소리를 들으려 하지 않느냐"고 물었다.[37] 이들은 비정규직 노동자 없이 비정규직 법에 대해 합의를 형성하는 것에 문제를 제기한 것이다. 이들의 외침은 '목소리 없는 자들의 목소리'[38], '권리 없는 자들의 권리 요구'[39], '말할 권리를 갖지 않은 자들의 말'[40]의 성격을 갖고 있다. '난입'이란 매개를 거치지 않고 자격이나 근거도 갖추지 않은 채 장(場)에 뛰어드는 정치적 행동이라고 할 수 있다. 이 행동으로 인해 '노동계'와 '재계', '정부'의 대표들이 모여 함께 문제를 논의한다고 하는 합의 정치의 민주주의적 외관은 큰 손상을 입고 말았다. 그들의 난입은 합의의 장이 그 자체로 또한 배제의 장이기도 하다는 것을 드러냈기 때문이다.[41]

합의 정치의 배제적 성격은 민주주의에 대해 회의적인 태도를 가진 신자유주의자들이[42] 어떻게 민주주의 외관을 갖출 수 있는지를 해명해 준다. 통치자들은 공청회와 같은 비효율적이고 대중의 난입이 쉬운 민주적 절차보다, 대의제 민주주의 성격도 갖고 있고 합의에 도달하기도 쉬운 의사결정기구, 가령 '노사정위원회'나 '국민연석회의', 또는 국회 안에서의 비공개적인 '심의' 등을 선호할 것이다. 옷장 속에는 골라 입을 수 있는 온갖 민주주의가 있다. 때로는 여론조사를, 때로는 국회통과를, 때로는 노사정위원회의 타협을 민주주의라고 부르는 것은 쉬운 일이다. 합의의 장에서 배제된 대중들의 난입은 이런 합의 정치의 민주주의적 외관을 건

---

37. 현장에서 한 노동자는 이렇게 말했다. "불법파견 판정만 나면 정규직으로 해준다더니 유일하게 노동부, 검찰에서 모두 불법파견 판정 받았지만 그후에도 2년 동안 우리는 길 위에 있습니다. 교수 같은 고상한 분들 말고 당사자인 우리랑 직접 이야기합시다."(『프레시안』, 2007년 10월 11일)

38. 고병권, 「목소리 없는 자들의 목소리」, 『목소리 없는 자들의 목소리』(부커진 R, 1.5호), 그린비, 2008.

39. J. Rancière, *La haine de la démocratie*, La fabrique, 2005, p.68.

40. N. Thoburn, *Deleuze, Marx and Politics*, Routledge, 2003. [『들뢰즈 맑스주의』, 조정환 옮김, 갈무리, 2005, 87쪽.]

41. 일부 논자들은 이처럼 정당이나 조합, 이익단체의 매개를 거치지 않는 '난입' 행동을 정치적 미성숙의 문제로 치부하고, 정치적 공론장에 대중적 에너지가 곧바로 투입되는 것을 민주주의에 반(反)하는 포퓰리즘으로 간주한다(최장집·박찬표·박상훈, 『어떤 민주주의인가』, 후마니타스, 2007, 38쪽). 이들의 대의제에 대한 귀족주의적 관념과 엘리트주의에 대해서는 다음 지적을 참고. "이들은 …… 집단적 힘을 배제하고 보수와 진보, 그리고 지혜로운 엘리트들 간의 이성적 합의를 열망한다."(안병진, 「민주화 이후 민주주의 역설에 대한 공화주의자의 시각」, 『아세아 연구』, 통권 131호, 고려대학교 아세아문제연구소, 2008, 177쪽.)

42. 가령 하비는 이렇게 말한다. "신자유주의자들은 민주주의에 대해서 회의적이다. 그들은 전문가와 엘리트에 의한 통치를 선호하는 경향이 있다. 민주적이고 의회에 의한 결정보다 행정적 지시나 사법적 결정에 의한 정부를 선호한다."(하비, 『신자유주의』, 90쪽.)

어 내고, 합의의 배제성을 그대로 폭로하는 정치적 실천이 된다.

추방과 배제의 정치에 맞선 대중들의 또 다른 정치적 실천이 있는데, 그것은 바로 '탈퇴'이다. 탈퇴는 겉보기에 난입과 반대되는 행동 양태이지만, 사실상은 동일한 의미를 가지고 있다. 2006년 5월 전라도에서 서울까지 이어진 '연구공간 수유+너머'의 행진에 참여하면서 내가 만난 농민이나 어민들은 "우리는 대한민국 국민이 아니다"라는 말을 자주했다.[43] 그것은 한편으로 비국민 취급을 받는 것에 대한 자조였지만, 다른 한편으로는 일종의 '국민 탈퇴' 선언이기도 했다. 미군기지가 들어서는 평택 대추리의 경우, 주민들이 항의 표시로 행정관청에 주민등록증을 반납하는 운동을 펴기도 했다. 자신들을 추방하는 국가에 대해 국민 탈퇴를 선언하는 것이다. 물론 이런 행동들은 대부분 상징적인 퍼포먼스이다. 하지만 대중들이 자기 운동을 국가나 국민을 통째로 문제 삼는 것 속에서 상상한다는 점에서 그것은 중요한 의미를 담고 있다.

지난 2005년 프랑스에서 '방리유'(banlieu) 사태가 일어났는데, 그 해 1월에 상당히 의미 있는 성명이 '공화국의 원주민들'(Indigènes de la République)이라는 단체에 의해 발표되었다.[44] 그것은 그 단체 이름 그대로 '우리는 공화국의 원주민들이다'라는 선언이었다. 그런데 그 선언은 묘하게도 "우리는 대한민국 국민이 아니다"라는 말과 공명하는 부분이 있다. 대중들이 자기 정부를 상대로 탈식민운동을 전개하는 것은, 과거 탈식민운동이 강한 국민주의(민족주의) 성향을 가졌다는 점과 대비해 볼 때 아주 중요한 의미가 있다. 새로운 탈식민운동은 탈국민운동과 맞닿아 있기 때문이다. 대중들이 '비국민적임'을 부인하는 대신 오히려 그것을 적극적으로 선언할 때, 이 선언은 역설적으로 '비국민'의 양산에 대한 적극적 저항운동이 될 수가 있는 것이다.

물론 대중들의 '난입'과 '탈퇴' 운동이 그 자체로 어떤 적극적 대안을 구성하는 것은 아니다. 사실 그것은 주변으로의 강력한 배제와 추방이 이루어지는 시대에 불가피한 실천이라고 할 수 있다. 하지만 이런 실천은 대안적 사회질서의 발명을 위한 중요한 성찰의 기회를 제공한다. 이런 실천은 끊임없이 현 체제의 근본 문제들을 파고든다. 과연 무엇이 척도이고, 누가 그것을 정하는가? 무엇을 정치적 의제로 삼을 것인가? 무엇이 공적인 것이고, 무엇이 사적인 것인가? 이런 물음들이 앞으로 한국의 대중운동에서도 중요하게 부각될 것은 틀림없어 보인다. 아니 이미 한국사회는 이와 관련된 투쟁들을 목격하고 있는 중이다.

---

43. 고병권, 「주변화 대 소수화: 국가의 추방과 대중의 탈주」, 『소수성의 정치학』(부커진 R, 1호), 그린비, 2007.
44. 이 단체의 인터넷 주소는 'www.indigenes-republique.org'이다.

5.
우리, 잃어버린 자들의 미래

니체는 "영예로운 의미에서 자신을 실향민이라고 부를 수 있는 권리를 지닌 사람들"에 대해 이야기한 적이 있다.[45] "그들의 운명은 가혹하고 그들의 희망은 불확실하기 때문에 그들에게 위안을 준다는 것은 지극히 어려운 일이다. 하지만 그것이 무슨 소용인가. 우리들 미래의 어린아이들이 어떻게 오늘 편안할 수 있겠는가! 이 부서지기 쉽고 허물어져 버린 과도기에 아직도 고향처럼 느낄 수 있는 이상을 우리는 혐오한다. 이 과도기의 '현실'이 지속되리라고 우리는 믿지 않는다. 오늘날을 덮고 있는 얼음은 벌써 엷어졌다. 훈풍이 불고 있다. …… 우리는 과거로 돌아가려 하지 않는다. …… 우리들 실향민들은 인종과 출신에 있어 지극히 다양하고 혼합적인 '현대인'이다."

문제는 우리 '합의에 의해 배제된 자들'의 운명이다. 불안에 내던져진 우리 '홈리스'들이다. 자기 나라 안에서 정부를 잃은 이들, 의견을 형성할 자격을 상실한 이들이다. 우리들 중 상당수는 국가와 자본에 의한 삶의 안정성을 확보하기 위해, 더 처절하게 거기에 매달릴지 모른다. 무질서에 대한 불안, 근거 상실에 대한 불안은 국가 질서에 대한 더 강력한 지지를 불러오기 쉽고, 그런 불안은 가령 기업 복지나 보험과 같은 상품에 더 기대게 만들 것이다.[46]

하지만 합의의 장에 대한 '난입'이 불가피하고, '실직'과 '비정규직화'에 대한 싸움을 지속해야 할 때조차, 정부와 기업을 잃은 바로 지금 그것들에서 조금씩 벗어나는 삶의 실험이 우리에게 중요한 것 아닐까. 근거를 잃은 자들, 자격을 잃은 자들이 비로소 그것으로부터 자유로워지는 삶을 실험해야 하지 않을까. 국민, 직업, 지역, 인종 등 자격을 갖지 않기에 비로소 공통의 삶을 생산할 어떤 실험을 시도해야 하는 것 아닐까. 합의와 공공성에서 배제된 자들이야말로 이견 있는 자들의 새로운 연대를 창출하고, 새로운 공공성, 즉 국가적인 것으로 환원되지 않는 새로운 대안적 공공성을 만들어 내야 하는 것 아닐까. 어쩌면 우리들이 내몰린 곳이 우리들의 자유가 시작되는 곳인지도 모른다. 낡은 질서의 상실이 예속의 조건이 될지, 자유의 조건이 될지는 '우리, 잃어버린 자들'에게 달려 있다.

---

45. F. Nietzsche, "Die Fröhliche Wissenschaft", *Nietzsche Werke. Kritische Gesamtausgabe*, Vol. V 2, Walter de Gruyter, 1972. [『즐거운 학문』, 안성찬·홍시현 옮김, 책세상, 383쪽]
46. 최근 한국 보험시장은 급속히 성장해서 2006년 78조 원 규모로 세계 7위를 기록했다.

ISSUE 04

신자유주의와 욕망의 안보체제

박정수

1. 금융화와 자본의 솔직함

"나는 대한민국주식회사의 CEO다." 대통령이 민주공화국을 주식회사로, 대통령을 CEO로 규정했다. 자동적으로 主權은 株券, 국민은 주주, 통치는 비즈니스, 국민투표는 주주총회로 재규정된다.[01] 김영삼 정부가 Buy Korea!를 외쳤을 때만 해도 '국가를 팔다니!'라는 불쾌감을 자아냈던 '국가=주식회사' 비유가 이명박 정부에서는 별스럽지 않게 받아들여진다. 민주공화국을 주식회사에 비유해도 놀라는 사람 별로 없다. 우파 국회의원이 개헌선을 넘었으니 헌법을 바꿀 수도 있다. "대한민국은 민주공화국이다" 대신 "대한민국은 주식회사다"로 시작하는 헌법전문을 상상해 봐도 기괴하다는 느낌보다는 참신하다는 느낌을 준다. 외환위기 이후 김대중, 노무현 정부에서 일관되게 추진해 온 신자유주의가 공화주의적 감각을 약화시킨 탓이다. "문제는 경제야, 바보야!"라는 빌 클린턴의 신자유주의 선언은 여전히 정치와 경제, 통치와 비즈니스를 양분하고 있다는 점에서 "나는 대한민국주식회사의 CEO다"라는 이명박 대통령의 신자유주의 선언보다 한 수 아래다. 청출어람! 신자유주의의 발원지는 미국이지만 미국보다 더 미국다운 대한민국에서 화려하게 만개하고 있다.

신자유주의의 '새로움'은 무엇보다 그 '솔직함'에 있다. 모 금융회사 광고는 사람들 사이를 굴러가며 커지는 자본(M-M´)의 본질을 적나라하게 보여 준다. '현대 캐피탈(capital)'은 현대의 자본 증식이 상품(자동차) 생산을 통해서가 아니라 상품(자동차나 주택)을 담보로 빌려 준 금융의 이자수익에 의해 발생하는 것임을, '미래 에셋(asset)'은 자본이란 미래의 가치증식을 약속하는 유·무형의 재화나 권리 일체임을 그 회사 명칭으로 커밍아웃한다. 신자유주의에서 자유란 산업과 통치로부터의 자유이다. 신자유주

01. 실제로, 지난 총선 때 강재섭 한나라당 대표는 '대구는 이명박 정부의 최대주주다'라고 말했다.

의 핵심 동력이 '금융화'(financialization)인 것도 이런 까닭이다. 금융화란 단지 전체 산업에서 금융업의 비중이 커지는 것이 아니라 금융적 자본의 증식원리가 사회적 생산 전반에 관철되는 현상이다. 그로 인해 자본의 금융적 욕망(M-M′)이 중간 단계의 산업 활동(c+v)에 개입되는 통치 이념, 즉 산업을 발전시켜 노동자 대중의 삶을 돌본다는 이념에 구애받지 않도록 하는 것이다.[02]

IMF 이후 '국민의 정부'와 '참여 정부'에서 일관되게 추진해 온 금융화가 이명박 '실용 정부'에서 완성되고 있다. '금산분리법'을 단계적으로 철폐하여 산업자본집단이 은행을 소유할 수 있도록 길을 터 주고, 노무현 정부가 입법한 '자본시장통합법'을 확대 시행하여 분리 운용되어 왔던 은행, 보험, 선물, 자산 운용을 통합된 자본 상품으로 키울 전망이다. 또한 기업집단 지배구조를 다부서기업형태(multi-divisional form)에서 금융적 지배회사(지주회사)[03]를 정점으로 하는 다층자회사기업형태(multi-layered subsidiary form)로 재편하고, 계열사 간의 상호출자 및 채무보증 제한을 완화하여 뻥튀기효과(소위, 레버리지효과)를 극대화할 전망이다.

이렇게 산업자본이 금융자본화된다고 해서 산업은 팽개치고 돈 장사만 할 거라고 걱정할 필요는 없다. 자본은 처음부터 금융적 성격(M-M′)을 지니고 있었고, 자본의 축적은 원래부터 산업 발전과 필연적 관계가 없었다. 자본의 목적은 오직 자본의 증식에 있지, 산업을 발전시켜 노동자 대중의 삶을 풍요롭게 하는 데 있지 않다. 그럼에도 자본이 산업에 투자되어 노동자에게는 임금소득을, 소비자에게는 필요한 상품을 공급하는 것은 산업이 자본 증식의 영토로 선택되어서이지, 산업을 위해 자본이 존재하는 것은 아니다. 자본은 단지 산업에 투자되어 노동력과 생산과정을 통제할 수 있는 권력을 행사할 뿐이다. 자본을 정의하는 것은 이 통제권력이지 경제적 가치가 아니다. 자본은 사회적 생산요소들에 대한 차등적 권력만큼 사회적으로 생산된 부를 흡수하여 증식하는 권력구성체이다.

---

02. 미국산 쇠고기의 광우병 위험에 대해 이명박 정부는 "강제로 공급받는 것도 아니고, 마음에 안 들면 안 사먹으면 되는 것 아니냐? 민간이 알아서 하는 것"이라고 말한다. 또 영어 몰입 교육과 특수목적고 및 자립형 사립고 규제 완화가 교육 불평등을 심화시킨다고 하면 "공교육에서 영어공부 시켜준다는데 왜 사교육을 하느냐? 특목고의 공급이 늘면 수요자는 과도한 경쟁을 할 필요가 없어질 게 아니냐?"라고 반문한다. 이명박 정부는 국가를 통치기관이 아니라 상품 공급자로 규정한다.

03. 지주회사란 다른 회사의 주식을 소유함으로써 사업활동을 지배하는 것을 주된 사업으로 하는 회사이다. 가령, 행정안전부의 입법 예고안에 따르면 서울도시철도공사나 여타 지방공사들도 지분율이 20%를 넘는 자회사에 대해 핵심 사업을 '아웃소싱'하거나 '구조조정'을 단행할 수 있는 지주회사 자격을 갖게 된다. 지주회사는 자회사의 노동자를 해고할 '권리'는 갖지만 노동자와 단체협상을 할 '책임'은 없다. 노사관계상 '제3자'이기 때문이다.

쉽게 말해서 자본이 산업과 맺는 관계는 '옵션'(option)[04]이지 필수가 아닙니다. 자본이 노동력에 대해 가지는 통제권은 최대한 많은 양의 노동력을 착취할 권리뿐만 아니라 최소한으로, 혹은 아예 사용하지 않을 선택권(option)에서 오는 것이며, 자본이 생산공정에 대해서 갖는 권력은 기업 간 경쟁을 통해서 생산성을 향상시킬 능력뿐 아니라 자본 증식에 장애가 될 때는 언제든지 사회적 생산력을 감소시키거나 파괴할 수 있는 권력에서 온다. 금융화란 산업에 대한 자본의 권력이 더 깊게, 더 넓게 퍼지는 체제의 구축을 의미하는 것이지 산업을 때려치우는 것이 아닙니다.

금융화는 산업자본주의에서는 잘 보이지 않던 자본의 본성을 선명하게 보여 준다. 금융거래의 대표적 형태인 '선물'(future) 거래[05]는 노동자와 자본가 사이의 노동력 거래에서 잉여가치가 발생하는 비밀을 보여 준다. 노동력의 가치(임금)가 결정되는 것은 노동력이 사용된 시점, 즉 산업 활동이 완료된 시점이 아니라 시작되는 시점에서이다. 그 시점에서 노동력 거래 당사자들은 노동력이 얼마만큼의 가치를 갖는지 모른다. 모르기 때문에 양편은 노동력의 가치를 사회적 평균 가치로 할인(환원reduce)해서 교환한다. 산업자본가의 목표는 그렇게 선도 구매한 노동력을 사용해서 생산한 상품의 가치, 즉 노동력의 사용가치가 구매 당시의 교환가치보다 높게 실현되도록 하는 것이다. 그 결과 노동자는 자신의 상품이 약정가격보다 더 비싸게 팔리는 것을 눈 뜨고 지켜볼 수밖에 없는 선물판매자의 처지에 놓이는 것이다.

그래서 자본가와 노동자 사이의 노동력 거래는 동일 지평에서의 가치 교환(exchange)이 아니라 서로 다른 가치지평의 맞교환, 즉 스와프(swap)[06]이다. 가치란 자연적이거나 보편적인 게 아니라 각각의 특정한 지평 속에서 결정된다. 커플 스와핑이 보여 주듯이 스와핑은 가치의 동일성 때

[04] 옵션은 상품, 통화, 주식, 채권선물, 금리선물 등을 팔거나 사는 '권리'다. 옵션거래는 구매자가 옵션료를 지불하고 옵션 판매자의 권리를 사는 거래이다. 경영인의 주된 보상체계가 스톡옵션이 될 때 경영의 목표는 어쨌든 주식의 시장가치를 극대화하는 것이 된다.

[05] 선물거래란 미래 일정 시점에 현물상품, 통화, 주식, 금리, 주가지수 등을 미리 정한 가격으로 교환하기로 약속하는 거래이다. 가격변동의 리스크를 헤지(hedge)하고자 하는 목적에서 만들어진 선물거래는 주로 투기 목적으로 이뤄진다. 2008년 1월 프랑스 소시에테 제네랄 은행의 선물 트레이더 케르비엘은 다른 사람의 명의로 유럽증시의 지수 선물에 투자했다가 주가 급락으로 49억 유로(6조 7953억 원)의 손실을 입히고 도망쳤다.

[06] 스와프란 환율이나 금리 등의 거래 조건을 맞바꾸는 것이다. 『장자』에 나오는 '조삼모사'의 경우, 저공의 제안에 대해 어떤 원숭이A는 '조삼모사'로 또 다른 원숭이B는 '조사모삼'으로 거래하기로 약정하고, 상황에 따라 원숭이끼리 저공과의 거래조건을 맞바꾸는 것이다. 가령 위장병이 있어서 '조삼모사'로 계약했던 원숭이A가 위장병이 낫고 아침 작업이 늘어서 '조사모삼' 거래로 옮겨 가고 싶다면 위장병이 생기고 야근이 늘어난 원숭이B와 거래조건을 맞바꾸는 식이다.

문이 아니라 가치지평의(이 경우 한계효용) 차이 때문에 발생한다. 노동력 거래에서 노동자의 노동력은 삶의 지평에 속하고 자본가의 자본은 영리의 지평에 속한다. 이 두 지평의 맞교환에 의해 가변자본은 임금수입이 되고, 노동력은 가변자본이 된다. 이때 노동자의 호주머니에 들어간 임금수입과 기업의 장부에 기록된 가변자본은 동일한 액수로 표시되지만 전혀 다른 흐름의 지평에 속한 돈이다. 노동자의 임금수입은 먹고 사는 지평에 속하는 돈이지만 가변자본은 잉여가치를 낳는 비즈니스의 지평에 속하는 돈이다. 가변자본은 미래의 증식을 위해 투자된 금융의 흐름(flux)에 속하지만 임금수입은 상품소비와 함께 사라질 환류(reflux)에 속한다. 전자는 신용의 형태로 투자되어 '금리'의 변동에 따라 가치가 결정되는 신용화폐지만 후자는 '물가'의 변동에 따라 상품과의 교환가치가 결정되는 유통수단이다. "이 두 질서에서의 크기를 동일한 분석의 단위로 재는 것은 순전히 하나의 허구요, 희극적 기만행위이다. 그것은 마치 은하계들 간의 혹은 원자들 간의 거리를 미터나 센티미터로 재는 것과 같다"[07] 서로 다른 힘(속력)을 지닌 가변자본의 흐름과 임금수입의 흐름이 합류(afflux)할 때, 즉 서로 다른 힘(속력)의 지평 사이에 스와핑이 일어날 때 잉여가치가 실현된다.

2. 증권화와 자본의 안보전략

신자유주의는 맑스가 『자본론』 3권에서 지적했던 금융적 자본, 즉 '이자 낳는 자본'의 허구적(fictitious) 증식이 일반 법칙으로 지배하는 경제체제이다. 맑스는 자본의 잉여가치가 노동력의 착취를 통한 산업활동의 결과로 발생한다고 보았다. 그래서 산업의 이윤과 독립해서 증식하는 금융적 자본을 '허구적 자본'으로 보았다. 맑스는 이런 허구적 증식이 현실화되는 방식을 정확히 지적한다.

> 평균이자율이 연 5%라고 하면, 500원의 금액은 — 이자 낳는 자본으로 전환된다면 — 연간 25원을 낳을 것이다. 이리하여 모든 고정적인 연간수입 25원은 500원이라는 자본에 대한 이자로 간주된다는 것이다. 그러나 이러한 관념은, 25원을 낳는 원천이 (오직 소유권, 청구권에 불과하든 또는 한 조각의 토지와 같은 현실적인 생산요소이든) **직**

07. G. Deleuze · F. Guattari, *L'anti-Oedipe*, Éditions de minuit, 1972. [『앙띠 오이디푸스』, 최명관 옮김, 민음사, 1994, 344쪽.]

접적으로 양도 가능하거나 양도 가능한 형태를 취하고 있는 경우를 제외한다면(강조 역자), 순전히 환상적인 관념이다.[08]

잉여가치의 원천이 직접적으로 양도 가능하거나 양도 가능한 형태를 취하기만 하면 "환상적 관념"은 '현실'이 된다. 금융화는 이렇게 잉여가치의 원천인 산업적 생산의 제 요소에 "양도 가능한 형태"를 부여하는 것이다. 자본을 형성하기 위해 발행된 주식과 채권은 미래의 잉여가치에 대한 소유권과 대부금에 대한 청구권일 뿐이다. 그런데 이 소유권과 청구권에 양도 가능한 형태가 부여되는 순간 그것은 증권시장의 가격변동에 따라 액면가 이상의 수익을 낳는 자본이 된다. 토지도 마찬가지다. 토지의 사용권에 양도 가능한 형태가 부여되면 토지는 부동산 시장의 가격 변동에 따라 금융적 수익을 낳는 자본이 된다.

오늘날에는 주식, 채권 같은 유가증권뿐만 아니라 모든 "생산요소"에 양도 가능한 형태가 부여된다. 생산설비와 같은 고정자본에 양도 가능한 형태를 부여하여 M&A 시장에 팔 수도 있고, 분업화된 생산공정에 양도 가능한 형태를 부여하여 아웃소싱 시장에 팔 수도 있다. 팔 수 있다는 것은 시장가치를 갖는다는 뜻이다. 그래서 오늘날 기업의 경영 목적은 생산설비와 작업공정을 가동해서 더 많은 상품을 생산하는 데 있는 게 아니라 그럴 가능성의 시장가치를 높이는 것, 즉 기업의 시장가치(주주가치)를 높이는 데 집중된다.

또한, 노동력이라는 가변자본에 양도 가능한 형태를 부여하여 인력 수급 시장에 팔 수도 있고, 비물질적 생산요소인 지식과 정보에 양도 가능한 형태를 부여하여 지적상품시장에 팔 수 있다. 신자유주의의 특징인 노동시장의 유연화와 지적재산권의 강화는 노동력의 상품화가 완성되면서 발생한 것이다. 노동자의 신체로부터 육체적·정신적 노동능력만을 따로 떼어 내서 그것만 사고 팔 수 있다는 SF적 상상력이 법적으로 정당화된 것이다. 인력파견회사로부터 노동력을 구매한 사용자는 자신이 구매한 것은 '노동력' 만이기 때문에 '노동자'에 대해서는 아무런 책임이 없다고 주장할 수 있으며, 기업에 소유권이 있는 지적재산을 (지식 노동자의) 머릿속이나 (생체실험 노동자의) 세포 속에 지니고 있는 사람은 기업의 허락 없이는 기업의 '재산'을 타인에게 양도하는 것은 물론 마음대로 이동할 수도 없다. 파견근로제와 지적재산권은 상품이 아닌 것을 상품화할 때 누

08. K. Marx, *Das Kapital*, Bd. 1, *Karl Marx/Friedrich Engels Werke*, Bd. 23, Dietz Verlag, 1964. [『자본론』 I 권(하), 김수행 옮김, 비봉출판사, 1999, 568~569쪽.]

군가는 누군가의 노예가 될 수밖에 없음을 적나라하게 보여 준다. 생산물의 유통 과정 역시 상품화된다. 상품 매매권에 양도 가능한 형태가 부여되어 선물, 옵션, 스와프 등 파생상품시장의 투자 대상이 되는 것이다. 최근 국제 원유가와 곡물가가 급등하게 된 것은 공급이 줄고 수요가 증가해서가 아니라, 달러 가치가 급락하자 국제적인 투기자본이 곡물이나 원유 등 기초상품 수급에서 파생된 금융상품에 몰려들었기 때문이다.

결국, 금융화란 자본주의적 소유권의 전면적 확장에 다름 아니다. 점유권과 사용권에 제한된 소유권에 양도 가능한 형태를 부여하는 것, 그래서 '권리'로서의 자본이 상품화되는 것이 금융화의 본질이다. 이런 '권리의 상품화'에서 읽어 내야 할 것은 권리의 타락이나 자본주의의 왜곡이 아니라, 권리의 본질이 타자에 대한 지배(혹은 배제)의 권리, 즉 권력이라는 사실[09], 자본의 본질이 사회적 생산에 대한 통제권력이라는 사실이다.

시장 가치를 지닌 권리를 증권(security)이라 부른다. 그래서 금융화의 또 다른 이름은 증권화(securitization)이다. 신자유주의는 자본을 증권화한다. 배당권, 채권뿐만 아니라 노동력을 사용할 권리, 생산과정을 조직할 권리, 지식과 정보를 사용할 권리, 상품을 매매할 권리 일체가 상품화된다. 증권(security)의 사전적 의미는 '안보'이다. 그럼 증권은 무엇의 안전을 보장하는 걸까? 물론, 자본의 축적을 안보한다.

19세기 이래로 산업자본의 축적과정에는 두 가지의 리스크가 상존해 왔다. 하나는 (잉여)가치 생산 과정에서 발생하는 프롤레타리아의 저항이라는 리스크이고, 또 하나는 가치실현 과정에서 발생하는 상대적 과잉생산의 리스크이다. 19세기의 자유(방임)주의는 프롤레타리아의 빈곤화와 노동기율을 통해 산업 이윤의 리스크를 관리했다. 자본의 본원적 축적기부터 빈곤화와 노동기율은 프롤레타리아를 창출하는 수단이자 보다 적은 필요노동과 보다 많은 잉여노동의 축적 수단으로 사용되었다. 그 결과 빈곤해진 노동자계급은 자신이 생산

09. 권리의 상품화 앞에서 가장 무력한 타자는 역시 '자연'이다. 2005년 교토의정서에서 온실가스 감축 의무가 있는 국가 간에 배출쿼터의 거래를 허용한 이후 온실가스를 배출할 수 있는 권리는 선물이나 옵션 같은 파생상품처럼 거래되고 있다. 2006년 현재 탄소배출권 시장은 약 300억 달러로 유럽기후거래소를 중심으로 이산화탄소는 톤당 26유로에 거래된다. 국가나 기업이 할당된 배출량 이하로 온실가스를 배출하게 되면 여유분을 다른 국가나 기업에 팔고 반대로 할당량을 초과해 온실가스를 배출한 기업이나 국가는 초과분에 해당되는 배출권을 사서 떳떳하게 온실가스를 배출하는 것이다. 이 제도의 발상법은 매년 추수감사절 때 대통령이 '사면'한 칠면조는 제 명대로 살게 하는 미국 청교도의 관습과 닮았다. 여기서 자연은 생사여탈권을 지닌 인간에 의해 '보호' 되거나 '사면' 되어야 할 무력한 '대상' 으로 전락한다. '자연보호' 의 논리는 철저히 인간중심적이다.

한 상품을 충분히 소비할(가치실현) 수 없었고, 자본가계급은 외국의 식민지 시장을 둘러싼 제국주의 전쟁에 돌입할 수밖에 없었다.

제2차세계대전 이후 1960년대 말까지 서구 산업자본의 축적전략은 유효수요의 창출을 통한 투자 확대로 전환되었다. 이 전략의 주동자는 국가이다. 두 차례의 세계대전을 수행하면서 비대해진 국가권력은 공공투자와 복지정책으로 자본축적의 조건이 되는 유효수요를 창출했다. 의료, 교육, 연금 복지정책으로 자본가의 노동력 구매 비용을 낮춰 주는가 하면, 노동력의 사회적 평균 가치(최저임금)를 상향 조정하여 노동자계급을 소비대중으로 탈바꿈시켰다. 또한 관치금융과 인플레이션 유발정책으로 자본이 금리생활자의 이자수익으로 빠져나가지 않고 산업에 재투자되도록 강제하는 한편 노동력의 교환가치(명목임금)를 하락시켜 산업자본의 이윤을 보장했다. 이에 대응하여 산업자본은 대량생산체제와 기술혁신으로 상대적 잉여가치를 추구하는 한편, 발달된 대중매체를 통해 노동자의 임금수준을 초과하는 신상품 소비를 유도했다. 전후 '번영의 30년'을 이끌었던 이 축적전략은 과도한 통치비용과 이윤율의 하락, 인플레이션의 폭발과 달러 가치의 하락 속에서 금융적 자본의 반격에 의해 무너졌다.

신자유주의는 자본 '축적의 안보'(security)를 '증권(security)의 축적'으로 전도시키는 자본주의 전략이다. 이 전략의 핵심은 자본의 산업적 축적에 내재하는 리스크를 헤지(hedge)하는 데 있다. 리스크 헤지란 위험을 억제하거나 예방하는 것이 아니라, 돈을 주고 떠넘기는 것이다. 신자유주의는 노동력 아웃소싱 기법으로 프롤레타리아의 저항이라는 리스크를 회피한다. 노동자로부터 양도받은 노동력 사용권에 다시 양도 가능한 형태를 부여하여 노동자로부터 노동력을 세탁해 내는 것이다.[10] 노동력 아웃소싱 기업은 개별 노동자로부터 양도받은 노동력 사용권을 실제 사용자에게 재차 양도한다. 이때 아웃소싱 기업은 노동력의 사용에 내재한 리스크, 즉 노동력 담지자와의 인격적 관계(노사관계)에 드는 리스크 처리 비용을 덧붙여서 판다. 이로써 노동력 사용자는 원하는 노동력-상품만 구매하고 노사관계에 내재하는 리스크를 회피할 수 있다. 카페

10. 신자유주의의 리스크 헤지는 근본적으로 '세탁'의 원리를 따른다. 자금 출처의 리스크를 회피하기 위해 '돈세탁'을 하는 것이나, 신용의 리스크를 회피하기 위해 '유동화'(securitization) 해 버리는 것이나, 노사관계의 리스크를 회피하기 위해 노동력을 아웃소싱 하는 것은 화폐의 흐름, 신용의 흐름, 노동력의 흐름 속에 위험을 씻어 버리는 것, 그로 인해 위험을 '비가시화' 하는 것이다. 이런 리스크 세탁 기법이 '선진적'이라 외치는 자들의 몸속에는 1905년 흰 옷은 '더럽고 비위생적'이기 때문에 선진국의 위생적인 '검은 옷'을 입으라고 떠든 무뇌아 계몽주의자들의 사상적 피가 흐르고 있을 것이다. '보이지 않으면 안전하다'는 것이 이들의 모토이다.

인 없는 커피, 지방 없는 크림, 알코올 없는 맥주를 즐기는 것처럼 인격성이 세탁된 노동력 상품만 즐기는 것이다.

노동력과 노동자가 (법적으로) 분리됨으로써 노동력은 완벽하게 상품화되고 임노동자는 문자 그대로 자본가의 노예가 된다. 그 대가로 신자유주의는 노동자에게 자본의 첫번째 노예인 자본가가 될 기회를 준다. 즉, 노동자의 임금에서 적립한 연기금과 노동자의 소득 일부를 증권·펀드회사의 투자자금으로 유인하여 노동자에게 금융소득자의 지위를 부여하는 것이다. 그렇다고 그들이 금융자본가가 되는 것은 아니다. 거대한 금융 작전세력에게 판돈을 대주는 '투기노동자'가 될 뿐이다. 오늘날 노동자 대중은 산업자본가의 임금 노예로서뿐만 아니라 금융자본의 투기노동자로서 증권의 운명에 내기를 거는 자본의 이중적 노예로 전락할 위기에 처해 있다.

산업자본의 축적에는 생산과정을 조직하여 발생한 잉여가치가 기대 수익만큼 실현되지 않을 위험이 상존한다. 이에 대해 신자유주의는 예상 이윤의 소유권과 함께 가치실현의 리스크까지 시장에 양도한다. 기본적으로 증권의 가치는 안보 비용, 즉 리스크 헤지 비용으로 계산된다. 그렇게 때문에 금융 중심 경제는 리스크 헤지 비용만 증대시킬 뿐 가치 실현의 리스크를 억제하거나 예방하지 않는다.[11] 증권화를 통한 리스크 헤지는 위험의 소재와 규모를 비가시화하기 때문에 오히려 실질적 위험을 증폭시킨다. 미국의 서브프라임 모기지 부실사태가 세계적인 금융공황으로 확산된 것도 이런 식의 위험 헤지 때문이다. 주택담보대출에 따르는 리스크가 주택담보채권이나 자산담보부증권, 채권보증회사의 신용불이행스와프에 투자한 국제적인 투자은행과 헤지펀드, 뮤추얼펀드로 전가-증가되어 담보물의 가치하락과 함께 연쇄적으로 폭발한 것이다.

11. 서브프라임 모기지의 경우 모기지 대출을 기초자산으로 한 자산담보부증권(CDO)의 시장규모는 1조 9,000억 달러에 불과하지만 여기에서 파생된 신용불이행스와프(CDS)의 시장규모는 22조 달러에 달한다. CDS란 은행이 기업에 대출해 준 뒤 빌린 돈을 못 갚게 되었을 때 손실보전 계약을 맺은 보험회사가 대신 갚아 주는 상품이다. 국제스와프파생상품협의회에 따르면 2006년 말 기준 이자율스와프, 통화스와프, 이자율옵션의 평가금액은 286조 달러에 달한다. 리스크 헤지의 정점에는 자신의 신용으로 신용의 안전성을 평가해 주는 신용평가회사가 있다. 세계 제일의 신용평가회사를 자임하는 무디스는 1990년대 말부터 자산담보부증권 등 구조화 금융상품의 신용등급을 대거 AAA로 매기는 방법으로 영업 이익을 늘려 왔다. 2007년까지 무디스가 평가한 모기지 연계채권 및 CDO의 규모는 1,900억 달러 상당에 달한다. 그로 인해 무디스의 시장점유율은 1999년 30%에서 2년 만에 64%로 뛰었다. 지난 6년간 무디스의 순익은 375%나 올랐고 주가는 5배가 뛰었다.

3. 증권의 가치복제와 가치분석

상품화된 자본, 즉 증권의 가치증식은 산업자본의 가치증식과는 다른 방식으로 이뤄진다. 산업 생산 속에서 잉여가치를 창출하는 것이 아니라, 산업 활동의 제반 권리에 시장가치를 부여해서 증권시장의 가치 복제를 통해 증식된다. 가령, 어떤 주식회사가 액면가 5,000원에 배당률 20%짜리 주식 20만 주로 자본금 10억 원의 회사를 설립했다고 하자. 이때 10억 원의 자본금은 설비, 기계, 원재료, 노동력 등 물질적 생산요소들을 구매하는 데 사용될 금액이고, 1개의 주식은 미래의 이윤 중 배당률 20%만큼의 잉여가치 1,000원에 대한 소유권을 의미한다. 이때까지 10억 원이라는 화폐는 투입된 생산요소들의 가치를 표상할 뿐이고, 주식은 미래의 이윤에 대한 소유권을 의미할 뿐이다. 그 미래의 소유권이 현재의 시장가치로 할인될 때 10억 원의 주식은 자본이 된다. 당시의 평균 이자율이 5%라면 이제 1개의 증권은 5%(1,000원)의 이자를 낳는 20,000원의 자본으로 간주되고, 이것이 증권시장에서의 주가가 된다. 그래서 이 기업은 한 주당 5,000원짜리 10억의 자본이 아니라 한 주당 20,000원짜리 20만 주의 시장가치, 즉 40억 원의 자본을 소유한 게 된다.

 쉽게 말해서, 이 회사는 10억 원의 기초 자산(산업적 생산요소)에 근거하여 40억 원의 교환가치를 갖는 가상(fictitious) 화폐(증권)를 발행한 것이다. 10억이 40억으로 증식하는 이 마법의 과정을 지배하는 원리는 가치 '생산'이 아니라 가치 '복제'이다. 이 회사는 10억을 가지고 가치 있는 상품을 생산한 것이 아니라 10억을 원본으로 삼아서 40억의 가상화폐를 복제한(찍어 낸) 것이다. 이런 마법은 채권의 경우에 훨씬 분명해진다. 서브프라임 모기지 회사는 가난한 사람들에게 높은 이자율로 주택 마련 자금을 대출해 주는 회사다. 가령, 시가 2억짜리 집을 담보로 1억을 꾸어 주었다고 하자. 이 과정에서 1억 원은 대출자의 손에 들어간 현금 1억과 모기지 회사의 손에 든 1억 원짜리 차용증서로 복제된다. 이 차용 증서는 1억의 원금과 이자율만큼의 잉여가치에 대한 미래의 청구권을 표시한다. 그런데 모기지 회사는 이 청구권을 행사하는 게 아니라 그것을 기초자산으로 삼아서 채권이라는 가상화폐를 발행한다. 모기지 회사는 채권을 팔아서 채권금리를 할인한 대략 9천 몇 백만 원의 현금을 얻어 또 주택담보대출을 내 준다. 그 다음 9천 몇 백만 원에 채권을 산 투자은행은 이 채권을 기초자산으로 삼아서 채권담보부증권을 발행하여 헤지펀드나 뮤추얼펀드, 연기금펀드 같은 기관투자가에게 판다. 이렇게 해서 한 채의 주택을 담보로 발행된 채무 증서의 가치는 증권화의 경로를 통해 끊임없이 복제된다.

이런 식으로 가상자본을 창출하는 대표적인 기관은 국가다. 게다가 국가는 상품생산도 하지 않으며, '국가' 말고는 아무런 담보물도 없다. 국가는 전쟁자금이나 대규모 정부투자자금을 조달하기 위해 국가의 신용을 담보로 거액의 공채를 발행하여 중앙은행에 할인해서 판다. 이 채무 증서는 미래 특정 시점에 원금과 채권금리를 청구할 권리를 표시할 뿐이다. 그런데 중앙은행은 자신의 청구권을 자본화하여 은행권지폐를 발행하여 다른 은행에 판다. 이렇게 해서 국채는 한 번은 국가가 중앙은행으로부터 받은 화폐로, 또 한 번은 중앙은행이 다른 은행으로부터 받은 현금으로 복제된다.

근대의 화폐는 이렇게 국가의 신용을 담보로, 국가의 채무로부터, '무로부터' 창출되었지, 현물 형태의 상품으로부터 발생한 게 아니다. 화폐는 '가치'(부)가 아니라 가치표상(체)으로, 그 표상은 상품의 교환과정에서 저절로 발생한 것이 아니라, 소쉬르가 언어 표상(기호)의 본질로 지적한 것처럼 국가에 의해 '자의적'으로 창출된 것이다. 화폐가 그 자체로 가치를 지닌다는 생각은 '파이프'라는 기호를 피우는 것만큼이나 어처구니없다. 맑스는 이렇게 "국채가 자본이라는 것은 순전히 가공적인 것이며, 국채가 매각될 수 없게 되자마자 자본이라는 환상은 사라져 버린다"[12]고 했는데 화폐도 마찬가지다. 화폐가 가치 자체라는 것은 순전히 가공적인 것이며, 화폐가 가치를 가진 사물과 교환될 수 없게 되자마자 가치 자체라는 환상은 사라져 버린다. 화폐는 가치표상체이지 가치 자체가 아니다. 그럼에도 모든 사람이 화폐를 갖고자 하는 것은 화폐가 가치를 지닌 사물과 일반적으로 교환될 수 있는 권리(권력)를 표시하기 때문이다. 그 권리는 저절로 생긴 것이 아니라 국가와 같은 권력기관이 자의적으로 부여한 것이다.

증권은 미래에 실현될 가치의 소유권을 표상한다. 이 권리의 표상은 증권시장에서 '화폐'라는 좀더 일반적인 가치표상과 교환되면서 복제된다. 서브프라임 모기지에서 하나의 담보물(주택)에 대한 소유권이 무수히 복제되는 것을 생각하면 쉽게 이해될 수 있다. 증권의 가치증식은 이와 같은 소유권의 복제 과정에서 발생하는 가치표상량(화폐량)의 증가이다. 다시 말해서, 증권의 가치는 미래에 실현될 잉여가치에 대한 권리표상(증권)과 현실의 가치표상(화폐) 사이의 교환을 통해 증식한다. 이 과정에서 산업적 가치생산은 단지 담보 내지 미끼, 혹

12. 맑스, 『자본론』, 1권(하), 570쪽.

은 인질일 뿐이지 증권의 가치를 증가시키는 객관적 원인이 아니다.

증권의 가치는 그것에 담보된 산업 생산물의 가치를 표상하는 것이 아니라 그로부터 얻을 수 있는 예상 수익에 대한 권리를 표상한다. 증권은 현실의 가치가 아니라 미래의 가치를 표상하기 때문에 그것의 가치는 현실의 지시대상에 의해서가 아니라 표상에 대한 표상, 표상에 대한 관념, 즉 표상의 '분석'에 의해서 결정된다. 가치생산이 이루어지는 곳은 공장일지 몰라도 가치분석이 이루어지는 곳은 시장이다. 시장은 자신의 이익을 극대화하고자 하는 욕망을 가진 대중들이 교환을 통해서 상품가치를 분석하는 공간이다. 여기서 가치분석과 가치교환은 동시적이다. 분석이 끝나고 교환하는 것이 아니라 교환과 함께 분석이 이뤄지는 것이다. 가치분석은 가치에 대한 인식이기 이전에 가치를 결정하는 수행이다.

증권의 가치분석은 이미 존재하는 가치에 대한 분석이 아니라 아직 실현되지 않은 가치의 분석이다. 그래서 그것은 객관적 분석이 아니라 주관적 분석이다. 상품선물증권의 가치는 실제 생산 비용이나 수요·공급량과는 무관하게 상품의 미래 가격이 어떻게 결정될지에 관한 시장 참여자들의 주관적 분석에 의해 결정된다. 2008년 1월 4일 뉴욕 상업거래소의 원유 거래가 처음으로 배럴당 100달러에 이르게 된 것은 원유의 생산, 정제, 운송에 드는 비용과는 상관없이, 구매자의 필요양과는 무관하게(석유수출기구도 미국 경기침체로 원료 공급 과잉 현상이 나타날 것으로 예상했다. 석유 재고량도 증가했다) 멕시코만의 날씨와 오만의 태풍, 나이지리아의 총격 사건이 원유 가격을 인상시키리라는 투자자들의 주관적 분석에 의해 결정된다. 그 결과 선박에 실려 항구로 향하는 원유에는 아무런 일도 일어나지 않았지만 원유 선물 증권의 가격은 폭등했다.

물론 증권의 가치 역시 객관적으로, 시장의 '보이지 않는 손'에 의해 결정된다. 그러나 이 '보이지 않는 손'의 객관성(타자성)은 대상의 객관성이 아니라 상호주관적인 객관성이다. 증권의 가치는 담보된 상품의 가치가 아니라 그 가치에 대한 시장 참여자들의 상호주관적 분석에 의해 결정된다. 그래서 증권시장의 참여자들은 증권에 담보된 대상(기업이나 상품)의 가치를 분석하는 것이 아니라 그 가치에 대한 '다른 사람들'의 분석관념(표상)을 분석한다. 주식이나 선물투자자들은 기업의 수익성이나 상품의 가치가 얼마일까를 분석하는 것이 아니라, 다른 사람들이 그것을 얼마로 분석(기대, 예상)할 것인지를 분석한다. 경제학은 심리학에 가까워지고 증권분석가(security analyst)는 정신분석가(psycho-analyst)와 흡사해진다.

증권의 잉여가치는 공장에서의 가치생산력이 아니라 시장에서의 가치분석력에서 생긴다. 그래서 증권의 잉여가치는 가격 상승 경향뿐 아니라 가격 하락 경향에서도 발생한다. 가격이 오르리라고 분석되면 미리 샀다가 가격이 오른 후 되팔아서 수익을 남기고, 반대로 가격이 하락하리라고 분석되면 미리 팔았다가 되사서 이익을 낸다. 대표적인 헤지펀드인 조지 소로스의 퀀텀펀드가 92년 영국의 파운드화를 폭락시켜 10억 달러(현재 가치로는 100억 달러)의 수익을 낸 것도 이런 방법이다. 71년 변동환율제 이후 국민통화 역시 증권투자의 대상이 되었다. 소로스는 영국 파운드화의 고평가를 확신하고 대량의 파운드화를 빌려서 외환시장에 파운드화를 되팔고(없는데 빌려서 판다고 해서 공매空賣라 한다) 달러를 매입한다. 파운드화의 대량 매도 결과 외환시장에서 파운드화의 가치는 하락하고 상대적으로 달러의 가치는 상승한다. 이제 소로스는 파운드화를 팔고 받은 달러를 가지고 다시 파운드화를 매입한다. 그렇게 해서 파운드화를 차입할 때 빌린 돈을 갚고도 환율 상승액만큼의 파운드화를 갖게 된다. 퀀텀펀드의 이와 같은 투자로 파운드화의 가치는 20% 가까이 폭락했고 영국은 환율불안으로 무역시장에서도 고전, 국내 경기 역시 오랜 기간 침체되었다. 소로스의 가치분석력은 인식론적 '정확성'이 아니라 수행적인 '힘'(자본력)에 있다. 파운드화의 가치에 대한 그의 분석력(자본력)이 곧 파운드화의 가치(힘)를 빼앗은 것이다.

기묘하게 보이지만 소로스의 '탈취에 의한 가치증식'은 금융적 축적의 일반적인 전략이다. 금융적 축적은 자본의 가치증식력이 아니라 가치 탈취력으로 일어난다. 1997년 한국의 외환 위기나 2008년 미국의 서브프라임 모기지 사태로 기업과 부동산의 가치가 폭락하면 싸게 사서 다시 부풀리는 방식으로 자본의 증식을 도모하는 것이다. 그래서 증권화된 자본의 권력(힘)은 가치생산력이 아니라 가치분석력에 있다고 말할 수 있다. 그 분석적 힘(권력)의 속성은 근본적으로 사법적이다. 사법적 권력은 잘잘못의 분석력에서 비롯되기 때문이다. 신자유주의적 가치착취의 성격을 가치탈취로 규정하는 것도 이런 까닭이다. 증권화된 자본은 잉여 생산된 가치를 착취하는 게 아니라 잘못된 가치분석자들의 가치표상력(그들이 지닌 화폐의 교환능력)을 탈취한다. 주로 가격 상승 경향에서 발생하는 수익증권(주식)의 잉여가치 역시 기업의 생산력 증가에서 오는 것이 아니라 그 증권의 가치를 부당하게 낮게 평가한 투자자들을 '처벌한' 대가로 탈취한 것으로 봐야 한다. 증권시장에서 발생한 수익의 총량은 손실액의 총량과 일치한다. 결국 증권거래는 제로섬 게임이다. 자본가의 관점에서, 이 제로섬 게임은 가치평가의 잘잘못을 교정하는 기능, 이른바 시장조절기능을 한다. 증권의 잉여가치는 (자본가의 관점에서) 가치 세계의 '정의구현'에서 발생한다고 말할 수 있다. 소로스가 얻은 잉여가치는 잘못 고평가된 파운드화의 가치를 제대로 교정한 수고로움의 대가이며, 주식투자나 부동산투자의 수익은 잘못 평가된 기업의 가치나 부동산의 가치를 제대로 교정한 수고로움의 대가이다.

이처럼 증권시장을 통한 시장 조절은 사법적 메커니즘으로 작동한다. 손실은 잘못된 가치분석에 대한 징벌이며, 수익은 정당한 가치분석의 대가이다. 증권시장이라는 가치분석의 법정에서 잘못 분석한 죄로 피고가 된 사람들은 거대 분석(투자) 집단과 그들의 분석에 동조한 배심원들의 가치 판정에 의해 자신의 가치를 탈취당하는 형벌을 당한다. 문제는 이 법정이 자본주의적 가치 세계이기 때문에 그 속에 살고 있는 법정 바깥의 구경꾼 역시 증권시장의 판정에 영향을 받는다는 점이다. 증권시장과 도박판이 다른 점은 그것뿐이다. 도박은 내기에 참여한 사람들만의 제로섬 게임이지만 증권의 내기는 참여하지 않은 사람들의 가치까지 좌지우지한다. 미래의 곡물 가격을 담보로 한 선물투자에서 딴 놈의 수익은 잃은 놈의 손실에서 온 것이지만 그 결과 곡물 가격이 오르면 구경꾼은 이전보다 비싼 돈을 주고 곡물을 사 먹어야 한다. 기업의 미래 이윤을 담보로 한 주식투자에서 딴 놈의 수익은 잃은 놈의 손실에서 온 것이지만 그 결과 주식의 가격이 오르면 늦게 참여한 내기꾼은 더 많은 참가비를 내야 하고 아예 내기에 참여하지 않은 사람은 (아무 변화가 없는 것처럼 보이지만) 전반적인 주가 상승만큼 더 가난해진다. 미래의 지대를 건 부동산투자에서 딴 놈의 수익은 잃은 놈의 손실에서 온 것이지만 그 결과 주택 가격이 오르면 구경만 한 사람은 더 비싼 가격으로 주택을 살 수밖에 없다. 도박의 내기돈은 참여자들만의 돈이지만 증권의 내기돈은 사회 전체의 것이기 때문이다.

증권의 내기돈이 참여자들만의 것이 아니라 인민 전체의 몫이라는 사실은 오직 증권시장을 구제할 때만 공식적으로 인정된다. 서브프라임 모기지 채권의 부실 여파로 미국의 메이저급 투자은행과 금융회사들이 연쇄 파산할 위기에 몰리자 미국 정부는 7,000억 달러의 공적자금을 사용하여 그들을 구제하기로 결정했다. 서브프라임 사태의 최대 책임자인 메이저 투자은행들을 구제하기 위해 증권투자와 무관하거나 오히려 증권화로 피해를 본 인민들의 세금을 사용할 때 증권의 가치증식은 증권시장 외부의 인민들을 착취함으로써 이뤄진다는 사실이 선명하게 드러난다. 증권의 가치가 '제로섬'에 머물지 않고 총량적으로 증가하는 것은 증권시장 외부의 인민들이 증권의 시장가치를 실현시켜 주고 그것이 불가능하여 증권시장이 붕괴될 때는 자신의 세금으로 착취자들을 지켜 주기 때문이다.

4. 신자유주의와 욕망의 가치척도

증권의 가치법칙이 지배하는 신자유주의에서는 모든 가치가 시장가치로 환원된다. 어떤 상품이 '가치 있다'는 것은 곧 시장에서 일정한 화폐량과 교환될 수 있다는 것을 의미한다. 또한 어떤 상품(자본)의 가치가 증식한다는 것은 그것이 시장에서 더 많은 화폐량과 교환된다는 것을 의미한다. 자본주의 사회에서는 너무나 당연한 이 가치법칙의 새로움은 그 솔직함에 있다. 신자유주의는 자본주의 사회에서 가치란 곧 화폐가치라는 사실을 솔직히 폭로한다.[13] 화폐로 표상되는 가치와 인간의 삶을 재생산하는 데 '가치 있는 것'(the valuable) 사이에는 아무런 연속성도 없고 필연적 연관도 없다는 사실 말이다. 그렇다고 자본주의적으로 생산된 상품에 아무런 '가치'가 없는 건 아니다. 자본의 가치증식은 인간적 삶의 재생산이라는 보다 일반적 차원에서의 '가치생산'에 기생해서 그 삶의 재생산 가치를 포획하는 권력을 통해 이뤄진다. 자본은 화폐로 교환되지 않는 '가치'를 부정하는 권력으로, 화폐가치만을 긍정하는 힘으로 증식될 뿐이다.[14] 그럼 자본의 가치증식에 선행하는 삶의 일반적 가치생산이란 무엇인가? 맑스는 『정치경제학 비판 요강』 「서설」에서 각기 다른 사회적 생산관계에 선행하는 일반적 생산에 대해 논한 바 있다. 그에 따르면 자연 속의 유적 존재로서 인간의 생산이란 "인간의 욕구에 따라 자연의 생산물들을 점취(창조, 형성)하는"[15]

---

13. 증권, 부동산투자와 함께 뜨고 있는 미술품투자에서 미술품의 화폐가치가 미술품의 사용가치(예술적 가치)를 반영한다고 누가 믿을까? 삼성이 비밀자금으로 구매한 리히텐슈타인의 '행복한 눈물'은 715만 9,500달러(당시 환율로 약 86억 5천만 원)에 사서 현재 시가는 1천만~1천 800만 달러에 달한다고 한다. 만화(대중문화)와 회화(순수예술)의 경계를 허문 '행복한 눈물'의 팝아트적 가치는 미술품과 화폐의 경계를 허문 미술품 경매시장에서의 1천만 달러로 전환될 때 비로소 완성되는 것인가?

14. 1960년대 '녹색혁명'으로 아시아 농업강국의 위상을 떨치던 필리핀의 서민들이 굶주리고 있다. 농업 대신 공업과 관광산업으로 돈을 벌어 수입쌀을 사 먹어 왔지만 국제곡물가가 폭등하자 식량난에 빠진 것이다. 여전히 비옥한 땅도 있고 우수한 품종의 종자도 있지만 더 이상 그 가치를 발휘하지 못한다. 농업 생산물의 가치가 화폐가치로 전환되지 않기 때문이다. 좀 더 멀리, 주거복지 선진국으로 알려져 온 프랑스는 최근 치솟는 집값(월세 100만 원 정도) 때문에 무주택자가 300만 명, 노숙자도 8만여 명으로 늘었다고 한다. 주택난의 주된 원인은 투자회사, 보험회사, 은행 등 금융투자회사들이 투자 목적으로 산 집을 임대도, 관리도 하지 않고 '빈집'으로 남겨 두고 있기 때문이다. 집이 살기 위한 주거공간이 아니라 팔기 위한 투자 대상이 될 때 집의 원래 가치는 억압된다.

15. K. Marx, *Grundrisse der Kritik der politischen Ökonomie*, Dietz Verlag, 1953. [『정치경제학 비판 요강』, 김호균 옮김, 그린비, 2007, 57쪽.]

합목적적 활동이다. 생산은 인간만의 전유물이 아니다. 자연 역시 생산하고 있으며 인간은 자연적 생산물을 절단 채취하여 자신의 욕구 충족물을 점취하는 합목적적 활동을 통해 자신의 생명과 사회적 삶의 양식을 재생산한다. 맑스가 이런 합목적적 활동을 '노동'이라고 부르고, 노동이 '가치'의 원천이라고 말할 때, 그것은 경제학적 차원에서의 노동시간과 상품가치 이전에 생태학적 차원에서의 재생산 '활동'과 재생산 '가치'라고 할 수 있다. 이렇게 가치생산을 생태학적(일반적) 차원에서 정의할 때 우리는 가치생산의 동력을 '욕망'으로 재규정할 수 있다. 욕망은 자연의 일반적 생산과정에 연결된 존재들이 자신의 생명을 지속하고자 하는 무한한 노력으로 정의할 수 있으며, 그런 일반적 욕망은 사회 형태마다 각기 다른 양태를 갖는다. 일반적 차원에서의 가치생산, 즉 인간의 산 노동이란 자기 존재를 재생산하고자 하는 욕망의 '활동적' 표현으로 정의할 수 있다. 이런 활동력이 증가할 때 우리는 기쁨(pleasure)의 정서를 느끼며, 감소할 때는 슬픔(pain)의 정서를 느낀다. 모든 자연적 존재와 함께 인간은 기쁨의 정서를 더 많이 갖고자 노력하며 그러기 위해서는 더 많은 존재들과 공통의 신체를 형성하여 활동력을 높여야 한다. 맑스가 말한 가치생산이란 이렇게 욕망의 활동력을 높여서 기쁨의 정서, 즉 쾌락(pleasure)을 증진시키는 데 필요한 '재화'와 '관계'의 생산을 의미하는 것이리라.

산업자본은 이런 욕망의 활동력을 상품화하여 활동하는 자의 쾌락이 아니라 상품 구매자의 쾌락을 위해 사용한다. 이렇게 활동의 원인이 외부화될 때 생산자의 활동력은 감소하여 '슬픔'(pain)의 정서를 낳는다. '노동'(勞動)이란 이렇게 슬픔의 정서를 낳는 '고통스러운 활동'이다. 산업자본은 이런 고통스러운 활동(노동)을 참게 하는 욕망의 억제 장치를 필요로 한다. 그런 억제 장치에는 외부적인 폭력 장치나 훈육 장치뿐만 아니라 노동자 스스로 쾌락원칙을 포기하도록 하는 심적 장치도 포함된다.

프로이트는 그러한 심적 장치를 '자아'라고 했다. 프로이트에 따르면 '자아'의 주된 기능은 쾌락원칙을 노동의 '현실원칙'에 복종시키는 것이다. 그에 따르면 문명사회는 노동을 통해 자연의 희소성을 극복했으며 노동의 조직 방식과 노동생산물의 분배 규칙을 통해 발전해 왔다. 인간사회에서 쾌락원칙이 '현실원칙'에 굴복할 수밖에 없는 것은 '노동'의 현실적 필요 때문이다. 정신분석학을 맑스주의와 결합한 마르쿠제 역시 이런 노동가치론으로부터 자유롭지 못했다. 마르쿠제는 "자유로운 리비도의 관계는 본질적으로 노동의 관계와는 적대적이며, 활동력은 노동의 관계를 조직하기 위하여 자유로운 리비도의 관계로부터 물러나야 한다"[16]는 프로이트의 주장을 "노동의 필연성" 차원에서 수긍한다. 즉, 진보의 전제조건인 노동을 위해서는 프로이트가 제기한 "현실원칙"을 받아들일 수밖에 없다는 것이다. 다만, 현실원칙은 노동의 조직화 방식에 따라 각기 다른 '수행원칙'을 추가로 요청하는데, 생산력의 발달이 소외된 노동을 강요하는 사회적 관계를 철폐하도록 추동하고 노동시간을 줄여 쾌락을 향유할 수 있는 시간을 증대시킨다고 한다. 그 마지막 도달점은 노동의 자동 기계화를 통한 노동해방일 것이다. 그렇게 "작업시간과 에너지가 최소로 감소된다면, 이러한 억제의 근거는 훼손될 것이다. 리비도는 해방되고 현실원칙에 사로잡혀 있는 제도화된 한계를 넘쳐 흐르게 될 것이다." 그러나 역사가 증명하듯이 노동력(생산력)의 증대가 쾌락의 시간을 늘릴 것이라는 주장은 노동을 참게 하는 근대적 이데올로기에 불과하다. 정의상 노동력의 증가는 고통스런 활동을 참는 능력의 증가일 뿐이다.

하지만 이런 쾌락억제 장치만으로는 자본의 증식이 불가능하다. 산업자본은 순종적인 '노동자'만이 아니라, 순종적인 '소비자', 즉 순종적인 가치 '향유자'를 필요로 하기 때문이다. 19세기 산업자본이 주로 '노동력'의 축적에 주력했다면 20세기 중후반의 산업자본은 '향유력'의 축적에 집중했다. '가치 향유'란 무엇인가? 그것은 욕망의 활동력이 생산한 것에서 기쁨의 정서를 소비하는 것이고, 그런 쾌락의 향유를 통해 다시 욕망의 활동력을 증대하는 것이다. 그러나 이것은 욕망의 가치법칙이지 자본의 가치법칙이 아니다. 자본의 목적은 상품 소비를 통해 상품의 화폐가치를 실현하는 데 있지 향유자의 활동력을 증대하는 데 있지 않다. 정크 푸드의 소비는 신체의 활동력을 감소시키며, 군수산업의 생산물은 인류 공동체를 파괴하는 데 사용된다. 산업자본은 이렇게 욕망의 활동력을 감소시키는 상품, 즉 슬픔의 정서를 증대하는 상품 소비를 필요로 한다.

프로이트는 인간의 욕망 근저에는 '쾌락원칙을 넘어서는' 충동이 있다고 말했다. 고통을 참는 것만이 아니라 고통을 즐기도록 하는 이런 충동을 그는 '죽음충동'이라 불렀다. 신체 기관이 "점점 큰 단위로 결합하려는" 힘의 경향이 욕망의 쾌락원칙이라면, 신체의 기관들이 "그 단위를 해체하려는" 힘의 경향이 죽음충동이다.[17] 그것은 개별 유

16. H. Marcuse, *Eros and Civilization*, Vintage Books, 1955. [『에로스와 문명』, 김인환 옮김, 나남출판, 1996, 157쪽.]

17. S. Freud, *Das Unbehagen in der Kultur*, Internationaler Psycho-analytischer Verlag, 1930. [『문명 속의 불만』, 김석희 옮김, 열린책들, 1997, 308쪽.]

기체의 해체뿐만 아니라 개체들이 결합된 공동체의 해체까지 의지하는 충동이다. 프로이트는 이런 죽음충동 역시 문명사회의 필연적 요청에 따라서 생성되었다고 한다.

고통을 즐기는 충동은 노동력, 즉 '고통스러운 활동'을 참는 힘의 요청 속에서 출현했다. 고통을 참는 힘을 고통을 즐기는 충동으로 전환하는 기관의 역사적 원형이 '국가'이고, 국가장치의 심리적 작인이 '초자아'이다. 프로이트는 국가장치와 초자아가 출현하면서 인간사회는 비로소 자연 상태에서 벗어나게 되었다고 한다. 20세기 중반의 산업자본은 이런 국가장치를 통해 가장 파괴적인 전쟁 상품에 가장 높은 가치를 부여했고, 대중매체(광고)와 이데올로기 장치를 통해 개인의 신체와 사회적 공동체를 해체하는 슬픔(고통)의 가치를 즐기도록 했다.[18]

죽음충동의 장치만으로도 자본의 증식은 불가능하다. 욕망의 억제로 인한 쾌락의 결핍뿐만 아니라 죽음충동에 따른 잉여쾌락도 욕망의 활동력을 감소시키기 때문이다. 그것은 욕망의 활동력에 기생하여 증식하는 자본의 입장에서도 위험이 아닐 수 없다. 과도하게 참아서도 안 되고 과도하게 즐겨서도 안 된다. 과도한 금욕은 고통을 향유할 힘을 약화시키고 과도한 향락(jouissance)은 고통스럽게 일할 힘을 약화시키기 때문이다. 자본은 분명 쾌락의 부족함과 과도함, 욕망의 좋고 나쁨을 분석하기 위한 가치척도를 필요로 한다. 하지만 이 척도는 '금욕주의'나 '향락주의'처럼 고정된 내용을 가져서도 안 된다. '금욕'의 명령을 자율적 금욕으로 되받고 '향락'의 명령을 자율적 향유로 되받을 수 있기 때문이다. 가장 좋은 것은 대중 스스로 자본 증식의 관점에서 자기 욕망의 가치를 분석하는 것이다. 이것이 신자유주의가 취하는 욕망의 안보전략이다.

신자유주의는 욕망하는 대중을 '힘들게 일하는' 노동자로 규정하지도 않고 '힘들게 향유하는' 소비자로 규정하지도 않는다. 신자유주의는 문자 그대로 대중을 내버려 둔다(laisser faire). 뒤집어 말하면, 신자유주의는 노동자의 힘겨운 노동에 대해서도, 소비자의 힘겨운 향유에 대해서도 책임지려 하지 않는다. 그 대신 대중을 인적자본의 소유자로서, 증권투자자로서, 부동산투자자로서, 연기금 생활자로서 증권화된 자본의 증식 욕망에 동참시킨다. 그래서 신자유주의는 '참아라'라고 명령

18. 온갖 화학 약품과 동물성 사료를 먹은 소를 먹을 때 우리의 신체는 비단 광우병의 위험에 처할 뿐만 아니라 자연과의 생태학적 공통성을 해체당한 채 점진적으로 죽어갈 수밖에 없다. 또한 국가가 조장한 영어 광풍에 휩쓸릴 때 우리는 타자와의 소통 수단'이라는 영어의 사용가치를 소비하는 게 아니라, 고가의 영어상품을 구매할 수 있는 집단과 그럴 수 없는 집단을 분리하고 차별하는 척도의 가치, 계층 간 소통 불가능성을 확대하는 장애물의 가치를 소비하는 것이다.

하지도 않고, '즐겨라' 라고 명령하지도 않는다. 그저 자본 증식의 관점에서 자기 욕망의 가치를 '분석하라' 고 명령할 뿐이다. 이 명령은 순전히 형식적인 명령이다. 그것은 '억제하라' 나 '향락하라' 는 명령처럼 구체적인 내용을 규정하지 않고, 단지 가치분석의 '형식' 만을 규정한다. 신자유주의는 대중에게 '시장' 의 형식으로 욕망의 가치를 분석하라고 명령한다. 시장이란 모르는 사람들(타자들) 간의 상호주관적 표상작용에 의해 가치가 분석되는 장이다. 시장에서 모든 가치는 마주 놓인 두 거울처럼 서로가 서로의 가치를 분석하는 가치표상이 된다. 이런 시장의 형식 속에서 '내' 욕망의 가치는 '타자' 의 욕망의 가치를 분석하는(비추는) '표상(체)' 으로서의 가치만을 갖는다. 욕망의 시장가치는 욕망의 표상적 가치이다. 내 욕망이 얼마만큼의 가치를 갖는가는 오직 내 욕망이 타자의 욕망을 얼마나 많이 표상할 수 있느냐로 평가받는다. 그래서 욕망의 시장가치에 종속된 사람은 투표할 때 자기 표가 얼마나 많은 사람들의 의사를 표상할지 고심하는 사람처럼 자신의 욕망이 얼마나 많은 사람들의 욕망을 표상할 수 있을지만 따진다.

증권투자와 마찬가지로 욕망의 시장에서는 타자의 욕망을 가장 잘 표상할 수 있는 일반적 표상에 투자해야 한다. 어떤 게 '일반적 표상' 일지는 미리 알 수 없다. 단지 시장의 많은 사람들이 그렇게 생각하고 욕망한 표상이 사후적으로 일반적 가치표상이 된다. 맑스가 '일반적 가치형태' 라고 부르고, 자크 라캉이 '전제군주기표' 라고 불렀던 가치표상의 척도는 이처럼 다수자의 믿음과 욕망에 의해 산출된 일반적 가치표상이다. 다행히 타자의 욕망을 잘 읽어서 '일반적 표상' 이 된 표상에 투여된 욕망은 '좋은' 욕망으로 평가받지만 그렇지 못해서 소수의 표상에 투여된 욕망은 '나쁜' 욕망이 된다. 신자유주의가 요구하는 가치척도는 이렇게 '다수자' 의 가치이다. '네 욕망의 시장가치를 분석하라' 는 명령은 곧 타자의 욕망을 잘 분석해서 다수자의 욕망을 욕망하라는 것이다. 다수자의 욕망에 투자한 자에게는 증권의 가치증식이라는 복락이 있겠지만 소수자의 욕망에 투자한 자에게는 빈곤의 형벌이 내려진다.

5. 욕망의 활동력을 위하여

신자유주의는 우리에게 '자유' 의 의미를 다시 생각하게 한다. 우리는 자유로운 욕망을 추구하지만 어떻게 하면 자유롭게 욕망할 수 있는지는 잘 모른다. 신자유주의는 시장 속에서 우리의 욕망은 자유롭다고 한다. 시장에는 미리 정해진 욕망의 가치척도가 없기 때문이다. 시장에서는 아무도 타자의 욕망에 대해 이러쿵저러쿵 평가하지 않는다. 시장에서 타자의 욕망은 배려의 대상일 뿐 아니라 욕망의 가치척도이다. 신자유주의는 '참아라' 라거나 '즐겨라' 라고 명령하지 않는다. 다만, '타자의 욕망을 욕망하라' 라고 할 뿐이다. 타자의 욕망을 욕망함으로써 우리는 자유롭고도 평등한 가치척도를 갖게 된다는 것이다. 이런 민주적인 가치척도를 위해 딱 하나 금지해야 할 것이 있다면 그것은 타자의 욕망을 배려하지도 않고, 타자의 욕망을 척도로 삼지도 않는 것이다. 그런 '이기적' 인 욕망에 대해서는 마땅히 '다수' 의 이름으로 응징해야 한다는 것이다. 욕망의 주인을 저주하는 것, 이것이 신자유주의가 대중을 자본의 일반적 노예로 만드는 방법이다.

우리는 '네 욕망의 가치를 분석하라' 는 신자유주의의 명령을 시장이 아니라 공장에서 실행해야 한다. 욕망의 가치척도를 시장의 가치, 표상적 가치가 아니라 공장의 가치, 생산적 가치로 받아들여야 한다. 맑스가 가치의 척도를 노동력에서 찾은 것처럼 우리는 욕망의 가치척도를 활동력에서 찾아야 한다. 욕망의 활동력은 기쁨(쾌락)과 슬픔(고통)의 질적 가치뿐만 아니라 프로이트가 '리비도' 라고 부른 양적 가치 또한 내포한다. 우리의 신체는 욕망의 활동력(리비도)을 얼마나 사용했는지, 그 결과 얼마만큼의 쾌락을 생산했는지 느낄 수 있고, 느낀다. 맑스는 상품생산에 사용된 노동력의 양을 '교환가치' 라고 불렀다. 교환가치란 상품교환을 매개하는 추상적 노동량(노동시간)이기 전에 생산에 투여된 노동의 교통량이 아닐까? 인간의 생산(노동)은 언제나 이미 집합적 생산이다. 노동(생산)은 자연의 생산을 절단하면서 인간 상호간에 신체적·정신적으로 연합하고 교통하는 과정이다. 그렇다면 '교환가치' 란 가치생산에 투여된 노동의 연합 및 교통가치가 아닐까? 생산 활동의 집합적 교통에 참여할 때만 생산된 가치의 교환에도 참여할 수 있기 때문이다.

마찬가지 방식으로 우리는 욕망의 교환가치를 분석할 수 있다. 욕망은 고립된 신체에서 발생하는 게 아니다. 욕망은 복합적 기관들로 이뤄진 유기체가 또 다른 신체(자연, 기계, 인간) 기관들과 교통하면서 생기는 것이다. 그래서 그 연합과 교통의 결과물로 생긴 기쁨과 슬픔의 가치를 교환하는 것은 너무나 당연하다. 우리는 이 기쁨(쾌락)과 슬픔(고통)의 교환가치를 욕망의 가치척도로 삼아야 한다. 왜냐하면 그런 정서적 가치가 욕망의 집합적 활동량과 교통량을 표현하기 때문이다. 더 많은 신체와 교통할수록, 그렇게 교통한 신체들이 더 많은 활동력을 가질수록 우리는 그 신체들과 더 많은 기쁨(쾌락)을 교환할 수 있는 것이다. 더 많은 신체와 교통할 것, 그래서 더 많은 기쁨을 나눌 것, 이것이 우리가 추구해야 할 욕망의 가치척도이다.

이런 척도 하에서 우리는 '참아라' 라는 자본의 명령을 전혀 다른 방식으로 실행할 수 있다. 금욕은 우리의 신체가 외적 원인의 표상에 이끌려 기쁘지도 않은데, 즉 우리의 활동력이 감소하는데도 계속 충동되지 않도록 하는 약으로 사용될 수 있다. 금욕의 기술을 통해 우리는 신체에 대한 자기 지도력, 즉 자유의 힘을 점진적으로 신장시킬 수 있다. 그럴수록 우리는 자본이 강요하는 나쁜 상품에 덜 의존하게 된다.

또한 우리는 쾌락원칙을 넘어서 '즐겨라' 라는 자본의 명령을 전혀 다른 방식으로 실천할 수 있다. 우리는 우리의 신체가 단일체가 아님을 인식해야 한다. 우리의 신체는 언제든 해체될 수 있는 부분기관들의 집합체이다. 우리의 신체는 매순간 새로운 신체를 구성하기 위해 해체된다. 우리는 우리의 신체가 해체되는 것을 즐길 수 있는 용기를 가져야 한다. 유기체의 죽음에 대해서도 그렇지만, 사회적 신체의 해체에 대해서 특히 그렇다. 가족, 국가, 화폐 등 우리의 활동력을 감소시키는 사회적 신체의 해체를 즐길 수 있는 용기를 가져야 한다. 더 많이 활동하고 더 많이 소통하고 더 많이 향유하는 삶의 공동체를 만들기 위해서.

ISSUE 05

유연화 체제의 프롤레타리아트, 비정규직

조원광

1. 생산과 고용의 유연화

고용유연화의 천국이라는 미국보다 고용불안정성이 높고, 근속연수는 훨씬 짧고, 고용불평등은 심한 나라. 한국은 그런 나라다.(도표 1, 2) 비정규직 900만 시대, '88만원 세대'라는 씁쓸한 말이 더 이상 어색하지 않게 된 시대가 바로 오늘이다. 전체 노동인구에서 비정규직이 55%를 상회하고, 그 비정규직의 평균임금은 정규직 임금의 51% 수준이고, 사회보험가입률은 30%대이며, 퇴직금상여금/시간외수당 적용률은 10%대인 곳이 바로 21세기의 한국이다.(도표 3, 4) 무엇이 이런 '사태'를 낳았나?

무엇보다 '생산의 유연화' 혹은 '유연성의 축적체제'로 요약되는 전세계적 경제 변화와 거기에 충실하게 적응하고 있는 권력과 자본에서 그 근본적 원인을 찾을 수 있다. 과거 케인스주의 혹은 포드주의로 표현되던 시기의 노동시장은 '내부노동시장'이라는 말로 압축된다. 필요한 노동력을 내부 성원의 승진이나 숙련을 통해 충당했다는 말이며, 곧 대부분의 노동력이 고용보장을 받는 '정규직'이었다는 뜻이다. 평생고용, 평생직장, 연공서열제 등은 내부노동시장의 특징이다.

이런 인력운용이 가능했던 것은 포드주의/케인스주의와 그에 따른 기업운영논리가 대량생산·대량소비, 이를 위한 유효수요 창출 등으로 나타나기 때문이다. 많은 상품을 비교적 싼 가격에 출시해 많은 사람들이 사게 만들어야 한다. 이

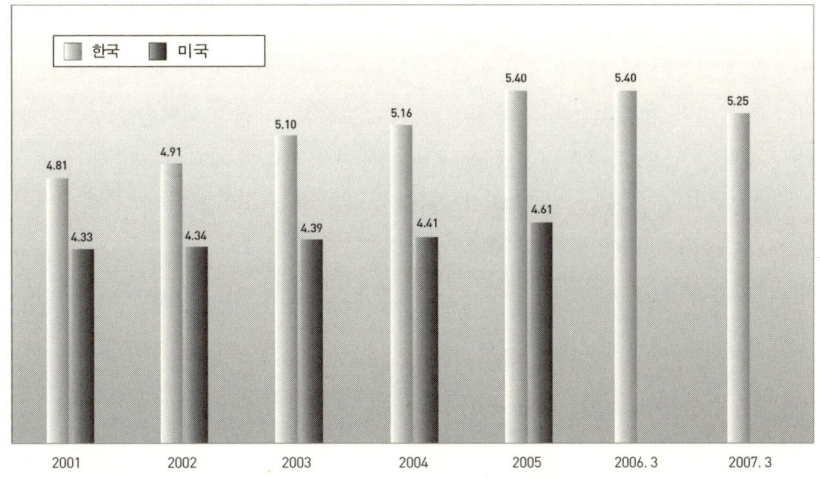

〈도표 1〉 한미 임금 불평등

출처: 미국은 EPI 홈페이지(www.epi.org), 한국은 필자 계산

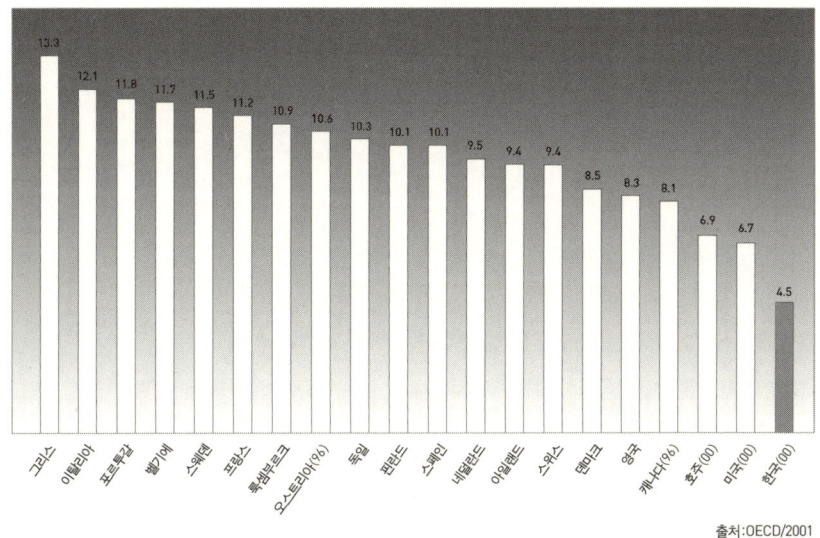

〈도표 2〉 OECD 국가 근속연수 비교

출처: OECD/2001

를 위해서는 유효수요를 창출해야 하고, 소비자이기도 한 노동자들의 안정적인 소득을 보장해야 했다. "정규직"이 필요했다는 말이다. 고임금과 안정성을 약속 받은 노동자-소비자들은 낮은 저축률과 아낌없는 소비로 기업들의 기대에 부응 했다.

거래비용감소라는 기업운영논리도 정규직이라는 고용형태 확립에 원인이 되었다. 거래비용이란 거래에서 발생하는 가격 이외의 비용이다. 현실의 시장에 순수하고 정직한 거래관계란 존재하지 않는다. 편중된 정보와 잠재적 기회주의적 행동이 현실 시장을 설명한다. 예를 들어 망치를 생산하는 시장 행위자들 중 값싼 나무를 공급하는 목재상과 친한 이는 시장에서 우위를 확보할 수 있다. 반대로 어떤 목재상도 알지 못하는 이는 웃돈을 줄지도 모른다. 이런 거래비용을 줄이기 위해 기업들은 생산에 필요한 요소를 내부화한다. 안정적인 자금이 필요해서 은행을 만들고, 자재가 필요해서 자재 회사를 흡수하는 기업들이 좋은 예다. 인력 역시 마찬가지다. 매번 필요한 노동자를 고용함으로써 발생할지 모르는 손실을 줄이고, 신뢰할 수 있고 숙련된 노동자, 즉 정규직을 사용하는 것이 거래비용을 줄이는 방법이다.

하지만 이런 선순환이 오래가지는 않았다. 경기 변화에 따라 만성적인 수요 부족이 나타나고 그에 따라 기존의 설비가 과잉설비로 여겨지기 시작했다. 노동자에게 지급해야 할 고임금과 고용안정성을 감당하지 못한 기업들이 생산의 전략을 바꾸기 시작했다. 소품종 대량생산 대신 다품종 소량생산이 등장한다. 규모의 경제 대신 범위의 경제로 이행하기 시작한 셈이다. 'Just in Time', 소위 적기생산방식이 이를 잘 설명해 준다. 시장 수요의 변동에 맞추어 생산을 유연하게 조정한다. 예를 들어 2000년 이후 현대자동차는 부품공급업체들에게 일간계획만을 전달하고 있다.[01]

기술발전은 이런 추세를 뒷받침했다. 유연화는 하고자 한다고 바로 달성되지 않는다. 앞서 말한 거래비용 때문이다. 차라리 생산 시스템을 안정적으로 내부화하는 편이 비용이 더 적게 드는 경우가 적지 않다. 이런 난국을 돌파하게 해준 것이 기술발전이다. 정보통신기술이 컴퓨터화와 커뮤니케이션화에 기초한 자동화/네트워크화를 가능하게 했다.[02] 거래비용을 줄이기 위해 모든 생산요소가 기업 내부화되어 있는 것이 아니라, 때에 따라 동원되고 흩어진다. 예를 들어 과거 특정 부품은 어쩔 수 없이 기업 내부에 고정된 생산체계를 갖추고 생산해야 했지만, 이를 외주나 하청을 통해 공급받을 수 있게 되었다. 제품의 설계에서부터 출하까지 다양한 과정을 컴퓨터와 네트워크 기술에 의해 연결하는 컴퓨터통합생산(CIM)은 적기생산방식이 실제로 작동할 수 있도록 했다. 구체적인 생산지시나 규격조절이 컴퓨터를 통해 이루어지면서 적시에 필요한 요소를 동원하는 것이 과거와 달리 큰 비용을 필요로 하지 않게 되었다. 소위 '네트워크 기업'[03]의 출현이다. 이런 전반적인 생산의 변화는 개별 자본의 경쟁이라는 형태로 각 기업에게 강제되었다.

01 조형제, 「모듈화에 따른 부품공급시스템의 변화」, 『경제와 사회』 50권, 2001.
02 박승호, 『좌파 현대자본주의론의 비판적 재구성』, 한울, 2004, 494쪽.
03 M. Castells, *The Rise of the Network Society*, Blackwell Publishers, 1996. [『네트워크 사회의 도래』, 김묵한 외 옮김, 한울, 2003, 212~242쪽.]

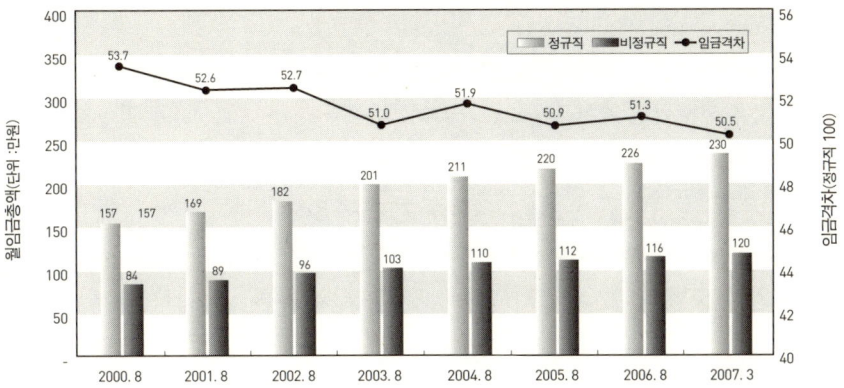

〈도표 3〉 고용형태별 월임금 추이

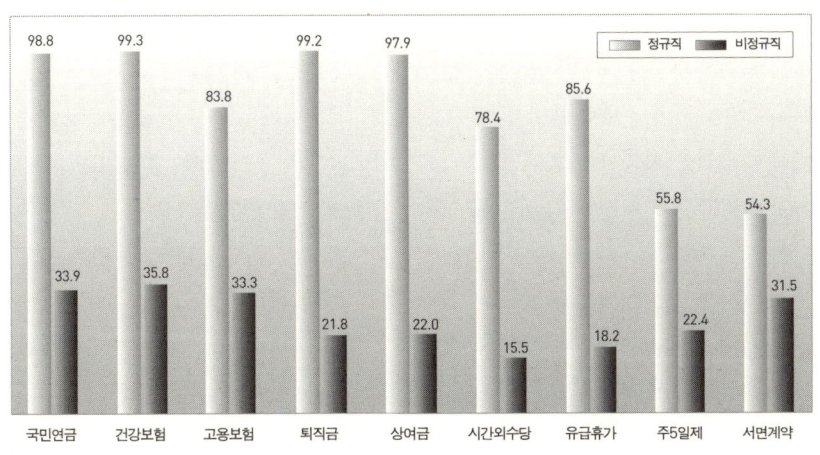

〈도표 4〉 비정규직 사회보험 적용정도

생산의 변화는 바로 고용의 변화를 가져왔다. 우선 노동이 흐름이 되었다. 이제 기업은 노동자에게 안정적인 고용을 제공하지 않는다. 변화된 생산 시스템에서는 안정적인 지위를 가진 노동자보다 필요할 때 쓰고 그렇지 않을 때 자를 수 있는 노동자가 훨씬 더 많은 이익을 가져오기 때문이다. 덕분에 노동은 유연해질 것을 요구받는다. 정해진 자리와 역할을 가지는 것이 아니라, 필요할 때는 나타났다가 그렇지 않을 때는 사라질 수 있는 '흐름'이 되어야 한다는 말이다. 흐름이 된 노동에서 고용과 해고의 경계는 모호하다. 고용되었다고 안심할 수 없다. 경기 상황에 따라 언제든 해고될 수 있다. 해고자는 단순한 실업자가 아니다. 그는 언제든 기업이 원하면 일이 있는 곳으로 달려가야 한다. '계약직' 혹은 '기간제' 노동자의 0개월 계약서는 이런 고용의 전형을 보여 준다. 학습지나 운수 노동자처럼 실제로 고용되어 있고 사업주에게 종속되어 있음에도 불구하고 '독립사업자'라고 명명되는, 그래서 '계약해지'라는 명목의 자유로운 해고에 노출되어 있는 '특수고용' 노동자도 마찬가지다.

    나아가 기업은 아예 노동을 흐름 단위로 구매한다. 사실 노동을 흐름으로 만드는 것은 적지 않은 저항을 동반한다. 노동자 중 어느 누가 저런 유동적이고 불안한 상태를 감내하려 하겠는가? 직접적으로 노동을 흐름으로 만드는 시도인 '수량적 유연화'는 노동조합이 가장 경계하는 구조조정이다. 기업이 이를 피해서 노동을 흐름으로 만드는 효과적인 방법이 바로 노동을 아예 흐름 단위로 구매하는 것이다. 기업이 노동자를 고용했다 해고했다 하는 방식으로 유연화를 달성하는 게 아니라, 이미 유연한 흐름이 된 노동을 구매한다. 간접고용이 그것이다. 기업은 노동자와 고용계약을 맺지 않고, '노동자 공급 회사'에서 노동자를 공급받는다. 노동자는 노동자 공급 회사, 즉 파견업체에 고용되어 있다. 하지만 실제로 업무를 하는 곳은 파견업체가 아니라 파견업체와 계약을 한 다른 업체이다. 이렇게 되면 기업은 전보다 훨씬 편하게 노동자를 흐름으로 취급할 수 있다. 필요 없으면 상품을 버리듯 파견업체와 계약을 해지하면 그만이다. 노동자와 '고용' 계약을 한 것이 아니기에 노동자에 대해 책임을 질 필요가, 즉 사내 복지를 제공할 필요도, 퇴직금이나 상여금을 지급할 필요도 없다. 거꾸로 노동자의 입장에서는 실 사용자와 고용자가 다르기에 저항이 힘들고 애매하며 기업에 굴복할 확률이 커진다. 이제 기업은 노동자를 고용하지 않는다. '노동력의 흐름'을 '구매'한다. 노동자가 아닌 구매된 노동력은 언제든 '사용'을 '중지'할 수 있다. 흐름 단위로 구매된 노동은 노동을 더욱 빨리 흐름으로 만들어 버린다. 이런 형태의 노동은 사내하도급을 포함해 다양한 형태를 가진다.[04]

    노동이 흐름 단위로 구매되고, 그래서 더욱 흐름의 성질을 띠는 것은 인력파견회사 같은 일부 업체의 문제가 아니다. 넓게 보면 유연생산체제가 불러온 외주/하청 시스템 전체가 이런 변화를 보여 준다. 네트워크 기업에서 볼 수 있듯이, 기업들은 더 이상 집중화된 생산 시스템을 가지지 않는다. 탈집중화된 외주/하청 시스템을 갖춘 채, 필요한 경우 부품을 주문한다. 필요하지 않을 때는 계약을 해지하면 그만이다. 이는 당연히 그 부품을 만드는 노동력을 유연하게 활용하는 것을 동반한다. 외주/하청 업체로서는 원청 업체에서 주문이 끊기면 노동자를 해고할 수밖에 없다. 요컨대 하청 업체에게 부품을 유연하게 공급할 것을 요구하는 것은, 그 업체가 인력을 유연한 흐름처럼 운용할 것을 요구하는 것에 다름 아니다. 원청 업체는 그렇게 만들어진 부품의 흐름과 노동력의 흐름을 구매하는 셈이다. 부품의 흐름을 구매하는 이면에 노동의 흐름을 구매하는 것이 숨어 있다고 할까? 최근 들

---

04 한국에서 간접고용은 2007년 현재 200만에 이른다. 오늘날 한국 비정규직 투쟁의 상징이 되어 버린 이랜드 투쟁 역시 직원을 대규모로 외주화하려다 시작되었다.

어 간접고용과 외주/하청의 비율이 급격하게 늘어나고 있는 것은 흐름 단위의 구매를 통한 노동 유연화 전략 때문이다.

'비정규직'이란 이렇게 흐름으로 팔리고 흐름이 된 노동력을 일컫는다. 비정규직은 단순히 불안정한 직장에 고용된 이들이 아니라, 언제든 그런 방식으로 고용될 준비가 되어 있고 활용가능한 흐름 자체를 의미한다. 유연화는 근본적으로 기업의 부담을 줄이기 위한 방법이다. 하지만 그 부담은 사라지지 않고 모두 비정규직이라는 흐름이 된 노동에 전가된다. 기업이 당면해야 했던 위험이 노동자가 져야 하는 고용과 생활의 불안으로 전화되었다. 자동차 업체의 비정규직 도입과 하청 시스템은 이런 부담의 전가를 위한 비정규직 활용을 적나라하게 보여 준다. 완성차 업체는 유연화를 위해 사내하도급을 도입한다. 사내하도급 업체와 계약하면서 직원 수와 임금 수준 같은 업체 내부 사정까지 개입한다. 실질적인 고용주다. 하지만 필요하지 않을 때는 하도급 업체와 계약을 해지함으로써 인력을 조정한다. 게다가 완성차 업체가 시도하는 생산의 동기화는 부품하청 업체들이 '알아서' 부품 공급을 늘렸다 줄였다 할 것을 요구한다. 모기업이 이들을 물량변동의 완충판으로 이용하는 셈.[05] 당연히 하청 업체들은 이런 부담에서 살아남기 위해 다시 비정규직을 도입한다. 그 비정규직은 고용과 해고를 반복하면서 유연화의 부담을 최종적으로 감내한다.

당연히 임금은 정규직보다 훨씬 낮다. 언제든지 해고될 수 있기 때문에 비정규직은 저임금을 감내할 수밖에 없다. 애초에 비정규직을 도입한 것이 유연화를 통해 국제경쟁력을 확보하려 했던 것이기에 가격 압력은 어쩌면 당연하다. 예를 들어 하청을 비롯한 간접고용에서 인력이나 부품의 흐름을 공급하는 업체들은 공개 입찰을 통해 최저 단가를 요구받는다. 그런 업체에 소속된 노동자인 비정규직 노동자가 받는 임금이 열악하리라는 것은 쉽게 짐작할 수 있다. 이런 하청이나 간접고용이 거듭되면 열악한 수준은 점점 심각해진다. 게다가 하청 업체들은 경기 변동에 따라 원청 업체로부터 부정기적으로 계약 금액보다 더 낮은 가격으로 부품을 공급할 것을 요구받는다. 그것은 고스란히 하청 업체에 간접고용된 비정규직 노동자들의 임금하락으로 이어진다.

비정규직은 유연화체제의 산물이다. 비정규직은 사업주에게 최적의 노동력이다. 수도꼭지에서 물을 쓰듯이 자유롭게 조정할 수 있고 비용도 싸다. 최근 급팽창하고 있는 서비스산업에서 비정규직이 늘어나는 것은 당연지사다. 미리 조직된 노조와 저항이 없는 상황이라면 사업주들은 당연히 비정규직을 사용한다. 포드주의 시스템이 만들어 놓은 내부노동시장에 균열이 가기 시작했다. 쉽게 끌어다 쓰고 또 쉽게 해고할 수 있는 외부노동시장의 규모가 커지고 있다. 과거에는 고용과

---

05 조성재, 「하도급구조와 중소기업 노동자의 주변화」, 최장집 엮음, 『위기의 노동』, 후마니타스, 2005, 79쪽.

비고용의 구분이 무엇보다 중요한 경계였다. 예컨대 포드자동차의 노동자냐 아니냐는 그 사람의 사회적 지위와 생활을 결정적으로 규정했다. 하지만 오늘날 중요한 경계는 정규직과 비정규직 사이에 만들어지고 있다. 비정규직은 고용과 해고가 구별되지 않는 흐름으로 존재한다. 그 흐름은 유연화의 모든 부담을 짊어지고 있다.

2. 비정상의 정상화

흐름이 되고 또 흐름으로 팔리는 비정규직은 비정상적인 노동자다. 권력관계에서 자본에게 절대적으로 열세에 있기에 제대로 노동 3권을 보장받지 못하며 임금도 열악하다. 은행 대출금액에서도 차별 받는다. 사실 '비정규직'이라는 이름 자체가 그들이 비정규적이고 비정상임을 드러낸다. 그런데 이런 비정규직이 한국에서는 50%를 넘어섰다. 비정상적인 노동자가 과반을 넘어서 통계적으로는 '정상'이라고 불러도 어색하지 않을 만큼 늘어났다. 일시적인 현상이 아니다. 연구자들은 97년 외환위기 이후 급격히 늘어난 비정규직이 2000년대 이후 '구조화' 되었다고 평가한다. 현 비정규직 숫자와 비율이 사회적으로 필요한 안정적 수준이라는 말이다. 어떤 의미에서 한국사회는 비정상적인 노동자가 정상이 되어 버린 사회다.

이 사실은 단순히 이상한 이들이 많이 늘었다는 것을 뜻하지 않는다. 비참하고 불쌍한 이들이 많아졌다는 의미만을 나타내는 것도 아니다. 물론 비정규직은 사회의 부담을 떠안으며 고통받고 있지만, 이런 비정규직의 증가는 비참함의 정상화 이외의 변화를 나타내기도 한다. 비정규직이 비정상이라고 했을 때, 비정상(Abnormal)을 규정하는 성격을 다시 한 번 떠올려 보자. 'Abnormal'의 부정적 접두어 'Ab-'는 우선 비정상이 'Normal', 정상이 아님을 나타낸다. 앞서 말했듯 비정규직은 노동 3권을 가지고 사회의 정상적 성원이 되지 못한다는 의미에서, 정규직이 아니라는 의미에서 비정상이다. 하지만 동시에 'Ab-'는 'Norm', 규범을 부정하는 접두어이기도 하다. 이때 비정상(Ab-'norm'-al)은 규범을 거부하는 자들을 의미한다. 사회가 규정하는 삶의 양식을 따르지 않는다는 말이다.

오늘날 비정규직은 두번째 의미에서 비정상의 특징을, 즉 규범을 거부하는 자로서의 특징을 여러모로 보여 준다. 우선 비정규직 노동자는 정규직과 비교하여 직무몰입/업무몰입도에서 큰 차이를 보인다. 직무몰입이란 노동자가 해당 직무, 즉 자신의 일자리를 얼마나 충실하고 적극적으로 수행하고 있느냐를 나타낸

<그림 5> 정규직·비정규직 직무몰입도

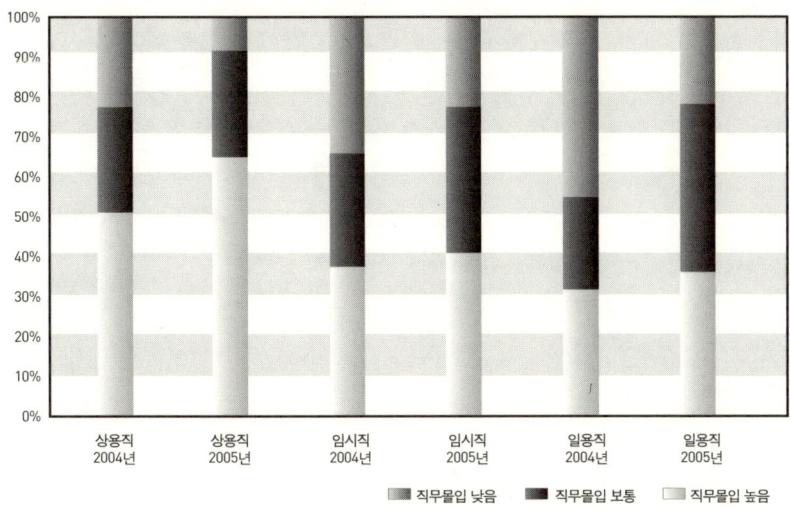

출처: 한국사회종합조사(KGSS) 2004년도와 2005년도 자료에 근거

<도표 6> 사업자측 비정규직 사용 불만

	업무몰입도 부족	기술/기능의 부족	낮은 생산성	팀워크/업무연계 어려움	높은 이직률	기타
사업장 수(개소)	217	106	79	85	191	154
사업장 비중(%)	26.1	12.7	9.5	10.2	23.0	18.5

출처: 「사업체패널조사」, 한국노동연구원, 2002

<도표 7> 정규직·비정규직 근속희망

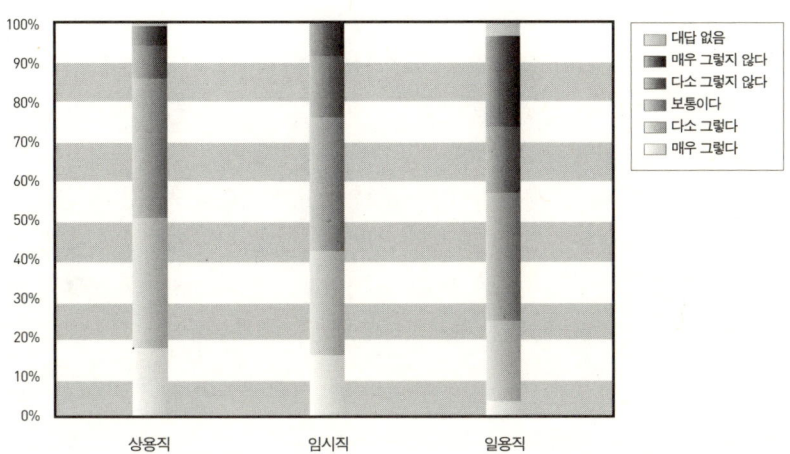

출처: 한국사회종합조사 직종별 교차분석, 2005

다. 로러와 홀이 지적하듯이, 직무몰입도는 "자기 일에 관한 동일시임과 동시에 직무 상황이 자신의 정체성에 중심이 되는 정도"[06]를 나타낸다. 2004년과 2005년 한국사회종합조사에 따르면 비정규직의 직무몰입도는 정규직의 그것에 비해 상당히 낮다(도표5). 이는 일시적인 현상이 아니다. 2002년 한국노동연구원에서 조사한 사업체패널조사에 따르면 사업자들은 비정규직의 업무몰입도 부족을 비정규직 사용에서 가장 큰 불만으로 꼽는다(도표6). 비정규직의 숫자만 구조화된 것이 아니라, 비정규직의 직무몰입도 역시 구조적으로 낮게 나타나고 있다.

쉽게 말해 비정규직은 더 이상 전통적인 노동자들처럼 직장을 인생의 중요한 부분으로 생각하지 않는다. 직장에서의 일을 자아실현의 수단으로 여기지도 않는다. 이런 변화는 비정규직이 더 이상 자신의 직장에서 장기근속을 희망하지 않게 됨을 보면 더 잘 알 수 있다. 2005년 한국사회종합조사의 직종별 교차 분석에 따르면 비정규직은 더 이상 현재 자신의 직장에서 오래도록 일하기를 원하지 않는다(도표 7). 그것이 불가능한 탓도 있지만, 아예 기대를 하지 않는다는 것이 더 정확한 말이리라. 아래 한 비정규직 노동자의 인터뷰는 비정규직 노동자와 정규직 노동자의 심성이 극명하게 갈라지기 시작했음을 보여 준다.

비슷한 일을 하는 것 같아도 우리는 칼퇴근하지만 정규직 언니들은 밤늦게까지 남아서 일하거든요. 책임이나 스트레스도 더 많고. 그런 점에서는 비정규직이 나은 것 같아요.

정규직이요? 되면야 좋죠. 근데 가능성 없으니까. 그냥 임시로 다니는 거예요.
— H은행 비정규직 노동자[07]

비정규직이 다수가 되었다는 것, 비정상적 노동자가 통계적으로 정상화되었다는 것은 바로 이처럼 규범에 따르지 않는 이들이 다수가 되었다는 것을 뜻한다. 이런 변화는 단순한 심리나 태도의 변화 이상을 의미한다. 궁극적으로 사회를 유지하고 관리하던 권력에 균열이 가기 시작했음을 나타내기 때문이다. 규범(Norm)은 사람들을 억압하기만 하는 규칙이 아니다. 그것은 오히려 성원을 유용한 형태로 길러내는 생산적인 기능을 가진다. 푸코가 지적하듯 권력은 이런 규범을 통해 특정한 형태의 주체를 생산하고, 특정한 방향으로 사회를 조직하는 전략의 총체다. 그런 의미에서 규범에 복종하는 노동자는 권력의 재생산에 필수적이다.[08] 예를 들어 직

---

06 E. E. Lawler · D. T. Hall, "Relationship of Job Characteristics to Job Involvement, Satisfaction and Intrinsic Motivation", *Journal of Applied Psychology*, 54, 4, 1970, pp. 305~312.
07 장귀연, 『권리를 상실한 노동자 비정규직』, 책세상, 2006.

무폴입도가 높고 장기근속을 당연하게 여기는 노동자는 자본에게 큰 이익을 가져다 준다. 그들이 바로 직장을 자기와 동일시하고, 지불되지 않는 노동과 관심을 아끼지 않았던 고도성장 시절의 한국이나 일본의 노동자다. 자본의 입장에서는 오늘날 대다수가 되어 버린 비정규직 노동자의 태도는 아쉬울 수밖에 없다.

자본과 권력에게 노동자는 적이 아니라, 필요한 존재이다. 정확히 말해 권력의 생산과 사회의 유지에 유용할 수 있도록 길러 내고 관리해야 할 존재이다. 그렇기 때문에 자본과 정부는 단순히 노동자를 탄압하지 않는다. 탄압하는 것처럼 보일 때조차 그것은 노동자를 없애기 위함이라기보다 유용한 형태로 노동자를 훈련시키기 위함이며, 다른 노동자들에게 본보기를 보이기 위함이다. 그렇기 때문에 어떤 의미에서 노동자는 권력의 파트너다. 자본과 정부는 단순히 노동자에게 규범을 부과하는 것을 넘어 함께 규범을 구성할 것을 제안하기도 한다. 소위 코포라티즘(Corporatism)이 그것이다. 케인스 시기의 선순환과 호황은 노동자가 사회합의를 통해 규범을 적극적으로 만들어 내고 체제의 유지에 협조했기 때문에 가능했다. 한국 역시 IMF 시절 노사정위원회가 정리해고의 조건부 도입 등, 민감한 부분에서의 합의를 이끌어 낸 바 있다.

그런 의미에서 정상적(Normal) 노동자이자 규범적(Normative) 노동형태인 정규직은 단순히 안정된 일자리만을 뜻하지 않는다. 그것은 노동자가 규범체계에 잘 진입해 있고, 권력에 유용한 존재라는 증명이기도 하다. 반대로 비정상적(Ab-Normal) 노동자이자 비규범적(Ab-Normative) 노동형태인 비정규직은 단순히 비참한 존재에 그치지 않는다. 오히려 규범체계에 구멍을 내고 권력의 생산성에 흠집을 내는 존재가 된다. 비정상적인 노동자가 통계적으로 정상이라 해도 좋을 만큼 늘어난 것은 자본이나 권력에 대한 위험이 커졌다는 뜻이기도 하다. 900만에 이르는 비정규직들의 노조조직률이 겨우 3%(2007년, 도표 8)에 불과한 사실은, 그렇기에 노사정위원회뿐만 아니라 노동자가 참여하는 합의/규범생산체계가 제대로 작동하지 못하고 있음은, 그래서 해가 갈수록 노동쟁의 횟수는 늘어나고 구속노동자도 늘어나며 정부의 대응도 강경해지고 있는 상황은, 2006년 구속노동자 중 90% 이상이 비정규직임은 그런 의미에서 시사적이다.

맑스 혹은 맑스주의자라면 비정규직에서 프롤레타리아트를 목격하지 않을까. 노동자와 프롤레타리아트는 서로 다른 개념이다. 우선 노동자는 일종의 직업이다. 고용되어 일하고 있다는 사실이 노동자를 규정한다. 그리고 고용되었다는 사실은 노동자가 자본이 제시하는 규범과 가치를 따른다는 것을 의미한다. 그때 노동자는 가치를 낳는 특수한 상품, 자본주의가 확장될 수 있는 유용한 힘이 된다.

08 M. Foucault, *Surveiller et punir*, Gallimard, 1975. [『감시와 처벌』, 오생근 옮김, 나남, 2002] 당시 감옥이 만들어 내려 했던 제1윤리는 '노동' 이다.

발리바르가 노동자는 자본의 대립물이 아니라 '가변자본'이라고, 자본의 일부라고 말한 것은 그 때문이다. 규범에 따르는 '노동자'는 자본을 증식시킬 뿐, 자본에 해가 되지 않는다. 자본의 파트너가 된 유순한 정규직 노동자는 가변자본이 된 노동자의 형상을 보여 준다.

반면 프롤레타리아트는 직업이 아니다. 프롤레타리아트는 '고용'이나 '노동' 같은 안정적 상태가 아니라, '불안정성' 내지는 '불확실성'으로 정의된다. 홉스봄에 따르면 장기 19세기 산업혁명과 시민혁명을 통해 구체제가 해체되면서 나타난 가장 특징적인 변화는 인구의 이동이다. 토지에 붙박여 있던 이들이 원래 가졌던 삶의 양식을 잃어버리고 국토를 떠도는 이들이 되었다. 익숙한 삶을 박탈당한 채 뿌리뽑힌 이들은 예측 불가한 움직임을 보였고, 예측 불가한 사회문제를 낳았다. 그들의 불안정성은 그들이 체제의 규범 외부에 존재함을, 그들이 규범에서 벗어날 가능성을 가짐을 의미했다. 프롤레타리아트는 신체제, 즉 자본주의가 제시하는 규범에 익숙한 자들이 아니라, 그것에서 벗어나는 이들이었다. 발리바르에 따르면 맑스는 『자본론』에서 프롤레타리아트라는 용어를 체제에서 이탈하는 상태를 지칭할 때 사용한다.[09]

소위 '혁명'은 노동자가 아닌 프롤레타리아트에서 온다. 혁명은 현존하는 가치와 규범으로부터 단절하고 새로운 삶을 생산하는 움직임이다. 그렇기에 규범에서 자유로운 이들만이 체제의 규범에 균열을 내고 혁명을 달성할 수 있다. 맑스가 「헤겔법철학비판서문」에서 프롤레타리아트란 시민사회를 구성하지만 시민사회의 계급이 아닌 계급이며, 그렇기 때문에 사회 자체를 변혁해야 생존할 수 있는, 계급 자체를 무너뜨리는 계급이라 묘사한 것은 이 때문이다.[10] 심지어 맑스가 노동자의 혁명성을 주장할 때조차 그것은 프롤레타리아트를 의미했다. 『공산당 선언』에서 노동자는 노동하는 이라기보다는, 노동을 그치고 파업을 하는 이였다. 맑스가 '노동자의 혁명'이라 규정하는 프랑스 1848년 2월 혁명이나, 1871년 파리코뮌은 우리가 상상하는 통상적인 '노동자'가 주도한 사건이 아니었다. 1860년 인구 통계에 의하면, 파리에서는 10명 이상의 노동자를 고용하는 공업 시설은 전체의 7.4%에 불과하고, 두 명에서 일곱 명 사이가 31%, 한 명 이하가 61.2%를 차지하고 있었다.[11] 당시 혁명을 선동한 이들은 노동자가 아니라 작업장을 전전하는 떠돌이 장색(匠色)적 성격을 가진 불안정한, 그렇기에 쉽게 규범에서 이탈할 수 있는 존재들이었다.

요컨대 프롤레타리아트는 비정상적 존재들이다. 규범이나 체제에서 쉽게 이

---

[09] Étienne Balibar, "L'Idée d'une politique de classe chez Marx", 1983. [발리바르, 「맑스의 계급정치 사상」, 『역사유물론의 전화』, 서관모 편역, 민맥, 1992, 218쪽].
[10] P. Osborne, How to read Marx, Norton, 2006, [『How to read Marx』, 고병권·조원광 옮김, 웅진미디어, 2007].
[11] 桂圭男, 『パリ・コミューン』, 岩波書店, 1971. [『파리 코뮌』, 정명희 옮김, 고려대 출판부, 2007, 45~46쪽].

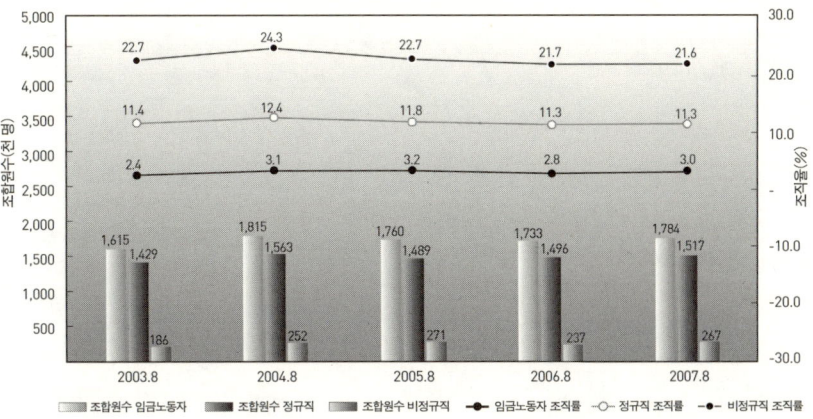

〈그림 8〉 비정규직 조직률

탈하는 조건을 가졌기 때문이다. 그들은 국가와 권력에서 벗어나고 규범의 격자를 넘어선다. 상황의 변화나 또다른 삶을 꿈꾸는 이라면 어디에서 이런 프롤레타리아트의 흐름이 발생하는지, 혹은 누가 프롤레타리아트인지를 살펴야 한다. 노동자의 힘이 아무리 강해도 규범에 강하게 통합되어 있다면, 그것은 프롤레타리아트의 흐름이 아니며 힘을 가지지 못한다. 케인스주의적 체제에서의 노동자들이 대표적이다. 그들은 강한 발언권을 가졌지만, 그것은 코포라티즘이라는 사회 통합 규범을 따르는 대가로 주어진 것이었다. 그들은 노동자였지만, 프롤레타리아트는 아니었다.

반면 비정규직은 고용과 해고의 경계가 불명확한 불안정한 존재다. 유연성의 축적체제는 그들이 불안한 상태를 감내하며 안정된 자리에서 이탈한 '흐름'으로 존재하기를 요구한다. 자본이나 권력으로부터의 차별은 물론이고, 동료들로부터의 차별마저 감내해야 하는 비정상적 노동자들이다. 비정규직은 '훌륭한' 노동자를 길러 내려는 권력의 작동에서 가장 멀리 떨어져 있다. 하지만 거꾸로 그렇기에 비정규직은 권력의 규범으로부터 멀리 떨어져 있는 이들이다. 규범을 넘어서 자본에 유용한 도구이기를 중지할 잠재성을 갖춘 이들이다. 그렇다면 우리는 비정규직이야말로 오늘날의 프롤레타리아트라고 말해야 하지 않을까? 비정규직이야말로 국가나 권력으로부터 벗어나 새로운 삶을 꾸릴 수 있는 잠재성을 갖추었다고 평가할 수 있지 않을까? 비정규직이 다수가 되었음은 훌륭한 국민이자 정상적 노동자 대신 프롤레타리아트의 힘이 가시화되고 있는 징후가 아닐까? 더 이상 자신이 국민이 아님을 느낀다는 이랜드 비정규직 노동자의 말은 그 징후가 충분한 근거를 가짐을 알려 준다.

노동자가 있어서 노동부가 있는 거잖아. 그러면 이것들이 우리를 먼저 챙겨야 되는데 우리는 노동부에서도 버림받았어. 그리고 민중의 지팡이 경찰한테도 버림

받은 민중이야. 우리는 우리나라, 정부한테서도 버림받았어. 우리는 국민이 아니야. 국적만 여기지 이주노동자랑 다를 게 없는 거야.[12]

3. 자본의 딜레마와 역전의 전략

1) 자본의 딜레마

안타깝지만 한국사회에서 그런 프롤레타리아트의 힘을 가시적으로 확인하기란 쉽지 않다. 보수와 친기업을 노골적으로 표방하고 한반도를 삽으로 떠버리겠다는 대통령이 압도적 지지 속에 당선된 데서 볼 수 있듯이, 상황은 더 악화된 것 같다. 대규모 촛불시위는 이를 넘어서는 경향을 보여 주는 듯했지만, 노동문제에 한해서는 별다른 역할을 하지 못했다. 이를 설명하기 위해서는 권력의 전략을 살펴야 한다. 권력은 규범을 넘어서는 비정상의 흐름을 결코 가만 놔두지 않는다. 여러 방법을 통해 그것을 체제에 적합한 존재로 바꾸어 내려 시도한다. 가장 확실한 해결책은 비정규직을 모두 규범을 가진 정상적 노동자-정규직으로 전환하는 것일 게다. 불확실성을 없애기 위해 노동의 흐름을 공간적 틀 안에 담아 안정화시키는 것. 케인스주의 체제의 인력운용은 실제로 그러했다. 정규직 노동자가 정상적 형태의 노동자였고, 고임금이라는 분명한 당근이 있었다. 그 정상적 노동자에게는 안정적 고용과 더불어 고된 강도의 역할이 부여되었으며 이는 강한 통제를 수반했다.

하지만 오늘날 비정규직은 구조적으로 요청되고 있다. 케인스주의 체제의 축적 위기로부터 탄생한 유연성의 축적체제에서 비정규직은 생산을 수행하는 데 없어서는 안 될 노동형태이다. 고임금의 대규모 정규직을 유지하기엔 자본의 능력이 부족하다. 비정규직이 없어지면 생산시설을 중국이나 동남아시아로 옮길 수밖에 없다는 위협 섞인 목소리를 자본가의 근거 없는 엄살이라고만 할 수 있을까? 특히 중소 제조업의 경우 2007년 현재 영업이익율이 3.73%에 지나지 않아(제조업 평균 5.34%) 비정규직 없이 생산시설을 운용하기란, 자본이 이윤을 추구하지 않도록 환골탈태를 하지 않는 한에서는 쉽지 않다.[13]

동시에 비정규직이라는 노동의 흐름이 만들어 내는 위험도 뚜렷하다. 날이 갈수록 불법집회와 파업이 횡행한다는 사람들의 말과 달리, 2007년 11월 현재 파

---

[12] 권성현·김순천·진재연 엮음, 『우리의 소박한 꿈을 응원해 줘』, 후마니타스, 2008, 69쪽.
[13] 「원청→하청→재하청 사슬 '노동차별' 수렁에」, 『한겨레』, 2007년 9월 6일자

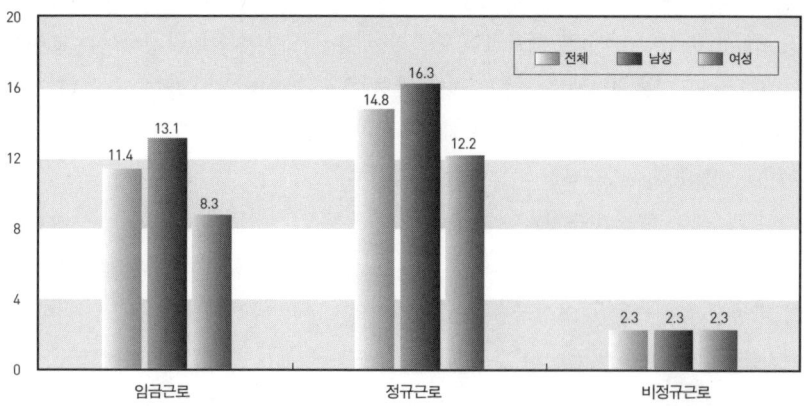

〈도표 9〉 비정규직 자기개발 기회

업발생건수는 전년대비 20.6%나 줄었고 근로손실일수는 무려 59.5%나 감소했다. 파업발생건수가 근로손실일수보다 더 적게 줄어든 이유는 정규직 파업은 대폭 줄어든 반면, 비정규직 및 영세사업장 파업은 계속 이어졌기 때문이다.[14] 비정규직 노조조직률이 3%에도 미치지 못함을 감안하면 이들이 얼마나 많은 저항과 균열을 일으키는지 짐작할 수 있다. 게다가 비정규직에게 제공되는 능력 개발 기회는 거의 없다시피 하고(도표 9), 한 번 비정규직이면 계속 비정규직일 확률이 80%를 넘으니, 균열이 줄어들 전망도 아득하다. 자본에게 비정규직은 없어서는 안 되지만 동시에 큰 위험을 대가로 지불해야 한다.

여기서 자본은 딜레마에 직면한다. 비정규직을 없앨 수 없지만 방치할 수도 없다. 고착화시킬 수는 없지만, 불확실한 흐름 상태로 내버려 둘 수도 없다. 흐름인 노동이 낳는 이익은 챙긴 채 위험을 제어해야 한다. 최근 유행하는 유연안정성(Flexicurity)은 자본의 모순된 욕망을 반영한다. 노동력 활용의 유연성이 보장되어야 고용 안정성도 보장된다는 것이 표면적 설명이지만, 사실 목표하는 것은 노동력을 유연하게 활용하면서도 사회의 안정성을 유지하는 것이다.[15] 요컨대 자본은 흐름이지만 관리된 흐름이 필요하다. 비정규직이지만 규범을 가진 이들이 필요하다.

정규직을 지향하는 비정규직이 바로 이런 요구에 정확히 들어맞는 존재가 아닐까? 그러한 이들은 비정규직의 존재조건을 가지고 있지만, 정규직의 시선을 가지고 세상과 자신을 바라보며 그렇기에 누구보다 규범을 철저히 내면화하는 존재일 것이다. 비정규직이 규범을 넘어서는 것이 아니라 정규직이 되고자 하는 실낱같은 희망에 철저히 매달릴 때, 정규직이 누리는 삶을 살기 위해 정규직보다 더 충실하게 체제에 충성할 때, 그래서 자본이 아쉬울 때 언제든지 달려와 열심히 일할

14 「경향포럼」, 『경향신문』, 2007년 11월 11일자.
15 Flexicurity(유연안정성)는 Flexibility(유연성)와 Security(안정성)의 합성어다.

때, 이들은 자본의 권력에게 가장 유익한 존재이며 정규직보다 더 정규적인 (Normative) 존재들이다. 요컨대 비정규직이 자신을 부정하고 비정상이라고 여기며 정상/정규직을 지향하는 것, 그것이 바로 자본이 바라는 바일 것이다. 다소 치졸한, 예컨대 직원 할인이나 기업 홈페이지 가입을 정규직에게만 적용하는 등의 수단을 동원하는 것은 이런 이유에서가 아닐까.

자본에 의해 비정규직은 비정상이 되고 정상을 향하기를 요구받는다. 그러나 비정규직이 차지하는 비정상의 위치는 통상적인 비정상과는 사뭇 다르다. 통상적인 비정상에서 권력은 비정상을 제거하는 것을, 혹은 정상화하는 것을 자임한다. 예컨대 범죄자라는 비정상의 경우, 권력은 이들을 가능하다면 정상화하고 정상화할 수 없는 이들은 최대한 줄이려고 한다. 교도소는 이런 시도를 물질적으로 보여준다. 이런 시도들은 거꾸로 권력이 비정상성의 구역을 만들어 내는 것에 정당성과 근거를 부여한다.

하지만 자본은 비정규직이라는 비정상을 원하고 있다. 그들을 정규직으로 만들 생각도 능력도 없다. 그래서 권력은 비정규직을 단순한 비정상이 아니라, '자연적인 비정상' 혹은 '정상적 비정상'으로 설정한다. 여기서 비정규직은 분명 비정상이지만, 그 존재가 '자연적'이고 '정상적'인 그런 존재다. 이것은 비정상을 단순히 없애는 대신 전체 흐름을 통제하는 수단으로 활용하기 위한 포석이다. 권력이 통제하려는 비정규직은 개별 신체가 아니라 흐름이다. 비정규직의 흐름은 현재 비정규직으로 고용된 노동자들을 넘어, 필요하면 언제든 달려올 수 있는 잠재적 고용자와 경우에 따라 언제든 자를 수 있는 잠재적 실업자의 총체이다. 문제는 그 흐름이 특정한 방향을 향하도록, 정규직이나 그 욕망을 향하도록 하는 것이다. 개입 대상은 흐름과 흐름이 이루는 순환의 방향이다. 그런데 흐름의 통제에서 비정규직/비정상은 단순히 없어져야 할 것들이 아니라 필요한 수단이다. 비정규직/비정상의 비참한 처지가 사람들로 하여금 자발적으로 정규직을 향하도록 하는 동인이 되기 때문이다. 비정규직 같은 비정상은 죄다 없어져야 할 것이 아니라 사람들에게 본보기가 될 수 있도록, 그래서 사람들이 자발적으로 정규직을 향하도록 유지되어야 한다.

이제 중요한 것은 어떤 조건에서 비정상이 정상적 순환을 만들어 내는지, 즉 비정규직이 어느 위치에 있어야 사람들이 정규직을 향하도록 하는지 파악하는 것이다. 통상 비정상이 '예외적 위치'를 차지할 때 전체 흐름은 정상을 향한다. 예외적 위치는 권력이 그들을 '무시'하거나 잔혹하게 다룰 수 있는 근거가 된다. 그리고 그런 비참한 처지가 전체 흐름의 본보기가 된다. 이런 예외적 위치를 가장 쉽게 정의하는 방법은 수적인 비율을 통해서다. 즉 비정상이 정상에 비해서 미미한 비율을 차지할 때, 비정상은 예외라고 인식된다. 그러므로 비정규직과 같은 경우 비정상 자체보다 중요한 것은 비정상의 '적절한 비율'이다. 어떤 비율이 비정상을 예외로 인식하게 만든다면, 그것이 비정상의 적절한 비율이다. 이런 비율은 분야마다 다르게 마련이다. 19세기에 발생한 사회학이나 위생학 같은 근대학문은 여러 분야에서 비정상의 정상적이며 적절한 비율을, 예컨대 정상적 빈곤층 비율이나 자연적인 질병 발병률 같은 비율을 도출하고 설정하기 위해 만들어졌다.

권력은 비정규직을 없애는 대신 예외적 위치에 놓음으로써 전체 노동력의 흐름을 관리하는 수단으로 삼으려 시도한다. 비정규직을 '정상적이며 자연적인 비정상'이라고 다소 독특하게 설정하는 것은 그 때문이다. 푸코라면 여기에서 또다른 형태의 생명권력을, 개별적 신체에 작동하는 규율(Discipline)이 아닌 흐름을 관리하는 안전(Security)의 전략을 확인할 것이다.[16]

2) 역전의 전략

그러나 비정규직 노동자처럼 비정상의 비율이 통계적 예외가 아닌 대다수를 차지할 때는 어찌할 것인가? 비정상에 예외의 지위를 부여하는 가장 통상적인 방법은 그것이 수량적 예외를 차지하고 있음을 보여 주는 것이다. 하지만 비정규직은 이미 대다수가 되어 버렸다. 수량적 근거를 가지고선 어떤 방법으로도 그들을 예외라고 말하기 어렵다. 그러나 그들은 비정상이기에 예외이지 않으면 안 된다. 그리고 그들은 예외이기에 무시해도 좋은 비정상임이 분명하다. 따라서 권력에게 새로운 목표가 주어진다. 통계적 대다수인 비정규직을 비정상으로 보이게 만드는 것, 그들이 비정상임을 두드러지게 하여 그 막대한 숫자를 보이지 않게 하는 것이 그것이다.

양적으로는 '정상'이라고 해야 마땅할 비율의 비정규직을 '비정상'으로 만드는 이러한 전략을 '역전'의 전략이라고 부르자. **역전의 전략의 첫번째 방법은 비정규직이 예외로 취급되는 스펙터클(Spectacle)을 만들어 내는 것이다.** 자본이 비정규직이 예외로 취급되는 구경거리를 만들어 내는 가장 전형적인 방법은 '무시'다. 극한으로 진행되는 비정규직 파업 현장을 보라. '죽는 것 빼고는 다 해봤다'는 말은 과장이 아니다. 8월 현재 70일 넘게 단식 투쟁 중인 기륭전자 노조. 결국 고공농성의 방법을 택한 KTX 승무원 노조. 애초에 500일, 1000일 넘게 농성을 이어가야 하는 현실 자체가 가장 야만적이다. 이런 교착이 계속될 수밖에 없는 이유는, 자본이 이들을 아예 상대하지 않은 채 무시하기 때문이다. 자본은 마치 비정규직이 신경 쓸 문제가 아닌 것처럼 행동한다. 정부가 공공기업에서조차 간접고용비정규직은 통계조차 잡고 있지 않음은 이런 무시가 권력 전반에 만연해 있음을 보여 준다.

---

16 M. Foucault, *Sécurité, territoire, population*, Gallimard, 2004. [*Security, Territory, Population*, G. Burchell tr., Palgrave Macmillan, 2007]

이 무시를 뛰어넘기 위해 장시간 동안 극한적 방법을 택할 수밖에 없는 것.

이런 극한투쟁은 스펙터클이 되어 사람들의 이목을 집중시킨다. 비정규직 투쟁은 정세에 따라 적지 않은 관심을 받고 있지만, 그 관심의 결과는 비정규직은 예외라는 인식이다. 즉 사람들은 저기 싸우는 이들은 뭔가 특별하고 예외적이기에, 저렇게 예외적인 취급을 받으면서 역시 예외적인 방법을 택할 수밖에 없다고 생각한다. 사실 투쟁이 제기하는 문제, 예컨대 외주화를 통한 비정규직화 같은 문제는 많은 이들에게 영향을 미치는 상당히 일반적인 문제다. 하지만 자본은 해결은 고사하고 아예 문제로 취급하지 않고 대화도 하지 않는다. 이에 투쟁은 일반적인 틀을 벗어날 수밖에 없고, 그 결과 문제나 쟁점마저 특별하고 예외적으로 비춰지게 된다. 자본의 계속적인 무시가 비정규직 관련 파업 쟁의 자체를 비정규직은 예외임을 선포하는 스펙터클로 만들어 버린 셈이다. 이런 극한적 투쟁을 바라보는 이들은 비정규직이 예외임을 확인하고, 자신은 저렇게 되지 않아야겠다고 다짐한다. 비록 그것이 55%를 점하는 대다수의 문제라도 말이다. 그 결과 비정규직의 실체, 즉 비정규직이 대다수라는 사실은 은폐된다. 대신 스펙터클이 진실로, 비정규직이 예외라는 선포가 진실로 여겨진다. **예외라고 가시화함으로써, 실체를 비가시화하는 것이다.**

권력이 이처럼 다수인 비정규직을 쉽게 예외로 취급할 수 있는 것은 비정규직 노동자와 비정규직 노조의 투쟁 사이에 존재하는 묘한 간극 때문이다. 앞서 말한 것처럼 비정규직은 고용과 비고용의 경계가 모호하고 안정된 장소나 지위를 가지지 않는 일종의 흐름이다. 이런 흐름이 지금 전체 노동자의 55%에 이른다. 그런데 비정규직 투쟁을 수행하는 주체는, 그러니까 이슈화된 비정규직은 특정 작업장별로 조직된 사람들이다. 비정규직이 작업장별로 조직되는 것은 쉽지 않다. 언제 그 작업장을 떠나야 할지 모르기 때문이다. 3%에 그치는 비정규직 노조 조직률에서 볼 수 있듯, 작업장별로 조직된 노동자는 수적으로 매우 소수다. 여기서 비정규직은 독특한 이중적 상황에 처한다. 비정규직 노조의 투쟁은 수적으로 소수다. 조직된 비정규직 노조는 손으로 꼽을 정도다. 그런데 조직된 비정규직 노동자는 싫든 좋든 전체 비정규직 노동자의 흐름을 표상하게 된다. 존재하는 '유일한' 비정규직 문제의 가시적 주체들이기 때문이다. 그런데 조직된 비정규직 노동자가 전체 비정규직을 표상하기에, 거꾸로 비정규직 자체가 소수적 예외로 표상되게 된다. 이렇게 만들어진 표상에 근거해 자본은 전체 비정규직을 예외로 취급할 수 있다. 요컨대 자본이 비정규직을 쉽게 예외로 간주하고 무시할 수 있는 것은 비정규직이 조직된 노동자라는 특정한 소수로 가시화되기 때문이다. 그 결과 조직된 비정규직 노동자에 대한 무시와 탄압이 전체 비정규직 노동자가 예외라는 선포로 기능하게 된다. 통계적 정상인 비정규직이 비정상이 되는, 다수가 소수로 표상되는 역전이 일어난다.

역전의 전략의 두번째 방법은 대중들이 비정규직이 다수가 된 현 상황을 일시적이고 예외적인 것이라고 여기게 만드는 것이다. 즉 비정규직이 구조적으로 요청되는 상황을 은폐하고 조만간 곧 없어질 것처럼 여기게 만드는 것. 현재 비정규직이 다수라고 해도, 그것이 일시적인 것이라면, 비정규직을 예외로 여길 수 있게 되기 때문이다. 따라서 노동의 흐름은 일시적 상황에 동요하지 말고 정규직을 지향해야 한다. 상황의 잠정성을 통해 비정규직의 예외성을 이끌어 내는 셈이다.

현 상황을 예외로 여기게 만드는 것은 정부의 반어적 전술, 가령 보호라는 이름 하에 이루어지는 핍박을 통해 달성된다. 자본과 권력이 비정규직을 무시하기만 하는 것은 아니다. 어쩔 수 없이 개입해야 할 때도 있다. 하지만 그 개입은 표면적인 의도와 전혀 다른 방향으로 작동한다. 대표적인 것이 2007년부터 시행된 '비정규직 차별 금지 법안' 이다. 법안에는 2년이 지나면 비정규직을 정규직으로 전환해야 한다고 명시한다. 그래서 기업들은 모든 계약직을 2년 이내 계약으로 전환하고 있다. 2년이 지나면 잘린다는 말이다. 동시에 이런 부담을 원천적으로 피하기 위해 간접고용의 비율을 늘이고 있다. 노동자를 간접고용할 경우 사용자가 직접적인 고용주가 아니기 때문에 해당 노동자에 대한 차별을 시정할 필요가 없으며 업체 간 계약해지라는 형식으로 보다 쉽게 해고할 수 있기 때문이다. '분리직군' 이라는 독특한 형태의 비정규직 활용도 나타났다. 동일업무에 대한 차별은 법에 의한 규제 대상이므로, 사실상 동일한 업무를 억지로 분리한다. 도축업체에서는 정규직은 소를 도축하고, 비정규직은 돼지를 도축한다는 실소를 자아내는 '분리직군' 도 등장했다. 법안을 피하기 위해 도입된 이른바 '무기계약직' 은 실제로 언제든 해고될 수 있지만, 원칙적으로는 정규직으로 분류된다. 김유선은 '비정규직 차별 금지 법안' 이 비정규직 전체 규모를 줄이는 효과는 미미한 반면, 비정규직 내부 구성이 더 악화되는, 즉 용역이나 파견 직종이 오히려 더 늘어나는 효과를 가져왔다고 평가한다.[17] 비정규직을 '보호' 하겠다는 법이 오히려 비정규직의 상황을 더 악화시키고 있는 것이다.

요컨대 정부가 추진한 '비정규직 차별 금지 법안' 은 오히려 활용 형태를 세밀하게 만들며 비정규직의 상태를 악화시키고 있다. 현재의 유연적 축적체제에서 부르주아지는 근본적으로 비정규직 노동을 줄일 의사도, 보호할 의사도 없는 것이다. 하지만 정부는 이를 결코 노골적으로 드러내지 않는다. 대신 이를 정반대의 언설과 시도를 통해 달성한다. 보호와 악화가 역전된다. 그 결과 부르주아지는 정부가 기업을 못살게 군다고 투덜거리며, 간접고용 같은 오히려 더 유연한 형태로 노동력을 활용할 수 있다.

반면 이런 조치를 보면서 사람들은 정부가 비정규직을 보호하려 하고 있으

---

[17] 김유선, 「기간제법 영향분석」, 『비정규직법 시행 1년, 노동인권적 접근』, 국가인권위원회, 2008.

며, 비정규직을 문제적이며 비정상적 존재로 간주하고 이를 해소하려 '노력' 한다고 믿게 된다. 국가가 비정규직을 문제시하는 사태를 통해 대중은 현 상황이 예외라고 믿게 된다. 곧 정상적 상황, 비정규직이 사라진 상황이 회복될 것이라고 믿게 된다. 즉 권력은 자신의 의도를 표면적으로 정반대의 시도를 통해 달성함으로써, 비정규직이 구조적으로 요청되는 현실을 은폐하는 한편, 권력조차 비정규직을 없애려 한다는 환상을 만들어 내고, 그 결과 대중들로 하여금 현 상황을 예외로 여기도록 만든다. 이렇게 되면 설사 비정규직이 다수라는 사실을 깨달았다 해도 계속 비정규직을 예외라고 여기게 된다.

정상이 비정상이 되게 하고, 비정상이 정상의 일부가 되게 역전시키는 이러한 전략을 통해 사람들은 비정규직을 피할 수 없는 상황임에도 여전히 비정규직을 예외적 현상이라고 생각한다. 적어도 나는 그런 예외적 처지에 처하지 않을 것이라 생각하며 정규직이 되기 위해 노력한다. 지금 내가 비정규직이며 힘든 상황에 있다 해도, 일시적 문제라 여긴다. 55%의 비정규직은 대의하지 못하는 노사정위원회가 사회적 대합의를 상징하게 되는 어처구니없는 일은 정상과 비정상을 뒤집어, 정규직이 비정규직을 대의하고 대표하는 이 역전의 전략 위에서 가능하다.

4. 비정규직의 저항이란 무엇인가?

1) 노동조합의 위기

이미 한국에서 노동조합 조직은 사회를 움직이는 하나의 중심적 축이 되어 있다. 비정규직 노동자들의 저항과 투쟁 역시 이러한 노동조합 운동의 일부로서 인식되고 있다. 그러나 현재 노동조합은 비정규직의 프롤레타리아트적 성격을 살리는 것은 고사하고, 비정규직의 권익을 보호하는 일조차 힘겨워하고 있다. 아예 비정규직과 적대하는 경우도 적지 않다. 정규직과 비정규직의 갈등은 흔한 사건이 되었다. 과거 한국통신의 사례나, 최근의 기아자동차, 현대자동차 정규직 노조가 비정규직 운동에 소극적이거나 적대한 행동은 많은 사람들의 비판을 받았다. 이는 결코 예외적인 사례가 아니다. 이성균은 노동조합이 경제 위기 이전부터 적극적이고 민주적인 방식으로 활동했을수록 비정규직 노동자의 수가 많아지며 고용조정 대상자의 수도 많아진다고 주장한다. 기업규모나 산업이 동일하다고 가정했을 때도 마찬가지이다.[18]

노동조합에서조차 정규직과 비정규직의 갈등이 나타나는 것은 노조가 이미 조직된 조합원들의 이해관계에 집중하기 때문이다. 한국의 노조는 정규직 중심의 기업별 노조다. 작업장별로 개별적 노사관계가 구축되어 협상이나 쟁의가 일어난다. 정규직이 중심이 된 현 노조는 조합원에게 직접 영향을 끼치는 임금제도의 개편 등에는 민감하게 반응한다. 반면 조합원들의 고용안정과 무관해 보이는 비정규직 고용이나 그들의 처우에 대해서는 타협의 여지를 갖고 있다. 그렇기에 노조는 내부 조합원 고용안정을 위해서 비정규직 고용을 용인하거나, 그들의 처우 문제를 모른 척하게 될 수도 있다. 예를 들어 일부 자동차 업체의 원청기업 정규직 노조들은 자신들의 노동안정성을 보장받는 조건으로 외주화와 비정규직 도입을 용인한다. 특히 정규직이 꺼리는 업무에 외주가, 즉 비정규직 사용이 쉽게 일어난다.[19] 스스로를 지키기 위해 비정규직의 도입을 용인한 정규직과 그렇게 들어온 비정규직이 단결하기란 쉽지 않다. 2007년 기아자동차 화성공장의 사내하청노동자들이 파업을 했을 때 정규직 노조가 한 말은 "비정규직 노동자의 일터가 아닌 (정규직) 조합원의 소중한 일터를 침해하지 말라"였다. 만약 지도부가 이를 거슬러 억지로 비정규직을 보호하려 시도하면, 2005년 GM대우자동차공장 노조집행부처럼 불신임을 받을지도 모른다.

비정규직 문제와 관련해 노동조합 운동은 딜레마에 처해 있다. 노동운동의 대의에 따라 비정규직 투쟁에 함께하자니 현재 자신이 대표하고 있는 노동자의 반대에 직면한다. 조직화된 노동자의 의사에 충실하자니 노동운동의 대의에 반해 비정규직을 차별하는 길을 가게 된다. 노동조합은 비정규직의 힘을 불러오기는 고사하고, 비정규직을 예외로 만드는 역전의 전략의 일부가 될 위험에 처해 있다고 해야 할지도 모른다. 이는 근본적으로 비정규직과 노동조합이라는 틀이 가진 간극 때문이다. 현 노동조합의 조직형태는 비정규직을 제대로 포괄할 수 없다. 당연히 그들의 이해를 대변할 수도 없다. 현 조합원의 이해가 최우선이기에 때에 따라서는 적대할 수도 있다.

여러 문제의 해결책으로 빈번히 제기되는 산별노조가 이런 딜레마를 극복할 수 있는 대안이 될 수 있을까? 별로 그렇게 보이지 않는다. 산별노조란 기업별 노조를 극복하고 산업별로 노동자를 조직하는 방법이다. 작업장의 외연을 산업이라는 범위로 넓게 잡고 노동자를 조직하겠다는 말이다. 하지만 고용과 해고의 경계 자체도 불명확한, 그래서 작업장 안에 있는지 밖에 있는지 알 수 없는 비정규직은 산별이라는 틀로도 포섭이 힘들다. 현 산별노조가 설립대의와 달리 기업별 노조의 연합에 그치는 것은, 기업별 노조의 이익을 극대화하는 수단에 한정되는 것은 이런 한계 때문이다.[20]

---

18 이성균, 「기업의 특성과 노동유연화 전략 활용」, 『경제와 사회』 57권, 2003, 166~170쪽.
19 강민형, 「네트워크 생산방식에 대한 노동조합의 대응」, 서울대학교 사회학과 석사학위논문, 2007.
20 조성재, 「하도급구조와 중소기업 노동자의 주변화」, 91쪽.

비정규직도 자신의 '노조'를 만들면 된다고 생각하기 쉽지만, 여기에는 근본적인 난점이 있는 것 같다. 비정규직은 존재조건 자체가 정규직 노동자를 전제로 만들어진 노조라는 조직형태와는 잘 맞지 않는 것처럼 보이기 때문이다. 노동조합은 근본적으로 작업장에 기반을 둔 피고용자의 조직이다. 공장이나 작업장이라는 안정된 공간적 틀에 따라 조직된다. 한국 같은 기업별 노조의 경우는 말할 것도 없다. 반면 비정규직은 안정된 작업장은 고사하고 고용과 해고의 경계마저 불명확한 흐름이다. 하나의 하도급 업체에도 수많은 사람들이 끊임없이 드나든다. 예컨대 기아자동차 도급업체의 직원은 "지난 4년간 모닝 공장을 거쳐 간 노동자가 4,000명은 될 것"이라 말한다. 작업장에 안정된 노동자가 존재하는 게 아니라, 거기를 통과하는 노동력의 흐름 자체가 작업장에 드나들면서 생산라인을 운영하는 셈이다. 비정규직은 이처럼 흐름으로 존재하며, 흐름으로 활용된다. 당연히 그들이 고용된 단위로 분절되는 안정된 공간적 틀에 기반한 노조를 구성하는 것은 쉽지 않다. 비정규직 노동자는 언제 그 자리를 떠나야 할지 모른다. 설사 노조 결성의 시도가 있다 한들, 기업은 해당 '불순분자'와는 재계약을 포기하거나, 아예 외주 업체를 교체하는 식으로 대응하면 그만이다. 비정규직 조직률이 3%도 안 되는 것은 비정규직 존재 자체가 정규직 노동자를 모델로 하는 노동조합이라는 틀에 부적절함을 보여 주는 것이 아닐까?

2) 비정규직의 저항을 위하여

노동조합이 처한 위기를 통해 축적체제의 변화와 그에 따른 전선의 변화를 다시 확인하게 된다. 대다수의 노동형태가 되어 버린 비정규직은 흐름이다. 고용과 해고의 경계가 불명확하고, 고용자와의 관계도 애매하며, 고용되어 일하는 안정된 공간을 가지지 않는다. 자본은 이러한 흐름 자체를 활용한다. 이러한 노동의 성격은 한편에서는 유연성의 축적체제를 뒷받침하지만, 다른 한편 그것 자체를 뛰어넘어 버리는 잠재력을 가진다. 그렇기 때문에 전선은 과거처럼 고용된 노동자와 직접적인 고용주 사이에 형성되지 않는다. 작업장의 경계를, 고용과 해고의 경계를 넘어 작동하는 흐름을 둘러싸고 형성된다. 그 흐름을 착취하고 관리하는 부르주아지와 국가. 그것이 지금 비정규직 노동자를 통제하고 그들과 맞서고 있는 대상이다.

여기에 대응하기 위해서는 정규직 노동조합의 형태를 넘어 흐름에 근거한 저항 형태가 필요한 것은 아닐까? 흐름에 기반한다는 것, 즉 운동의 주체를 고용된 개별 노동자가 아닌 흐름으로 본다는 것은 무엇인가? 이것은 일차적으로 운동이 작업장이나 특정 사업장에 속한 피고용자를 넘어선다는 뜻이며, 작업장이라는 특정한 공간과 직접적 고용관계를 넘어서 운동이 조직되어야 한다는 것을 뜻한다. 이랜드 일반노조의 여러 시도들은 이에 대한 많은 아이디어를 주고 있다. 이랜드 투쟁에서 큰 역할을 하고 있는 지원대책위를 보자. 지원대책위는 노조와 독립된 조직으로 이랜드 노동자가 아닌 정당활동가나 지역 시민단체 등이 주축이다. 이들은 노조 차원에서 이루어지기 힘든 지역 사업 등을 전담하면서 이랜드 투쟁을 지원한다. 투쟁의 큰 힘이 되었음은 말할 것도 없다. 게다가 이랜드 일반노조의 회의에는 참가 자격의 제한이 거의 없다. 정당은 물론이고 관심 있는 학생에서 지역 주민까지 자유롭게 참석할 수 있다. 이랜드 투쟁이 힘을 얻고 있는 것은, 그 투쟁이 이랜드 홈에버에 고용된 노동자의 범위를 넘어서고 있기 때문이다. 이랜드 투쟁은 비정규직의 문제가 단순히 현재 고용된 이들만의 것이 아니라 자본이 사회 전반의 흐름을 그들의 구미에 따라 통제하는 문제라는 것을, 거꾸로 우리는 그 흐름을 적절하게 조직해야만 승산이 있다는 것을 증명한다. 일본의 프레카리아트 운동에서 주도적 역할을 하고 있는 아마미야 카린에 따르면 일본의 비정규직 운동은 히키코모리나 실업자 등을 포함한 광범위한 대중을 조직대상으로 삼는다. 통상적 저항처럼 노동자로 운동을 한정하지 않는 셈이다. 운동이 사라졌다고들 말하는 일본에서 이들이 새로운 미래의 가능성을 갖고 있는 운동으로 부상하고 있음은 이와 무관하지 않을 것이다.

사실 권력이 비정규직 투쟁을 두려워하는 것은 그것이 작업장을 넘어 진행될 위험을 지니기 때문이고, 노동조합이라는 틀을 넘어 운동을 조직할 가능성을 가졌기 때문이다. 자본의 입장에서 비정규직이 조직된다 한들, 그들의 투쟁이 직접적 고용주나 작업장에 한정된다면 큰 문제가 아니다. 그들은 소수이며 쉽게 제압할 수 있다. 비정규직은 법적으로도 쉽게 자본에 대해 열세의 입장에 처한다. 하지만 현 비정규직 투쟁은 본능적으로 자신들의 문제가 일개 사업장의 문제가 아님을 깨닫고 다른 방식의 투쟁을 개발하고 있다. 뉴코아 노조와 이랜드 일반노조는 둘 다 정규직 노조가 비정규직을 조직하면서 시작되었다. 앞서 말한 것처럼 이랜드 일반노조는 개방적 전략을 취했지만, 뉴코아 노조는 상대적으로 전통적인 방식을 택해 노동조합이라는 틀 내에서 싸워 나가려 했다. 물론 이 때문만은 아니겠지만, 뉴코아 노조는 쉽게 고립되었고 큰 희생에도 불구하고 많은 성과를 얻어 내지 못한 채 안타깝게도 패배하고 말았다. 반면 이랜드 일반노조가 아직 그 힘을 발휘하고 있는 것은, 이랜드 노조가 노동조합이라는 형식을 뛰어넘어 운동을 조직하고 있기 때문이다. 비정규직 투쟁의 힘은 노조보다는 오히려 노조의 형식을 뛰어넘는 지점에서 나오는 듯하다. 정부가 비정규직 문제를 계속 개별 사업장 문제로 국한하며 개입을 꺼리는 것도 이 때문이다. 문제가 개별 사업장으로 한정될 경우, 자본이 이길 확률은 매우 크다. 그렇기에 거꾸로 비정규직 투쟁이 진정 힘을 얻기 위해서는, 역전의 전략으로 활용되지 않기 위해서는, 작업장을 벗어나 흐름을 조직하려는 시도가, 피고용자를 넘는 운동의 시도가 필요한 것은 아닐까?

나아가 작업장 중심의 노동운동에서 자연스럽게 만들어졌던 '정규직화' 라는 방향에 대해서 다시 생각해 볼 필요가 있다. 사실 부분 사업장을 넘어선 전면적인 정규직화는 유연성의 축적체제에서는 불가능하다. 유연성의 축적체제 자체가 그런 정규직 중심의 인력 운용을 감당하지 못하고 성립된 체제이다. 그것은 현재 자본의 능력을 벗어나 있다. 따라서 '정규직화'라는 구호가 유의미하다면 역설적으로 그것이 불가능하기 때문이다. 정규직화라는 요구가 현 축적체제가 담을 수 있는 범위를 넘어서기 때문에, 따라서 그것은 현 축적체제 전반에 대한 거부를 뜻하기 때문이다. 역으로 그것이 유의미한 것은 그것이 불가능한 한에서다. 만약 실제로 정규직화가 가능하다고 믿고 요구한다면 쉽게 자본의 전략에 포섭될 수 있다. 흐름을 관리하는 주된 방법이 정규직을 지향하도록 하는 것이었다는 점을 안다면, 나만은 정규직이 될 수 있다고, 곧 상황이 좋아질 것이라고 믿는 것이야말로 자본의 전략이 겨냥하는 바임을 쉽게 파악할 수 있다.

정규직화라는, 결코 일반화될 수 없는 요구 말고는 침로(針路)가 없는 것일까? 만약 비정규직인 채 안정적으로 사는 방법이 있다면 어떨까? 돈은 좀 적게 번다고 해도, 하루 종일 직장에 매여 살아야 하는 정규직보다 차라리 낫지 않을까? 이런 관점에서 차라리 우리는 비정규직인 채 살아남는 방법에 대해서, 규범에서 벗어나 살 수 있는 방법에 대해서 고민해야 하지 않을까? 비정규직을 구조적으로 요청하고 있는 지금 그것이 차라리 현실적인 방향이 아닐까? 국가가 고용 여부와 상관없이 기본적 생활을 위한 소득을 보장하는 보장소득(Basic Income)은 진지하게 고려해야 할 사안이다. 운동의 조직과 이슈가 작업장을 넘어섰다면, 쟁의 대상 역시 개별 자본을 넘어서야 한다. 만약 권력이 고용된 노동자를 넘어 노동자의 흐름을 착취한다면, 거꾸로 권력에게 그에 대한 대가를 요구할 수 있어야 하지 않을까?

이게 다는 아닐 것이다. 더 중요한 것은 권력이 부여하는 규범 바깥에서, 자본의 외부에서 삶을 꾸릴 수 있는 능력이다. 고용관계에서 벗어나 삶을 조직하고 가치 법칙에서 벗어난 코뮨적 관계의 구성이 필요하다. 이것은 자본과의 모든 관계를 단절하고 이 세계를 떠나자는 말이 아니라, 체제 내부에서조차 체제에 종속되지 않는 삶의 조건과 능력을 갖추자는 것이다. 우리는 항상 자본에게 유리하게 통제된 욕망이나 요구에 노출되어 있다. 단순한 정규직화의 욕망이 그 대표적인 예다. 이런 허구적 환상에 매이지 않고 정말 가능하고 필요한 요구사항을 만들기 위해서는, 자본의 외부에서 사고할 수 있는 능력이 필요하다. 조직방식도 마찬가지다. 흐름에 근거한 조직을 구성한다는 것은 흐름을 포괄하는 '일반적' 조직을 통해 이질적 요소를 수용해 조직하는 것을 뜻할 뿐 아니라, 상황에 따라 역량을 극대화할 수 있는 조직을 만들어 낼 수 있어야 한다는 것을 뜻한다. 예를 들어 이랜드 투쟁 같은 경우 지역에 뿌리를 둔 조직이 필요했고 기능했다. 하지만 상황이 다를 경우 그것과는 다른 조직방식이 필요하다. 통제된 욕망에서 벗어나는 것과 마찬가지로, 통상적인 저항을 답습함으로써 자본의 전략에 포섭되지 않으려면, 그것 바깥에서 사고할 수 있는 힘이 필요하다. 이런 힘을 갖출 때 실질적인 요구와 투쟁을 벌일 수 있으며, 나아가 자본과 권력 바깥에서 삶을 꾸릴 수도 있을 것이다.

비정규직은 비참한 존재가 아니다. 정규직이 되지 못한 결핍된 존재도 아니다. 오히려 정규직이 살고 있는 규범에 사로잡힌 삶을 넘어설 수 있는 풍요로운 존재들이다. 비정규직의 저항은 이를 위해 기획되고 기능해야 한다. 정규직들의 삶에 조금이라도 가까워지기 위한 투쟁이 아니라, 그들과 다른 삶을 만들어 내기 위한 저항을 만들어야 한다. 이를 위해서 전통적 공간적 틀을 벗어난 연대와, 규범적 삶에 한정되지 않는 전략과 아이디어가 필요하다. 우리의 저항이 하나의 작업장에 한정된 피고용자가 아니라 비정규직의 흐름을 촉발할 수 있을 때, 규범을 가진 정상적 노동자가 아니라 프롤레타리아트의 흐름을 불러올 수 있을 때, 비정규직의 저항은 힘들고 괴로운 경험을 넘어 새로운 삶을 향한 즐거운 실험이 될 것이다.

ISSUE 06

흐름의 공간과 분자적 미디어

최진호

1. 이동의 시대와 미디어

촛불의 대열에서 잠시 벗어나, 보다 높은 곳에서 그곳을 바라다보자. 그러면 우리는 끊임없이 이어지면서 동시에 흩어져 가는 촛불의 흐름과 만나게 된다. 만약 우리의 눈이 가시광선 이상의 것을 볼 수 있다면, 촛불 위로 흘러넘치는 정보와 이미지의 거대한 네트워크를 만나게 될지 모른다. 끝없는 정보의 바다 혹은 소통의 대해. 거리에서 행진을 벌이는 대중은 단순히 걷고 있는 사람이 아니다. 그들은 현장에서 사람들에게 문자를 보내고, 사진과 동영상을 찍어 다른 이들과 소통하며 이들을 현장으로 끌어들인다. 거리나 시간의 차이를 넘어서 사람들 사이의 네트워크가 만들어지고 이 네트워크는 다시 공간을 새롭게 변형시킨다. 현장의 '살아 있는' 모습은 사람들을 수동적 관찰자에서 적극적인 참여자로 변신시킨다. 대중들은 미디어를 타고 경계를 넘어 이곳저곳으로 역동적으로 이동하고 흘러넘친다.

　자본 혹은 권력을 당혹스럽게 만들고 있는 대중의 이동. 이것은 역설적으로 자본의 이동능력 확장과 결부되어 발달되어 왔다. 자본이 시공간을 횡단하는 속도가 빠르게 확대된 것에 비례해서 대중의 이동능력 또한 확장되었다. 정보화나 네트워크화가 암시하듯 자본은 빛의 속도로 전지구를 횡단하고 있다. 지구는 자본의 매끄러운 공간이다. 자본에게 있어 공간의 제약은 존재하지 않는 듯하다. 자본은 여러 개의 국적을 갖거나 혹은 국적을 갖지 않은 채 국경을 넘어 이동할 수 있다. 자본은 필요에 따라 국적을 취사선택한다. 특히 인터넷과 같은 통신망이나, 인공위성, 케이블 등의 연결망을 타고 흘러 다니면서 생산과 소비, 대중의 일상을 새롭게 조직화한다. 가령 상품 생산의 공간적 제약을 넘어 생산과 소비가 전지구적으로 조직되고 있으며 정보 상품은 국가 간 경계를 가로질러 확산되어 나간다.

　자본이 이동하는 네트워크를 타고서 대중 또한 이동하거나 이동해야만 했다. 물론 자본과 비교해서 이동의 속도나 범위가 제한적인 경우가 많다. 가령 이주노동자들은 국경이라는 장벽을 넘어서야 하며 이 장벽을 넘어선 다음에는 '불법'이라는 장벽에 걸린다. 비정규직 노동자들은 유연성의 이름으로 이동을 강요당하면서 취업과 실업 사이를 반복한다.

그럼에도 불구하고 자본이 흐르는 공간이 형성됨에 따라 자본 이동능력뿐만 아니라 대중의 이동능력이 확대된 것은 사실이다. 이런 맥락에서 미디어는 우리의 삶과 훨씬 밀착되고 있다. 즉 우리는 일상적으로 미디어와 접속한다. 우리는 메일을 확인하면서 아침을 시작하고 핸드폰으로 친구와 만나고, TV를 보면서 하루 일을 끝마친다. 일상과 분리불가능하다는 점에서 이동의 시대에 정보기술 혹은 미디어는 우리들 신체의 일부가 되었다고 할 수 있지 않을까?

미디어가 만들어 내는 효과와 관련해 맥루언은 '미디어는 메시지다'라고 말한 바 있다.[01] 맥루언은 미디어 내용물이나 내용 편성 방법과 무관하게, 미디어는 미디어와 접속하는 모든 이들에게 특정하고 동질적인 행동을 하게 만든다고 말한다. 라디오나 텔레비전과 같은 미디어에 의해 전달되는 진정한 '메시지'는 음성이나 명시적 내용이 아닐 수 있다. 오히려 텔레비전의 메시지는 그것에 의해 전달되는 이미지가 아니라 텔레비전에 의해 강요되는 관계 및 지각의 새롭고 동질적인 양식이다. "텔레비전과 매스 미디어의 경우 수신되고 동화되며, 또 소비되는 것은 개별적인 이러저러한 구경거리라기보다는 오히려 모든 것이 구경거리가 될 수 있는 가능성이다."[02] 미디어 자체가 삶에 고유한 영향을 미친다. 그리고 미디어가 매개하는 방식에 따라 삶의 방식 또한 달라진다고 할 수 있다. 이런 점에서 미디어는 공간을 변형시키는 명령자이자 생산자이다.

미디어는 메시지다. 그것은 우리에게 특정한 삶을 명령한다. 그렇다면 새로운 미디어가 일상화되고 있는 지금, 그것은 우리에게 새로운 메시지를 전하고 있는 것은 아닐까? 그렇다면 미디어는 우리에게 어떤 삶을 살라고 하고 있는 것일까?

01. M. McLuhan, *Understanding Media*, McGraw-Hill, 1964. [『미디어의 이해』, 박정규 옮김, 커뮤니케이션북스, 1999.]

02. J. Baudrillard, *La société de consommation*, Denoël, 1970. [『소비의 사회』, 이상률 옮김, 문예출판사, 1992, 179쪽.]

2. 내셔널 미디어와 근대적 표상 공간

전통적인 커뮤니케이션 이론은 미디어를 '매개체'(medium)로 간주한다. 즉 무엇인가를 실어 나르는 운반체로서 실어 나르는 내용을 뉴스 또는 정보라고 부른다. 이때 좋은 미디어, 혹은 효율적인 미디어는 정보원이 발한 정보를 수신자에게 가능한 한 '그대로' 전달하는 미디어다. 이러한 커뮤니케이션 이론은 일반적으로 동질적인 공간 내에서 커뮤니케이션이 이루어진다고 가정한다. 동일한 민족, 국가, 언어 등이 이 공간에 붙여진 이름이다. 미디어 행위가 존재하기 전에 공통의 공간이 상정된다. 그리고 미디어는 이 동질적 공간의 한 점에서 한 점으로 무엇인가를 전달하는 운반체이다. 그러나 그런 동질적 공간이 어떻게 존재하게 되었는가에 대해서는 질문하지 않는다. 오히려 신문과 같은 매스 미디어가 등장하기 이전, '국민-국가'와 같은 동질적 공간은 존재하지 않았다고 해야 하지 않을까? 기차와 같은 교통기관이 등장하기 이전 대부분의 사람들은 자신이 태어난 공간에서 살아가다 죽었다. 이들에게 '공동체'는 이러한 범주를 벗어나지 않았다. 커뮤니케이션 이론에서 가정한 동질적 공간은 매스 미디어 등장 이전에는 존재하지 않았다. 동질적 공간 속에서 매스 미디어가 작동했던 것이 아니라 매스 미디어가 동질적 공간을 만들어 냈다.

베네딕트 앤더슨은 이를 설득력 있게 보여 준다. 그에 따르면 인쇄 자본주의 혹은 신문 미디어가 등장한 이후에서야 비로소 '국민국가'를 상상할 수 있었다.[03] 대규모의 농민들이 농촌 '공동체'에서 벗어나 도시로 이동했던 근대 시기, 대중들은 신문을 읽고 보는 과정 속에서 자신들이 하나의 근대 국민국가에 속해 있다는 표상을 받아들이게 된 것이다. 사람들은 신문 구독 과정을 통해 타자들과 동시에 살아간다는 것을 실감했다. 동일한 언어와 공간, 문화를 상상하면서 서로를 낯선 타자가 아니라 동일한 공동체의 일원이라고 상정하게 된 것이다. 현실을 재현한다고 가정되는 소설과 신문은 '동질적이고 공허한 시간' 속에 사람들이 함께 존재한다는 의식, 말하자면 동시대인이라는 의식을 발달시켰다. 물론 그 동시성이 개별 공간이 갖고 있던 '특이한 시간성'을 사상시킨다는 점에서 공허한 시간이기는 하지만. 인쇄 미디어를 통해 '동일한 공간'에 살아간다는 표상 즉 '국민국가'라는 상상의 공동체가 만들어졌다. 공통의 언어나 문화제도라는 표상을 생산하고 확장시킴으로써 미디어가 상상의 공동체를 만들어 낸 것이다. 동시에 영토와 인구에 대한 가상의 정체성, 상상적 앎 등이 만들어지고 유포된다. 이 속에서 사람들에게 혈연관계에 의한 생물학적 연속성, 영토의 공간적 연속성, 언어적 공통성을 상상하고 창조하게 함으로써 민족의식이 만들어진다. 시장이 경제적 영역에서 자본주의적으로 동질화된 사회구성체를 만

03. B. Anderson, *Imagined communities*, Verso, 1991. [『상상의 공동체』, 윤형숙 옮김, 나남출판, 2003.]

들었다면, 매스 미디어는 표상의 영역에서 하나의 상상적 구성체를 만들어 냈다.

이런 맥락에서 미디어는 실재를 전하는 수단이기보다는 사회를 구성하는 생산자라고 할 수 있다. 미디어는 떨어져 존재하기에 의식되지 않았던 타자들과 관계를 맺게 하면서 소통 불가능 속에서 응고되어 있던 공간들을 연결시킨다. 가령 기차로 대표되는 근대적 교통 수단이 떠오르게 하는 것은 공간을 빠르게 이동하는 사람들이나 그들이 싣고 달리는 물건만이 아니었다. 이것은 하나의 세계를 떠올리게 했다. 이 세계는 자연에 의해서 막혀 있던 공간들이 연결되고 이를 통해 자본이 '전국적'으로 확산되는 세계였다. 이와 유사하게 근대 미디어 역시 언어나 지리적 표상 작용을 통해 공동체를 상상하게 만들었다. 즉 미디어는 자본주의 세계 체제 속에서 하나의 분절 단위로서 국민-국가를 위치 짓고 사람들에게 이 '가상의 공동체'의 일부라는 감각을 생산해 냈다.

사실 이 표상은 환상처럼 비물질적인 것이 아니다. 미디어가 만들어 내는 상상은 실재적인 효과를 낳는다. 예를 들어 미디어에 등장하는 표상은 포섭과 배제의 경계를 설정한다. 즉 미디어의 명령에 공명하는 사람들로 구성된 공동체가 만들어진 이면에는 포섭되지 못하는 자들에 대한 배제의 원리가 작동하고 있었다. 포섭과 배제의 논리 속에서 근대 미디어는 국민국가를 생산했다. 미디어는 국민국가라는 공간을 분절시키고 경계를 설정하는 동시에 내부를 하나의 동일한 공간으로 생산했다. 표상을 통해 국민국가라는 구성체를 생산하는 차원에서 이러한 미디어를 내셔널 미디어라고 부를 수 있을 것이다.

그런데 국민국가라는 표상은 기묘한 효과를 생산해 낸다. 한국에서는 많은 경우 국민국가가 구성 가능한 유일한 사회구성체로 받아들여졌다. 사회구성체에 관한 많은 상상이 '민족'으로 초코드화 되었고, 결과적으로 다른 사회구성체에 대한 사유는 박약해졌다. 신문 미디어는 국민국가의 기호를 유포하고 그 구성원들에게 국가적 사유와 삶의 태도를 명령했다. 이런 점에서 사실상 신문 미디어는 근대 사회를 구성한 '근대의 미디어'였다.

레닌은 근대적 미디어로서 신문의 의미를 정확하게 이해하고 그것을 국가의 전복을 위해 대칭적인 방식으로 사용한 첫번째 인물일 것이다. 레닌은 『무엇을 할 것인가?』에서 '전국적 정치신문'의 필요성에 대해 이야기한 바 있는데 그에게 '전국적 정치신문'은 '전국적' 응집력을 만들어 내는 '틀'로 이해되었다.

조직 활동의 규모는 금방 몇 배로 확대되고 한 지역의 성공은 사람들이 더 높은 수준의 개선을 향해 나아가도록 부단히 고무하고, 저 멀리 떨어진 지역에서 활동 중인 동지가 이미 획득한 경험을 활용하려는 욕구를 북돋아 줄 것이다.[04]

사람들은 신문을 통해 울리는 소리에 동조해 그 발언을 자신의 소리라고 동일시하게 된다. '전국적' 단위로 공명을 확산한다는 점에서, 신문은 공명통으로 이해되었다. 즉 전국적 신문 발행의 결과로 폭발적 사건이나 시위에 대한 대중들의 반응을 조직할 수 있게 되었다. 이 점에서 미디어는 전국적인 단위로 대중들을 공명하게 하는 하나의 틀이었다.

이 경우 만들어지는 전국적 응집력은 '반권력'(counter-power)의 의미를 갖는다. 레닌은 미디어가 공동체를 상상하게 만드는 것을 넘어 이전에 존재하지 않았던 것을 가능하게 만든다고 본다. 즉 레닌이 보여 주듯 미디어는 국민국가만을 상상하게 하는 것이 아니었다. 오히려 미디어는 근대적 권력에 대결하는 대항 권력의 구성의 가능성을 암시한다. 레닌에게 『이스크라』는 근대국가와 맞서 싸울 수 있는 '전국적 당' 조직을 형성하는 틀로 이해되었다. 그러나 『이스크라』가 대항 권력의 구성을 위한 것임에도 불구하고 정확하게 '전국적' 단위의 조직을 시도한다는 점에서, 정확하게 국민국가를 형성하는 미디어와 대칭적이라는 점에서 내셔널 미디어의 특성을 보여 준다고 할 수 있다.

미디어는 공간을 재구성한다. 그것은 이질적이며 흩어져 있는 사람과 공간을 한데 모아 하나의 공간으로, 하나의 사회로 구성한다고 할 수 있다.

3. 글로벌 미디어와 흐름의 공간

2002년 월드컵에서 시작되어, 미순·효순이 사건, 그리고 대통령 선거로 이어졌던 대중의 흐름은 이러한 미디어의 근본적인 변화를 보여 준다. '온라인'에서 만들어진 집합적 활동이 그 공간에서 전염되고 확산되면서 촛불로 상징되는 '오프라인'에서의 거대한 흐름으로 전환되었다. "촛불을 들자"라는 '온라인'의 글이 대중들을 촉발하고 그 촉발이 서로에게 전염되면서 새로운 사건이 출현한 것이다. 이는 미디어 그 자체의 작동방식이 달라졌음을 뜻한다.

04. Lenin, "What Is To Be Done?", *Lenin's Collected Works*, Vol.5, Progress Publishers, 1961. [『무엇을 할 것인가』, 최호정 옮김, 박종철출판사, 1999.]

새로운 패러다임의 미디어가 출현한 것이다.

이러한 변화는 1990년대 말부터 한국사회에서 신문이나 방송과 같은 매스미디어의 영향력 변화 속에서도 읽어 낼 수 있다. 가령 신문 구독률과 TV 시청률 지표나 국내 총광고 점유율 등에서 전통적인 매체의 영향력은 지속적인 감소 추세를 보인다. 예를 들어 가구당 신문 구독률은 1998년 65% 수준에서 2008년 36.8%로, 하루 평균 구독 시간도 1998년 40.8분에서 2004년 34.3분으로(약 16%) 감소했다. 지상파 TV 시청률 역시 1998년 47.9%에서 2005년 상반기 33.8%로 급격히 감소했다. 내셔널한 차원에서 작동했던 미디어의 영향력이 약화되는 반면, 인터넷과 같은 새로운 미디어의 영향력은 확대되고 있다. 즉 광대역 인터넷이나 DMB와 같은 새로운 테크놀로지를 활용한 미디어가 새로운 소통의 수단으로 받아들여지고 있다. 가령 과거 주로 신문이나 TV를 통해서 이루어지던 정보 습득은 인터넷과 같은 매체를 통한 습득으로 이전하고 있다.[05] 하루 평균 인터넷 뉴스 순방문자는 1,300만 명으로, 저녁 메인 TV시청자(1,100만 명)와 신문 구독자(950만 명)를 넘어섰다. 더욱이 미디어 기술이 소형화되고 이동성이 증대되면서 미디어를 활용한 이동과 접속이 일상화되고 있다.

이처럼 우리들이 일상적으로 접속하는 미디어는 무엇보다도 지구 전체를 소통 공간으로 만든다. 인터넷과 같은 미디어는 일종의 초국적인 성격을 갖는다. 즉 공간적 거리를 무화시키며 전지구적으로 동시에 정보를 유통시킨다. 가령 멕시코의 외딴 공간인 치아파스에서 벌어지는 사파티스타 투쟁에 대해 전지구적 차원의 지지와 연대가 쉽게 조직된다. 그리고 이번 한국의 쇠고기 문제에서 보이듯 재미교포 주부가 공간의 거리를 넘어 직접 쉽게 결합할 수 있게 되었다. 다른 한편에서 미디어는 아주 세세한 차원으로까지 확대되었다. 개인이 휴대할 수 있는 미디어가 확대되면서 우리는 일상이 조직되는 모든 시공간에서 미디어와 접속하거나 정보를 생산할 수 있게 되었다. 즉 전통적인 대중 매체와 달리 아주 마이크로하고 세부적인 차원에서도 미디어 행위가 이루어질 수 있게 되었다. 우리는 지하철을 타거나 길을 걸어갈 때조차도 간단한 조작으로 미디어와 연결될 수 있다. 원리상으로 지구적(global) 차원에서 아주 마이크로한 차원까지, 즉 삶을 구성하는 전반적인(global) 차원으로까지 미디어가 확장되었다. 이러한 차원에서 작동하는 미디어를 내셔널 미디어에 대비해 글로벌 미디어라고 부르자.

05. 나스 미디어의 「2006 NPR」(Netizen Profile Research)에 의하면 뉴스 습득에서 인터넷을 통한 비율이 48.3%로, 텔레비전(42.8%)이나 신문(7.3%)을 상회하고 있다.

글로벌 미디어의 등장은 디지털 기술의 발전과 연관되어 있다. 간단히 말하면 디지털화는 모든 정보를 0과 1이라는 두 숫자의 조합으로 전환시키는 것이다. 즉 "모든 정신적 프로세스가 빛의 유무로 치환 가능한 0과 1 두 숫자의 조합으로 초코드화" 되는 것이자, "정신적인 영역의 모든 이질성이 동질적인 수로 변환되는 탈코드화를 수반"한다.[06] 논리적 추론이나 계산은 물론 소리와 시각 정보까지 이진수로 변환되고 공통의 표현형식으로 축적된다. 상이한 질과 형식을 갖는 모든 비물질적 요소들이 동질적인 형식으로 변환되기에, 어떤 정보이든 일괄 처리되고 통합 관리될 수 있다. 가령 소리나 영상, 출판 등 상호 이질적인 요소들이 동일한 표현형으로 처리되어 저장되고 소통된다. 더구나 연결만 될 수 있다면 어떤 공간에서도 기존에 입력된 사항을 활용하거나 변경할 수 있게 되었다. 디지털이라는 표현형식과 인터넷과 같은 통신공간이 결합함으로써 모든 종류의 정신적 활동은 어떠한 공간으로도 이동하고 결합할 수 있게 되었다. 네트워크로 연결된 공간 위에서 각 지점들이 서로 연결되면서 활동이나 생산, 지식이나 감각 등을 통합할 수 있게 되었다. 결과적으로 네트워크로 연결된 공간이 하나의 활동으로 결합할 수 있게 되었고 정보생산 모델이 사회 전체에 확산되었다.

1990년대부터 전세계적으로 확산되기 시작한 네트워크는 자본과 노동의 이동성을 극대화시키면서 새로운 자본주의 생산양식의 토대로 작용하고 있다. 이 새로운 생산체제는 '자동화'와 '정보화' 토대 위에 글로벌한 차원에서 상품을 생산한다. "공간의 구획을 넘어서 확장된 자본의 흐름이 역시 공간의 구획을 넘어선 생산능력의 흐름을 영유하는" '흐름의 경제'가 만들어졌다. 가령 금융자본은 정보통신기술에 의해 초 단위로 지구 구석구석까지 다다르고 있으며 상품생산 역시 영토국가적 한계를 벗어나 전지구적 차원에서 이루어진다. 생산기능에 적합한 위치를 따라 생산공장이 배열되고 각 장소에서 생산된 제품들을 조립해 제품이 생산된다. 한편에서 생산자와 소비자의 경계 또한 약화되었다. 소비자들의 물건을 사는 방식이나 기호의 흐름 등이 네트워크 기술을 통해서 채취되며 이것은 상품개발 등으로 이용된다. 대중들의 자발적인 미디어 접속은 쉽게 자본으로 전환된다. 실제로 네이버는 대중들이 자발적인 참여로 만들어진 정보를 사유화함으로써 자본을 축적한다. 즉 흐름의 경제는 공장이나 국가와 같은 경계를 넘어서 생산의 흐름을 영유하고 있다. 말하자면 흐름의 경제는 글로벌한 미디어 위에서 작동한다. 국민국가라는 근대적 경제를 넘어서

06. 이진경, 『미-래의 맑스주의』, 그린비, 2006. 164쪽.

경제를 연결하고 삶을 직조하는 새로운 구성의 매체가 작동하고 있는 것이다. 미디어는 이런 식으로 근대의 경계를 넘는 것일까?

　이 경우 미디어는 무엇인가를 매개하기보다는 다양한 흐름들을 결합시키고 연결하는 직접적인 조건이다. '글로벌'한 차원에서 미디어를 통해 모든 지점들이 하나로 연결되면서 활동이나 생산, 지식이나 감각과 같은 흐름들이 하나로 흐르게 된다. 이 흐름의 공간은 "어디든지 접속가능하게 전지구적으로 확장되면서 내부와 외부를 가르는 경계를 흘러넘치는 통로"가 되고 있다.[07] 물론 자본만이 이 흐름의 통로를 횡단하는 것은 아니다. 대중들 역시 미디어와 접촉함으로써 하나의 흐름을 형성한다. 가령 촛불집회에서 보이듯 대중들은 미디어를 통해 다른 이들과 쉽게 소통하고 결합함으로써 촛불의 흐름을 만들어 냈다. 글로벌 미디어가 일상으로 깊숙이 들어옴에 따라 개별적인 행동은 보다 쉽게 집합적 행동으로 전환되고 있는데, 이 집합적 흐름의 규모와 속도는 미디어를 통해 가속화된다.

　대중들의 참여가 가속화되고 확대된다는 점에서 미디어는 '여론'을 형성하는 '매개체'로 기능하지 않는다. 오랜 동안 매스 미디어는 '여론'의 이름으로 공적 사안에 대한 대중적 '합의'를 만들어 냈다. 권력에 의한 미디어 장악이라든가 미디어의 권력화에 대항하는 문제 역시 '대안 미디어', '대항 여론'의 수립이라는 차원에서 이해되어 왔던 것도 사실이다. 이때 매스 미디어는 대중들의 분자적인 소리들을 '여론'이라는 하나의 목소리에 흡수해 작동한다는 점에서 '몰'(mole)[08] 적인 미디어라고 할 수 있다. 반면, 흐름의 공간에서 대중들은 미디어를 활용해 자신들의 생각을 그 '대표적' 목소리와 별개로 쉽게 표현할 수 있다. 그리고 그것은 미시적 전염의 형태로 확산된다. 이런 식으로 대중들은 정서나 생각 등을 드러내면서 문제의 장에 개입할 수 있게 된다. 이런 측면에서 보면 흐름의 공간은 비대칭적인 여러 힘들이 충돌하는 장이다. 흐름의 공간은 대중들이 서로 만나 전염되며 확산되는 '감염'의 장인 동시에 서로가 서로를 횡단하는 '갈등'의 장이자 '불화'의 공간이다.[09] 매스 미디어가 여론을 내세우면서 경계와 문턱을 획정하는 방식으로 작동했다면, 글로벌 미디어는 이질적인 흐름들이 서로 횡단하게 하면서

[07] 흐름의 경제와 흐름의 공간에 대해서는 다음 글을 참조. 이진경, 「자본주의와 흐름의 경제」, 『사회구성체론과 사회과학방법론』, 그린비, 2008.

[08] '몰'은 분자들을 하나의 단위로 부르는 말로써 1몰은 6×10^{23}개의 분자를 말한다. 일반적으로 화학에서는 반응을 평가하는 단위이다. 분자들의 개별적인 흐름 대신 몰 단위의 동질적 집합체의 움직임을 통계적으로 동일한 것으로 서술하는 것이다.

[09] M. Hardt · A. Negri, *Multitude*, The Penguin Press, 2004. [『다중』, 조정환 외 옮김, 세종서적, 2008, 317쪽]

'이질적인 목소리' 의 흐름들을 만들어 내는 방식으로 작동한다.

　　대중들이 스스로의 목소리를 만들어 낸다는 점에서 담론 생산의 '주체' 가 변화되고 있다. 내셔널 미디어에서는 전문적 지식인에 의해서 담론 생산과 유통이 이루어졌다면, 글로벌 미디어에서는 대중들의 집합적 활동에 의해서 담론 생산과 유통이 이루어진다. 흐름의 공간은 다양한 지식이나 정서 등이 흘러 다니는 공간이어서 접속가능한 모든 공간에서 새로 만들어진 정보가 쉽게 공유되고 변형된다. 말하자면 흐름의 공간에서 대중들은 자발적으로 음악, 영상, 지식 등을 생산해 내고 있으며 이것이 접속과 감염을 통해 변용된다. 따라서 흐름의 공간에서 지식이나 정보는 대중들의 집합적 활동을 통해서 만들어진다고 할 수 있다. 예를 들어 황우석 논문 조작 의혹의 문제를 처음 제기한 곳은 생물학 연구정보센터 사이트인 'BRIC' 이었다. 기존의 전문가들이 애초 검증조차 하지 않았던 것들을 익명의 지성들이 집합적인 활동을 통해 검증해 냈다. 기존의 지식인들이 독점하고 있던 지식과 담론 대신에 네트워크를 기반으로 한 대중들의 적극적인 접속을 통해 '집합적 지성' 이 만들어진다.

　　한편에서 글로벌 미디어는 대중들의 흐름을 가속화시키거나 변이시킨다. 가령 2002년 월드컵에 대한 대중들의 열정은 곧바로 미군 장갑차에 치여 사망한 미선·효순이를 위한 촛불집회로 전환되었다. 그리고 이런 흐름은 다시 2002년 대통령 선거의 결과로 표현되었다. 또 2008년 흐름의 공간 위에서 영화 「디워」에 열광했던 대중들이 어느새 촛불대중으로 전환되었다. 이들은 자신들의 주어진 자리나 정체성을 넘어서 쉽게 다른 흐름을 형성한다. 이처럼 대중의 흐름이 일상화되고 변이가 가속화되면서 대중의 흐름에 대한 예측불가능성 또한 확대되고 있다.

　　요컨대 글로벌 미디어는 작동범위가 국민국가를 넘어섰다는 점뿐만 아니라 작동방식과 작동의 주체, 그 결과마저 크게 변화시켰다는 점에서 국민적인 스케일의 근대적 매스 미디어와 다르다. 확실히 미디어는 근대의 문턱을 넘어선 것이 분명하다

4. 통제 미디어? 미디어 통제?

흐름의 예측불가능성이 확대되는 이면에 흐름에 대한 '통제와 감시' 의 이미지가 확산되고 있다. 사회를 위험(risk)으로부터 '보호' 하기 위해 혹은 작업장에서 '안

정적 흐름'을 유지하기 위해 공간의 곳곳에 감시 카메라가 설치되고 있다. 지구 주위를 도는 24개의 위성을 통해 개인의 위치를 알려 준다는 '위치 추적장치' (GPS) 역시 미디어를 통한 감시의 이미지를 상기시킨다. 비릴리오는 이러한 미디어 기술의 확산을 원격 감시의 일반화라고 말한 바 있다. 즉 우리의 삶이 곳곳에 깔려 있는 감시 기계 혹은 감시 시선에 고스란히 노출되어 있다는 것이다.[10]

그러나 이러한 일상화된 '감시의 시선'(CCTV)은 오히려 권력의 전면적 지배보다는 권력의 무능력을 보여 준다고 해야 하지 않을까? 그토록 많은 카메라 없이는 질서가 유지될 수 없음을 뜻한다는 점에서 여기에서 우리는 푸코가 『감시와 처벌』에서 제기한 문제가 발전되고 있음을 본다. 푸코는 팬옵티콘 모델을 통해서 근대 권력은 시선의 권력이라고 말한다. 벤담이 설계한 팬옵티콘은 '다 본다' (all+seeing)라는 말에서 유래했다. 이 감옥은 '시선의 비대칭성'에 근거해 설계되었다. 원형 건물의 원주를 따라 위치한 죄수의 방은 항상 밝게 유지되고, 중앙에 위치한 간수의 감시공간은 어둡게 유지된다. 소수의 사람이 중앙에 위치한 것만으로 자연스럽게 죄수들의 행동을 파악할 수 있다. 감시자가 없다고 하더라도 상황은 마찬가지다. 죄수들의 일상은 끊임없이 감시의 시선에 노출된다고 가정된다. 그리하여 감시자의 시선으로 자신을 보게 된다. 시선의 비대칭성 속에서 감시의 시선을 계속 의식하도록 하는 것. 누군가에게 항상 보여지고 있다는 사실을 의식하는 경우 사람들은 그 감시의 시선 안에서 행동하게 된다.[11]

팬옵티콘은 사람들이 감시자의 시선으로 자신을 바라보게 한다. 감시자 없이도 감시자의 시선을 의식하며 감시자의 시선으로 스스로를 통제하는 것. 중요한 것은 감시자 없이도 사람들에게 충분한 감시의 효과를 나타낸다는 것이다. 감시를 내면화한 주체화에 대해 라이히는 "설명되어야 할 것은 배고픈 사람들이 도둑질을 했다거나 착취당한 노동자가 파업을 일으켰다는 사실이 아니라, 배고픈 사람들 중 대다수는 왜 파업을 하지 않는가라는 사실이다"[12]라고 말한다. 푸코도 『감시와 처벌』에서 이에 대해 대답하려 했다고 볼 수 있다. 혼자만의 공간에서도 감시의 시선이 감시자 없이 작동할 수 있다. 훈육권력은 시선의 기술을 활용함으로써 혼자만의 공간에서도 감시자 없는 감시의 시선을 의식하지 않을 수 없게 만든다.

---

10. P. Virilio, *La bombe informatique*, Galilée, 1998. [『정보과학의 폭탄』, 배영달 옮김, 울력, 2002]

11. M. Foucault, *Surveiller et punir*, Gallimard, 1975. [『감시와 처벌』, 오생근 옮김, 나남출판, 2003]

12. W. Reich, *Die Massenpsychologie des Faschismus*, Farrar, Straus and Giroux, 1969. [『파시즘의 대중심리』, 황선길 옮김, 그린비, 2006]

감시의 체제를 효과적으로 작동시키는 것은 감시 장치의 많고 적음이 아니다. 감시 장치가 많지 않아도 감시 시선을 작동시킬 수 있다. 감시 시선은 감지 장치의 많고 적음에 의해서 결정되기보다는 주체의 내면화와 결부되어 있기 때문이다. 그렇다면 가시적인 감시 미디어의 확산은 실제로 감시하는 장치가 없이는 감시자의 시선이 작동하지 않게 되었음을 뜻하는 것이 아닐까? 그런 만큼 권력의 무능력의 지대가 확대되고 있음을 보여 주는 것이 아닐까?

더욱 근본적인 변화는 미디어 과잉 시대의 사람들이 카메라나 타인의 시선을 감시의 시선으로 받아들이지 않는다는 사실이다. 대중들은 카메라 앞에 서는 것을 두려워하지 않는다. 오히려 카메라 앞에서 어떤 포즈를 취할 것인가가 관심사이다. 카메라를 피하기보다는 카메라를 욕망한다. 남이 보면 어쩌나 두려워하는 것이 아니라 남이 봐 주지 않으면 어쩌나 고민한다. 가령 대중들은 '싸이월드'에 자신의 일상을 기록하며, '블로그'와 '댓글'을 통해 자신의 생각을 이야기한다. 그리고 자신의 미디어 행위에 대해 타자들의 반응을 수시로 확인한다. 자신들의 표현 욕망에 충실하며 이를 억제하려 하지 않는다는 점에서 대중들은 감시의 시선을 의식하지 않는다.

이런 의미에서 '훈육'의 방식으로 대중을 통제하는 것은 불가능에 가깝다. 자본이나 권력 역시 대중을 다시 닫힌 공간에 밀어 넣을 수 없기 때문이다. 즉 흐름을 저지하는 방식으로 흐름의 경제는 작동하지 않는다. 흐르게 하는 동시에 위험을 관리하는 것, 이것이 자본의 글로벌 미디어에 대한 정책일 터, 위험을 안정적으로 관리하기 위해서 다양한 문턱들이 만들어진다. 흐름의 공간에 접속하기 위해 다양한 문턱들을 통과해야만 한다. 미디어에 접속하거나 글을 올릴 때 있어서 실명을 요구하는 것은 이러한 통제 방식과 연관되어 있다. 많은 경우 이 흐름과 접속하기 위해 우리는 일정한 자격을 갖고 그 자격을 제시해야만 한다. 동시에 미디어는 셀 수 없이 많은 금지어를 설정하고 다양한 흐름을 사전에 규제하곤 한다. 즉 위험에 대한 지속적인 '모니터링'과 '사전 배제'의 논리가 작동하고 있다.[13] 그러나 이러한 통제의 메커니즘이 대중의 흐름을 충분히 통제할 수 있을지 의문이다. 대중들은 접속과 전염 속에서 비교적 쉽게 경계를 넘어서고 있기 때문이다.

다른 한편에서 대중들은 미디어를 활용해 쉽게 감시 시스템을 무화시키곤 한다. 가령 자동차에

[13] MB정부는 포털사의 정보 모니터링 강화를 골자로 하는 정보통신법 개정안을 내놓았다. 통제 불가능한 흐름이 발생하기 전에 흐름을 통제하고 위험 요소를 사전에 배제하려는 '장치'들의 법제화라고 할 수 있다.

설치된 GPS는 거리 곳곳에 설치된 감시 카메라의 위치를 확인하고 그 시선을 벗어나는 미디어로 이용되며, 핸드폰이나 디지털 카메라, 캠콤은 경찰의 '채증'에 대한 '역채증'의 미디어로 활용된다. 대중들에게 퍼져 있는 글로벌한 미디어는 '감시'에 대한 '대항 감시', 대항 미디어로 기능하고 있다.

감시 장치가 무효화되기에 오히려 감시 장치가 증가하는 사태, 촛불시위처럼 감시 장치가 대중에 의해 대항 감시 장치로 사용되는 사태, 그것이 지금의 상황을 잘 보여 준다고 해야 한다. 따라서 '빅 브라더'(Big Brother)식의 감시체제를 강조하는 것은 부적절하다. 그것이야말로 다시 대중으로 하여금 항상 감시받고 있음을 의식하게 하고 자신의 행동을 감시자의 시선으로 보게 하기 때문이다.

이런 점에서 프라이버시 권리에 대한 강조 역시 다시 생각해 봐야 한다. 물론 프라이버시는 보존되어야 한다. 그러나 그것이 자칫 대중에게 감시자의 시선을 의식하게 한다면, 이미 무력화되고 있는 '팬옵티콘' 원리를 다시 작동시키는 것이라고 해야 하지 않을까? 오히려 정말 중요한 것은 그 반대일 것이다. 국가나 자본, 부르주아로 하여금 대중의 시선이 항상 그들을 바라보고 있음을, 카메라가 찍고 있고, 인터넷을 통해 그들의 행위가 알려지고 있음을 의식하게 해야 한다. 이를 통해 그들로 하여금 대중적 감시의 시선으로 자신들을 보게 해야 한다.

5. 분자적 미디어

권력의 대중에 대한 통제 혹은 관리는 권력이 갖고 있는 하나의 공포와 연관되어 있다. 오랫동안 대중의 활동은 이해할 수 없고 통제 불가능한 괴물의 이미지였다는 것을 상기할 필요가 있다. 즉 대중은 때로는 지배에 순응하는 것처럼 보이지만 쉽게 권력에 반하기도 한다. 말하자면 대중이 어디로 흐를지 예측하는 것은 어렵다. 이러한 대중들의 '결정 불가능성'이 통치자들이 대중에게 느끼는 공포의 주요한 원천이다. 앞에서 이야기했던 것처럼, 권력은 흐름의 예측 불가능성, 혹은 위험을 통제해야만 한다. 그렇다고 이 흐름을 멈추게 해서는 안 된다. 왜냐하면 흐름의 경제는 대중들의 흐름을 포섭하고 그 흐름을 이용함으로써 작동하기 때문이다. 따라서 권력이나 자본은 한편에서 노동의 흐름을 만들어 내고, 다른 한편에서 대중의 흐름을 통제해야만 한다. 여기에서는 예측할 수 없는 지대로 흐르는 흐름 혹은 활동을 어떻게 전유하느냐가 중요한 관건이다. 이런 대중의 흐름을 포섭하기 위해 다양한 '문'들이 작동한다. '공간의 경제'에서는 대중의 흐름을 '산성'과 같은 '벽'으로 둘러싸며 분리·통제하고자 한 반면, 흐름의 경제에서는 다양한 문턱들마다 '문'을 만듦으로써 흐름을 통제하고자 한다. 이 '문'들은 대중의 진입 여부를 결정하면서, 들어온 대중들의 흐름을 지속적으로 관리한다. 이를 통해 대중의 '예측 불가능성'을 통제하고자 한다.[14]

그런데 흐름을 공간적으로 통합하거나 지층화하는 몰적 미디어와 달리, 촉발과 전염·소통을 통해 작동하는 미디어 활동 또한 존재한다. 가령, 촛불집회에서 행진에 나선 이들은 친구들에게 문자를 보내고 인터넷에 글과 사진·동영상을 올리며 다른 이들에게 참가를 독려하고 다른 참가자들과 소통했다. 또한 현장의 상황을 카메라나 노트북을 활용해 인터넷에 올려 상황을 정리함으로써 현장에 있지 않은 사람들과 하나의 네트워크를 구성하며 현장을 만들어 갔다. 그리고 이를 블로그나 게시판에 올리고 퍼 나르면서 네트워크 속에서 '목소리'를 만들어 냈다. '편재하는'(ubiquitous) 미디어가 대중의 흐름과 결합하고 다시 다른 이들을 이 흐름에 결합하게 함으로써 집합적인 목소리를 만들어 낸 것이다. 패션이나 요리 등을 다루던 비정치적으로 보이던 미디어들이 서로 횡단하면서 새롭게 변이한다. 즉 대중들이 미디어 행위를 통해 다른 주체들과 결합하면서 폭발적인 변화를 만들어 냈다.

아주 사소한 댓글이나 웃음들이 미디어를 타고 확산되면서 '홈 파인 공간'을 넘치는 새로운 변종들이 출현한다. 이런 측면에서 대중적 촉발·전염·소통을 통해 작동하는 반감시, 반자본, 반착취의 미디어 활동을 생각할 수 있다. 들뢰즈와 가타리는 서로 전염되고 상호작용하면서 움직이고 흘러가는 양상을 표현하기 위해 분자적이라는 말을 사용한 바 있다.[15] 그렇다고 분자적 미디어를 '개별적인' 미디어 행위라고 생각해서는 안 된다. 각각의 특이성(singularity)이 하나의 집합적 리듬을 형성한다는 점에서 '분자적'인 것은 개별적인 것과 구별된다. 그것은 전염되며 확산된다. 그것은 감염된 것들의 흐름을 만들어 낸다. 이런 점에서 그것은 개별적인 것이 아니라 대중적인 것이다. 분자적인 것은 개별적인 아니라 집합적인 것이며 작음의 성질이 아니라 큼(mass)의 성질에 의해서 특징지어진다.[16] 분자적인

14. 이진경, 「자본주의와 흐름의 경제」, 『사회구성체론과 사회과학방법론』, 그린비, 2008.

15. G. Deleuze · F. Guattari, *Mille plateaux*, Éditions de minuit, 1980. [「1933년 : 미시정치학과 선분성」, 『천의 고원1』, 이진경·권혜원 외 옮김, 연구공간 수유+너머, 2000]

16. 들뢰즈·가타리, 같은 책, 228쪽.

것들이 세세한 곳에서도 작동하고 아주 작은 집단 또한 관통하지만 이 횡단의 과정에서 사회적 장 전체와 결합한다고 할 수 있다.

　분자적 미디어가 만들어 내는 새로운 변이를 맥루언은 인간 능력의 확장이라고 말할지 모른다. 그러나 인간과 미디어의 결합은 인간 능력의 확장이라기보다는 미디어의 새로운 용법의 발명일 것이다. 더 정확하게 말하면 새로운 미디어 내부에 포개어져 있던 잠재성이 특정한 조건과 결합함으로써 새롭게 펼쳐진 것이라고 해야 한다. 분자적 미디어에서 중요한 것은 미디어가 갖고 있던 잠재력을 현행화(actualization)시키는 문제일 것이다.

　미디어를 통해 전문적 지식과 아이디어가 결합되고, 공동의 삶, 공동의 행동을 자원으로 삼는 능력이 비약적으로 증대되고 있다. 이것은 인간과 미디어의 공통의 진화, 즉 일종의 '사이보그적' 신체의 생성이라고 말할 수 있을 것이다. 이 사이보그적 신체는 인간의 지적 능력을 넘어서 '사이보그적' 지능을 갖는다. 접속에 의해 때로는 수정되고 때로는 확장되는 지적 능력. 기억의 경우 인터넷이라는 거대한 저장장치 속에 인간의 모든 정보들이 마치 우주적 기억처럼 저장된다. 이번 쇠고기 파동에서 조중동과 같은 미디어가 과거 노무현 정부를 비판하면서 광우병 등에 대해 우려를 표명했다는 '잊혀진' 기억들이 단 한 번의 클릭으로 다시 현실 속으로 끄집어내어졌다. 사이보그적 기억은 시간 속에서 사라지는 것이 아니라 필요에 따라 생생하게 재생되는 기억이다. 기억은 이제 필요에 따라 끄집어내어지는 것이 되었다.

　분자적 미디어는 몰적 미디어처럼 어떤 사건이나 누군가의 생각을 '매개'의 문제로 환원하지 않는다. 오히려 대중 자신의 사유와 행동을 직접적으로 표현하는 공간이다. 대중과 글로벌 미디어가 결합하면서 미디어는 '매개'의 기능을 행사하기보다는 직접적인 '행위'(act)로서 작동한다. 분자적 미디어가 직접 행동의 일부가 된다는 점에서 '미디어-액트'가 활성화되고 있다고 할 수 있다. 가령 촛불시위 생중계의 경우 사람들은 카메라로 전달되는 영상을 보면서, 어떤 방향으로 영상을 찍어 보여 줄 것을 요구하는 동시에 방송하는 이에게 구체적인 행동을 요구하기도 한다. 분자적 미디어는 시공간의 경계를 넘어서 서로 소통 불가능해 보이는 이질적인 장들을 서로 섞이게 만든다.

　광화문에서 시민들을 인터뷰하다가, '시위대가 사직터널에서 경찰의 저지선을 뚫으려 하고 있다'는 제보에 촬영팀은 곧바로 대치 현장으로 달려간다. 카메라로 비친 영상을 보고, '지금 도로에 스티로폼으로 연단을 쌓고 있는 사람들이 누구 인지 알아봐 달라고 구체적으로 지시를 하는 경우도 있다. 특정인과 논쟁을 해달 라는 지시를 받기도 한다. …… 때로는 심지어 행동으로 상황에 개입할 것을 지 시받는다.[17]

실제로 6월 10일 촛불집회 사회자가 인터넷으로 집회를 지켜보던 시민들에 게 청와대 홈페이지에 일제히 접속할 것을 말하자, 실제로 1분 뒤에 청와대 홈페 이지가 다운됐다. 즉 온라인과 오프라인이 실시간으로 연결되면서 하나의 집합적 행동이 만들어졌다. 미디어가 '매개'이기를 그치고 사람들의 행위와 직접적으로 결합하며 작동하고 있는 것이다. 이런 의미에서 분자적 미디어는 '이미디에이션' (im-mediation)을 그 특징으로 한다고 할 수 있다.[18] 이때 분자적 미디어를 통해 드러나는 대중들의 주저함, 모순, 불합리한 목소리조차에도 욕망, 그것도 직접적 인 표현 욕망이 충만해 있다. 자본이나 권력이 감소시키고 거르고자 하는 것은 이 러한 직접적인 표현 욕망이다. 이런 욕망은 어떤 분할이나 경계선을 지워 버리고 소통하기 때문이다. 즉 온라인과 오프라인의 경계, 방송자와 시청자, 말하는 자와 듣는 자의 경계가 사라지고 오직 분자적 미디어 위에서 만들어진 집합적이고 직접적인 목소리와 욕망만이 남게 한다.

또 한편 이 분자적 미디어의 네트워크는 거창한 장비나 계획 없이도 사람들을 소통시킨다. 이를 통해 집단적 정서를 크게 증폭시킨다. 가령 처음에는 아주 사소해 보였던 한 고등학생의 글이 미디어의 분자적 움직임 속에서 확산되면서 130만 명 이상이 참여하는 흐름을 만들어 냈다. 또 한 카페에 올려진 '쇠고기 수입 반대 광고' 제안이 대중들의 정서를 자극하면서 크게 확산되어 나갔다.[19] 진은 영은 이러한 '귓속말들, 사소한 웃음'들의 확산을 감응의 문제라고 말한 적이 있다.[20] 즉 사람들은 다른 이들이 자신의 활동을 모방하도록 유도하고자 한다. 남들이 받는 감응 활동을 표상하게 되면 그 역시 동일한 감응에 영향을 받게 되는 성향을 지니

17. 진중권, 「시청자 지시에 따라 뛰어다 니는 칼라TV, 왜 촛불시민들 사랑 받 았나」(http://www.ohmynews.com/ nws_web/view/at_pg.aspx?CNTN_CD =A0000935049)

18. 고병권, 「추방된 자들의 귀환」, 그린비 블로그(http://greenbee.co.kr/blog/ 281?category=8)

19. 『한겨레』와 『경향신문』에 광고를 싣 는 운동도 아주 사소한 생각이 대중적 으로 전염되면서 시작되었다. "『한겨 레』신문에 실린 한 생활광고를 보고 우리도 저런 거 해보면 좋겠다고 댓글 을 달았는데 생각지도 못한 폭발적인 반응이 나왔다."(패션동호회 소울 드레 서 회원 ID 루지크) 「광고 투쟁 물꼬 튼 멋쟁이 그녀」, 『시사IN』 제39호.

20. 진은영, 「코뮨주의와 유머」, 『코뮨주 의 선언』, 교양인, 2007.

기 때문이다. 분자적 미디어는 이러한 대중의 감응을 유발하며 이를 확대·확산시키는 증폭기이다.

들뢰즈와 가타리는 소수적인 것을 새로운 변이와 생성을 통해 그 척도와 규범을 변형시키는 잠재적 변이능력이라고 말한다. 분자적 미디어 활동은 권력이나 지배 상태, 척도에 빠지지 않은 채 "수많은 소수성의 요소를 이용하고, 그것을 결합하고 접속시킴으로써 특수한, 유례없는 자율적 생성을 창안하는 것"[21]이라고 할 수 있다. 이를 통해 다수적인 미디어, 혹은 몰적인 미디어에 의해 장악되어 있는 지층에서 빠져나와 동질성으로 환원되지 않는 이질성과 소통능력을 생성해 내야 한다.

6. 미디어 대중

앞에서 말해 왔던 것처럼 글로벌 미디어를 통해 모든 지점들이 하나로 연결되면서 활동, 생산, 지식이 하나로 흐르게 되었다. 이 흐름의 공간은 전지구적 차원에서 자본의 착취를 가동하는 통로인 동시에 대중으로 하여금 공간적 분리와 거리를 뛰어넘어 소통하고 이동하게 하는 통로가 되고 있다. 그리고 이 공간에서 미디어의 분자적 움직임은 미디어의 근대적 작동방식을 넘어서 새로운 작동방식과 작동의 주체를 등장시키고 있다.

이번 촛불집회만큼 미디어와 대중의 새로운 배치가 분명하게 드러나는 것은 없다. 대중들은 미디어와 결합 또는 합체함으로써 온/오프라인의 경계를 무화시키는 동시에 자신들에게 주어진 문턱을 넘어섰다. 이것은 대중들이 흐름의 공간에 자유롭게 접속하고 이동하고 있기에 가능하다. 실제로 대중들은 사건의 주요 국면마다 집합적인 미디어 활동을 통해 '이질적인 목소리'를 '공동'으로 생산하면서, 사건의 흐름을 만들어 냈다. 대중들은 '여론'에 자신을 포개기보다는, 미디어와 결합한 '직접 행동'을 통해 자신들의 담론을 만들어 냈다. 이러한 활동이 대중과 미디어의 합체의 결과라는 점에서 '미디어-대중'에 대해 말할 수 있을 것이다. '대중 미디어'(mass media)를 '미디어-대중'(media-mass)이 대체하고 있는 것이다.

이에 대해 권력은 '벽'을 둘러치고, '홈'을 만들어 냄으로써 이를 통제하고 무효화시키고자 한

---

21. 들뢰즈·가타리, 『천의 고원1』, 113쪽.

다. 그러나 벽과 홈을 만들지만 결코 대중의 흐름을 저지할 수는 없다. 대중들은 이전에 비해 훨씬 더 집합적이고 지성적으로 활동한다. 즉 미디어와 결합한 대중들은 이 '벽'과 '홈'을 이전보다 쉽게 넘어선다. 그렇다고 미디어에 '홈'을 넘어서는 어떤 능력이 선험적으로 주어져 있는 것은 아니다. 가령 글로벌 미디어 속의 '어떤 본질적 속성'이 있어서 홈 파인 공간을 넘어설 수 있는 것은 아니다. 오히려 새로운 미디어의 용법이 현실화되는 순간 포개어져 있던 미디어의 잠재성이 발견되고 이것이 대중의 흐름을 만들어 낸다. 이런 의미에서 미디어의 새로운 용법을 창조하는 것이 필요하다. 미디어에 포개어져 있는 잠재성은 새로운 용법을 창조하는 순간 등장하게 된다.

무언가와 결합하고 새로운 것을 생상해 낸 경험은 다시 새로운 가능성을 만들어 낸다. 미디어-대중 즉 대중과 미디어의 새로운 결합조건은 우리에게 다른 가능성의 지대를 찾으라고 말하고 있다. 말하자면 이 새로운 결합은 우리에게 다른 미디어 액트를 명령하고 있다. 그리고 이것은 변혁을 위한 중요한 지점을 제시한다. 이러한 운동 속에서 우리는 우리를 둘러싼 '벽'과 '홈'을 무력화시킬 수 있는 새로운 출구를 찾을 수 있지 않을까?

R²

현재 한국사회의 비정규직은 860만 명, 전체 노동자의 60%에 육박한다. '비정규직'이라는 말 때문에, 대중들은 이들 노동자들의 삶의 형태, 이들이 겪는 영속적 불안이 '비정상적'이고 '예외적'이라는 착각을 하게 된다. 그러나 이들의 '비정상적'이고 '예외적'인 삶은 이제 우리 시대의 '정상적'이고 '보편적'인 삶이 되었다. 정규직조차 이런 불안으로부터 자유롭지 않다. 정규직에 대한 욕망과 정규직이 겪는 불안은 동전의 양면이다.

김경욱 이랜드 일반노조 위원장

정규직과 비정규직, = 그 생존의 연대

연구공간 수유+너머 추장 **고병권**

INTER-VIEW

현재 한국사회의 비정규직은 860만 명, 전체 노동자의 60%에 육박한다. '비정규직'이라는 말 때문에, 대중들은 이들 노동자들의 삶의 형태, 이들이 겪는 영속적 불안이 '비정상적'이고 '예외적'이라는 착각을 하게 된다. 그러나 이들의 '비정상적'이고 '예외적인' 삶은 이제 우리 시대의 '정상적'이고 '보편적인' 삶이 되었다. 정규직조차 이런 불안으로부터 자유롭지 않다. 정규직에 대한 욕망과 정규직이 겪는 불안은 동전의 양면이다.

구조조정 자체가 하나의 구조가 된 사회, 삶의 기반이 몰수된 상황에서 삶을 꾸려 가야만 하는 사회가 우리에게 찾아왔다. 그런데 묘하게도 비정규직의 투쟁, 더 나아가 비정규직의 존재는 좀처럼 가시화가 되지 않는다. 다수의 대중이 비정규직이고, 삶의 불안이 사회 전체를 덮고 있는데도 말이다. 이는 권력이 가시화 메커니즘에 개입하기 때문에, 아니 가시화 메커니즘 자체가 권력이기 때문이다. 거대 쇼핑몰의 화려한 매장 뒤에 감춰진 '노역장'처럼, 가시적 부분과 비가시적 부분은 철저히 구분되어 있다. 주류 정치, 사회, 미디어에서는 물론이고 심지어 거기에 저항하는 투쟁에서도 비정규직의 존재는 가시화되지 못한다. 빛 뒤에 어둠이 감춰져 있다.

사실 우리 자신의 낡은 시선도 문제다. 낡은 시선이 거짓 시선보다 사람들을 더 잘 속인다. 새로운 삶의 형태, 새로운 정치 형태, 새로운 운동의 형태를 발명하는 것이 절실한 시점에서, 우리는 과거에 발명된 삶과 정치, 운동 형태 안에서 새로운 상황을 끼워 맞추곤 한다. 그러나 우리의 눈과 귀에 상황을 끼워 넣는 일은 이제 그만 두어야 하지 않을까. 반대로 우리의 눈과 귀를 새로운 상황에 집어넣어 보자. 그것이 보지 못하던 것을 보고, 듣지 못하던 것을 들을 수 있도록.

이랜드는 한국 비정규직 투쟁의 상징적 이름이 되었다. 이랜드 노동자들이 작년 홈에버 월드컵점을 한 달 가까이 점거했을 때, 그들은 우리 의식도 한동안 점거했었다. 매장 점거는 결국 경찰의 강제 진압으로 끝났지만, 노동자들은 이후에도 물대포를 맞아 가며 길거리에서 싸웠다. 400일을 훌쩍 넘긴 시간, 이제 그들은 작은 천막에서 농성을 하고 있다. 그들이 여전히 싸우고 있다는 걸 얼마나 많은 이들이 알고 있을까. 우리는 의식의 너머에 차려진 저 농성장을 언제 다시 방문할 것인가. 그러나 현재 우리 삶의 불안이 우리가 의식 너머로 밀쳐 버렸던, 또 매장 뒤편의 창고로 몰아넣었던 노동자들의 존재에서 온 것임을 이해해야 한다. 사실은 우리가 그들이기 때문이다. 저 축소된 천막 농성장이 우리 자유의 가능성이기 때문이다.

『부커진 R』은 그 가능성의 장소를 찾았다. 그리고 거기서 싸우고 있는 이랜드 일반노동조합의 김경욱 위원장과 이야기를 나누었다. 물론 이 만남 자체가 우리에게 어떤 출구를 보여 줄 것이라고는 생각지 않는다. 하지만 최소한 우리는 우리를 현재의 '상황' 속으로 안내할 수 있는 사람을 만났다고 생각한다. 아주 이상한 말처럼 들리겠지만, 그가 서 있는 곳이 우리가 서 있는 곳이므로, 우리는 그가 서 있는 곳에 가야 한다.

인터뷰는 지난 8월 30일 그린비출판사 회의실에서 이루어졌다. 바로 전날 이랜드 노조와 공동전선을 구축하고 있던 뉴코아 노조가 사실상 백기투항해 버렸다. 우리의 이야기는 거기서 시작되었다.

현재의 우울

고병권 | 어제(2008년 8월 29일) 뉴코아 투쟁이 타결됐다는 소식을 언론을 통해 들었는데, 보도 내용을 봐서는 어떻게 된 건지 잘 알 수가 없었습니다. 36명이 재고용 되고, 2010년까지 파업을 하지 않는다, 외주화는 회사의 경영사안이니까 노조가 개입하지 않는다는 등의 몇 가지 타결 내용이 알려졌는데, 도대체 어떤 상황인 겁니까?

김경욱 | 한마디로 말해서 노조가 얻은 게 하나도 없습니다. [타결이라는 게] 노조가 따낸 게 아닙니다. 핵심간부들은 이미 다 해고된 상태였고, 조합원들이 거의 다 복귀한 상태였고, 해고된 비정규직 조합원 50명 정도만 남아 있었지요.

고 | 재고용에 합의했다는 건 무슨 이야깁니까?

김 | 비정규직으로 신규채용 된다는 말입니다. 예전보다 여건이 더 안 좋아졌습니다. 확인해 봐야 하겠지만, 용역으로 들어간다는 이야기도 있습니다. 어쨌든 신규채용 방식입니다.(인터뷰 후에 들리는 얘기로는 비정규직 조합원들은 용역으로 들어가진 않고 1년짜리 계약직으로 채용되었다고 합니다. 또 1년이 지난 후에도 재계약을 보장하였다는 말도 함께 들리고 있습니다. 이면합의라서 누구고 확실히 말은 못하고 있습니다.)

고 | 실질적으로는 정말 아무것도 얻은 게 없네요.

김 | 이랜드 노조는 남아 있지만, 뉴코아 노조의 경우에는 비정규직 투쟁에 완전히 패배했다고 보는 게 맞습니다. 노조 자체가 지금 존립 위기에 놓여 있습니다.

고 | 두 노조의 구성이 서로 많이 다릅니까?

김 | 많이 다릅니다. 뉴코아 노조는 대부분 정규직이구요, 비정규직은 작년 파업 직전에 해고되면서 가입하기 시작했습니다. 2006년까지는 100% 정규직이었지요. 그리고 뉴코아 노조의 조직 구조는 회사의 [인사] 구조랑 비슷합니다. 회사 관리직들이 노조 각 지부의 지부장입니다. 노조 지도부부터 지부장까지 대부분 회사 관리자들입니다. 실제 평사원, 캐셔들의 경우 노조 간부에서 사퇴하거나 직무대행을 하는 경우는 봤지만, 노조 간부를 하고 있는 경우를 거의 보질 못했습니다. 어떤 면에서는 바로 그런 점 때문에 파업 시 단결력이 높기도 합니다. 회사가 함부로 못할 정도로. 가령 관리자가 회사에서도 상관이고, 노조에서도 지도부다 보니까 파업하자고 하는데 밑에 있는 직원들이 안 따를 수가 없지요.

INTER·VIEW | 이랜드 일반노조 김경욱 위원장 | 고병권+김경욱

고 | 뉴코아가 정규직 노조였다면, 오히려 좋은 의미로 해석할 수도 있지 않을까요. 가령 사람들은 뉴코아 노조가 정규직 노조였음에도 불구하고 비정규직을 위한 투쟁에 발 벗고 나섰다고들 하는데요.

김 | 뉴코아 노조의 투쟁을 폄하할 생각은 없지만, 처음에 뉴코아 노조는 비정규직을 조직화하거나 노조에 가입시키는 준비를 하지 않았습니다. 처음 투쟁은 [사측이] 캐셔들을 몇백 명씩 대규모 인사이동 시키자 그에 반발하면서 시작되었습니다. 당시 뉴코아의 캐셔들 중 노조 조합원들은 모두 정규직이었는데, 회사에서 정규직을 줄이고 캐셔를 외주화하기 위해서 정규직 캐셔들을 인사이동을 시키기 시작한 것입니다. 소위 'PDA사건' 이라고 해서, 계산업무를 입점업체 직원들에게 개인용 단말기를 지급해서 해결하려고 한 겁니다. 그러니 정규직 캐셔들이 남아돌게 되었고, 그렇게 남는 인원을 지하 식품매장이나 새롭게 만든 서비스 지원 부서 같은 곳으로 발령을 낸 것이죠.

고 | 일종의 구조조정이 일어났군요.

김 | 계산업무를 없애는 구조조정이었던 것입니다. 그때만 해도 뉴코아 노조에서는 비정규직을 조직화하겠다는 의지가 없었습니다. 그런데 노조 투쟁이 장기화되고, 비정규직 해고자가 늘어나자, 비정규직 조직화에 대한 필요성이 부각되었습니다. 비정규직 캐셔들이 있으면 파업에 성공할 수 없기 때문에, 그들과 함께 해야 한다고 본 것입니다. 그래서 해고된 비정규직들을 받았던 것입니다. 그때 뉴코아 노조는 이제 돌아올 수 없는 강을 건너간 것이라고 볼 수 있습니다. 왜냐하면 뉴코아 노조도 비정규직 투쟁이 쉽지 않다는 것을 알고 있었고, 더구나 지금까지 이겨 본 전례가 없는 해고된 비정규직 투쟁에 나서야 했기 때문입니다. 어려운 투쟁을 뉴코아 노조가 어쩔 수 없이 받아들인 것입니다.

고 | 처음부터 받고 싶었던 건 아닌데, 안 받을 수도 없는 그런 상황에 빠진 것인가요?

김 | 그러니까 [인사이동 문제로] 자기들도 생존권 걸고 투쟁하고 있는데, 옆에서는 인사이동 정도가 아니라 막 해고되어 나가고 있었거든요. 격렬하게 싸웠습니다. PDA 회수하고, 그것 때문에 절도죄로 고소되기도 했고. 인사이동 정도로 그렇게 싸우는데, 해고된 비정규직을 방치하고 있으면 노조가 비난을 받을 여지가 있었고, 결국 [비정규직 문제에 대해서도] 싸울 수밖에 없었던 것입니다. 물론 [비정규직을] 조직화한 것은 잘했다고 평가받아야 합니다. 하지만 노조의 준비가 완전치 못한 상태에서 급하게 조직화를 했기 때문에 꼬인 것이라고 볼 수 있습니다.

고 | 그럼 이랜드 노조는 어떻습니까?

김 | 이랜드는 조직 구성이 뉴코아하고는 조금 다릅니다. 실제로 뉴코아 노조와 같은 관리자급의 조합원은 20여 명에 불과하고, 그 중에서도 6명 정도만 활동을 하고 있습니다. 저도 그 사람들 중 한 사람입니다만. 나머지 90%가 여성노동자입니다. 여성노동자 대부분은 평사원이고, 그 중에 절반이 비정규직입니다. 이런 구성 때문에 뉴코아 노조에 비해 조직력은 굉장히 약합니다. 이를테면 담당과장이 "파업 나가지 마세요!" 하면 안 나가는 분들이 진짜 많습니다. 상대는 담당과장이고 조합원은 매장에서 가장 지위가 낮은 여성노동자이기 때문에 그렇습니다. 사실 집행력도 조직규모에 비해서는 낮은 수준입니다. 그래서 [까르푸 노조를] [기존의] 이랜드 노조와 통합해야 한다고 결정했던 겁니다. [통합 당시] 이랜드 노조는 소수이긴 하지만, 핵심간부들이 역량이 뛰어나고 의식이 뛰어나서 [제가] 통합을 주장했습니다. 역시 홍윤경 사무국장이나, 이남신 수석부위원장, 지금까지 실력을 발휘하고 있습니다.

고 | 홈에버를 인수하기로 한 홈플러스 측과는 뭔가 진전된 이야기가 있습니까?

김 | 별다른 진전이 없습니다. 홈플러스 입장에서는 아쉬울 것이 없으니까요. 자신들이 해고시킨 당사자도 아니고, 노조를 책임질 일이 없습니다. 법적으로도 양사합의 하면 해고자들을 인수하지 않아도 되기 때문입니다.

고 | 법적으로는 해고자들의 복직투쟁을, 해고시킨 자와 벌여야 하는 건가요?

김 | 법적으로는 해고당사자와 이랜드 리테일이라는 회사와의 분쟁입니다. 만약 고용승계가 되면서 홈플러스가 그대로 인수할 경우에는 홈플러스가 책임져야 합니다. 그러나 해고자 문제를 회피할 수많은 기법들이 있다고 합니다. 양사 간의 합의에서 '해고자를 인수하지 않아도 된다'는 조항이 하나라도 있으면 인수하지 않아도 된다고 하더군요. 홈플러스 입장을 생각하면 아마 당연히 들어가 있을 겁니다. 그래서 인수되는 순간 노동위원회나 행정법원, 민사법원에 근로자 지위확인 소송이나, 부당해고 무효소송을 진행한 것들이 전부 다 각하된다고 합니다. 그런 상황이기 때문에 홈플러스는 느긋한 것입니다. 시간이 지나면 노조는 자연히 와해되기 때문에 뉴코아처럼 될 것이 뻔하니까 …… 뉴코아보다는 두 달 정도 더 버틸 수 있을까? 그런 상태는 뻔하겠죠. 그래서 제가 회사라도 진전을 안 시킬 겁니다.

고 | 그러면 (홈플러스 측과) 쟁점이 형성되고 말 것도 없겠군요.

김 | 이제 쟁점을 부각시키기 위해서 무지하게 노력하고 있습니다. 뭐 정치권의 영향이나, 압력도 필요할 것 같아 그것이 발휘될 수 있도록 노력도 하고 있습니다. 비정규직 문제는 노사 양쪽이 다 양보할 수 없는 문제여서 [대단한 결심을 하지 않

INTER·VIEW

이랜드 일반노조 김경욱 위원장 | 고병권+김경욱

> "의사 말이 그렇더군요. 스트레스가 쌓여 가면서 뇌에 있는 신경들에 무리가 갔다고. 약물로 치료해야 한답니다. 다른 방법이 있는데 그것은 원인을 없애는 겁니다."

고서 섣불리 뛰어드는 것은 무모한 짓이지요.

고 | 참 우울한 상황이네요. 이랜드 투쟁도 4백 일을 훌쩍 넘겼고, 기륭전자와 KTX의 경우도 현재 아주 극한적인 상황에 있고. 지난 8월 초였던가요. 건강연대랑 인도주의실천의사협의회에서 투쟁 중인 이들 비정규직 노동자들의 정신건강 실태조사를 발표했는데요. 그 결과가 참 충격적이었습니다. 정신질환 의심군 비율이 일반인의 7배를 넘더군요. 어느 정도 짐작은 했는데 그 정도인지는 몰랐습니다. 노동자들이 앓고 있는 우울이나 강박, 불안의 정도가 정말로 심각한 것 같습니다. 지난번에 홍윤경 사무국장님과 그 조사결과에 대해 말씀 나눌 기회가 있었는데 본인도 정신건강이 위험한 상태라는 진단이 나왔다고 하시더군요. 본인은 지도부라서 노조원들에게 힘들다는 내색을 하면 안 되겠다 싶어, 일부러 조사 설문지에 건강한 것처럼 오버해서 답을 했는데도 말이지요.

김 | 꼭 비정규직 싸움이어서라기보다, 투쟁이 장기화되고 앞날이 보이질 않다 보니 스트레스가 많이 쌓여 갈 수밖에 없지요. 특히 지도부의 경우엔 자신들을 바라보는 수백 명의 노동자들이 있잖아요. 매일매일 계획을 내야 하기 때문에 거기에 대한 압박이 굉장히 강합니다. 의사 말이 그렇더군요. 스트레스가 쌓여 가면서 뇌에 있는 신경들에 무리가 갔다고. 약물로 치료해야 한답니다. 다른 방법이 있는데 그것은 원인을 없애는 겁니다. 그렇게 하지 못하면 약물치료를 해야 하고요.

고 | 약물로 본인 몸을 치료하든지, 아니면 원인 제공자인 사회를 치료하든지.

이 | 그런 셈이죠.

고 | 위원장님도 최근 정신병 치료를 받고 계시다고 했지요?

김 | 사실 누구에게 표현을 못합니다, 힘들다는 것을 ……. 어쩌면 그게 가장 힘들지요. 지도부니까요. 조합원들은 "우리 위원장", "우리 위원장" 하는데, 어떻게 해야 하는지 잘 모르겠는데, 그래도 의연한 척해야 하고, 눈동자도 죽어 있으면 안 되고. 이런 것들에 대한 부담감이 있지요. 임원들끼리도 그런 점은 이야기 못합니다. 워낙 일이 많아서.

비정규직과의 생존의 연대

고 | '비정규직'이라는 말 때문인지, 비정규직 노동자들은 노동자들의 다수를 차지하고 있음에도 불구하고 예외적인 존재

처럼 생각됩니다. 그래서인지 심지어 파트타임 일을 하거나 임시 계약직에 종사하는 사람들도, 평생 그렇게 살 거라는 생각을 하지 않습니다. 잠시, 예외적으로, 그런 일을 한다고 생각하지요. 그래서 비정규직 노동자의 삶 자체가 우리 시대 새로운 전형이 되어가는 사태가 잘 포착되지 않는 것 같습니다. 한국사회에서 비정규직으로 살아간다는 것은 어떤 것인지에 대해서 여쭤 봐도 될까요?

김 | 전 그게 …… 비정규직이 아니어서 잘 …….

고 | 하하 그렇죠. 위원장님은 정규직이셨지요? (웃음)

김 | 『우리의 소박한 꿈을 응원해 줘』를 보면 잘 나와 있습니다. 사실 저도 몰랐던 이야기들이 굉장히 많습니다.

고 | 위원장님은 정규직이었다고 했는데, 어느 직책에 어떤 일을 하셨나요?

김 | 98년 입사할 당시에는 야채·청과 매니저였습니다. 2003년 노조 가입 후 파업하고 나서 저를 다른 곳으로 보냈지요. 여기저기 거쳐서 파업 전까지는 인천 계산점에 생활용품 코너의 관리자로 있었습니다.

고 | 문제 인물로 찍혔나 봅니다. (웃음)

김 | 까르푸 시절, 노조 가입 후 6개월 만에 파업을 했었죠. 파업이 끝난 후 저를 매장에 그냥 두면 안 되겠다 싶었는지 연수원에 보냈어요. 근데 연수원이 직원들을 교육하는 곳이잖아요. 점심 때마다 교육받으러 온 직원들한테 노조 유인물을 뿌렸지요. 회사가 돌아 버렸어요. 그때 연수원은 인수부 소속이었어요. 그리고 제 활동이 불법적인 것은 아니니 회사에서 제지를 할 수도 없었지요. 그래서 결국 매장에 다시 보냈어요. 계산점 4층이 연수원이었는데, 바로 아래층으로 보냈지요. 연수원 때문인지 거기 직원들이 거의 다 노조에 가입했어요. 계산점에 있는 직원 180명 중 120명이 가입했으니까 관리자 빼고 사실상 다 가입한 것이죠. 회사에서는 저를 계속 계산점에 머무르게 했어요. 다른 곳에 가서 조직화할까 봐, 이미 조직화가 끝난 곳에 그냥 나둔 것이죠. (웃음)

고 | 당시 까르푸 노조도 지금 이랜드 노조처럼 정규직과 비정규직이 함께 있었습니까?

김 | 2003년 이전엔 비정규직이 가입할 수 있었는데, 노조가 [한 번] 완전히 깨지고 나서 비정규직과 과장급은 가입하지 못하게 되었습니다. 지금의 뉴코아 같았지요. 그때 전 과장급이었지만 단체협약 직전에 가입했어요. 이미 가입한 사람은 인정했기 때문에 괜찮았지요. 비정규직이 다시 노조에 가입할 수 있게 된 것은 2006년 단체협약 체결 후입니다. 2005년에

| R2　　　| INTER-VIEW　　　| 이랜드 일반노조 김경욱 위원장　　　| 고병권+김경욱

"
'비정규직'이라는 말 때문인지, 비정규직 노동자들은 노동자들의 다수를 차지하고 있음에도 불구하고 예외적인 존재처럼 생각됩니다. 그래서 비정규직 노동자의 삶 자체가 우리 시대 새로운 전형이 되어 가는 사태가 잘 포착되지 않는 것 같습니다.
"

비정규직 싸움을 계속 해서 프랑스에 있는 까르푸 본사 인사 책임자를 한국에 오도록 해서 비정규직이 노조에 가입할 수 있다는 사인을 받아 냈어요. 하지만 그 전에도 이미 비밀리에 비정규직들이 노조에 가입하고 있었습니다. 2006년 단체협약 체결 이후에는 급속도로 가입이 늘었고요. 2006년 4월은 까르푸 매각발표가 있을 때이지요. 그때 인수합병 반대 투쟁을 하면서 단협이 체결되었던 겁니다. 그때 계약기간 만료 이전에는 해고할 수 없다는 조항도 생겼고 그래서 2천 명 정도가 고용보장을 받았습니다. 그런 것 때문에 단협 체결 이후에 조합원이 많이 늘었어요.

고 | 차이가 뭘까요? 뉴코아도 처음엔 정규직 노조가 싸움을 시작하고, 까르푸도 정규직이 시작했는데, 까르푸 노조, 지금의 이랜드 노조가 비정규직과 함께 이토록 대단한 싸움을 벌일 수 있는 이유 말입니다.

김 | 그것은 의식의 문제기라기보다는 생존의 문제라고 할 수 있습니다. 가령 뉴코아 노조의 경우 정규직이 파업하면 매장이 멈췄습니다. 왜냐하면 캐셔들이 대부분 정규직이었으니까요. [그 누가 뭘 해도] 캐셔가 파업해서 돈을 안 받으면 [매장영업은] 끝나는 것입니다. 그때는 힘이 굉장했기 때문에 파업이 일주일 이상 간 적이 별로 없었어요. 그런데 [어느덧] 뉴코아에도 비정규직이 늘어나기 시작해서 파업을 했는데도 매장이 돌아갔거든요. 이번에도 파업 300일을 했음에도 매장은 정상영업을 했습니다. 사실 저는 그것을 미리 깨달았어요. 2003년 중동점에서 파업을 했는데 60명이 파업에 참가했지요. 전체 직원 6천 명 중에 60명이 파업을 했으니 1%가 한 것입니다. 그럼에도 파업할 때 자신이 있었는데, 왜냐하면 대부분이 캐셔, 신선식품 그러니까 야채, 청과, 정육, 샐러드 바 등 사람들이 가장 많이 찾는 부분의 직원들이 했거든요. 대부분 정규직이었습니다. 저는 파업 매장이 완전 멈출 것이라고 예상했습니다. 왜냐하면 제가 근무할 때만 해도, 한두 사람만 안 나와도 일이 너무 힘들고 빵꾸 메우기도 어렵고 쓰레기 쌓이고 난리였거든요. 그런데 60명이 한꺼번에 일을 안 한다고 생각해 보세요. 그런데 웬걸 매장이 그냥 돌아가는 겁니다. 정규직이 빠진 그 자리에서 비정규직이 정규직하고 똑같은 속도로 작업을 하고 있었어요. 거기에 다른 점포에 있는 직원들하고 관리자가 합세를 하니까, 매장이 완벽하게 정상적으로 돌아갔습니다.

고 | 비정규직이 있는 한 정규직의 파업이 성공하기 어렵다는 걸 깨달으신 거군요.

김 | 그렇지요. 그걸 보면서 비정규직이 함께 파업해야 매장이 멈춘다는 걸 알았습니다. 정규직 노동자들도 그때 함께 확인을 했지요. 비정규직이 중요하다는 것을. 그 이전까지는 비정규직이 내 밑이라고 생각했어요. 그런데 그 일이 조합원들

의 의식을 깨웠고, 저도 그때 충격을 받았습니다. 그 전에는 동정심뿐이었지만 그 이후에는 내가 살려면 비정규직을 조직해야 한다고 생각했어요. 비정규직 조직화 사업에 올인했지요.

고 | 비정규직의 조직화는 성공적이었습니까?

김 | 조직이 잘 안 됐어요. 당시에는 단체협약도 못 받았고, 노조 가입 사실을 공개할 수도 없지, 가입 사실을 사측이 알면 잘리지, 뭐 노조에서 해줄 것도 없지, 조합비로 돈만 나가지, 그래서 초기에는 [해고나 부당행위를] 당했던 사람들 위주로 노조를 찾아와서 조직이 되었습니다.

고 | 비정규직과 함께 하는 것은 정규직에게 의식의 문제가 아니라 생존의 문제라고 하신 말씀이 마음에 많이 와닿습니다. 그런데 역설적이게도 생존이 불안해질수록 연대는 더 어려워지는 것 같습니다. 비정규직을 양산하는 고용 불안은 정규직도 불안하게 만들지요. 그래서 정규직은 자신이 살기 위해서 비정규직을 더 밀쳐냅니다. 강성 노조가 있는 곳에 오히려 비정규직 문제가 심각하다는 것을 주장하는 보고서도 있는데요. 정규직 노조가 사측에게 정규직의 고용 보장을 받는 대신 비정규직 문제에 눈감는 암묵적 합의가 형성된다는 거지요. 물론 정규직 노조가 비정규직 문제를 야기한다는 것은 자본의 이데올로기적 공세이기도 합니다만, 어떻든 확실한 것은 정규직 노조가 자동으로 비정규직 투쟁을 하지는 않는다는 사실입니다. 고용이 불안정해질수록 그 가능성은 더 줄어들고요. 생존이 위험에 처할수록 일부는 더 사측에 달라붙고 일부는 더 바깥으로 내쳐집니다. 위원장님 말씀처럼 정규직이 살기 위해서는 비정규직과 연대해야 하지만, 현실적으로는 '살기 위해서'라는 미명 하에 사측에 붙지 않습니까?

김 | '난 니편' 하면서 회사 쪽에 찰싹 붙죠.

고 | 충성도 경쟁을 해야 하니까요.

김 | 예, 저도 그래 왔는데요 뭘. (웃음)

한국사회에서 비정규직으로 살아간다는 것

고 | 2주 전엔가 제가 월드컵 분회를 찾은 적이 있었습니다. 모두들 연수를 가셨고 두 분만 천막 농성장을 지키고 계셨어

요. 이런저런 이야기를 나누다 예전 일하던 시절 이야기가 나오자 두 분 모두 "돌아가도 다시는 그렇게 당하지는 않을 것"이라고 말씀하시더군요. 일도 고되지만 그렇게 무시받고 살 수는 없다는 말씀이셨는데요. 위원장님은 정규직 출신이라고 하셨지만 역시 함께 일하셨던 분이고 이런 문제들의 심각성을 아주 잘 아시는 분이라 생각해서 여쭤 보고 싶습니다. 대형마트에서 일하는 비정규직 노동자들의 고용이나 작업 환경은 어떻습니까?

김│먼저 문제가 되는 것은 임금입니다. 임금이 너무 적어요.

고│평균임금이 어느 정도나 됩니까?

김│비정규직은 80만 원이에요. 거기에 야간근무·연장근무 이런 걸 하게 되면, 합쳐야 90만 원 정도 받지요. 하루 종일 서서 일한다고 생각해 보세요. 아니 4시간만 서 있다고 생각해 봐요. 저도 캐셔 교육 받는다고 해봤거든요. 한 시간도 못 서 있겠더라고요. 둘째, 인간적 대우를 받지 못해요. 홈에버 직원, 이랜드 직원으로서 대우를 받지 못하는 겁니다.

고│아, 파업할 때 선전물에서 그 전단지 봤습니다. 홈에버 광고 포스터에 직원은 '5% 할인'이라고 쓰여 있던데, 그게 정규직원만 된다고 하더군요. 돈도 돈이지만 정말 자존심이 많이 상했을 것 같습니다.

김│이번 파업도 사실 거기서 비롯됐다고 볼 수 있습니다. 방학점은 그거 보고 열 받아서 전체 직원이 노조에 가입했거든요. 방학점은 거의 대부분이 비정규직이어서 정규직과의 차별이 무엇인지를 느끼지 못했어요. 다 비정규직만 있으니까요. 그런데 그 포스터를 보고 확 돌아섰지요. 생각해 보세요. 비정규직만 있는 매장에 정규직 5% 할인 혜택을 붙여 놓은 것 말이에요.

고│5% 할인한다고 물건 엄청 살 것도 아니지만 기분이 정말 나쁘겠어요.

김│그건 진짜 기분 더럽죠. 거기다가 정규직 몇 명 있는데, 그 사람들한테 비정규직인 자신이 5% 할인 그거 찍어 줘야 하잖아요. 그래서 정규직들도 미안하니까 "내 걸로 사" 그랬는데, 그걸 가지고 회사가 걸리면 자르겠다고 그랬어요. 정말 자존심 상하지요. 그래서 방학점은 그 뒤로 노조에 많이 가입했어요. 제도적 차별도 문제지만 현장에서 느끼는 모욕감이 심각한 수준이지요. 이런 것도 있어요. 정규직들이 [비정규직에게] "언니 [나] 교육받으러 가" 하고 사라지지요. 호텔에 가서 3박 4일 교육받고 옵니다. 같은 캐셔인데 말이지요. [정규직도 자신들만] 거기 다녀온 게 미안하니 자기들끼리만 갔다 온 경험을 이야기하지요. 다음에 갈 정규직에게요. 비정규직들은 전혀 그런 게 없으니, [정규직] 재들끼리만 모여서 뭔가 소곤거린다고 생각하지요. 자신들은 아예 명단에도 없고. 이런 일들이 현장에서 계속 발생해요. 비정규직이 이랜드 노조에서 그렇게 활동을 한 것은 5%[할인혜택], [호텔에서 열린] 전환교육 같은 게 영향을 많이 미쳤어요. 아직도 현장에 있는 조합원들이 우리를 지지하는 이유는 그런 것들을 겪어 왔기 때문이지요.

고 | 여기 '이랜드'가 심한 편인가요 아니면 대형 할인 마트들이 비슷비슷 한가요?

김 | 비슷합니다. 다만 이런 건 있습니다. 아예 그러려니 해왔던 매장과 그런 걸 처음 경험하게 된 매장의 차이가 있습니다. 까르푸에서는 비정규직이 정규직으로 되는 경우도 꽤 많았고, 정규직과 비정규직의 비율이 50:50이었지요. 그 전에 제가 입사할 때는 90이 정규직이고 10이 비정규직이었고요. 그러다 점점 비정규직이 늘어가고 있었지요. 하지만 그렇다고 해서 비정규직이나 정규직의 교육을 따로 한다거나 하는 법은 없었습니다. 임금은 물론 차이가 있었지만 노골적인 차별은 없었어요. 노동조합이 2003년부터 단체협약을 맺고 주5일제를 '비정규직과' 동등 시행했고, 추석 등 명절 선물도 정규직과 비정규직을 똑같이 주었습니다. 나머지는 거의 똑같았는데 차이가 있다면 임금과 휴무에서였지요. 국경일만 비정규직이 유급으로 '휴무를' 받지 못했습니다. 제헌절에 정규직은 쉬고 비정규직은 나와서 일하고 하는 이런 경우는 있었지만, 그것도 잘 드러나게 하지는 않았습니다. 정규직들도 그날 그냥 나와서 일을 합니다. 유통업이기 때문에 직원들이 쉬는 날을 [따로] 정해서 쉬지요. 한 달에 정규직은 아홉 번 쉬는데 비정규직은 여덟 번 쉬는 정도의 차이입니다. 그런데 이랜드가 들어오면서 아예 차별을 제도화시켜 버린 겁니다. 5% 할인 사건이나, 교육도 정규직만 시킨다거나 하는 것들 말이지요.

고 | 왜 그랬을까요? 5% 할인을 꼭 정규직만 한다든지, 호텔 교육을 정규직만 시킨다든지 그런 일을 하면 오히려 반발만 심해질 텐데 말이지요.

김 | 비정규직은 직원이 아니라고 선언을 했어요. 회사는 여러분[정규직]들을 가족이라고 생각하지 비정규직은 같이 갈 수 없다, 그렇게 말을 했어요. 많이 알려진 이야기예요. 정규직 조합원들이 그 [말을 하는] 자리에 많이 있었기 때문에 그런 이야기가 회사에 퍼졌지요. 그런 사실도 알려지고, 회사가 [차별적으로] 대우하는 것도 그렇고, 비정규직 노동자들이 열받게 되었지요. 노조는 [그런 여건에서] 불을 지른 거지요. 이런 건 차별이라고 소식지 뿌리면서 정말 호응을 많이 얻었어요.

고 | 70년대의 여공이 그 시대 노동의 상징이라면 오늘날은 바로 홈에버의 노동자들이 그런 상징이 아닐까 생각해 봅니

INTER·VIEW

이랜드 일반노조 김경욱 위원장 | 고병권+김경욱

" 저는 파업 매장이 완전 멈출 것이라고 예상했습니다. 왜냐하면 제가 근무할 때만 해도, 한두 사람만 안 나와도 일이 너무 힘들고 빵꾸 메우기도 어렵고 쓰레기 쌓이고 난리였거든요. 그런데 웬걸 매장이 그냥 돌아가는 겁니다. 정규직이 빠진 그 자리에서 비정규직이 정규직하고 똑같은 속도로 작업을 하고 있었어요. "

다. 그런데 가령 70년대에는 저임금과 긴 노동시간이 주로 문제가 되었다면, 지금은 물론 저임금은 여전히 문제지만, 노동시간의 길이보다는 그 정서적 내용, 특히 감정을 자극하고 소모하게 하는 노동이 문제가 되는 것 같습니다. 지난 번 홈에버 노동자 몇 분과 말씀을 나눌 때도 이런 표현을 하시더군요. "참 구차하고 더럽다." 어느 분은 소위 '5대 인사' 중 하나를 빼먹었다고 해서 교육장에 가서 두세 시간 친절교육을 받았다고 하더군요.

김 | 그런 게 더러운데요. 그런 사례들을 몇 가지 말해 볼게요. 고객 중에 몇 명을 몇 십만 원 주고 선발합니다. 그 사람들이 돌아다니면서 물어보지요. 대개 엉뚱한 질문을 합니다. 거기에 답변을 어떻게 하느냐를 체크하지요. 가령 시식하는 곳에서 막~ 먹습니다. [시식 담당자가] 얼마나 힘들겠어요. 짜증나지만 그래도 친절해야 합니다. 거기서 조금 잘못 말하면 그게 체크되어 보고되지요. 그런 보고가 나오면 원래는 10시 출근인데 8시에 출근해서 보통 2시간 정도 교육을 받습니다. 2001 아울렛 같은 경우엔 옥상에서 토끼뜀도 시켰다고 합니다. 선착순 뺑뺑이까지 돌리고요.

고 | 정말이요? 무슨 군대도 아니고 …….

김 | 정말입니다. 실제로 그런 일이 있었습니다. 그런 모니터링 제도 때문에 누군가가 나를 감시하고 있다는 생각을 하면서 일을 하는 것, 정말 스트레스를 받을 수밖에 없지요. 누군가 나에게 엉뚱하고 생뚱한 이야기를 해도 친절하게 응대해야 합니다. 심지어 직원들 중에도 모니터 요원이 있을 수 있어요. 서로 얼굴을 아는데도 체크해서 보고하도록 했습니다. 그러니까 예전엔 [직원들끼리] 친하게 지냈는데, 이젠 나를 감시하는 사람이 되어 버린 거죠. 이제 다른 관계가 된 겁니다. 직원이 체크하고, 고객 모니터 요원이 체크하고, 그리고 수시로 돌아다니는 점장 관리자들이 체크하고, 정말 온갖 통제가 작동하지요. 그것뿐이 아닙니다. 모니터 요원이 아니라도 [평상시에 컴플레인(고객불만족)이 있을 수밖에 없습니다. 이메일로 날아올 수도 있고, 모니터 요원이 써서 제출한 것일 수도 있고, 지나가던 점장 눈에 띌 수도 있고 관리자에게 지적받는 경우도 있고요. 2중, 3중, 4중의 감시망 속에서 일하는 겁니다.

고 | 무슨 테러 용의자들도 아니고, 자기 회사 노동자들을 그렇게 첨단 감시망 체계에 가두어야 하는 이유를 모르겠군요. 사실 소비자들도 그런 감정적 봉사를 자연스럽게 받아들이고 누리려 하지요. '마트 직원은 나를 왕처럼 떠받들어야 한다.' 사람들은 마트의 상품만이 아니라 '나는 왕이다' 라는 느낌까지 구매하려 하는 것 같습니다. 왜 그렇게들 왕처럼 행세하려고 안달하는지 모르겠어요. 실제로 일상에서는 같은 시민들이면서 말이지요.

김 | 고객들과 접촉하면서 받는 스트레스가 사실 장난이 아닙니다. 어떤 고객은 직원을 푸대접하는 게 아주 심하기도 해요. 직원들도 사실 회사 나가면 똑같은 시민이거든요. 할인점에 오는 사람들도 대부분 서민들 아닙니까? 물론 좀 있는 사람들도 있겠지만 말이죠. 저희가 후방이라고 부르는 곳이 있어요. 창고 같은 곳인데 거기로 가서 울곤 하지요. 만약 시민하고 다툼이 생기면 비정규직은 무조건 그만둬야 하고, 정규직은 시말서를 써야 합니다. 2003년에 이런 일이 있었습니다. 정규직 캐셔가 고객만족센터에서 손님하고 언성을 높이고 싸웠어요. 아주 심한 손님이었어요. 삿대질에 욕지거리까지 나왔지요. 그 정규직 캐셔는 아무런 징계도 받지 않았습니다. 그런데 입점업체 비정규직은 그날 싸웠다 그날 바로 해고당했지요. 그때 내가 담당 과장이었어요. 아주 새파랗게 젊은 새댁이 와서 어떤 물건 이름을 대며 어딨냐고 물어봤는데 "저쪽에 있습니다" 고 대답을 했답니다. 그런데 가면서 직원에 대해서 뭐라고 심한 말을 하고 간 모양입니다. 그래서 "손님 아무리 그래도 그렇게 말씀하면 됩니까?" 그랬더니 "이 아줌마가 지금 고객을 어쩌구" 하면서 싸움이 붙은 겁니다. 그러자 바로 해고되었지요.

고 | 비정규직의 경우엔 잘잘못을 떠나서 문제가 생기면 바로 해고가 일어나는군요?

김 | 부당한 일이 한두 가지가 아닙니다. 그 아주머니의 경우엔 제가 노조를 막 시작하던 때였어요. 석 달 가까이 부당 해고에 대해 싸웠지요. 까르푸 본사까지 점거했어요. 결국 복직 합의를 봤고 석 달 만에 출근을 했어요. 나도 잘됐다 싶어 인사하고 업무를 보고 있는데 갑자기 난리가 났어요. 매대를 다 빼 버린 겁니다. 복직을 시키긴 했는데 일할 매대를 다 빼 버린 겁니다. 매대는 텅텅 비었고 아무 물건도 채워지지 않았지요. 입점업체 자체를 통째로 뺀 겁니다. 그것은 분명한 경고 메시지였습니다. 까불면 우리는 아예 들어낸다는. 직원은 복직이 되도 원청업체인 까르푸가 계약관계 자체를 해지한 겁니다. 일종의 불공정 거래였지만 감수하겠다는 거지요.

고 | 살벌하네요.

김 | 매대 빼는 걸 보면서 비정규직들은 열도 받았지만, 무섭기도 하고 살벌함을 느낍니다. 나도 충격을 받았어요. 그렇게까지 할 줄은 몰랐거든요.

노동조합 — 차이를 어떻게 조직할 것인가

고 | 이랜드 일반노동조합은 그 구성이 매우 복잡하더군요. 앞서 정규직 중심의 뉴코아 노조와 비교도 하셨지만, 2006년 12월 일반노동조합으로 출발할 때 소식지를 보니, 직접 고용된 정규직이나 비정규직은 물론이고, 방금 말씀하신 아주머니처럼 간접 고용된 사람, 거기에 미화나 경비 등 외주업체의 노동자들도 함께 가입할 수 있게 되어 있던데요. 여러 직종의 노동자들이 지역 단위에서 일반노동조합으로 묶이는 경우는 종종 봤습니다만, 특정 기업 단위에서 일반노동조합이 결성된 것은 제게는 조금 특별해 보였습니다.

김 | 사실 입점업체의 직원들은 가입할 노조가 없습니다. 이 사람들은 일반노조가 있는지도 잘 모릅니다. 또 지역 일반노조에 가입하기에는 애매한 점도 있습니다. 경기도 매장에 직원이 있고 서울 매장에 직원이 있으면 가입하는 노조가 달라지는 문제도 있지요. 그래서 우리는 원청노조가 조직하는 것이 가장 좋다고 생각했고, 그랬을 때 전국적으로도 조직할 수 있다는 생각을 했습니다. 노조의 존재도 알려져 있고, 사무실도 함께 쓰며, 교육도 같이 받을 수 있기 때문에 원청조직의 노조가 조직을 하는 것이 가장 현실적이라고 판단했습니다. 그래서 가입 범위를 확장시켰고, 이랜드 노조 개편하면서 문을 확 연 것입니다. 실제로 비공개로 우리 조합에 입점업체 직원 수십 명이 가입되어 있습니다.

고 | 이랜드 일반노조는 온갖 형태의 노동자들이 함께 할 수 있는 독특한 형태인데, 같은 이랜드 그룹 산하의 뉴코아 노조와는 함께 노조를 구성하지 않았네요?

김 | 사실 이랜드 일반노조는 아주 특수한 경우입니다. 이랜드 그룹 산하에는 노조가 세 개가 있습니다. 뉴코아 노조가 있고, 킴스마트가 있죠. 킴스마트는 같은 서비스연맹의 노조인데 한 번도 연대 온 적이 없어요. 그리고 이랜드 일반노조가 있고요. 이랜드 일반노조의 산하에 2001 아울렛, 이랜드 월드, 홈에버 지부, 그리고 옷 판매 중심의 이랜드 지부가 있습니다. 이랜드 일반노조는 아주 작은 산별노조라고 할까요. 근데 다른 두 개의 노조가 있으니 꼭 그렇게 말하기도 어렵긴 하네요.

고 | 이랜드 일반노조의 구성을 보면서 여러 가지 생각을 하게 됩니다. 사실 노동조합은 시간과 공간이 안정된, 다시 말해 어떤 안정된 직장에서 평생 일하게 된 노동자들, 어떤 하나의 정체성을 형성하고 있는 사람들의 조직 형식이 아닌가 싶습니다.

다시 말해서 고용도 불안정하고 작업 장소도 불안정한 비정규직 노동자들은 노조의 설립 자체도 여건상 어렵지만, 그 조직 형식이 조금 맞지 않는다는 생각을 합니다. 그런데 이랜드의 경우 고용 형태도 다양하고 작업 형태도 아주 다양한 사람들이 어떻게 하나의 노동조합을 구성할 수 있었을까요? 비슷한 업무를 같은 장소에서 같은 시간 동안 수행하는 사람들이 하나의 조합을 결성한 것은 자연스럽습니다. 그런데 동일성이 아니라 온갖 차이로 이루어진 사람들, 다시 말해 정규직과 비정규직이 있고, 직접고용과 간접고용·외주용역이 있고, 업무 성격도 아주 다른 사람들이 하나의 조직을 구성할 수 있다면, 그것은 차이의 조직일 텐데, 일반노동조합은 그 차이를 연결하고 함께 구성한 아주 새로운 조직 형식으로 보입니다.

김 | 사실 정말 복잡합니다. 우선 닥치는 문제는 업무(종류)가 너무 많습니다. 사람들도 너무 다르고. 예를 들어 파트타이머도 레귤러 파트타이머라고 해서 정규직 파트타이머가 있는가 하면 비정규직 파트타이머도 있지요. 하루 네 시간 근무하는 사람인데도 정규직인데, 여덟 시간을 근무해도 비정규직인 사람이 있지요.

고 | 도대체 노조의 의사 결정 같은 것은 어떻게 합니까? 방금 말씀하신 것처럼 정규직·비정규직이 있고, 업무도 아주 다양한데 어떻게 대표를 뽑고 어떻게 의견을 수렴합니까? 가령 파트타이머끼리 모입니까, 아니면 정규직·비정규직 기준으로 따로 모입니까, 아니면 근무하는 매장 단위로 모입니까?

김 | 매장마다 분회를 두도록 규정했습니다. 조합원이 단 한 명이라도 분회를 두도록 했지요. 그리고 조합원 20명당 1명씩 대의원을 뽑도록 했습니다. 그러고 나서 선거도 하고 그러라 했더니 다들 알아서 잘 하던데요. 그래서 그냥 만들어졌습니다. (웃음) 상집(상임집행부)의 경우, 이남신 수석부원장, 홍윤경 사무국장 등은 주임급이고, 나는 홈에버에서는 과장급(일반 회사에서는 대리급 정도)이고, 이경옥 부위원장은 말단 사원입니다. 상집 간부 중에는 비정규직도 있고 정규직도 있고 서로 섞여 있습니다.

고 | 알아서 뽑으면 자연스럽게 섞일 수 있군요. (웃음) 실제로 활동하는 데는 자신이 어디 출신이냐가 큰 문제가 되지는 않는 것 같네요. 미리 생각하기에는 '아이코, 이렇게 복잡한 조직이 굴러갈 수 있을까' 싶은데, 실제로는 다양한 차이들이 하나의 활동 안에서 서로 어렵지 않게 엮이는군요. 파업 이전의 자기 위치, 자기 이익을 고집한다면 함께 하는 것이 거의 불가능할 텐데, 노동조합의 설립과 파업이 그 다양한 사람들을 엮는 방식을 발명해 냈다는 생각이 드네요.

김 | 이런 것 같아요. 까르푸 노조도 정규직 노조로 한 30년 지나다 새로 비정규직 뽑아서 이 사람들이 간부가 되고 그러

면 많이 어색했을지도 모릅니다. 저는 뉴코아 노조가 비정규직 조직을 안 하는 걸 보면서, 연맹 내에서 가장 민주적이고 계급적인 노조라고 하는데 의아하게 생각했어요. 그래서 물어봤죠. 근데 계급적이고 민주적인 것은 지도부 몇 명만 그런 것이지, 노조 내부의 기풍이나 분위기는 그렇지 않다는 것을 투쟁하면서 확인했습니다. 결국 평상시에 비정규직이든 정규직이든 같이 일하고 있는 노동자들이 하나라는 정신으로 활동하지 않으면 당연히 비정규직을 받아들이기가 쉽지 않지요. 자기들은 부인하겠지만 정규직 노동자들은 비정규직 노동자에 대해 선을 그은 겁니다. 지금도 그어져 있고요.

고 | 정규직 노조가 자기 생존이든, 자기 이익이든 확보하기 위해, 비정규직과 선을 긋고 자기 동일성을 강하게 견지하고 있는 셈이군요.

김 | 한 예로 서비스연맹의 가장 큰 노조인 현대백화점 노조를 들 수 있습니다. 우리가 "외주화 반대"를 외치면서 점거농성하고 있는 그 순간에 그 노조는 비정규직 외주화에 찬성했습니다. 캐셔 외주화에 합의했지요. 거기도 관리직 중심으로 구성된 노조고 비정규직 조합원이 없는 상태였습니다. [노조 자체의 구성이 그렇고, 노조 자체가 그렇게 생각하는데] 누가 사용자를 향해서 [비정규직 문제를 가지고] 뭐라고 할 수 있겠습니까.

고 | 정규직 노조가 비정규직을 받아들이고 그것을 통해 자기 변신을 꾀하는 것은 참 어려운 일인 것 같습니다. 사실 이런 문제에 대해 비판적 안목을 가진 사람들로 인정받는 교수나 교사들의 경우에도 비슷한 이야기를 전해들은 바 있습니다. 제가 만난 대학강사 노조의 활동가는 교수 노조 이야기를 해주었습니다. 교수 노조는 만들어질 때부터 전임들만 되고 시간강사는 들어갈 수 없었다고 합니다. 사실 시간강사들이 절반 이상의 강의 업무를 맡고 있는 현실도 그렇지만, 실제로 교원처우와 관련된 여러 문제들이 시간강사 문제와 깊이 연관되어 있고, 무엇보다 노조운동을 하려면 젊은 시간강사들의 힘이 꼭 필요한데도, 교수 노조는 왜 시간강사를 받아들이지 않았을까요? 아무리 민주화운동을 하던 교수들의 눈에도 시간강사는 자신들과 달라 보인 겁니다. '우리는 우리 노조를 만들 테니, 너희도 너희 노조를 만들어라. 그리고 함께 싸우자.' 하지만 문제는 시선입니다. 교수 자신들을 동일자로 발견하고 시간강사들을 구별해 내는 그 시선, 그것은 대학당국의 시선이기도 하거든요. '쟤들은 다르다'고 하는. 전교조에 대해서도 비슷한 말을 들었어요. 얼마나 정확한 이야기인지 모르지만, 전북에 내려가 강연을 할 때, 어느 지회장님께 기간제 교사가 전교조 소속이 되지 못하는 이유를 제가 물었더니 이런 이야기를 하더라고요. 고용이 불안정한 기간제 교사들이 해고라도 될 경우 그 생계를 노조가 책임져야 하는데, 한두 명

도 아니고 그걸 어떻게 노조가 다 감당하냐고요. 그 이야기를 들으니 '이해관계' 라는 단어가 제일 먼저 떠오르더군요. 노동조합이란 결국 이해관계자 운동이구나 하는 생각이요. 사실 뉴코아 노조가 비정규직을 받아들이고 비정규직 철폐 투쟁에 나섰다는 이야기를 처음 들었을 때 정말 놀랐던 이유가 여기 있습니다. 정규직이 자기 이해관계를 넘어섰구나 하는 놀라움요. 그런데 오늘 위원장님 말을 들어 보니 그것도 그런 게 아니네요.

김 | 이해관계입니다, 이해관계. [뉴코아 노조도] 그것 때문에 [비정규직 문제를] 받아들인 것이지, 그것을 넘어서 받아들인 게 아닙니다.

고 | 제가 받은 첫인상과 달라서 많이 당혹스럽네요.

김 | 뉴코아 조합원들도 가장 현명하게 자기들 이해관계에 유리한 방향을 판단한 겁니다. 아까 말한 것처럼 저도 파업해 보니까 비정규직이 없으면 안 되겠더라고요. 정규직이 살려면 비정규직을 조직해야 하고, 조직하려고 보니까 노조 가입하라고 하고, 그런데 노조 가입을 하게 하려면 그냥 되는 게 아니라, 주5일제도 따 줘야 하고 차별도 해소해 주고, 명절 때 보너스도 더 많이 줘야 하고, 이런 것들을 계속 해주는 모습을 보여야 더 발전하지요. 그래야 고용도 보장해 주는 쪽으로 신뢰도 생길 것이고. 그때 노조에 가입하자는 뜻이 모이는 겁니다. 그것도 이해관계라면 이해관계지요. 그런데 뉴코아 노조는 정규직 조합원들이 살아가는 데 전혀 지장이 없었거든요. 정규직만 파업해도 충분했으니까요. 그런데 상황이 변했다는 것을 2005년, 2006년 파업하면서 알게 된 겁니다. 여러 사건이 함께 터지면서 [비정규직을] 안 받을 수 없었던 겁니다. 그때도 '받아야 한다, 말아야 한다' 말이 많았죠. 거의 마지못해 받아들이는 것처럼 몰려 있었어요.

고 | 어찌 보면 진짜 '이해관계' 를 위해서도 서로 다른 존재들이 연대하고 있는 것이 좋을 것 같습니다. 문제는 평소에 그런 활동도 없이 계산기 두드려서 급작스레 그런 연대를 외칠 때 별 도움을 기대할 수 없다는 점이지요. 처음에 여쭙고 싶었던 것은, 그렇게 다양한 업무와 작업 형태, 고용 형태를 가진 이들이, 어떻게 그렇게 하나의 투쟁을 함께 해 나갈 수 있을까였는데, 그런 질문이야말로 책상에 앉아서나 던질 수 있는 질문 같습니다. 실제로 일을 해보면 차이를 엮을 수 있는, 다양한 사람들이 하나의 리듬을 형성할 길은 많이 있는데 말입니다. 따지고 보면 저희 연구실도 아주 다양한 배경을 가진, 온갖 전공의 사람들이 많이 모여 있는데, 그런 사실이 저희가 일을 하는데 방해가 되기보다 힘이 되는 경우가 많거든요. 문제는 차이를 힘으로 전화하는 그런 지혜를 갖고 있느냐겠지요.

INTER·VIEW | 이랜드 일반노조 김경욱 위원장 | 고병권+김경욱

> "라인이라는 게 딱 하나, 캐셔 라인 밖에 없어요. 그러니까 공장에서 '라인을 멈춰라' 하면 생산 라인을 멈추는 것처럼, 유통에서는 캐셔만 멈추면 다 멈춥니다. 돈을 못 벌기 때문에 끝나는 거죠. 라인을 장악하는 게 그래서 중요하지요."

김 | 그냥 조직해야겠다 생각하면 조직하고, 같이 싸우자는 뜻이 맞으면 같이 싸우는 것이지, 저 사람들 조직하면 내가 저 사람들 책임져야 한다는 게 부담된다는 식의 생각을 하면 못합니다. 저는 항상 그런 이야기를 합니다. 자기들끼리의 계급주의, 자기들끼리의 민주주의 아닌지 생각해 보자고. 자기 자리에서 그런 문제를 생각해 볼 필요가 있습니다. 가령 '다함께' 동지들은 이번 이랜드 비정규직 투쟁에 가장 헌신적으로 했던 단위입니다. 그런데 하루는 다함께 동지들이 천막 농성에 왔기에 이런저런 이야기를 하는데, [그 중 한 동지에게] 뭐하냐고 물어봤더니 어디 직장을 다닌다고 하더군요. 자기 직장에도 비정규직들이 많이 있다고 해요. 그 비정규직들이 회사에 대해서 불만이 그렇게 많다고 합니다. 자신이 비정규직 노동자들에게 이랜드 투쟁을 알리겠다고 합니다. 그때 제가 물었습니다. 왜 노조를 안 만드냐고. 그 불만이 있는 비정규직 노동자들을 조직해서 노조 만들면 되지 않느냐고. 그랬더니 그건 어렵대요.

고 | 무슨 특별한 사정이라도 있는 겁니까?

김 | 왜 불가능한지 사실 상상이 됩니다. 돌아가서 노조 만들자고 할 때 그 뻘쭘한 분위기, 그리고 [비정규직 노동자들이 실제로] 가입할지도 불투명한 상황. 이랜드

투쟁은 진짜 열심히 하는데 막상 자기 직장에서는 못하는 겁니다. 그래서 내가 그랬지요. 거리에서 민주화를 외치면 뭐하냐고 자기 직장에서 그래야지. 그랬더니 열 받아서 "니가 우리 직장을 아느냐"고 막 그러더군요. 사실 아까 말씀하신 전교조 사례도 그렇고, 제가 말한 현대백화점 노조도 그렇고, 정규직 노조들에서 생각과 의지만 있으면 충분히 비정규직 노동자들 조직이 가능합니다. 이랜드 일반노조 사례를 보면 알 수 있어요. 그리고 그렇게 해야만 정규직 노조도 살아남을 수 있습니다. 그런데 그걸 못 느낍니다. 다들 아직 편안한 거죠.

라인의 투쟁, 투쟁의 라인

고 | 이제 지난 400여 일, 그 긴 파업 투쟁의 이야기를 들어 보았으면 합니다. 보통 파업은 공장의 생산라인이 멎는 걸로 상징되는데요. 누군가 라인의 전원을 내리지 않습니까. 홈에버 같은 마트에서는 어떤지 모르겠습니다. 지난 번 만난 홈에버 노동자 분은 파업 투쟁의 때를 이렇게 기억하시더군요. 상황이 어떻게 될지 몰라 가슴을 졸이는데 멀리서 조합 간부들이 들어오는 게 보였답니다. 그래서 앞의 계산대에 있는 동료에게 말했대요. "언니, 이제 계산 그만해." 가슴 떨렸지만 계산처리를 하다 그냥 일을 멈추고 나왔대요.

김 | 유통 쪽에서, 단점일 수도 있고 장점일 수도 있는데, 라인이라는 게 딱 하나, 캐셔 라인밖에 없어요. 그러니까 공장에서 '라인을 멈춰라' 하면 생산 라인을 멈추는 것처럼, 유통에서는 캐셔만 멈추면 다 멈춥니다. 돈을 못 벌기 때문에 끝나는 거죠. 매장에 아무리 판매직원 수백 명이 있어도 캐셔 10명만 멈추면 멈추는 겁니다. 라인을 장악하는 것이 그래서 중요하지요.

고 | 그러니까 사측에서 캐셔들을 기계화하거나 외주화하려는 것이군요. 노조 영향력을 줄이려고.

김 | 그런 라인을 점점 없애 가고 있습니다. 아까 말한 'PDA사건' 같은 거죠. 이게 무엇인가 하면, 입점업체에 PDA 같은 결제 도구를 줘서 거기서 직접 계산하도록 하는 겁니다. 뉴코아가 그런 사례죠. 예전에는 전체를 가둬 놓고 캐셔 라인을 통해서만 계산하도록 했어요. 왜냐하면 원청 회사가 직접 돈관리를 하려고 했거든요. 입점업체가 삥땅칠까 봐요. 그런데 이제는 삥땅을 제도적으로 보완했거든요. 영수증 발행하지 않을 경우 고객이 신고하면 고객에게 20만 원을 지급하도록

한 겁니다. 일종의 고객감시체제를 작동시킨 거죠. 그래서 영수증 무조건 발행하도록 하고, PDA를 개별 입점업체들에게 주는 겁니다. 라인은 점점 축소시켜 가고요. 우리 조합원들 중에 반 정도는 식품부나 영업부에 있는 사람들인데, 이 사람들은 파업에 거의 아무런 영향력을 갖지 못하죠. 하지만 캐셔 라인은 엄청난 파워를 갖고 있습니다. 그래서 캐셔를 다 비정규직화 시키려고 하는 것이죠.

고 | 최근에 유통 서비스 쪽에서 캐셔 문제가 두드러지는 것이 이와 관련이 있는 것 같네요. 거기가 핵심이니까.

김 | 그것을 장악하기 위해서 노조나 회사가 치열하게 싸우는 겁니다. 뉴코아 싸움도, 이랜드 싸움도 사실은 거기에서 비롯되었죠. 라인을 장악하기 위한 싸움 말입니다.

고 | 본격적으로 노동조합의 지난 투쟁 이야기를 해볼까요. 이랜드 일반노조 설립 당시로 거슬러 올라가 보지요.

김 | 2006년 3월 30일에 단체협약을 체결하고, 같은 해 4월 28일에 이랜드가 까르푸를 인수한다는 발표가 있었습니다. 그 발표가 있은 지 하루 만에 당시 뉴코아 노조 위원장 정병원 씨가 전화를 해서 회의를 할 때 와 달라고 했죠. 5월 1일에 뉴코아 노조 사무실에 가봤더니, 소위 사람들이 무시무시하다고 하는 이랜드 노조 간부들이 있었어요. (웃음) 뉴코아 노조 간부들이야 원래 서비스연맹 소속이었으니까 얼굴은 익히고 있었는데, 이랜드 간부들은 화학섬유연맹이라서 전혀 몰랐거든요. 처음 회의에서 이런저런 이야기를 하는데 역시 선수들이라서 그런지 도통 내가 알아들을 수 없는 말들을 하더군요. (웃음) 어쨌든 결론은 같이 모아서 싸워 보자는 것이었습니다. 그때 당시에는 뉴코아 노조와 이랜드 노조가 공동으로 임단협을 하고 있었는데, 뉴코아 노조가 이랜드 노조를 많이 도와주고 있었지요. 그때 파업 투쟁을 같이 하자고 제의가 들어왔어요. 하자고 하니까 '싫어요' 할 수도 없고 그래서 그때부터 같이 한 거죠.

고 | 뉴코아가 아니라, 이랜드 노조와 까르푸 노조가 합친 건 어떤 계기를 통해서였습니까?

김 | 그때 10월까지 모두가 열심히 싸웠지요. 매장 진입도 하고 본사 가서 별짓을 다 했는데 10월에 갑자기 뉴코아 노조가 먼저 타협하고 들어가 버렸어요. 이랜드 노조하고 까르푸 노조만 덜렁 남았지요. 그때 부작용이 많았습니다. (웃음) 그때가 삼사 노조 통합하자는 논의가 되던 때였는데, [뉴코아가 자기만 타협하고 들어가니까] 통합 논의는 물 건너가 버렸지요. 뉴코아가 들어가고 이제 힘없는 까르푸 노조하고, 정말 소수인 이랜드 노조가 떨렁 남았는데, 어떡합니까, 다시 두 노조가 함께 싸움을 시작했지요. 중계점에 천막을 치고 싸움을 했는데, 그때 내가 이랜드 노조와 까르푸 노조의 통합을 제안했습

니다. 이대로 갈 수 없다. 나도 이제 노조 그만하고 싶다. 근데 그만하려고 보니까 조직력이 전혀 준비가 안 되어 있죠. 그러니 뛰어나고 일 잘하는 이랜드 노조 간부들 내세우고 나는 빠지겠다 이런 생각으로 제안을 했지요. (웃음)

고 | 하하 그런 농담을 하시다니. 그러니까 베테랑인 이랜드 노조와 결합을 하면, 수는 많지만 조직력이 약한 까르푸 노조의 힘이 크게 신장될 거라 보신 거군요? 그런데 통합은 매끄럽게 진행됐습니까?

김 | 우리[까르푸] 조합원들이 많이 반대했지요. 뉴코아처럼 크고 돈 많은 노조하고 통합하면 모를까, 왜 하필 50명밖에 없고 빚만 잔뜩 있는 이랜드 노조 — 그때 빚이 몇 억 있었어요 — 랑 하려고 하냐고요. 그때 홍윤경 사무국장이 이랜드 노조 위원장이었습니다. 통합을 위해서 조합원들을 설득하러 돌아다녔어요. 그러면서 까르푸 노조의 고용안정을 위해서 이랜드 노조가 전면 파업을 하겠다고 선언했지요. 홍윤경 위원장이 돌아다니면서 설득한 결과 이랜드 조합원들이 정말 한 달 파업을 결의했어요. 까르푸 조합원들에게 보여 주기 위해서요. 이랜드 노조가 까르푸 노조를 위해서 파업을 한다니, 생각해 보세요. 그리고 그때 이랜드에서 까르푸 인수해서 리모델링하고 있었는데 중계점 리모델링을 저지하겠다는 겁니다. 누가? 까르푸 조합원이 아니라 이랜드 조합원이 말이에요. 집회를 박으니까 회사가 리모델링 계획 자체를 한 달 연기했어요. 그래서 저지에 성공했지요. 파업 첫날부터 천막 농성을 시작하고 선전전하고, 파업한 조합원 50명이 뛰어다니는데 대단했지요. 그게 되면서 노조 통합에 대한 반대여론이 싹 사라졌어요. 그래서 두 달 만에 통합 출범식을 했지요.

고 | 그럼 집행부는 어떻게 꾸리셨습니까?

김 | 나는 노조 위원장 못한다고 두 달 도망다녔어요. 2003~2006년까지 3년 정도 해서 너무 힘들었기 때문에 이제 그만 하겠다고 했죠. 그런데 1년만 딱 더 하자고 해요. 통합했으니까 융화 기간은 책임져야 하는 거 아니냐고요. 그래서 1년만 하기로 했는데 지금 1년이 훌쩍 넘어 버렸어요. 원래 홍윤경 사무국장이 더 선배이기도 하고, 그분이 위원장해야 한다고 했는데, 조합원 정서상 1천 명 조합 위원장하고 50명 위원장하고 합쳤는데, 50명의 위원장이 위원장을 하면 안 된다고 해서 제가 위원장, 홍 위원장이 사무국장으로 되었지요. 부위원장은 서로 한 명씩 하고요. 이남신 수석, 이경옥 부위원장. 그렇게 해서 지금까지 왔습니다. 이랜드 노조 이남신 동지나 홍윤경 동지, 통합 이후에 보여 준 그 헌신과 희생은 말로 표현할 수가 없어요.

고 | 『우리의 소박한 꿈을 응원해 줘』 그 책에 노조원들의 그 분들에 대한 고마움과 믿음이 많이 배어 있더군요. 슬쩍슬쩍

" 파업 끝내는 날 매장 점거하자고 했지요. 내용을 설명하고 마지막 방법이라고 하면서 반대하면 안 하겠다, 구속될 수도 있다, 구속 결의된 사람만 들어간다, 그런 이야기를 다 했지요. 한 사람씩 의견을 말하게 했어요. 노조 가입한 지 두 달밖에 안 된 분회장님들, 다 아줌마들이었는데, 그 분들이 하겠다는 겁니다. 100% 다 한다고 했습니다. 사실 내 마음으로는 반대해 주길 바랐어요. 저도 부담스러웠거든요. "

지나가면서 말씀하시는데, 정말 지도부에 대한 신뢰가 대단하다는 걸 느꼈습니다.

김 | 조합원들이 모르는 것도 많고, 우리도 조합원들을 잘 모르고 그러는데, 그 책을 통해서 서로 많이 알게 되었습니다. 어쨌든 여전히 조합원들이 지도부들을 신뢰해 주고 따라 주는 것에 대해서는 너무 고맙게 생각합니다. 복귀한 조합원들도 노조와 등 돌리고 있지 않아요. 복귀한 조합원들도 아직 노조에서 탈퇴하지 않고 서로 좋아하고 동시에 미안해하죠.

고 | **가장 많이 알려진 투쟁이 6월에서 7월 사이, 20일간 월드컵점을 점거한 투쟁입니다. 이경옥 부위원장님은 그 투쟁이 원래 1박 2일 정도 예정되었던 것인데, 지도부가 조합원들에게 사실상 인질처럼 잡혀 그렇게 길어졌다고 웃으며 말하시더군요.**

김 | 당시에 이랜드 일반노조가 출범했고, 뉴코아 노조도 PDA사건으로 구조조정이 진행되고 있어서 공동투쟁을 했습니다. 당시엔 뉴코아도 절박한 상황이었기 때문에 뭔가 다른 어떤 투쟁을 해야 한다는 생각에 고민이 많았지요. 이랜드 일반노조도 홈에버 비정규직 해고가 늘어났고 4월엔 우리 조합원까지 해고되었지요. 자고 나면 여기저기서 해고가 되고, 정말 미칠 뻔했어요. 그래서 뉴코아와 이랜드 노조가 함께 투쟁을 했지요. 그게 잘 돼서 언론에 보도도 되고 민주노총도 큰 관심을 가졌지요. 그런데 사건이 하나 있었어요. 민주노총의 이석행 위원장이 현장 대장정을 하면서 저희들을 만났습니다. 6월 20일쯤인가 뉴코아 야탑점에서 집회를 할 때였어요. 그때는 조합원이 많아서 인의 장벽을 쳐서 [마트를] 빙빙 둘러싸고 있었죠. 그때 사람도 많고 하니까 우리 이랜드 일반노조는 근처 홈에버에 가자, 그래서 점거하자는 말이 나오기도 했지요. 그러고 있는데 이석행 위원장이 와서는 "이 싸움은 민주노총에서 책임진다" 그러는 거예요.

고 | **민주노총에서 너무 큰 소리를 쳤군요? (웃음)**

김 | 그때 저도 민주노총의 실력을 알아봤어야 하는데 당시엔 몰랐지요. 민주노총 위원장이 책임진다고 하니까 정말 '이 싸움은 이겼다' 고 생각을 했어요. 당시에는 부분점거 정도를 생각했어요. 벌금 정도 각오하고 부분점거를 통해 회사를 압박할 생각이었지요. 그런데 뉴코아 노조가 갑자기 이석행 위원장 말에 뻴을 받았는지 전면파업을 하겠다는 겁니다. 그 전까지는 부분파업을 해서 주말에만 싸우고 그랬는데. 일주일간 전면파업을 하고 일주일 안에 끝을 내겠다고 했어요. 자기들은 더 견딜 수 없다면서요. 이랜드는 어떻게 할 거냐고 묻기에 당황했죠. 그때 우리는 준비도 안 된 상태였거든요. 조합원들도 해고에 대한 분노는 있었지만요. 그런데 그때 나도 오판했었던 것 같아요. 우리 조합원들이 얼마나 분노하고 있었

는지를 몰랐어요. 그래서 그냥 준비가 안 되어 있다, 전면파업 못 버틴다고만 생각했지요. 추석까지는 부분파업으로 가고 추석 전에 전면파업을 며칠 하고 정리하려는 게 우리 계획이었지요. 그러자 뉴코아가 단독으로 하겠다고 했어요. 회의 끝나고 오는데 영 찝찝했어요. 뉴코아 노조가 전면파업 하겠다는데, 이랜드 일반노조는 하루라도 해야 하는 게 아니냐 하는 고민이 들면서 간부회의 때 이야기를 했지요. 그랬더니 이런 제안이 나온 겁니다. 우리도 장기파업 못한다, 한방 강하게 하고 끝내자. 그래서 그러자 하고 제가 월드컵점 점거를 구상했지요. 원래 계획은 네 군데 동시 점거하는 것이었어요. 1박 2일이면 [뉴코아 노조와 함께] 네 군데 점거가 가능하리라 생각했거든요.

고 | 뉴코아 노조가 기뻐했겠군요.

김 | 제가 그 계획을 가지고 다음 회의에 가서 우리도 전면파업 하겠다고 했어요, 23일에. 대신 짧게 끝내기 위해서 파업 끝내는 날 매장 점거하자고 했지요. 그랬더니 뉴코아가 불법투쟁은 못한다는 겁니다. 결국 거기서 계획을 수정했지요. 우리는 한 매장만 한다고요. 그때 뉴코아가 붙고 동시에 했으면 아마 상황이 달라졌을 겁니다. 결국 한 매장만 한다고 결정하고 전체 대의원회의를 소집했어요. 내용을 설명하고 마지막 방법이라고 하면서 반대하면 안 하겠다, 구속될 수도 있다, 구속 결의된 사람만 들어간다, 그런 이야기를 다 했지요. 모두 한 사람씩 의견을 말하게 했어요. 노조 가입한 지 두 달밖에 안 된 분회장님들, 다 아줌마들이었는데, 그 분들이 하겠다는 겁니다. 월드컵 분회장님도 구속결의를 하겠다고 하고요. 100% 다 한다고 했습니다. 사실 내 마음으로는 반대해 주길 바랐어요. 저도 부담스러웠거든요. 한 번도 해본 적이 없어서. 그런데 다 하겠다고 하니 뒤로 빠질 수가 없는 상황이 된 거죠. 그래서 1박 2일 점거를 하기로 하고 월드컵점 점거에 들어갔습니다.

고 | 매장에 들어가는 게 쉽지 않았을 것 같은데요.

김 | 들어갈 때 함정이라는 느낌도 있었습니다. 우리를 충분히 막을 수 있었는데 경찰들도 다 보고 있었거든요. 그 전에 이미 더 강하게 투쟁하겠다고 계속 경고해 왔고 월드컵점에 집회도 박았고요, 계속 매장에 들어가려고 싸우기도 했어요.

고 | 월드컵점을 점거한다는 암시를 충분히 준 셈이네요.

김 | 네. 정문을 못 뚫었지만, 직원 출입구를 통해서 들어갔더니 갑자기 보안 경비들이 다 철수해 버리는 겁니다. 문을 열고. 그래서 다 들어갈 수 있었지요. 함정이라는 판단은 있었지만 어쩔 수 없었습니다. 일단 점거하고 다음 날 철수할 것인

| INTER·VIEW | 이랜드 일반노조 김경욱 위원장 | 고병권+김경욱 |

가 말 것인가를 조합원 총회에서 결정하기로 했어요. 그때 뉴코아 노조가 마포 일대에서 선전전을 했는데, 그 선전전 끝나고 홈에버 매장으로 들어왔죠. 600명이 이미 점거하고 있는데 1000여 명이 구호 외치고 음악 틀고 그러면서 좁은 매장에 들어왔습니다. 그게 YTN을 타고 나갔고, MBC 9시 뉴스에도 나가고요. 그러면서 터진 겁니다. 나도 그렇게까지 언론을 탈 줄은 생각을 못했어요. 운동권들도 그때 다 만났지요. 알지도 못하는 수많은 사람들, 전국의 운동권이란 운동권은 그 20일 동안 다 만난 것 같아요. (웃음)

고 | 처음에 들어갈 때 함정에 빠진 느낌이었다고 하셨는데, 생각해 보면 누가 함정에 빠졌는지는 모르겠네요.

김 | 네, 회사도 이러다가 나갈 거라 생각을 것이고, 경찰도 그렇게 생각했을 겁니다. 경찰도 당황했는지, 점거된 것을 포위해야 함에도 거의 열흘 정도를 방치해 뒀어요. 어떻게 해야 할지 대책이 안 섰으니까요. 그래서 점거를 했던 조합원들이 출퇴근을 했어요. 나도 중간에 집에 갔다가 샤워하고 오고 그랬지요. 그런데 장관 중에 한 명이 그걸 지나가다가 봤답니다. 청와대 대책회의에서 그 사람이 어떻게 점거농성장에서 출퇴근을 할 수가 있냐고 해서 그날 그 이야기 나오자마자 저녁에 딱 막혀 버렸죠.

고 | 그 투쟁 이후로도 벌써 1년이 지났네요. 그 뒤의 투쟁들은 어땠습니까?

김 | 7월 21일 날 구속된 후 3개월 동안 무슨 일이 있었는지는 잘 모릅니다. 동영상으로만 봤어요. 근데 출감 후에 나와서 보니 참담한 상황이었어요. 가는 곳마다 얻어맞고, 고소 소환장에, 조합원들은 돈도 없었고요. 심지어 차비가 없어서 [연대 투쟁하는 곳을] 걸어 다닐 정도였으니까요. 감옥에 보내 주는 글들, 구속 노동자에게 보내 주는 무슨 잡지들을 보면, 이랜드 투쟁이 어쩌구 저쩌구, [여러 곳에서] 마구 지원이 쏟아지고 있다고 그랬는데 웬걸 가 보니까 완전히 거지였어요. 너무 화가 났습니다. 모 간부에게 그때 민주노총을 탈퇴하겠다고 말할 정도였어요. 정말 화가 났습니다. 어느 매체랑 인터뷰 할 때도, 이 투쟁 승리하고 조합원들 현장에 복귀시키기 위해서 필요하면 내 영혼이라도 팔겠다고 했어요. 그때 상황이 너무 참담하고 절박했거든요. 조합원들은 위원장이 풀려났다고 하니까 위원장이 우릴 구원해 줄 거라는 눈빛이 있었죠.

고 | 작년 말 조합 총회를 지켜봤을 때 저도 비슷한 걸 느꼈습니다. 조합원들이 위원장님을 좋아하기는 하는데, 어떻든 위원장이 뭔가를 해결해 줄 거라는 정서가 강한 것 같았어요.

김 | 자연스러운 정서라고 봅니다. 사실 말하기는 뭣하지만 내가 없는 동안 노조 내부에 정파는 아니고 분파가 생겼습니

다. 위원장이 구속기간이 너무 길어서 현장 상황을 잘 파악하지 못하고 있기 때문에 이후 투쟁에 적합하지 않다는 식의 의견이었어요. 위원장을 교체하자는 조직이 내부에 있었습니다. 소수였지만. 출감하고 가 보니까 회사하고의 싸움도 치열했지만, 노조 내부의 싸움도 굉장히 치열했습니다. 내가 막상 나온 후에는 잠잠해졌는데, 나중에 다시 수면 위로 올라와 폭발했지요.

고 | **쉽게 이해되지는 않네요.**

김 | 가령 이런 식입니다. 총회 때 소속을 밝히지 않은 유인물이 뿌려집니다. 쟁대위[쟁의대책위원회]를 해산하고 무슨 투쟁위원회를 만들어서 '총회 민주주의를 이룩하자, 조합원들을 들러리 세우는 지도부는 각성하라' 그런 식으로 지도부를 흔드는 일들이 있었습니다. 제 나름대로는 상당히 민주적인 방식으로 진행하고 있다고 생각했는데, 이런 것들이 쏟아지면서 고통스런 분파주의와의 싸움이 내부에 있었습니다. 반대파 중에는 우리 상집[상임집행부] 간부도 있었어요. 상집은 위원장이 선발한 간부들인데도 말이지요. 일부 정리가 되긴 했는데 아직도 그 세력이 남아 있습니다. 노조가 민주적 방식으로 운영되고, 조직적으로 해가 되는 행동만 하지 않으면 사실 상관은 없습니다. 현재 그런 행동을 하지는 않으니까 그냥 용인한 상태에서 지내고 있는 겁니다.

고 | **그렇게 정리가 된 겁니까? 그 분들이 노조를 탈퇴하거나 하지는 않았습니까?**

김 | 노조 탈퇴는 하지 않았는데 실제로 활동을 하면서 정리가 됐죠. 사실 어떤 활동을 하면 [그 사람들이] 이렇게 비판해요. 자꾸 지도부는 승리할 수 없는 방향으로 가고 있다고. 투쟁을 다른 방식으로 해야 한다고. 그럼 제가 말하죠. 좋다, 그렇게 하자. 그러면 또 다른 딴죽을 걸면서 빠져요. 언젠가 2001 아울렛 철산점 점거 계획이 있었어요. 조합원들 동의를 구하는 과정에서 동의가 안 구해지는 겁니다. 40% 찬성에 60% 반대. 그래도 한번 해보자, 돌파구가 없으니까 그랬죠. 그때 그 학습조직에 있던 사람들도 다 와라, 니들이 하자고 한 거니까 와서 하자 그랬어요. 그랬더니 다른 문제를 제기하면서 위원장이 먼저 사과하지 않으면 못하겠다. 그런 식입니다. 내가 사과할 일도 아닌 것 같은데 ……. 결국 그 계획은 무산되었죠. 점거 농성은 단합이 안 된 상태에서는 도저히 할 수 없거든요. 그런 일들이 벌어지면서 그 모임이 내부적으로 지중지란에 빠진 것 같습니다. 몇 명은 잠수타고 지금은 일부만 남아 활동하고 있죠. 노조로서는 일단 우리 조합원이니까, 그리고 상집도 다시 끌어들이고 해서 다시 활동합니다.

| INTER-VIEW 이랜드 일반노조 김경욱 위원장 고병권+김경욱

" 한국 노동운동은 오랫동안 상급 기구의 강화를 위해 노력을 해온 것 같습니다. 한국노총을 대체하는 민주노총을 만들기 위해서, 그리고 협상력 강화를 위해 큰 산별 노조를 만들기 위해서 노력해 왔습니다. 그런데 오히려 상층을 강화하는 것이 현장 투쟁에 힘을 보태기보다, 어떤 면에선 현장에서 멀어지는 일이 되지는 않았는지 모르겠습니다. "

수직적 절망 — 민주노총의 문제

고 │ 지난 투쟁을 외부와의 연대라는 점에서 바라보면 어떤 이야기를 할 수 있을까요? 이랜드 투쟁은 상대적으로 사회적 반향이 아주 컸지 않습니까? 그래서 실제로 여러 운동단체들이 연대했고, 무엇보다 민주노총이 "이랜드 투쟁에 패배하면 깃발을 내리겠다"고 할 정도로 전력을 다했던 투쟁이었는데요.

김 │ 이번에 민주노총이라는 조직과 싸움을 처음으로 같이 해봤는데, 아직 결론을 내리지는 않았지만 굉장히 실망했습니다. 조합원들도 그렇고 저도 그렇습니다. 누구나 자기 실력만큼 열심히 하면 되는 겁니다. 그걸 문제 삼는 건 아닙니다. 문제는 실력이 있음에도 안 하는 겁니다. 정규직 노조가 실력이 있으면서 비정규직 조직하지 않는 것 같은 그런 느낌이죠. 정말 많이 실망했습니다. 말로는 비정규직 조직화 얘기를 많이 하는데, 실제로 뭔가 할 때는 굉장히 후퇴하고 몸 사리는 모습을 많이 봤어요. 겉으로는 헌신적으로 보이는데 말이에요.

고 │ 사실 민주노총에 대한 불편한 감정을 저도 몇 번 읽은 적 있습니다. 언젠가 노조 총회에서 생계비 지원 문제 이야기가 나왔을 때 조합원들이 쓴 웃음을 짓더군요. 민주노총이 뭔가를 하겠다고 한다는 말을 전할 때마저도 조합원들의 표정이 참 묘하더군요. 홈페이지 게시판에는 수배 중인 이석행 위원장을 보위하라는 지침에 대한 냉소적인 반응도 있었고요. 이랜드가 민주노총을 지켜야 하는지, 민주노총이 이랜드를 지켜야 하는지 모르겠다고요. 민주노총 활동가들도 어떤 면에서는 열심히 싸웠는데, 뭔가 현재 이랜드 투쟁과 잘 어울리지 않는 모습을 보인다는 느낌을 받습니다.

김 │ 여러 좋지 않은 모습에 대한 기억이 있습니다. 가령 [작년 월드컵점을] 점거했을 당시에 그 다음 날에 민주노총에서 점거를 풀라고 연락이 왔습니다. 조합원들은 점거를 계속해야 한다고 하는데 민주노총에서는 점거를 풀라고 했지요.

고 │ 그 이유가 무엇이었습니까?

김 │ 나도 모르겠습니다. '이렇게 해서는 안 된다' 는 식이었는데, [제 자신이 납득이 되지 않아서] 기억이 잘 나지 않습니다. 당연히 [조합원] 회의에서 받아들여지지 않았지요. 이유가 전혀 받아들여질 수 없을 정도였습니다. 점거를 더 엄호할 생각은 안 하고. 그때 저도 엄청 분개했습니다. 그 이후에 민주노총 위원장이 와서는 조합원들 사이에서 분위기 타니까 "이 투쟁은 이미 승리했다"며 유머도 날렸지요. [그렇게 우리 점거를 격려하는 말을 하곤 했지만] 실제 집행은 전혀 달랐습니다.

고 | 겉으로는 점거 투쟁을 지지했지만 실제로는 그것을 원하지 않았던 건가요?

김 | 기막힌 예는 많습니다. 단적으로 작년 12월쯤 노조는 아직 비정규직 문제를 해결해야 한다고 하고 있는데, 민주노총에서 중앙노동위 중재를 받으라고 했습니다. 중노위 조정을 받으라는 이야기는 문제 해결하지 말자는 이야기입니다. 연세의료원이 중노위 조정을 받고 완전히 개박살 났었죠. 중노위는 공공기관이기 때문에 손배소 가압류나 해고자 문제 등 법적으로 해결해야 할 문제를 다루지 않아요. 비정규직 문제, 외주화 문제도 아주 소극적으로만 다루지요. 게다가 그 중재안은 강제성도 없고요. 사실 민주노총 내부에서는 [하위 노조가] 중노위 조정을 하려고 하면 상급 단체가 말립니다. 중노위 조정을 하겠다고 하면 오히려 지도를 해야 할 사안이라는 말입니다. 그런데 민주노총 간부가 우리에게 와서 '이제 중노위 조정을 받아 보자' 하고 던지는 겁니다. 그래서 내가 [민주노총이 어떻게 그럴 수 있냐고] 강하게 비판했더니, "아니 이건 개인 의견이야" 그럽니다.

고 | 사람을 정말 황당하게 하는군요. 그 생계비 지원 문제는 어떻게 된 겁니까? 정말 말이 많던데요.

김 | [앞서 말한 것처럼] 내가 출소하고 보니 노조에 돈도 없고 조합원들도 생활이 엉망이고 해서 답답했지요. 내가 감옥에 있을 때 이석행 위원장이 다른 노조들에서 16억을 걷어서 조합원들 생계비를 준다고 했어요. 그런데 나와서 보니까 1억도 안 걷었어요. 빚만 잔뜩 있는 상태였죠. 제가 [민주노총이 약속한 생계비를 도와 달라고] 모든 노조들을 일일이 찾아다닐 수는 없는 것 아닙니까? 그래서 이석행 위원장을 만나려고 했지요. 회의를 한 후 이석행 위원장에게 공식적 경로로 면담을 요청했습니다. 그런데 몇 개월이 지나도 만나 주질 않는 겁니다. 회의 때마다 왜 안 만나 주냐고 물었습니다. 그러자 나중에 저녁이나 한끼 하자고 연락이 오길래 기다렸는데 역시 무소식이에요. [오히려] 다른 민주노총 간부는 왜 만나려고 하느냐고 제게 따졌고요. 그래서 또 싸웠습니다. 그 사람은 우리[민주노총 간부]한테 말하면 되지 꼭 이석행 위원장에게 이야기해야 하냐는 거예요.

고 | 그럼 위원장은 그 뒤로 결국 만나질 못하신 겁니까?

김 | 그렇게 못 만나다 이석행 위원장을 처음 만난 게 총선 즈음입니다. 진보신당 비례후보 추천을 우리 노조가 할 수 있다는 게 알려지고, 총회 때 비례후보 전술을 택하기로 정했지요. 민주노동당 탈락하고 결국 진보신당으로 가자고 결정하기 직전, 그 총회 때 이석행 위원장이 절 불렀습니다. 그때 처음 만났습니다. 너무 뻔한 시점이고 아주 노골적인 시점이었죠.

고 | 『우리의 소박한 꿈을 응원해 줘』라는 책에 보니, 어느 조합원이 그때의 일을 적어 놓았던 것 같은데요. 투쟁을 승리로 이끌기 위한 방편으로 비례대표 후보 전략을 세웠고 결국 복잡한 과정을 거쳐 진보신당 후보로 이남신 수석부위원장이 나가게 되었는데, 민주노총 쪽에서 정파적인 접근을 해와서 정말 기분이 나빴다고 하더군요. 정말 속상한 것은 비례대표 후보 관련해서 비상총회를 열었을 때 서비스연맹 관계자가 이상한 안건을 들고 온 일이었다고 하더군요. '비례대표에 나가지 않으면 몇천 명의 연대를 모아 주겠다' 는 둥, 'CMS 후원금을 조직해 주겠다' 는 둥. 정말 속 보이는 정파적 태도 때문에 많이들 울었다고요. 어떻든 참 씁쓸하네요. 그 이후에 어떻게 만나긴 하셨습니까? 이석행 위원장님요.

김 | 그 이후에 한 번도 못 봤습니다.

고 | 이것은 구조 문제 이전에 윤리 문제라는 생각이 드네요. 저로서는, 아니 저만 그렇지 않을 것 같은데, 참 이해할 수가 없는 일입니다.

김 | 이런 이야기하면 이석행 위원장 수배 중인데 참……. 사실 조합원들은 아주 사소한 사례에 더 실망을 하게 된다는 걸 알아야 합니다. 지난 11월인가 12월엔가 서울본부가 간부파업을 했습니다. 이랜드 투쟁 승리를 위해서요. 정말 대단한 일이죠. 대학로에서 집회하고 행진을 해서 보신각까지 왔어요. 촛불 켜고 문화제를 하는데 이석행 위원장이 온다는 소식이 들렸습니다. 8월 이후 한 번도 안 왔었는데요. 위원장이 온다길래 이제 새로 시작하는 건가 보다 기대를 했죠. 그런데 이석행 위원장이 올라오더니 이랜드 투쟁에 대해서는 한마디도 안 하더군요. 그러고는 이랜드 조합원과 파업한 간부들한테 "나는 권영길이다", 한마디를 했지요. 비정규직 이야기 한마디 안 하고 선거 운동하러 온 겁니다. 그리고 내려가더군요. 그런 것들 보면서 외면받고 있다는 느낌을 [조합원들이] 하나씩 갖기 시작한 겁니다.

고 | 글쎄요, 조금 다른 이야기가 될지 모르겠습니다만, 한국 노동운동은 오랫동안 상급 기구의 강화를 위해 노력을 해온 것 같습니다. 한국노총을 대체하는 민주노총을 만들기 위해서, 그리고 협상력 강화를 위해 큰 산별노조를 만들기 위해서 노력해 왔습니다. 개별 노사관계에 맡겨 놓으면 어떤 면에서 비정규직 문제 같은 것에 대응이 어려우니까, 개별 노사관계에서 상대적으로 자유로운 상층 기구들을 강화하면, 작은 노조들 혹은 배제된 노동자들의 투쟁을 지원할 수 있다고 보았는지도 모르겠습니다. 그런데 오히려 상층을 강화하는 것이 현장 투쟁에 힘을 보태기보다, 어떤 면에선 현장에서 멀어지는 일이 되지는 않았는지 모르겠습니다. 실제 활동도 힘이 센 대기업 노조들, 대의성을 많이 가진 노조들의 입김이 많이

작용하고요. 사실 민주노총의 총파업은 대기업 노조 파업에 얹혀서 하는 거라는 말도 들었습니다.

김 | 그렇습니다. 민주노총은 어떤 의미에서 조직을 가지고 있지 않아요.

고 | 참 묘합니다. 비정규직 투쟁처럼 개별 노사관계를 넘어 사회적 투쟁이 절실한 경우 민주노총과 같은 상급 단위의 활동이 필요한데, 상급 단위를 강화하니 오히려 개별 노조의 힘이 약한 경우 더 큰 배제를 경험하는 역설이 생기네요. 왜 바깥에 대고 선언하는 것만큼 비정규직 투쟁에 실제로 나서지 못할까요, 민주노총이요.

김 | 부담스러운 겁니다.

고 | 부담스러운 이유가 뭐죠?

김 | 아까도 말했지만 비정규직 투쟁은 누구도 섣불리 나서지 않는 투쟁입니다. 어디서 비정규직 투쟁이 터졌다 하면 부담이 가지 않겠습니까.

고 | 물론 무슨 말인지는 알겠습니다. 하지만 바보 같은 질문일지 모릅니다만, 원래 노동조합은 그런 부담 떠안기 위해 만든 조직이지, 그런 걸 피해 가려고 만든 게 아니지 않습니까.

김 | 그래서 나 같은 사람, 사회주의자도 아니고 계급주의자도 아닌 사람은 상식적으로 그런 태도들이 이해가 안 갑니다.

고 | 그럼 민주노총은 파업을 지원하는 조직보다 파업을 관리하는 조직에 가깝다고 봐야 합니까?

김 | 파업을 관리하는 것도 아니고 오히려 파업을 방해할 때가 많습니다. 좌파 계간지 같은 걸 읽어 보면, 민주노총 지도부를 비판하는 내용이 많잖아요. 처음엔 "뭐 이런 분파주의자들이 있냐, 열심히 하는 민주노총한테" 이랬는데, 실제 당해 보니까 정말 방해세력일 수도 있다는 생각까지 들어요. 그런 느낌이 올 때가 있어요. 물론 현실적으로 판단해서 나가야 할 때도 있고 빠져야 할 때도 있죠. 그런데 기세가 한참 올라가던 초기에 빠지라고 하는 것은, 게다가 노조하고 상의도 없이 노동부하고 교섭해 버리고. 민주노총이 '민주'라는 말을 쓸 수 있는 건지 의심스러울 때가 정말 있습니다.

고 | 노조와 상의 없이 노동부하고 교섭해 버렸다는 건 또 뭡니까?

김 | 글쎄 노조 지도부가 현장에 있고 조합원들이 파업하고 있는데, 노조 교섭의 핵심 사안이 뭔지도 모르는 사람이 지도부한테 한마디 물어보지도 않고 노동부 장관 만나서 이러쿵 저러쿵 협상했어요. 내가 파업하다 딱 들어가 봤더니 노동부 사람이 "이 자리는 이미 합의된 내용을 다시 한 번 도장을 찍는 자리다" 그래요. 내가 깜짝 놀라서 "뭘 합의했는데요?" 그

랬더니 "이미 사전에 다 이야기 된 거 몰라요?" 그러는 겁니다. 회사 사장도 "전 오늘 도장 찍는 걸로 알고 왔는데요?" 그래요. 기가 막혀서 결렬을 시켰죠. 뭐 이야기 된 게 있어야 도장을 찍지요. 민주노총이 그런 짓을 했습니다. 그런데 다 아니라고 발뺌하죠. 몇 명 위원장도 아니라고 하고, 이석행 위원장도 아니라고 하고. 하지만 나는 그때 딱 알았어요. [합의된] 내용까지 구체적으로 말하던데요. 뭘. 1, 2, 3, 4 번 하고 말입니다. 일단 점거 풀고 한 달간 협상한다, 뭐 그런 내용이었습니다. 말도 안 되고 도저히 받아들일 수 없는 내용이었습니다.

고 | 참 어이가 없군요. 겉으로 비정규직 투쟁에 대해서 그렇게 떠들더니 안으로는 그런 이상한 행동을……

김 | 이 이야기 나가면 아마 민주노총 뒤집어질 겁니다. 하지만 언젠가는 해야 할 이야깁니다.

고 | 정말 그랬다면 완전히 뒤집어져야죠.

김 | 그러면서 한국노총을 욕하면 안 됩니다. 내가 보기에 민주노총은 비정규직 투쟁할 만큼의 실력도 준비도 되어 있지 않아요. 비정규직 투쟁과 관련해서 민주노총은 솔직해져야 합니다. 그러고 보니 민주노총이 솔직했던 게 있네요. 그 대표적인 것이 광우병 파업이죠. 그때 네 가지 의제를 제시했어요. 광우병 쇠고기 중단, 교육 문제, 공기업 민영화 등을 의제로 다루었는데, 핵심 의제인 비정규직 문제가 빠졌어요. 그때 이랜드 투쟁, KTX 투쟁, 코스콤 투쟁, 기륭 투쟁. 서울 시내에 있는 게 다 비정규직 투쟁이었고, 그것도 한창이었는데 말이지요. 파업을 하면서 장사가 되는 의제들만 한 겁니다. 그때 코스콤 지부장도 정말 열 받았고, 나도 열 받았습니다. 공기업 민영화 이런 건 다른 곳에서도 하니까 민주노총은 비정규직 문제를 제기했어야 한다고 생각합니다. 비정규직 노동자대회에서도 노동자대회 제목을 바꾸었죠. 광우병 쇠고기 저지와 뭐 어쩌고 저쩌고 하는 걸로요. 실제로 사람들 천 명 정도 모아 놓고 광우병 이야기만 했어요. 정말 열 받습니다. 다시 생각하게 됩니다. 과연 [노동운동] 선배들이 나한테 교육했을 때, 소위 민주적 방식이란 무엇인가, 어용과 민주의 차이가 뭔가, 그런 개념들 자체가 흔들려요.

수평적 희망 —지역의 지원대책회의

고 | 하지만 이랜드 노동조합과 연대했던 훌륭한 이들이 또한 많지 않았습니까. 개인적으로는 이랜드 노조 지원대책위 활

INTER·VIEW

이랜드 일반노조 김경욱 위원장 | 고병권+김경욱

> " 파업 들어가기 전에 저희는 전국적인 싸움으로 들어가면 실제 싸움은 지역 싸움이라고 판단을 했어요. "

> " 재미있네요. 사실 노동조합이 파업을 하면 가장 먼저 지역으로부터 고립되지 않습니까? "

동에서 강한 인상을 받았습니다. 지대위는 어떤 조직입니까?

김 | 파업 들어가기 전에 저희는 전국적인 싸움으로 들어가면 실제 싸움은 지역 싸움이라고 판단을 했어요. 실제로 내가 부천에서 싸울 때 부천지역의 도움을 많이 받았거든요. 매장이 전국에 있으니까 중앙이 이걸 다 통제 못합니다. 결국 지역 싸움으로 가야 합니다. 그러면 어차피 붙어야 할 싸움, 지역별로 미리 조직을 해두자고 해서 뛰어다녔죠. 인천 지원대책위를 만들었어요. 그리고 월드컵지점에도 지원대책위가 생겼죠. 사실 월드컵점에는 노조가 처음 만들어지고 있었는데 지도부는 역량이 모자랐어요. 진행 중인 투쟁을 관리하기도 힘들었지요. 그래서 [노조를 대신해서] 월드컵 조합원들을 엄호하고 같이 할 수 있는 조직이 필요하다고 생각했고, 월드컵 지대위가 만들어졌지요. 인천하고 월드컵, 시흥점 정도에 지대위가 생겼고, 순천하고 울산은 거기 주체들이 따로 조직을 만들었죠.

고 | 그럼 노조가 직접 제안을 한 겁니까?

김 | 인천하고 시흥은 노조가 직접 찾아다니면서 조직했고요, 월드컵점 지대위는 일반노조 출범 전에 당시 민주노동당 마포 사무소엔가에 찾아서 월드컵점에 노조 만들어야 하는데 상근할 활동가를 지원해 달라고 했죠. 그 사람들이 논의를 해서 상근자 지원은 못하고, 거기서 함께 지원활동을 시작해 보자, 해서 민주노동당 중심으로 지대위가 꾸려졌지요. 민노당의 마포, 은평 지구당을 중심으로 점차 구성을 넓혀 갔습니다. 집회도 하고, 문화제도 열고, 유인물도 만들고, 활동도 활발하게 했죠.

고 | 주로 정당 활동가들이 구성한 것이군요?

김 : 민주노동당이 중심에 있었죠. 지금은 민주노동당과 진보신당으로 갈라졌지만요. 그들을 중심으로 지역의 마포청년회 같은 비정규직 센터 단위들이 공식, 비공식적으로 가입했습니다. 그리고 최근에는 네티즌들까지 가세하고 있지요.

고 | 지대위가 노조의 의사결정이나 활동에 영향을 미칩니까?

김 | 엄청납니다. 지대위는 사실 파업의 주체가 아니기 때문에 엄호와 지지에 한계가 있을 수밖에 없는데도 엄호와 지지를 확실히 하지요. 예를 들어 천막농성 할 때 천막 지킬 조합원이 없으면 지대위가 와서 지키고, 집회 문화제를 하는데 노조가 다른 행사로 힘들면 지대위가 책임지고 문화제와 집회를 준비합니다. 조합원 간담회도 지도부가 챙기지 못하면 지대위 간부들이 조합원들과 술도 먹고 밥도 먹고 밀착해서 챙기지요.

고 | 사실상 함께 싸워 나가는 사람들이네요.

김 | 거의 가족처럼 지냅니다. 지대위 간부들 중 문화역량 있는 동지들이 조합원들 데리고 나가 율동패도 만들고 합니다. 정말 이렇게까지 지원대책이 활성화 될 수 있을까 싶을 정도입니다. 정말 모범적이죠. 심상정 의원이 그때 자랑스럽다고 쓰기도 했는데요. 월드컵점에서는 노조보다 지대위의 영향력이 더 클 겁니다. (웃음)

고 | 재미있네요. 사실 보통 노동조합이 파업하면 가장 먼저 지역으로부터 고립되기 쉽지 않습니까? 지역 상인들이 먼저 반대하고 주민들이 집단 이기주의라고 매도하고. 사실 울산 같은 곳에서 지역민들이 노조를 돕기도 하지만 대부분은 노동자 가족들이죠. 하지만 지역 단체가 노조의 투쟁에 이토록 깊이 관여하고 함께 싸워 나가는 것은 참 드문 일 아닌가요?

김 | 월드컵점의 경우는 특별한 사례여서 잘 모르겠어요. 다른 활동가들은 이것에 대해 아주 잘 평가를 하기도 하더군요. 어찌되었든 2005년도의 판단, 즉 이것은 지역 싸움이고 지대위를 꾸려야 한다는 판단은 적중했습니다. 월드컵점 지대위는 정말 훌륭했습니다.

고 | 지대위 사람들이 노조의 회의에 참석하기도 합니까?

김 | 이랜드 노조는 사실 너무 개방적이에요. (웃음) 쟁대위 회의나 총회나, 상집회의나 심지어 임원회의조차도 모든 사람에게 개방되어 있습니다. 지대위뿐만 아니라, 학생들도 다 들어오고 비밀이 없어요. 회의 때 계속 학생들이 들어오니까 분위기를 읽을 수 있을 겁니다. 그런 분위기가 나머지 조합원들에게도 영향을 미치고요. 지대위와의 소통도 그런 분위기 속에서 진행되지요. 이남신 수석이나 홍윤경 사무국장이나 나나 노조가 민주적이고 개방적이어야 한다는 데 일체 이견이 없어요. 비밀작전 같은 게 거의 없습니다.

고 | 개방적이니까 오히려 더 강해질 수도 있겠습니다.

김 | 그렇습니다. 노조 재정 같은 것들도 총회 때 다 공개합니다. 실력이 안 되어서 하나하나 영수증까지 챙길 수는 없지만 웬만한 건 다 공개합니다. 워낙 없기도 하지만요. (웃음) 생각해 보세요. 우리처럼 조직력이 약하고 규모가 작은 노조가 개방하지 않고 어떻게 연대를 조직할 수 있겠습니까. 연대하러 온 사람들이 총회 때 무슨 결정을 하고 토론을 하는지 봐야 자기들도 연대를 할지 말지 판단할 것 아닙니까? 그걸 막아 놓고는 연대가 안 된다고 생각하는 겁니다. 어쩌면 뉴코아 노조와 이랜드 노조의 가장 근본적인 차이는 거기 있을 겁니다. 뉴코아 노조는 같이 투쟁하는 위원장이나 간부가 그쪽 쟁대

위에 참석 못하게 했지요.

고 | 여기 노조의 상급 단위가 민주노총인 것처럼, 지대위 사람들도 중앙당과 관계할 텐데요. 거기에 분명 지침도 있을 거고, 게다가 진보신당과 민노당은 그렇게 좋은 사이도 아닐 텐데, 이런 복잡한 조직이 별 문제 없이, 아니 그렇게 활발하게 잘 굴러 가는 게 신기하군요.

김 | 그러니까 나는 [그분들이] 참 훌륭한 사람들이라고 생각합니다. 사실 얼마나 서로 껄끄럽겠습니까. 처음에 진보신당과 민노당이 나뉘어졌을 때, 저는 지대위가 깨지는 줄 알았습니다. 그런데 안 깨져요. 오히려 더 경쟁적으로 잘 하지요. 지대위 회의 하면 막 열댓 명씩 모여서 합니다. 중앙당은 모르겠지만 당원들은 굉장히 헌신적이고, 개방적이며, 민주적으로 잘 합니다.

고 | 사실 그 장 속에서는 상급 단위에서 내려오는 수직적 힘보다 서로 동료로서 만들어 가는 수평적 힘이 더 센 것 같습니다. 비정규직 투쟁이 승리할 길이 뭘까, 개인적으로 참 암담하다는 생각을 하곤 했는데, 지대위의 활동을 보고는 어떤 영감 같은 게 떠올랐습니다. 사실 비정규직 투쟁은 개별 노조 차원에서 전개할 수 있는 투쟁이 아니지 않습니까. 사회운동으로 발전되지 않으면 승산이 없지요. 그러려면 노조의 전통적 이해관계 투쟁을 넘어서는 활동의 비전이 필요한데요. 여기서 지역을 생각한 것은 중요한 판단이라 생각됩니다.

김 | 잘 모르겠지만 지역사업은 많은 성과를 보였거나 승리한 사례들이 꽤 있습니다. 현대 하이스코, 순천에 있지요. 여기는 지역에서 올인했습니다. 순천 민주노총뿐만 아니라, 농민·시민사회단체가 함께 했어요. 여론이 형성되니까 시장도 함부로 못하는 지역싸움이 돼 버렸지요. 현대 하이스코 주체들의 투쟁도 중요했지만 지역에서 붙어 주지 않았으면 안 되었을 겁니다. 부천에서 내가 싸울 때도 중앙이나 상급단체 지원보다 바로 옆에 있는 부천 지구협, 민노당, 노동단체 이런 곳의 지원이 훨씬 막강했어요. 부산에서도 일반노조의 지역싸움이 많은데 꽤 많이 승리합니다.

고 | 노동운동이 지역과 결합하려면 그것이 해당 노조만의 문제가 아님도 보여야 하고, 노조가 자기 이익만을 위해 싸우는 조직이 아님을 보일 수 있어야 할 텐데요. 공동의 투쟁을 어떻게 만들어 갈 수 있을까요?

김 | 잘 모르겠습니다. 앞으로의 전망이나 이런 건 어렵습니다.

고 | 이렇게 접근하는 건 어떨까요? 가령 월드컵점 지대위는 그런 가능성을 보여 줬지 않습니까? 그럼 그건 어떻게 만들

어질 수 있었을까요? 내 직접적인 이해가 달린 것도 아닌데, 왜 다른 사회단체나 시민들이 가세할 수 있었을까요? 혹시 사실은 미리 어떤 네트워크가 만들어져 있었기 때문은 아닙니까?

김 | 그럴 수도 있습니다. 비정규직 투쟁을 하겠다는 사람들이 민주노동당에 준비되어 있었죠. 당시 노동위원회가 출범했는데 처음에는 할 일을 찾지 못했어요. 그런데 이랜드 노조 조직화 지원 제안을 하니까 비정규직 조직화에 관심을 보였지요. 인천본부 가서 그런 제안을 했을 때 민주노총 인천본부는 별로 관심이 없었습니다. 그런데 인천은 민주노총이나 민노당이 아니라 노동·사회단체가 지대위를 꾸렸어요. 사회진보연대하고 인천노동자회 이런 데서 지대위를 구성한 사례입니다. 민노총 인천본부나 민주노동당 그쪽은 지대위를 조직화하는 것 같은 일에 준비가 되어 있지 않았지요. 그런데 다른 사회단체들은 비정규직 싸움의 중요성과 절박성을 느끼고 연대를 한 겁니다.

고 | 월드컵점 지대위에 생협이나 다른 시민운동 단체들도 있습니까?

김 | 지대위에는 들어와 있지 않습니다. 지대위 동지들 말로는 그런 단체들에도 열려는 있다고 합니다. 그래서 무슨무슨 청년회 같은 곳들도 들어와 있다고 하더군요.

고 | 아까 말씀하시길, 이랜드에서 정규직 교육할 때 "비정규직은 우리 직원이 아니다"는 취지의 말을 했다고 하지 않으셨습니까? 사실 고용과 실업의 경계가 불분명한 비정규직들은 한편으로는 노동자이면서 다른 한편으로 그 지위를 부인당하지요. 개별 기업이 그 소속을 부인하니 어쩌면 전체 자본과 대면하고 있는지 모르겠고, 또 그러니 정부와 해결을 보지 않으면 문제가 도무지 풀리지 않는 측면도 있고요. 비정규직의 경우 노동운동은 점차 대중운동, 사회운동의 성격을 띠는 것 같습니다. 노동운동의 대중운동화, 대중운동의 노동운동화가 진행되는 느낌도 있고요. 그런데 노동자들의 투쟁이 지역 투쟁, 사회 투쟁으로 전개되려면, 노조의 개별적 이익관계를 넘어서야 할 것 같습니다. 그런 점 때문에 전통적인 입장에서는 더 포괄적인 이해관계를 제기해야 한다고 말해 왔습니다. 국민 모두의 이익이 되는 투쟁을 해야 한다고. 하지만 그런 이해라는 것이 모호할 뿐만 아니라, 이해관계의 복잡성 때문에 현실적으로 공허하기 마련이지요. 공통의 이익을 추구하는 투쟁도 중요하긴 하지만, 더 중요한 것은 직접적 이해관계나 이익을 넘어서 함께 싸울 수 있는 공동의 관계를 구축하는 게 아닐까 싶습니다. 직접적 이해관계가 없더라도, 가령 친구관계에 있는 사람들은 함께 싸워 나가듯이요. 여러 코뮨들, 여러 모임들이 이해관계를 벗어나 투쟁을 지원할 수 있도록 평소 공동의 관계를 구축하는 일이 중요하지 않을까 싶습니다.

김 | 그런데 월드컵점 지대위도 한계는 있습니다. 아직은 정치정당 중심이죠.

고 | 저는 새로 자라나는 가능성을 오히려 평가하고 싶습니다. 주도하는 사람들이 물론 정당 활동가인 것은 사실이지만, 중앙당 지침을 따르는 사람들이 아니라, 오히려 중앙당을 비판하면서, 지역 활동의 에너지로 중앙을 바꾸기 위해 노력하니까요. 처음에는 어떤 이해관계가 있어 들어왔는지 모르지만, 공동의 활동이 사람들을 바꾸고, 그 에너지가 위로 전달되는 것 아니겠습니까.

김 | 그런 것을 보면 희망적이라고 느낍니다. 오히려 정당에 있는 당원들이나 노동·사회단체 회원들이 훨씬 더 민주적이고, 실제로 상식적이라고 판단됩니다. 민주노총이라는 조직 속에는 이미 권위주의 요소들이 많이 고착화 되어 있는 것 같습니다. 뚫을 수 없는 벽이 느껴질 정도입니다. 가끔 군대보다도 더 권위적일 때가 많습니다.

고 | 조금 추상적인 이야기일지 모르겠습니다만 묘한 느낌이 듭니다. 저희가 '지역'이라는 데서 어떤 희망을 발견하려는 것은 탈지역화된 자본, 특히 금융자본과 좋은 대비를 이룹니다. 물론 우리가 '지역'을 공간적인 것에 꼭 한정할 필요는 없을 겁니다. 지원대책위란 그 지역에 살지 않는다고 꾸릴 수 없는 게 아니니까요. 중요한 것은 노동운동이 구체적이고 현실적인 연대의 몸뚱아리를 갖는 것입니다. 갈수록 자본은 지역을 떠나고 몸뚱아리를 잃는데 말이죠. 여기 투자했다 말썽 생기면 다른 곳으로 투자처를 옮기면서. 그런데 지역을 언제든 떠날 준비가 된 자본이 그 신체성, 지역성을 잃어가는 게 언젠가 자본에 큰 문제를 야기할지도 모르겠다는 생각이 듭니다. 그건 그렇고 이제 우리 대화를 서서히 마무리해야 할 시점인 것 같습니다. 전망 같은 거 물어보면 싫어하실지 모르겠지만, 이랜드 투쟁 어떻게 될 것 같습니까?

김 | 이제 홈플러스로 넘어가면서 쟁점은 비정규직 문제도 아니고 외주화 문제도 아닙니다. 조합원이 죽느냐 사느냐, 아니면 노조가 죽느냐 사느냐의 문제로 귀착이 돼 버렸습니다. 특히 해고자 문제는 큰 쟁점이죠. 뉴코아 노조도 사실 해고된 18명, 지부장부터 위원장까지 해고된 사람, 그리고 36명의 비정규직, 즉 계약해지된 사람들이 있죠. 이런 문제들이 어떻게 풀리느냐에 따라 노조가 죽느냐 사느냐, 조합원이 죽느냐 사느냐가 결정되겠죠. 또 손해배상 가압류와 형사처벌, 노조가 진 엄청난 빚이 어떻게 정리될 것이냐도 중요하고요. 사실 해고자가 복직을 하더라도 지금 노조가 지고 있는 수억 원의 채무와 벌금, 민사소송 등이 해결되지 않으면 노조는 식물노조가 될 겁니다. 사실 노조만 살아도 큰 성과이긴 할 겁니다. 일부러 [목표를] 축소시키네요, 다 자신 없으니까……. (웃음)

고 | 뉴코아 노조 사례를 보면 그 목표도 쉽게 얻을 수 있는 건 아닌 것 같네요.

김 | 뉴코아 노조의 이번 합의가 가이드라인이 되어 버릴까 걱정입니다. 뉴코아가 저렇게 합의했으니까 홈플러스로서는 당연히 저 정도 하자고 나오겠죠. 특히 해고자 문제는 절대 안 받는다는 게 회사의 확실한 방침일 겁니다. 소위 한국의 인사노무를 하는 모든 회사의 핵심이 그것이죠. 해고자를 복직시키면 또 노조 만들 수 있고 분쟁의 불씨가 되고, 또 불법행위를 했는데도 복직하면 이후에 전례로 남을 거고. 뭐 이런 생각들을 하기 때문에 노조가 별짓을 해서 다 양보해도 해고자 문제만은 안 된다는 게 천박한 한국 자본주의의 대기업 인사노무 관리의 원칙이라고 합니다. 인사노무 관리자에게 그걸 직접 들었어요. 해고자 복직을 위해 노조가 뭘 하면 되냐고 했더니 정치적 결단밖에 없다고 하더군요.

고 | 홈플러스 사측도 마찬가지겠죠?

김 | 이승한 사장 꽤나 거물입니다. 얼마 전 영국에서 훈장도 받았고요. 이승한 사장이 정치적 결단을 대승적으로 내려야 하는데, 그러려면 노조도 뭔가 약속을 해줘야 하는 것이죠. 그 약속이란 뻔한 거 아닙니까? '앞으로 회사에 협조하겠다, 회사의 발목을 잡지 않겠다, 숨죽이고 있겠다' 이런 것들을 약속해 줘야 할 겁니다. 회사는 리스크를 완전히 줄이는 방식으로만 접근하겠죠. 그래서 이 협상이 쉽지 않고, 아마 어떤 식으로 타결되든 수많은 비판과 평가가 나오겠죠. 문제는 노조가 힘이 없다는 겁니다.

고 | 현실을 무시해서도 과장해서도 안 되겠죠. 그게 현실이라면 그것을 그대로 봐야 한다고 생각합니다. 언젠가 천막 농성장을 방문했을 때 들었던 홈에버 노동자의 말, "그땐 어떻게 그걸 참고 살았는지 몰라" 그게 떠오르네요. 이미 그곳으로 돌아가기엔 너무 많이 걸어 나왔고 너무 많이 알아 버렸습니다. 이 싸움이 우리 모두에게 얼마나 귀한 것인지는 두말할 필요도 없을 겁니다. 이랜드의 투쟁에 좀더 많은 이들이 힘을 보탰으면 좋겠습니다. 투쟁의 소중하고 소중한 시간 내주셔서 정말 감사합니다.

R²

이 글의 제1부와 제3부는 그린비출판사의 블로그(greenbee.co.kr/blog/)에 올렸던 글을 약간 수정한 것으로, 제1부는 6월 19일, 제3부는 7월 29일에 작성되었습니다. 제2부는 두 글에서 다루지 않았던 6월 말과 7월 초의 상황을 다룬 것으로 9월 20일에 작성되었습니다. 각각 서로 다른 상황에서 작성된 글들로서 저마다 고유한 쟁점을 가지고 있지만, 촛불시위의 전개 순서에 따라 전체 3부로 구성해서 함께 게재합니다.

ESSAY

2008년 촛불시위의 발발과 전개 | 고병권

혁명 앞에서의 머뭇거림

제1부 추방된 자들의 귀환
제2부 사체와 폭력
제3부 촛불시위, 그 승패에 대한 관심

혁명 앞에서의 머뭇거림
2008년 촛불시위의 발발과 전개

고병권

제1부 | 추방된 자들의 귀환

01
어두운 전조

"처음엔 몇 사람이 있었다. 그러나 곧이어 온 통 까맣게 되었다."(카네티, 『대중과 권력』) 대중이란 그런 것이다. 2008년 4월만 하더라도 그 누가 짐작이나 할 수 있었겠는가. 5~6월에 그토록 까맣게 되리라고. 모두가 이 사태를 예상할 수 없었던 것은 한편으로 그것이 예정되어 있던 일이 아니기 때문이다. 새 정부 출범 100일에 그런 일이 예정되어 있을 리 만무하다. 그러나 다른 한편으로 이 사태를 예상할 수 없었던 것은, 그것이 언제든 일어날 수 있었고, 일어날 수 있는 일이기 때문이다. 그것은 벤야민의 표현처럼 "매초 매초가 언제라도 메시아가 들어올 수 있는 조그만 문"이기 때문이다(벤야민, 「역사철학테제」).

결국 문제는 전조이다. 언제 번개가 칠 것인지 확정할 수는 없었지만 우리 모두가 산등성이에 먹구름이 몰려드는 것을 보고 있었다. 니체의 차라투스트라는 '과거와 미래 사이를 떠도는 먹구름'에 대해 이야기한 적이 있다. 조금씩 방전이 일어나고 있는 그런 먹구름들, '번개를 낳을 구름들'이 최근 한국 사회에서 쌓이고 또 쌓였다. '고소영', '강부자', 'S라인' 등으로 희화화된 초대 내각과 청와대 비서진. 대통령직인수위원회가 야기한 '영어몰입교육', '우열반 편성', '소위 0교시 문제', 대통령이 직접 언급한 '비즈니스 프랜들리'와 각종 규제 완화, 법질서에 대한 강조. 공기업 민영화(전기, 가스, 수도, 의료보험

등), 국토 전체를 가르는 대운하, 그리고 마침내 미국산 쇠고기 협상 처리.

어두운 전조. 신정부의 새로운 조치들은 대중의 '불안'을 '더 크게' 증폭시켰다. '더 크게'라는 말에 유의하자. 왜냐하면 '불안'은 이전 정부에서부터 이미 존재하고 있었다. 그리고 그 '불안'이 이명박 정부를 낳았다. 집권자들이 착각하는 것과 달리, 이명박 정부를 낳은 것은 그들의 '힘'이나 '능력'이 아니라, 바로 대중들의 '불안'이었다. 외환위기 이후 10여 년 동안 대중들은 극도의 불안에 시달리고 있었다. 불안은 삶의 안정된 구조가 해체된 사태, 아예 하나의 '구조'로 자리 잡은 영속적 '재구조화'(리스트럭처링restructuring), 일상이 된 예외적 시간 등이 낳은 정서였다. 그것은 또한 공동체 '내부'에 있지만 '보호' 받을 수 없을 때 생겨나는 감정, 우리 사회 안에 있지만 지구적 시장의 폭력이 곧바로 타격을 가한다는 사실에서 느끼는 감정이기도 했다. 우리에게 울타리가 있는 것인지, 우리에게 정부가 있는 것인지, 저 정부가 과연 우리의 정부인지 의심스러운 사태. 대중들은 거기서 어떤 '상실감'을 느꼈다.

대중들이 느낀 상실감. 그것은 직접적으로는 소득의 상실, 고용의 상실을 의미한다. 하지만 더 깊이 들어가 보면 거기에는 '삶의 안전보장 상실'이 있다. 현 집권자들은 지난 10년을 '잃어버린 10년'이라고 불렀다. 그러나 고소영 강부자 내각이 보여 주듯 상실의 의미는 그들과 대중들에게 전혀 다른 것을 의미했다. 새로운 집권자들이 지난 10년간 무엇을 잃어버렸는지는 알 수 없지만 어쨌든 그들은 재집권했다. 그러나 대중들은 어떤가. 그들은 여전히 '알 수도 없고', '통제할 수도 없는' 어떤 힘에 삶이 내맡겨져 있다는 불안에 시달린다. 대중들은 자기 삶을 좌우하는 모든 결정들에 어떤 개입도 할 수 없으며 그것이 도무지 어떻게 진행되고 있는지도 알 수 없다. 그것이 불안을 야기했다.

이 먹구름들이 얼마나 농밀해졌던가. 징후는 곳곳에서 포착되었다. 아주 사소한 사건에도 전체가 요동칠 수 있다는 조짐들. 사실 아주 강력한 신호가 4월 6일에 포착되었다. '안단테'라는 아이디를 쓴 한 고등학생이 한 인터넷 사이트가 마련한 '국민청원'란에 '대통령' 탄핵 청원을 올렸다. 사실 온갖 '안티' 카페들이 만들어지고 온갖 청원들이 난무하는 세태를 염두에 둔다면 이것은 그야말로 아무것도 아닌 '장난'이었을지 모른다. 서명 목표를 천만 명으로 잡은 것도 그 탄핵 청원의 어떤 비현실성을 보여 준다. 그러나 탄핵 청원에 동의한 인터넷 서명자는 조금씩 늘어나다가 쇠고기 협상 문제와 맞물리면서 가볍게 백만 명을 넘어 버렸다. 서명자 수가 나중에는 매일 십만 명 단위로 증가하기 시작하면서 사태가 간단치 않다는 것을 누구나 느꼈다. 집권자들을 제외하고는.

먹구름이 가득하다면 아주 사소한 사건도 방전의 계기가 될 수 있다. 그리고 작은 방전은 무시무시한 번개로 발전한다. 그 작은 방전을 일으킨 것이 '쇠고기 협상 타결'이었다. 그 타결 소식을 듣고 부시를 만나러 가던 이명박은 환호성을 질렀다는 전언이 있었다. 그런 일들이 결국 방전을 일으켰다. 이런 전조가 마련되지 않았다면 '쇠고기 협상'에 대해 "이전 정부가 벌여 놓은 일을 설거지 했을 뿐"이라는 말이나, "광우병 위험이 과장되어 알려졌다"는 정부의 말이 이 정도의 반발을 불러오지는 않았을 것이다.

분명 지난 정부에서도 '쇠고기 협상'은 '스크린쿼터 축소', '의약가 조정', '자동차배기가스 규제 기준' 문제 등과 함께 '한미자유무역협정' 추진을 위한 소위 '4대 선결과제' 중 하나이긴 했다. 현 정부의 말마따나 광우병 위험도 다소간 과장되었을 수도 있다. 그렇다면 과연 문제는 어디에 있었는가. 집권세력은 그들 자신이 모아 놓은 먹구름, 그 어두운 전조의 형성을 보지 못했다. 아니 볼 수 없었다. 바로 그랬기 때문에 4월 30일 문화방송의 <피디수첩>에서 '미국산 쇠고기의 광우병 위험' 문제를 거론했을 때의 파장을 이해할 수 없었다. 그들이 내린 결론은 '방송 프로그램의 농간에 놀아난 무지한 대중들'이었을 것이다.

물론 이것은 소위 진보 진영의 경우에도 다르지 않았다. 정태인은 『경향신문』이 주최한 시국토론에서 이 문제에 대해 자신이 느낀 놀라움을 이렇게 전했다. "지난 5월 2일 청계광장에 나갔을 때 충격을 받았다. 내가 한·미 자유무역협정에 대해 500회 정도 기고·강연을 하면서 그때마다 광우병 얘기를 했는데도 전혀 씨알이 먹히지 않았는데 단숨에 여중생에 의해 돌파된 게 놀라웠다. …… 그 다음 발전 과정은 더 놀라운데, 대운하·민영화·KBS 지키기까지 의제가 확장됐다."(『경향신문』, 2008년 6월 18일자)

정말 왜 그랬을까. 광우병 위험을 그가 그토록 떠들 때는 씨알도 먹히지 않았는데, 지금 이 사태는 도대체 어떻게 된 것인가. 사실 이 사태는 우리에게 낯선 게 아니다. 2002년 미군 장갑차가 일으킨 사고로 '미선', '효순' 두 중학생이 죽었을 때도 마찬가지였다. 그 사건은 월드컵 기간 중에 일어났고, 그 사건을 계기로 정부와 미국을 규탄하던 시위대는 응원 군중들에 의해 핍박을 받았다. 월드컵이 그 사건을 삼켜 버렸다. 그런데 월드컵이 끝나고 그 사건은 다시 조명을 받았고 대규모 촛불시위가 일어났다. 그때 대책위 관계자가 정태인과 비슷한 말을 했다. "우리가 그토록 싸울 때는 돌아보지도 않던 사람들이……."

대중이란, 메시아란 바로 그런 것이다. 그것을 기다리는 사람은 그것을 만나지 못한다. 그것은 갑자기 들이닥친다. 그것은 예정된 시간에 오지 않는다. 하지만 매초 매초가 그것에 열려 있다.

02
광장으로 난입한 대중, 그들은 누구인가

한마디로 그들은 누구인가. 처음에는 몇몇이었다가 갑자기 새까맣게 몰려든 이들. 그들 낱낱을 보면 그들이 누구인지, 왜 여기에 왔는지를 알 수 없다. 그들은 한편으로 학생이고, 주부이고, 노동자이며, 실직자고, 노인이다. 그러나 다른 한편으로 그들은 아무것도 아닌 자들이다. 그들은 자기 이름과 직업을 밝힐 때조차 익명의 대중으로 거기에 있기 때문이다.

그러나 '그들은 누구인가'에 대한 물음이 불가능한 것은 아니다. 그것은 어떤 면에서 가능한 물음일 뿐만 아니라 꼭 필요한 물음이기도 하다. 그것은 대중이라는 흐름에서 특이점에 대한 물음일 때 의미를 갖는다. 특이점과 보통점을 구별하는 것, 이것이 관건이다. 바로 그렇기 때문에 '참가자 중 다수는 누구였는가'라는 물음은 그다지 좋은 물음이 아니다. 단순히 수가 많다는 것 때문에 대중이 그 집합의 특성을 갖는 것이 아니다.

이번 시위에서 문제가 되었던 집단들에 대해 생각해 보자. 우선 탄핵 발의를 했던 '안단테', 그리고 초기 시위를 특징지었던 (여)중고생들, 그리고 일명 '유모차 부대'의 주부들. 형식적 의미에서든, 실질적 의미에서든 이들은 기존의 정치적 시민권을 갖고 있지 않았던 사람들이다.[01] 문제는 이들이 쇠고기 문제에 대한 정치적 결정에 어떤 영향력도 행사할 수 없는 이들이지만, 또한 그 결정에 가장 큰 영향을 받을 수밖에 없는 자들이라는 사실이다. 청소년들이나 유모차 부대, 그들은 광우병 쇠고기 위험에 노출되어 있거나 그것에 예민하게 반응할 수밖에 없는 사람들이었다.

---

01. 하승우는 『경향신문』 시국토론에서 "여성과 청소년이 주체로 나서 '시민-되기'를 체험했다"고 지적했는데 의미있는 지적이다. (『경향신문』, 2008년 6월 18일자)

| R2 | ESSAY | 혁명 앞에서의 머뭇거림 | 2008년 촛불시위의 발발과 전개 |

이것은 또한 익숙한 풍경이다. 작년 가을 '비정규직 보호법' 개정 문제를 논의하는 노사정위원회의 파행 사건의 본질이 그것이었다. 회의장에 난입해서 회의를 파행시켰던 기륭전자, 코스콤, 이랜드 노동자들의 외침은 하나였다. 왜 비정규직의 보호 문제를 다루는 자리에 정작 당사자인 비정규직 노동자는 참여하지 못하는가. 비정규직 노동자들이 회의장에 난입했던 사건, 그것은 결정의 자리에 참석할 수 있는 '자격을 갖지 못한 자들'의 '권리 요구'라고 할 수 있다.

이런 문제들은 사실 '소수자' 일반의 것이기도 하다. 소수성은 장 자체의 성격에 의해 규정된다. 즉 소수적 투쟁은 장 안에서 일어나는 투쟁이 아니라, 그들을 주변화하거나 배제하는 장 자체에 대해서 벌이는 투쟁이다. 그것은 그 장을 규정하는 척도의 배제적 성격과 관련이 된다. 그래서 소수자들의 정치적 투쟁은 척도나 논리 자체의 정치성을 문제 삼는 것으로 나타난다. 근거나 대의조직을 갖추지 못한 채, 근거나 대의기구 자체를 문제 삼을 때, 이들은 투쟁은 근거가 없고 기구들의 매개를 거치지 않는 직접행동, 즉 난입 같은 것으로 나타난다. 그것은 '매개 없는 대규모 진입'의 형태를 띤다. 이와 관련해서 하승창은 『한겨레』의 좌담에서 이런 말을 했다. "시민단체가 매개되지 않은 운동이 전개되고 있는데, 사실상 기존의 시민단체의 역할과 지위가 끝난 것으로 볼 수도 있다."(『한겨레』, 2008년 6월 12일)

문제는 지난 십여 년간 한국사회의 변화, 특히 '양극화'가 의미하는 바가 '대중의 소수화'에 있다는 사실이다. 한국 데모크라시는 최근 들어 부쩍 '데모스를 추방하는 데모크라시' 형태를 띠고 있다. 한미자유무역협정 추진 과정에서도 극명하게 나타났지만, 대중들은 그 자신의 운명을 결정할 사안에서 철저히 배제되어 있다. 정부의 테크노크라트와 의회의 의원들, 주류 언론들, 그들이 어떤 컨센서스를 형성하고, 그것을 통해 배제의 정치를 작동시킨다. 즉 '합의로부터의 배제', '합의를 통한 배제'가 작동하는 셈이다. 신자유주의 하에서 다수 대중들은 추방된 자, 배제된 자의 형상을 하고 있다. 범위의 차이가 있고 정도의 차이가 있지만 다수의 대중들은 그런 점에서 소수성을 품고 있었다. 가장 강력한 반응을 보인 소수자들의 행진이 시작되자마자 많은 이들이 품고 있던 소수성이 들끓기 시작한 것으로 보인다. 대규모 대중들의 매개 없는 난입! 그것이 이 사태의 중요한 특징 중 하나라고 생각된다.

03
미디어
—'이미디에이션' (im-mediation)과 '온오프라인' (onoff-line)

'매개가 없다', '매개되지 않는다'는 말이 가장 강력하게 부각된 것은 '미디어' 영역이었다. '미디어'는 단순한 '미디에이션', 즉 '매개작용'을 하는 데 머무르지 않았다. 임시로 하나의 조어를 하자면 미디어는 '미디에이션'에서 '이미디에이션' (im-mediation)으로 나아가고 있다. 즉 매개에서 어떤 직접 행동으로 변화하고 있다. 이번 시위에서 드러난 몇몇 행동 속에서 미디어는 '미디어 액션'이었고, 그런 점에서 '행동-미디어' (action-media)라고 불러도 좋을 것 같다.

민경배는 이번 시위에서 디지털 매체가 어떻게 활용되었는지를 분석하면서 시위 참가자 유형을 참가자, 기록자, 분석자, 전파자 등으로 나누었는데, 그의 분류를 따라가면서 이번 시위에서 미디어의 문제를 생각해 보고자 한다.[02]

1) 참가자. 거리에서 행진을 직접 벌이는 자. 그러나 그는 단순히 걷고 있는 게 아니다. 그는 현장에서 휴대전화 문자메시지로 다른 참가자와 소통하고, 집회에 참가하고 있지 않는 친구나 가족들에게 상황을 전하고 참가를 독려한다(이 점에서 그가 전송하는 문자메시지나 영상메시지는 상황의 전달이 아니라 촉발이라고 할 수 있다).

2) 기록자. 시위의 주변부에 포진해서 디지털 카메라와 캠코더, 노트북을 활용해서 동영상을 실시간으로 인터넷에 올리는 이들. 시위의 생중계. 경찰의 채증에 대한 역채증(여기서 어떤 시선이 역전이 일어난다. 특히 경찰이 세종로에 설치한 CCTV 영상은 시위 상황을 생중계하는 중요한 화면이기도 했다). 특히 시위를 생중계한다는 것은 어떤 의미인가를 생각해 볼 필요가 있다. 그것은 뉴스 화면 등을 통해 나중에 녹화 영상을 보는 것과는 아주 다르다. 시위의 생중계는 시위를 특정한 물리적 장소를 넘어 네트워크화하는 하나의 방법이다. 생중계를 보던 이들이 다시 시위 현장으로 뛰어드는 일이, 이 생중계의 특징을 잘 보여 준다고 하겠다.

3) 분석자. 분석자는 인터넷에 올라온 사진과 동영상을 판독해서 경찰 폭력을 고발하고, 집회에 참가할 때 필요한 준비물이나 숙지해야 할 사항들을 정리해서 올리는 사람들이다. 또 위성사진 등을 통해 시위대에게, 시위대와 경

---

[02] 민경배, 「X마스 트리처럼 점멸하는 민주주의」, 『시사IN』, 39호, 2008년 6월 14일자.

찰의 이동경로를 끊임없이 알려 주는 사람들이다.

4) 전파자. 블로그와 게시판을 통해 집회 참가 후기도 올리고 정부와 경찰의 태도를 비판하는 글을 올리거나 퍼 나르는 사람들. 온라인상에서 여론을 조성하는 소위 '빅마우스'들이라고 할 수 있다. 물론 "이 네 유형에 속하는 사람들이 엄밀하게 구분되는 것은 아니다. 참가자가 기록자가 되고, 다시 집에 와서는 분석자나 전파자 임무를 수행하기도 한다."

미디어와 관련해서 또 하나의 인상적인 사건은 '켜짐'과 '꺼짐', '사이버 스페이스'와 '리얼 스페이스'의 연결이었다. 우리는 그것을 하나의 불가능한 조어, '온오프라인'(onoff-line)이라는 말로써 표현할 수 있지 않을까 싶다. 6월 10일, 우리에게 화제가 되었던 하나의 사건이 있었다. 집회의 사회를 본 이가 온라인상의 대중들에게, '청와대 홈페이지를 다운시키라'는 하나의 지침을 전달했다. 이것은 시위가 인터넷으로 생중계되고 있고 많은 이들이 '온라인' 되어 있다는 것을 전제로 했을 때만 가능한 것이다. 1~2분 사이에 청와대 홈페이지는 다운되었다. 사이버 스페이스에서 일어난 그 사실은 곧바로 리얼 스페이스로 전달되었다. 종 사이의 경계를 뛰어넘는 바이러스처럼, 서로 소통 불가능한 이질적 장을 뛰어넘은 '미디어'. 나는 미디어의 그런 작용을 또한 '이미디에이션'(im-mediation)의 특징이라 부르고자 한다.

'미디어'는 그 자체로 직접적으로 던져진, 그리고 자생적으로 움직이는 마디이다. 그것은 일종의 '중간'이다. 그러나 두 개체가 존재하고 그 사이에 미디어가 존재하는 것이 아니다. 미디어는 차라리 하나의 리좀처럼 자라나는 줄기 토막이다. 그것은 하나의 장 안에서, 지배적 언어를 통해 무언가를 표상하거나 매개하지 않는다. 그것은 여러 장을 관통하는 방식으로 그 장들을 소통시킨다. 소통하는 것과 소통되는 것의 구별이 사라진 것. 말하는 자와 전달하는 자의 구별이 사라진 것. 직접화법과 간접화법의 구별이 사라진 것. 그것이 '이미디에이션'의 특징이다.

04
혁명의 혁명
—바리케이트는 누가 쳤는가

매개의 실종은 대표의 실종과 통한다. 저녁에 시작된 시위가 이른 아침에야 끝나는 이유 중의 하나는 경찰이 느끼는 어떤 난감함과도 관련이 있다. 시위대에는 협상을 해줄 만한 소위 '대표자'들이 없다. '광우병 국민대책위원회'라는 것이 구성되어 있기는 하지만, 우리 모두가 알고 있듯이 그들이 어떤 통제력을 행사하는 것은 불가능했다. 오히려 초기에 있었던 소위 '다함께 논쟁'은 운동 조직의 '의식적 지도'에 대한 대중들의 반발, 혹은 어떤 통제 불가능성을 보여 주었다.

물론 순간적인 지도자나 전위는 있었다. 사소하게는 대중들의 행진 중에서 몇몇 사람들이 그럴듯한 의견을 표할 때 그 대중의 흐름은 그들의 의견에 맞추어 경로를 택했다.[03] 6월 초 어느 날 저녁, 내 기억에 따르면, 앞에서 대중들의 행진을 이끌던 이들이 종로와 세종로의 교차지점에 설치한 경찰의 벽에 막히자, 종로에 앉아 집회를 진행하려고 했을 때, 뒤쪽 대중들은 뒤로 빠지기 시작했다. 그리고 종로구청 뒷길을 통해 청와대 쪽으로 걸어 나가기 시작했고 상당히 많은 이들이 그들을 따랐다. 그리고 경복궁 근처에서 경찰 벽과 부딪히자 일부는 대학로로 진출하려고 했다. 최근 경찰청장이 어떤 자리에서 밝힌 바에 따르면 경찰이 이런 시위 전개 때문에 얼마나 곤혹스러워하는지를 알 수 있다.[04]

내 생각에, 바리케이트의 존재가 이번 시위처럼 무시되었던 적은 없었던 것 같다. 오히려 바리케이트를 치고 농성을 벌인 것은 경찰과 청와대였다(소위 명박산성). 누가 바리케이트를 쳤는가는 매우 중요한 문제이다. 그것은 누가 공격적이고 누가 수세적인가를 보여 주기 때문이다. 그러나 더 중요한 문제가 있다. 그것은 바리케이트가 프랑스혁명 이후, 오랫동안, 너무나 오랫동안 봉기와 혁명의 기본 모델이 되어 왔기 때문이다.

언젠가 엥겔스는 "과거 혁명이 새로운 혁명의 발목을 잡고 있다"고 주장하며, 소위 혁명을 혁명하는 문제를 제기한 적이 있다.[05] 그때 그는 분명하게 바리케이트 모델이 가진 문제들을 조목조목 짚었다. 그는 집권자들의 진보한 공격(무력과 이데올로기)에 비해 바리케이트는 너무 나약하다고 말했다. 그러나 더 심각한 문제는 바리케이트가 대표 문제를 유발한다는 점이었다. 바리케

---

[03] 시위행진에만 이런 양상이 나타난 것은 아니다. 최초의 탄핵발의를 했던 고등학생, 최초로 유모차를 끌고 나온 주부, 아고라에서 중요한 의견을 내고 있는 이들, 모두가 대중들에게 하나의 요구를 제시하는 '일시적' 지도자 역할을 했다.

[04] 5월 25일 경찰청장은 기자간담회에서 촛불시위가 치밀한 전략을 구사하는 배후세력에 의해 조정되고 있다고 주장했다. 그는 그 근거 중의 하나로 자전거를 탄 '선발대'가 코스를 미리 살피고, 시위대의 진로가 실시간으로 인터넷에 오른다는 점, 통상적인 시위 시간보다 이르게 도로 행진을 시작해서 경찰이 대응할 수 없게 하고 행진 코스도 다양해서 경찰력을 효과적으로 분산시키려는 치밀한 의도가 엿보인다는 것이다(『중앙일보』, 2008년 5월 27일자). 그러나 이런 사실들은 오히려 이 시위가 얼마나 지도받지 않은 채 전개되는가를 보여 주는 예들이다.

[05] 프리드리히 엥겔스, 「칼 맑스의 『프랑스에서의 계급투쟁』 단행본에 부치는 서문」. 여기에 대한 해설로는 고병권, 『고추장 책으로 세상을 말하다』, 그린비, 2007, 100~110쪽 참고.

| R2 | ESSAY | 혁명 앞에서의 머뭇거림 | 2008년 촛불시위의 발발과 전개 |

이트는 항상 대표들을 낳고 그들에 의한 지도 문제를 낳으며, 대표들은 어느 시점이 지나면 항상 정부와 타협하고 대중을 배신한다는 것이다. 그러고서 그는 바리케이트 모델을 버리고 좀더 공격적인 어떤 혁명의 모델이 만들어져야 한다고 믿었다. 그가 로마시대의 전복당, 즉 '기독교'의 포교 방식을 자기 글의 말미에 덧붙인 것은 아주 시사적이다. 그에 따르면 기독교는 적군과 싸우기 전에 적군을 먼저 기독교도로 만들었다. 그것이 기독교가 승리할 수 있었던 이유이다.

엥겔스의 글을 참고하면 지금 등장한 소통과 전염의 각종 무기들, 그 작고 깜찍한 전자 장비들은 총칼보다도 강력한 영향을 미치고 있는 게 사실이다. 이에 비하면 소위 '명박산성'은 소통이 아닌, 고립과 구획·통제의 장치였다. 그건 흥미롭게도 몰락하고 있는 미국이 글로벌시대에 멕시코와의 국경에 설치한 하이테크 장벽과 닮았다. 그리고 그것은 세계의 주요 국가들에서 설치하고 있는 안전 장벽들(범죄로부터 보호한다는 미명하에 설치된 도시 보호 장벽들)과도 닮았다. 바이러스나 테러리스트, 더 나아가 통치자들에게 반대하는 대중의 저항적 흐름을 막는 장벽들을 설치하는 신자유주의 정부를 보라. 항상 위협적인 표정을 짓고 있지만 그들의 방어 자세는 어찌 그리 나약해 보이는지. 촛불시위는 '위협하는 자, 그 내면의 공포'를 적나라하게 드러내 주었다.

제2부 | 사제와 폭력

01
1987년과 2008년의
'6월 10일'

많은 이들이 6월 10일을 기다렸다. 누군가 손 팻말에 쓴 문구 '어게인 1987'처럼, 20년 전의 6월 10일이 다시 올 거라 믿었기 때문이다. 실제로 2008년 6월 10일 서울에만 50만 이상이 모였으니, 사람들은 87년 6월 10일을 반복할 성의를 다한 셈이다. 하지만 역사는 반복되지 않았다. 단지 그것은 상연되었을 뿐이다. 혹은 이렇게 말해도 좋을 것이다. 기념비적 역사는 헐벗은 채로만 반복되었다.

분명 20년 전보다 사람들은 더 모였고 시위는 더 늦게까지 계속되었다. 87년 '6월 10일'의 경우 전국적으로 24만 명 정도 모였고, 밤 11까지 시위가 계속되었다. 그런데 2008년엔 전국적으로 100만에 가까운 사람들이 모였고,

2박 3일 동안 '국민 엠티'를 벌여 가며 시위를 했다. 그런데 왜 2008년의 6월 10일은 20년 전의 6월 10일이 될 수 없었는가. 1987년의 6월 10일은 항쟁으로 발전하는 기점이었는데, 왜 2008년의 6월 10일은 정점이 되고 말았을까.

87년에는 국민운동본부가 있었다고 말하는 사람들이 있다. 하지만 그 국민운동본부라는 것은 6월 10일 직전에, 정확히 말하면 5월 27일에 결성되어 곧바로 6월 10일, 당시 집권당인 민정당의 전당대회를 겨냥한 시위를 준비했을 뿐이다. 2008년의 '광우병 국민대책위'가 어떤 면에서는 '6월 10일'을 더 오래 준비했다. 준비로만 보면 1987년 행사야말로 졸속이었다. 문제는 어디에 있었는가. 역사의 진정한 반복을 원하는 자는 그 새로운 형식을 발명해야 한다. 새로운 형식을 발명하지 못할 때 역사는 헐벗은 반복, 즉 거대한 기념식에 그치게 된다. 6월을 흉내 내서는 6월을 반복할 수가 없다.

누군가는 애당초 이번 촛불시위가 축제 형태를 띠고 있었기 때문에 그런 한계를 가질 수밖에 없었다고 말할지 모르겠다. 그러나 오히려 축제와 놀이는 2000년대 이후 한국사회의 운동이 발명해 낸 새로운 형식이었다. 5월의 촛불시위는 그 막강한 힘을 분명히 보여 주었다. 그러나 6월 10일을 향해 가면서 혹은 '6월 10일'로 상징된 시위가 시작되면서, 5월 시위는 급속히 그 정점을 향해 갔고 어떤 변질을 예고하고 있었다. 요컨대 '축제 형태의 시위'는 점차 '시위 형태의 축제'가 되어 갔다.

사람들은 시위가 항쟁이 되는 것을 점차 경계하기 시작했다. 그런 경계와 두려움, 검열이 곳곳에서 나타났다. 그것은 검찰이나 경찰, 보수 언론만이 아니라 시위대 내부에서도 일어났다. 여기에는 나중에 살펴볼 '폭력에 대한 논란'도 깊이 관련되어 있다. 이에 대해서는 뒤에서 자세히 다루기로 하고 우선은 폭력에 대한 대중들의 태도에 큰 변화가 생겼다는 점만 언급해 두고자 한다. 언제부턴가 폭력에 대한 두려움과 자기검열이 아주 심해졌다. 처음에는 경찰의 폭력에 굴하지 않았을 뿐 아니라 그것을 희화하고 조롱할 줄 알았던 대중들이 점차 경찰의 폭력을 두려워할 뿐만 아니라 자기 자신의 폭력성을 검열하기 시작했다.[06]

---

06. 참고로 오늘날 민주항쟁으로 기념되는 1987년 '6월 10일'은 지금 기준으로 보면 정말로 '폭력적'이었다. 6월 10일 저녁부터 시위가 격화되어, 전국적으로 시청 1개소, 파출소 15개소, 민정당 지구당사 2개소가 파손되었고 시위 현장에서 무려 4천여 명이 연행되었다. (황인성, 「투쟁의 구심, 민주쟁취국민운동본부」, 『역사비평』, 통권 39호, 1997 여름.; 『시사IN』, 2008년 6월 14일자)

이 때문에 시위대는 조금씩 분화되기 시작했다. 이런 분화는 7월 중순에 이르면 아주 확연해진다. 가령 청계천에서 기존의 시민단체·노조·운동단체 등이 촛불 문화제를 열고 있을 때, 아고라·십대 연합·촛불 소녀·각종 인터넷 카페 등 이번 집회를 통해 생겨난 단체들 상당수는 문화제와 상관없이 곧바로 도로를 점거하고 행진을 감행했다. 그러고는 경복궁 쪽에 경찰이 바리케이트로 설치한 버스들을 공격했다. 문화제에 참여한 사람들이 기존의 조직을 통해 지휘를 받고 질서정연하게 움직인 반면, 문화제와 따로 움직인 일군의 대중들은 인터넷 등을 통해 소통하고 서로의 소속과 무관하게 모여 별도의 지휘부 없이 공격적 시위를 전개했다. 5월의 시위대는 하나였지만 7월의 시위대는 둘이었다. '5월의 대중들'은 웃음을 잃지 않았던 용기 있는 사람들이었다. 하지만 6월과 7월을 거치면서 용기를 포기한 대가로 웃음을 얻거나, 웃음을 포기하며 만용을 부리는 사람들이 나타나기 시작했다.

1987년과 2008년의 '6월 10일'을 비교해 보는 것은 여러모로 흥미롭다. 1987년의 경우, 상황은 '6월 10일' 이후 자동으로 전개되었다. 어떤 의미에서 사람들은 상황을 따라가기만 하면 되었다. 집권세력은 큰 혼란에 빠졌고 결국 시위대의 요구사항을 수용하는 방향으로 — 물론 우리 모두가 잘 알듯이 매우 왜곡된 것이었지만 — 움직일 수밖에 없었다.

2008년, '6월 10일' 이후에도 사람들은 20년 전과 비슷한 것을 상상했는지 모른다. 그러나 모두가 알고 있듯이 아무 일도 일어나지 않았다. 많은 이들이 물었다. '과연 6월 10일 이후에는 어떻게 되는 것인가.' 사람들은 자기 역할을 충분히 했기에 이제 '공은 청와대로 넘어갔다'고 했다. 대통령은 사과 담화를 준비하고 있었지만 시위대의 어떤 요구도 받아들일 기색을 내비치지 않았다. 대책회의 내부에서는 우려의 목소리가 나왔다. 대책회의에 참여했던 김민영은 "10일까지 보여 줄 것은 다 보여 줬는데 이젠 어떡해야 하냐는 우려가 있다"고 했고, 대책회의 상황실장을 맡았던 박원석은 "20일 이후에도 이 대통령이 '재협상'에 나서지 않을 경우 어떻게 운동을 이끌지 고민"이라고 했다(『한겨레』, 2008년 6월 12일자).

사람들은 벽 앞에서 어쩔 줄 몰라 하며 머뭇거렸다. 묘한 소강상태가 이어졌다. 로마 황제의 옷을 빌려 입었던 나폴레옹처럼 2008년 6월 10일은 1987년 6월 10일의 옷을 빌려 입었다. 그러나 역사의 옷장에 걸린 옷들을 축제의 가장의상이나 패러디용으로 사용하지 않고, 진지하게 입으려는 사람들은 반드시 우스꽝스러운 모습을 연출하게 된다. 모든 시대는 자기 옷을 직접 지어 입어야 한다. 유감스럽게도 2008년 6월의 시위대는 벽을 돌파할 자기 형식을 발명해 내지 못했다. 많은 실험들이 있었고 놀라운 발견들이 있기는 했지만, 결과적으로는 — 정말 뒤늦게야 염치없이 할 수 있는 말이지만 — 87년 6월을 흉내 내려 했던 이들에 의해 전체 분위기가 이끌리고 말았다. 그날 수십만 군중은 제 자리에 앉아서 가수들의 공연을 보고 연사들의 말을 들으며 그저 앉아 있었다.

02
대충돌 — 6월 28일 밤

이번 시위의 가장 큰 특징 중의 하나는 전체를 통제하거나 기획하는 것이 불가능하다는 데 있다. 개별적으로는 온갖 것들을 준비해 왔지만 시위대 전체로는 어떤 준비도 하지 않았다. 6월 10일 이후 무엇을 해야 하는가. 그 누구도 시위대 전체를 향해 자신 있게 말할 수 없었다. 5월의 대중들의 '준비없음'은 자율성과 힘을 보여 주었지만, 6월의 대중들의 '준비없음'은 불안감을 낳았다.

대책회의는 청와대를 위협하는 말들을 쏟아 냈지만, 그건 로자 룩셈부르크가 개량화된 노조의 총파업을 비꼬며 했던 말, 즉 '위협용 주머니칼'에 지나지 않았다. 대책회의 관계자 중 한 사람은 이제 "공은 청와대로 넘어갔다"고 했다. 그 말은 청와대를 압박하려는 것이었지만 사실은 자신에게도 힘이 없음을 고백한 것이었다. 힘이 있는 시위대는 결코 공 같은 것을 상대방에게 넘기지 않는다. '네 대응을 봐서 내 행동을 정하겠다'는 것은 사실상 거래하자는 메시지이고 한 발 더 나아가 '시위를 중단할 명분을 달라'고 말하는 것이다.

대책회의 수준에서는 6월 10일 이후 타개책을 찾을 수 없었던 것 같다. 청와대는 도무지 꿈쩍하지 않았다. 19일에 대통령이 개인적 소회를 담은 사과 담화를 발표했을 뿐이다. 재협상을 하겠다는 말도 없었고, 기본 정책 노선을 바꾸겠다는 말도 없었다. 다만 자신을 이해해 달라는 말을 되풀이했다. 정부는 오히려 촛불시위로 연기되었던 장관 고시를 서둘렀다. 정부가 이처럼 '전면 재협상'이라는 시위대의 요구를 거절했는데도, 시위대, 특히 대책회의는 위험성 성명을 발표하는 것 외에 아무것도 할 수 없었다. 결국 6월 10일 이후 공수는 바뀌었다. 집권자들의 반격의 시간이 온 것이다.

사실 6월 초부터 경찰은 시위대를 강경하게 밀어붙였다. 6월 1일에 일어난 '여대생 군홧발 사건' 이후 주춤했던 경찰의 공세는 다시 강화되었다. 이제는 시위가 잦아들지 않겠느냐는 생각이 정부와 여당 관계자들의 입에서 자주 오르내렸다. 하지만 정부의 모드 전환은 너무 빨랐는지 모른다. 왜냐하면 6월 10일 이후에도 광장에는 '5월의 대중들'이 너무 많이 남아 있었기 때문이다. 6월 10일의 50만에는 못 미치지만, 주말에는 여전히 수만 명이 운집하고 있었다. 누구도 현상 타개책을 내놓지 못하는 상황 속에서 경찰과 시위대의 물리적 충돌은 횟수도 강도도 늘어만 갔다. 경찰과 시위대의 피할 수 없는 정면충돌의 시간이 다가오고 있었던 것이다.

출구가 없는 상황은 종종 폭발하면서 스스로의 출구를 만들어 낸다. 좋든 싫든 간에 그것은 불가피한 일이면서 필요한 일이기도 하다. 6월 28일과 29일. 이번 촛불시위의 가장 큰 분수령은 6월의 마지막 주말이었다. 6월 10일이 거대한 기념식의 냄새를 띠었다면 6월 28일과 29일은 정부와 시위대의 처음이자 마지막 정면충돌이 있었던 날이 아닌가 싶다. 충돌의 강한 충격이 소강상태를 깨뜨리면서, 현재로서는 그 내용도 가치도 알 수 없지만, 어떤 출구를 아주 짧게 열었거나 아니면 거의 열 뻔했다. 물론 그 출구는 너무 빨리 닫혀 버렸고 출구 없는 소강상태가 다시 찾아왔지만.

충돌의 계기는 역시 미국산 쇠고기의 새로운 수입 위생 조건을 다룬 장관 고시였다. 촛불시위로 인해 계속 연기되어 온 장관 고시의 관보 게재가 26일 전격적으로 이루어졌기에, 정부나 시위대 모두 주말의 대규모 시위를 예상하고 있었다. 대책회의는 곧바로 28일과 29일에 1박 2일의 대규모 시위를 벌이겠다고 발표했고, 경찰청장은 같은 날 "80년대식 강경진압을 한 번 해볼까 싶다"는 말을 했다.

결국 28일 저녁 서울에는 십만이 넘는 시위대가 운집했고, 경찰은 그 전날부터 "해산 위주의 진압을 검거 위주로 바꾸고 물대포에 최루액과 형광색소를 넣겠다"고 선언했다. 실제로 28일 집회 현장에는 과거의 '백골단'을 연상시키는 곤봉과 운동화 차림의 공격형 체포조 경찰들이 등장했다. 변화는 확연했다. 『한겨레』의 한 기자는 상황 변화를 이렇게 묘사했다. "시위대가 많이 모여든 27일 밤부터 '해산'이 아닌 '본때 보여 주기' 방식으로 돌변했다. 전과 달리 시위 현장을 지켜보는 시민 · 언론의 카메라를 의식하지 않았고, 소화기 난사와 물대포를 직접 쏘는 데도 일말의 망설임이 없었다. 쇠뭉치와 빈 소화기가 시위대 사이로 날아들었고, 인도에 있는 시민들도 무차별적으로 때리고

연행했다."(『한겨레』, 2008년 6월 30일자)

　　28일 밤에서 29일 새벽 사이 끔찍한 일이 일어났다. "28일에서 29일까지 벌어진 촛불시위는 피로 얼룩졌다. 시민도, 경찰도 끔찍한 새벽을 맞은 슬픈 하루였다. 경찰의 폭력진압이 발단이었다. 특히 새벽 2시께 서울시의회 앞에서 투입된 전경부대는 살기 어린 눈빛으로 시민들을 무차별 공격했다. 시민들의 항의에 '지금까지 우리가 얼마나 많이 다친 줄 아느냐'고 악을 썼다. 두 달 가까이 계속된 시위진압에 지친 전경들도 인내력을 상실한 것처럼 보였다."(『한겨레』, 2008년 6월 30일자)

　　『한겨레』는 그 다음 날 신문 사설의 제목을 이렇게 달았다. "'6·29' 새벽에 '5·18'을 보다". 그리고 6월 29일 새벽 서울 한복판 태평로의 모습을 이렇게 묘사했다. "방패와 진압봉으로 완전 무장한 경찰들이 몰려왔다. 비명을 지르며 흩어지던 시민들이 잇따라 맞아 쓰러졌다. 넘어진 젊은 여성에게 경찰들이 달려들어 군홧발로 짓밟고 방패로 찍었다. 인도에 서 있는 환갑이 다 된 아주머니는 곤봉에 얼굴과 어깨를 맞아 기절했다. 사람들을 치료하던 30대 의사까지 경찰들에게 집단 구타를 당했다. 경찰의 집단 폭행을 말리던 스물네 살의 여성 회사원도 되레 전경들에게 맞아 머리가 깨졌다. 비옷이 피로 물든 여성, 정신을 잃은 50대 남성, 입술이 찢긴 고등학생……."[07]

　　다음 날 대책회의가 밝힌 바에 따르면, 확인된 가벼운 부상자가 300명, 병원에 실려 간 환자가 100여 명에 달했다. 사람들이 원했든 원하지 않았든 6월 마지막 주에 일어난 대충돌은 시위를 항쟁으로 변화시킬 점화 불꽃이었다. 그러나 우리 모두가 알고 있듯이 그것은 금세 꺼져 버렸다. 왜? 어떻게?

**03
사제들의 등장**　　극단적인 폭력은 사람들을 위축시킨다. 경찰의 가공할 폭력을 목격하고 난 후 많은 이들이 두려움을 느꼈을 것이다. 그러나 두려움만큼이나 분노 역시 자라는 법이다. 공포를 느낀 대중은 언제든 공포스러운 대중으로 돌변할 수 있다. 6월 마지막 주말에 일어난 끔찍한 사태가 어떤 상황을 몰고 올지는 아무도 알 수 없었다. 대중들이 다시 광장에 나올 것인가. 나온다면 어떤 대중들이 나올 것인가. 촛불시위의 운명이 걸려 있는 한 주가 6월

---

07. 「'6·29' 새벽에 '5·18'을 보다」, 『한겨레』, 2008년 6월 30일자.

마지막 날부터 시작되었다. 6월 30일부터 시작된 한 주가 7월 첫 주말에 쏟아져 나올 수십만 대중의 성격을 결정할 것이었다.

운명적 한 주의 첫날, 월요일임에도 불구하고 4만에 이르는 대중들이 곧바로 모였다. 놀라운 것은 집회의 주관자였다. 1987년의 6월을 이끌었던 정의구현사제단이 돌아왔다. 사제들은 시청 앞에서 대규모 시국미사를 올렸으며 이후 평화적 거리행진을 벌였다. 도심 한가운데서 대규모 시국미사가 열린 것은 1987년 6월 이후 처음이었다. 사제단은 정부의 무자비한 폭력을 비판하며 경찰청장의 문책과 쇠고기 전면 재협상, 보수언론의 왜곡보도 중단 등을 요구하고, 국민들을 향해서도 '비폭력 정신을 철저히 해줄 것'을 요구했다. 미사를 집전한 김인국 신부는 "촛불을 지키는 힘은 비폭력이며, 이 원칙이 깨지면 촛불이 영영 꺼질 수 있다"고 말했다. 시민들은 사제단의 요구에 따라 질서정연하고 평화로운 행진을 벌인 후 자발적으로 해산했다. 이런 시위 형태는 7월 3일 기독교의 시국기도회, 7월 4일 불교의 시국법회에서도 반복되었다. 결국 촛불시위의 운명이 걸린 한 주를 지배한 것은 성직자들이었다.

성직자들의 등장이 무엇을 의미하는지 논하는 것은 쉽지 않다. 일반적 평가는 매우 긍정적이다. 성직자들은 경찰의 무자비한 폭력으로 움츠러든 대중들을 그 다음 날 곧바로 광장으로 이끌어 냄으로써 자칫 꺼질 뻔한 촛불을 지켜 냈다는 것이다. 실제로 성직자들의 용기는 대단했다. 정부가 지난 주말 시위대의 폭력만을 부각시키며 시위의 원천봉쇄 및 강경진압을 천명했을 때 성직자들의 행진은 그것을 무력화시켰다.

어떤 이들은 성직자들이 경찰과 시위대 사이의 폭력의 악순환을 막음으로써 '비폭력'이라는 촛불의 정신을 지켜 냈다고 말한다. 실제로 성직자들은 이와 관련해서도 대단한 용기를 보여 주었다. 경찰은 그들의 평화로운 행진을 어떻게 막을 도리가 없었다(물론 이 행진이 청와대 쪽이 아니라 남대문 쪽을 향한 탓도 있긴 했지만). 더욱 극명한 사례는 YMCA의 '비폭력 평화 행동단'(일명 '눕자 촛불 평화행동단')이다. 성직자들은 아니었지만 이들은 종교적 신념을 기반으로 경찰의 폭력에 대해 철저한 비폭력으로 대응했다. 29일 새벽 서울시의회 골목길 근처에서 이들 50명이 경찰의 폭력적 진압에 항의하며 그 자리에 누웠다. 하지만 경찰은 이들을 짓밟았고 이 과정에서 YMCA 전국연맹 이학영 사무총장을 비롯한 여러 인사들이 골절 등의 부상을 입고 병원으로 후송되었다.

그러나 성직자들의 용기에 대한 도덕적인 찬사와는 별개로 그 행동이 대중을 어떻게 변화시켰는지, 그리고 그것이 촛불시위의 운명에 어떤 영향을 미쳤는지를 평가해 볼 필요는 있다. 물론 이들의 시위는 아름다웠다. 수만 명이 도심에서 올리는 야간 미사 자체도 아름다웠고, 시위대보다 먼저 '나를 밟고 지나가라'는 헌신적 행동도 아름다웠다. 하지만 우리가 도덕이나 미학을 위해 투쟁하고 있었던 것은 아니므로 일단 '쿨한' 태도로 상황을 살펴보자. 유념할 것은 성직자들이 시위를 주도한 때가 대충돌 직후, 다시 말해 촛불시위의 방향이 바뀔 수 있는 중요한 변곡점이었다는 사실이다.

솔직히 나는 사제들의 숭고한 행동이 촛불시위의 출구를 열어 주었는지 닫아 버렸는지 잘 모르겠다. 아니, 일반적 견해와는 달리 나는 후자 쪽에 좀더 무게를 두는 편이다. 확실히 사제들은 어떤 시위대도, 적어도 그 첫날에는 불가능했을 일, 바로 경찰의 원천봉쇄를 와해시켰다. 하지만 또한 사제들은 어떤 폭압적인 경찰력으로도 불가능했던 일, 바로 시위대의 분노와 공격성을 잠재우는 데도 성공했다.

분명 사제들은 청와대와 경찰을 향해 발언했지만, 그 발언은 시위대 안에서 더 크게 울려 퍼졌다. 청와대와 경찰은 움찔했지만 시위대는 눈물을 흘렸다. 청와대는 귀를 막았지만 시위대는 내면의 귀로 들었다. 분노의 정서는 급격히 해체되었고 어떤 위안이 찾아왔다. 어찌보면 사제들은 시위대를 보호하면서 시위대를 '보호받아야 할 사람들'로 만들어 버렸다. 사제들은 분노했지만, 대중과 더불어 분노하기보다 대중을 대신해 분노해 주었다. 이번 시위에서 도저히 불가능했던 일, 즉 '누가 누군가를 대신하고 대표하는 일'이 처음으로 가능했던 것은 사제들을 통해서가 아니었을까.

결과는 당장 7월의 첫 주말에 나타났다. 수십만 명이 모였다. 그러나 시위대의 감정은 지난 1주일 동안 정신적으로 '승화' 되어 버렸다. 항쟁은 없었으며 자유롭고 평화로운 축제, 문화제, 토론이 이어졌다. 1주일 전 경찰의 잔인한 진압은 추억이 되었고, 시위대는 이미 마음의 승리를 거두었다. 분명 그 날 많은 연사들이 그랬던 것처럼 정부의 저열한 폭력 앞에서 기꺼이 인간 방패가 되어 주었던 사람들의 숭고한 행동은 높이 평가될 만했다. 하지만 확실한 것은 촛불이 현실적으로 승리할 가능성이 사라져 갔다는 것이다. 현실적 승리와 정신적 승리가 교환되었다고 말한다면 너무 과한 것일까. 어떻든 7월 5일 저녁에 열린 집회 제목이 '국민승리 선언을 위한 촛불 문화제' 였던 것은 참 의

미심장하다. 승리를 위해 뭔가를 시작해야 할 시점에, 승리를 선언해 버린 것은 그 다음 날 새로운 집회를 준비하는 사람들을 다시금 막연한, 너무도 막연한 상황으로 내던진 일이었다.

04 폭력이란 무엇인가

왜 운명의 주에 시위대에게 전달된 것이 '창'이 아니라 '방패'였을까. 나쁜 상황에서 벗어날 수 있는 가장 좋은 길은 그런 상황을 뚫는 데 있지, 그런 상황을 버티게 하는 데 있지 않다. 사제들이 '인간 방패'가 아닌 '인간 창'이 되어 줄 순 없었을까. 조금 더 막아 주고, 조금 더 위로해 주는 사람들. 그 훌륭한 사람들은 시위에 앞장섰던 이들, 인터넷에서 시위를 독려한 이들, 조중동의 광고주에게 항의 전화를 한 이들, 유모차를 끌고 온 이들에 대한 체포와 수사를 늦춰 줄 수는 있을지언정 그 결과를 바꿀 수는 없었다. 이 추한 정부, 이 추한 수난의 시기를 도덕적·미학적 위안으로만 버틸 수는 없지 않은가.

이번 시위가 결정적 전환의 계기에서 어떤 머뭇거림을 보일 수밖에 없었던 이유 중의 하나가 '폭력에 대한 논쟁'에 있다는 것은 주지의 사실이다. 아고라를 비롯해서 많은 곳에서 '폭력' 문제가 논란의 대상이 되었다. 폭력을 사용할 것인가 말 것인가. 방어적 폭력은 불가피한 것인가, 아니면 어떤 폭력도 행사되어서는 안 되는가. 시위대의 폭력이 경찰의 폭력을 정당화해 주는가, 경찰 폭력에 대한 정당한 맞대응인가. 많은 곳에서 폭력 논쟁이 일어났고, 특히 6월 마지막 주 이후 그 문제가 도드라졌다.

사실 폭력을 이론적으로 정의하는 것은 아주 어렵다. 권력자들은 끊임없이 폭력 시위의 불법성[법의 위반]과 부당성[정의롭지 못함]을 주장하지만, 법과 정의가 폭력과 맺는 관계는 그렇게 단순한 문제가 아니다.[08] 무엇보다 이번 시

---

08. 법의 위반 여부는 폭력의 기준이 될 수 없다. 바로 법 자체의 폭력성을 이해할 수 없게 만들기 때문이다. 물론 정의(justice)가 폭력을 정당화해 줄 수도 없다. 정의로운 폭력과 부정한 폭력을 구분하는 것은 불가능하다. 폭력이 애당초 불의여서가 아니라, 정의와 불의가 폭력과 무관하게 미리 존재하지 않기 때문이다. 법과 정의, 폭력의 관계는 아주 복잡하다. 법은 정의에 기초하지만 정의는 현실적으로 법에 의해 규정된다. 그런데 정의는 또 한편으로 미규정의 영역인 힘의 영역 — 의미가 결정되는 무의미 내지 비의미 영역으로서, 정의와 불의 이전에 존재하는 힘들의 작용 — 과 관련된다. 따라서 현행법의 정의를 따를 수 없는 자들은 새로운 정의를 구현할 새로운 법, 미래의 법의 이름으로 자신을 정당화하고 합법화할 수 있다. 현재의 권력자들은 현행법에 구현된 정의를 구현한다는 미명으로 법보존적 폭력을 휘두르고, 미래의 권력자들은 새로운 정의를 구현하기 위해 법제정적 폭력을 사용한다. 폭력은 법을 보존하려는 자들과 창설하는 자들이 사용하는 수단이다. '법보존적 폭력'과 '법제정적 폭력'의 구분은 벤야민을 참조하라. W. Benjamin, "Zur Kritik der Gewalt", 진태원 옮김, 「폭력의 비판을 위하여」,(자크 데리다, 『법의 힘』, 문학과지성사, 2004, 부록).

위에 참여한 사람들, 특히 6월 마지막 주의 끔찍한 경찰 폭력을 목격한 이들에게는, 법이나 공권력 자체의 폭력성을 문제 삼지 않는 폭력에 대한 이해란 받아들일 수 없을 것이다.

6월 30일에 시작된 한 주를 이해하기 위해 폭력 문제의 범위를 제한해 보자. 폭력 형태는 이번 시위에서 직접 문제가 된 '물리적 폭력'에 한정하고, 그 의미와 가치를 시위대 자체에만 한정해서 내재적으로 다루어 보자. 대충돌 이후 시위대는 즉각적으로 '물리적 폭력'을 사용해야 했는가, 사용하지 않길 잘 했는가. 비폭력에 대한 호소는 상황을 개선시켰는가, 악화시켰는가. 다른 어떤 방법은 없었는가.

분명히 물리적 폭력은 많은 이들이 우려했듯이 경찰과 보수언론이 그토록 기다려 온 먹잇감일 수 있었다. '폭력'이라는 낙인은 공격적으로 행동하는 시위대를 고립시킬 때 가장 흔하게 이용되는 수단이다. 물론 경찰의 폭력이 너무 과도했고 그것이 다수 대중들에게 인지되었을 때는 시위대의 물리적 반격이 도덕적 부담 없이 이루어질 수도 있을 것이다(이 경우에도 이런 폭력이 좋은 것이냐의 여부는 별개의 문제다. 그냥 그런 상황이 역관계상 허용된다는 것뿐이다). 6월 말과 7월 초의 상황이 그런 것이었는지는 확실치 않다. 그러나 분명했던 것은 2008년의 촛불시위대가 그런 물리적 폭력에 대한 상당한 거부감을 가지고 있었고, 그와는 아주 다른 소위 '비폭력 직접행동' 형태의 시위를 전개해 왔다는 사실이다.

2008년의 대중들은 경찰이 거기 있기 때문에 부딪히는 공허한 물리적 폭력을 더 이상 원하지 않았다. 경찰의 방패나 버스에 대고 휘두르는 쇠파이프는 경찰의 저지선을 뚫는 데도 무력했지만, 무엇보다 시위 자체를 대중들로부터 고립시키는 치명적 약점을 가지고 있었다. 쇠파이프 대신 대중들은 핸드폰, 디지털 카메라, 노트북을 들고 나왔다. 그것들은 경찰이 휘두르는 폭력을 고발할 뿐만 아니라, 대중들의 행동과 생각을 서로에게 전송해 주는 소통의 장비들이었다.

특히 이번 시위에서 강한 힘을 발휘했던 것은 폭력에 굴하지 않는, 비타협적인 비폭력 직접행동이었다. 물대포를 그대로 맞으며 깃대를 붙잡고 있는 이들, 경찰의 곤봉이나 방패에 그대로 자기 몸을 노출시킨 이들, 험악한 진압경찰 앞에 유모차를 들이민 이들, 시위대에 대한 무차별 연행이 시작되자 오히려 자발적으로 연행된 이들. 이들의 행동은 여러 곳으로 송신되며 자기를 닮은 이들을 더 많이 만들었다. 그것이 지난 '5월 대중'의 무서움이었다.

이 점에서 공허한 물리적 폭력이 촛불의 정신이 될 수 없다는 사제들의 주장은 옳았다. 경찰과 언론이 그것을 먹잇감으로 삼고 있기 때문이기도 했지만, 그보다 먼저 촛불 대중들이 그런 폭력과 어울리지 않았기 때문이다. 하지만 '5월 대중'이 과거 쇠파이프 부대보다 덜 공격적이었거나 덜 파괴적이었던 것은 아니다. 그들은 결코 충돌을 피하지 않았다. 오히려 그들은 충돌을 두려워하지 않았고 그것을 기꺼이 맞이했다.

그런데 사제들이 대중들을 진정시켰을 때 그들은 물리적 폭력을 포기했을 뿐만 아니라, 그 전에 가졌던 공격적인 직접행동도 포기해 버렸다. 사제들과 비폭력 행동단이 외친 '비폭력에 대한 호소'는 '물리적 폭력'에 대한 반대를 넘어, 시위대의 공격적인 '직접행동'을 차단해 버렸다. 비폭력 직접행동의 의미는 이상하게 변질되기 시작했다. 『폭력의 철학』을 쓴 사카이 다카시(酒井隆史)는 마틴 루서 킹 목사나 마하트마 간디의 비폭력 직접행동이 동아시아 지역에서 제대로 알려지지 않았다고 지적하며 다음과 같이 쓴 바 있다.

> 킹 목사(혹은 간디)에 의하면 비폭력 직접행동 자체가 '평화'적인 것이라는 이미지는 완전한 오해이다. 일본에서 이라크 반전 시위가 벌어질 때 자주 접할 수 있는데, 요컨대 비폭력 시위라면 진압 경찰과도 평화적으로 (아주 사이좋게) 대치해야 한다는 식으로 긴장을 기피하는 것이 마치 비폭력운동인 것처럼 생각하는 것은 킹과도, 간디와도 완전히 무관하다.[09]

실제로 비폭력 직접행동은 어떤 의미에서 경찰을 포함해서 타자에 대해 물리적 폭력을 행사하는 폭력 행동보다 훨씬 더 어려운 시위 형태이다. 비폭력 직접행동은 충돌을 회피하는 운동이 아니라, 어떤 폭력에도 굴하지 않으며 결코 물러나지 않겠다는 의지의 표현이다. 한국에서는 가령 중증장애인들의 이동권 투쟁이나 활동보조인 쟁취 투쟁에서 그런 것을 확인할 수가 있다. 이들은 자기 몸을 철로에 묶기도 하고 버스에 묶기도 했다. 또 이들은 전동휠체어에서 내려 한강대교를 기어가기도 했고, 사다리에 몸을 묶고는 도로 한 복판

---

[09] 사카이 다카시, 『폭력의 철학: 지배와 저항의 논리』, 김은주 옮김, 산눈, 2007, 41쪽.

에 서기도 했다. 위험에 자기 몸을 기꺼이 내던지고, 자주 실신하기도 하면서도 이들은 결코 물러나지 않았다. 비폭력이면서도 매우 과격한 행동으로 이들은 한국사회의 중증장애인들이 처해 있는 상황을 쟁점화했고 커다란 사회적 긴장을 형성했다.

사실 지난 5월의 대중들의 행동이 바로 그랬다. 앞서 언급했지만 이들은 결코 충돌을 회피하지 않았다. 7월 들어 '막으면 돌아가면 되지' 하는 식의 대중 행진이 많았다. 5월 그리고 6월 초만 하더라도 이것은 매우 경찰에 위협적인 행동이었다. 그것은 의미없이 경찰과 농성전을 벌일 생각이 없으며, 다른 공격루트를 찾겠다는 표시였다. 실제로 5월 어느 날에는 여러 루트로 청와대를 향하는 대중들 때문에 경찰이 적잖이 애를 먹기도 했다.

그러나 7월의 대중들이 '막으면 돌아가면 되지'라고 말했을 때 그것은 명백히 충돌의 회피였다. 그것은 누구보다 진압 경찰이 잘 알고 있었다. 7월 5일 '국민승리선언'이 있은 후, 7월 12일 제법 많은 대중들이 거리 행진을 했으나 실제로 별 긴장감이 없었다. 경찰의 저지선은 이미 시청 광장 아래까지 내려왔고 수천의 시위대는 좀처럼 버스 앞에 서 있는 수백의 경찰 앞에 다가서지 못했다. 노조 단위로 참가한 사람들이 많았는데, 그 지도부는 2~3천으로 줄어든 시위대 — 하지만 경찰보다는 충분히 많은 — 를 이끌고 YTN을 향해 가버렸다. 막으면 돌아가는 식이었다. 단지 백여 명의 대중들이 경찰을 향해 걸어가서 항의를 하고 있었을 뿐이다. 경찰들은 돌아가는 시위대를 향해 곤봉과 방패를 돌리며 장난스런 행동을 취하기도 했다. 누가 누구를 두려워하는지 너무도 분명해 보였다.

7월 첫주가 지난 후 대중들은 갑자기 수동적이 되었다. 가장 분노해야 했을 한 주가 성직자들의 미사와 기도회·법회로 채워지면서, 그리고 그 주말에 도덕적으로 고결한 정신적 승리가 선언됨으로써, 요컨대 충돌을 회피해 버림으로써 시위대는 '착하디 착한' 양들처럼 되었다. 사제들과 다양한 형태의 비폭력 행동단들은 한편으로 시위를 옹호했지만, 다른 한편으로 경찰과 시위대의 충돌을 막는 역할을 했다.

하지만 과연 충돌은 피해야 했던 것인가. 충돌이 피해야만 하는 것이었다면 애당초 대중은 거리에 나서지 말았어야 하는 것 아닌가. 경찰의 잔인한 물리적 폭력이 행사되었다면, 비폭력적이지만 더욱 공격적인 행동으로 당당히 맞서야 했던 게 아닐까. 대중을 감싸 주는 존재보다 대중 앞에서 뚫어 주는 존재, 아니 대중 옆에서 대중이 되어 함께 당당하게 상황을 타개하는 존재가 6월 말과 7월 초 사이에 필요했던 게 아닐까.

어떻든 상황은 다시 되돌아가 버렸다. 싸움의 전망은 보이지 않았고 대중은 피로감에 빠져 들었다. 7월 중순, 청계천 한쪽에서 질서정연한 문화제가 열릴 때 다른 한쪽에선 경찰버스에 쇠파이프를 휘두르는 사람들이 생겨났다. 이로써 촛불 대중들의 비폭력 직접행동은 끝나갔다. 한쪽은 직접행동을 하지 않았고 다른 한쪽은 공허한 폭력에 호소하기 시작했다.

물론 지난 100일의 싸움은 어디로 사라지는 것이 아니라 대중의 역량 속에 고스란히 기억될 것이다. 하지만 항상 뒤늦은 자의 염치없는 회한처럼 조금 달리 나아갈 수 있었는데 하는 아쉬움은 크게 남는다.

제3부 | 촛불시위, 그 승패에 대한 관심

01
불임의 전쟁에 대한 공포

촛불집회는 결국 국지적 전투가 있긴 하지만 전체적으로는 끝난 것으로 보인다. 검찰과 경찰은 마치 전승국 부대가 포로들을 처리하듯, 인터넷에서 촛불시위를 독려한 글을 쓴 이들, 보수신문의 광고주들에게 항의 전화를 한 이들, 급기야는 아기들을 유모차에 태우고 거리 시위에 나섰던 이들을 하나씩 입건하고 있다. 헤라클레이토스는 전쟁을 '만물의 어버이'라 불렀지만, 이번 전쟁의 '불임성'을 걱정하는 사람들이 많아졌다. 연인원 수백만이 참여한 이 엄청난 투쟁이 결국 아무런 성과도 없이 끝나는 건 아닐까.

현재 이 운동의 외면적 성과로 우리에게 던져져 있는 것은 대통령의 입발림 사과(6월 19일)와 청와대의 비서진 개편(6월 20일), 세 명의 장관 교체(7월 7일) 정도이다. 게다가 물러난 각료들은 '회전문' 인사를 통해 금세 다른 직책에 다시 임명되었다. 연인원 수백만 명이 100일 넘게 싸워 얻은 것치고는 허망하기 짝이 없는 성과가 아닐 수 없다.

솔직히 말하면 이 성과들조차 성과라고 부를 수 없는 것들이다. 대통령의 사과 이후 정부가 취한 일련의 조치들은 그 사과가 대중의 요구에 대한 진지한 수용과는 무관함을 보여 준다. 사실 악행의 장본인이 자신의 '범행'에 대해 갖는 느낌은 아주 다를 수 있다. 범죄자 중에는 "그런 일은 하지 말았어야 했는데"라고 말하는 이가 있는가 하면, "그런 걸 고려하지 못했다니"라고 말하는 이가 있다. 전자가 반성하는 것이 행동 자체라면, 후자가 반성하는 것은 행동의 '주의부족'이다. 마치 절도범이 도둑질 자체를 반성하기보다 그것을 '주의 깊게' 수행하지 못했음을 반성하는 것에 비견할 수 있을 것이다.

지금 정부는 정책 기조에 대한 반성보다는 그것에 반발하는 여론 관리에 소홀했던 점을 반성하고 있는 듯하다. 인터넷과 방송을 장악하지 못했던 점 말이다. 따라서 우리는 대통령의 사과, 청와대 비서진과 일부 각료의 경질을 촛불의 성과로 받아들일 수가 없다. 진정한 반성이 아니기 때문이 아니라 반성의 진정성이 다른 곳에 있기 때문이다. 따라서 군사작전을 방불케 하는 집권자들의 역습(촛불시위에 대한 공격적 진압, 조중동 광고주 불매운동 네티즌과 PD수첩에 대한 검찰 수사, 사이버 모욕죄 신설 검토를 비롯한 포털 사이트 규제 움직임 등)은 반성의 배반이라기보다는 반성의 귀결이다.

촛불의 패배를 선언한 사람은 많지 않다. 오히려 '촛불이 이겼다' 내지 '국민이 승리했다'는 말이 여전히 더 많다. '결국에 촛불이 승리할 것'이라는 굳은 신념을 가진 이들도 있을 것이고, '결과에 상관없이 수백만의 대중이 직접민주주의의 어떤 가능성을 보여 주었다'는 점에서 '이미 승리했다'고 말하는 이도 있을 것이다. 하지만 이들 승리 선언에서 왜 승리한 자의 유쾌함이 아니라 승리해야만 하는 자의 비장함이 묻어날까.

사실 어떤 경우에도 선언해 버림으로써 얻을 수 있는 승리란 없다. 그런 게 있다면 아마 루쉰 소설의 주인공 '아Q'가 곧잘 보여 주던 '정신 승리법'에 지나지 않을 것이다. 그렇다면 우리는 패배했는가? 분명 어떤 이들은 '현실적 패배'보다도 빨리 '정신적 패배'를 겪는다. 한편으로는 '아직' 싸우고 있으면서도 다른 한편으로는 '이미' 패배한 사람들이라고 할 수 있다. 한 발 더 나아가 이들은 아직 시작되지 않은 전쟁에서도 패배한다. "지금 수백만이 모였는데도 이렇다면 앞으로 우리에게는 사실상 아무런 전망도 없다. 앞으로 이 수가 다시 모이기도 힘들 뿐 아니라 다시 모인들 무슨 가능성이 있는가?" 어쩌면 싸움에서보다 그 해석에서 더 크게 패배하는 허무주의자들이 이번에 생겨날지도 모르겠다.

02 어떻게 승패를 다룰 것인가

도대체 어떻게 하면 이런 '정신적 도금주의' — 사태의 표면에 승리를 바르든, 패배를 바르든 — 에서 벗어나면서도 '전망 없는 전쟁'에 대한 두려움을 극복할 수 있을까. 나는 촛불시위의 승패에 관심이 있는 이들에게, 그 대답보다 중요한 것은 그 문제를 다루는 방법이라고 말하고 싶다. '이겼는가, 졌는가'라는 물음 이전에 그 물음을 어떻게 다룰 것인지 함께 논의해 보았으면 좋겠다.

이와 관련해서 인류학자 데이비드 그레이버(David Graeber)의 글, 「승리의 충격」(the shock of victory)은 많은 시사점을 준다. 그는 "직접행동 운동이 직면한 최대 문제는 승리를 어떻게 다루어야 할지 모른다는 것"이라고 말한다. 70년대 이후 서구에서 일어난 대규모 시위들을 예로 들면서, 그는 '이겼다'는 말이 도대체 무엇을 의미하는지에 대해서 묻고 있다. 어떤 점에서 몇몇 운동들은 초기에 대단히 빠른 성공을 거두었다. 어떤 운동가도 그런 폭발적 전개를 예측하지 못했다. 하지만 시간이 흐르면 참여자들은 크게 줄어들고, 정부나 기업은 더 이상 요구를 수용하지 않게 된다. 그러고 나면 활동가들은 큰 실패감에 빠져 자신들이 얻은 것이 무엇인지를 회의하게 된다. 그레이버는 이런 패턴이 여러 운동들에서 반복되고 있다고 말한다.

대규모로 시작되었지만 결국에는 실패한 것으로 간주된 운동들, 가령 반핵운동이나 지구적 정의운동(Global Justice Movement) 등은 정말로 실패한 운동이었는가. 아마도 운동의 성패를 따지는 쉬운 방법은 그 운동의 목표와 성과를 비교해 보는 일일 것이다. 그레이버는 목표를 단기, 중기, 장기 등 셋으로 나누어 비교해 보았다.

가령 반핵운동의 경우. 단기목표는 해당 원자력발전소의 건설을 저지하는 것이었다. 그리고 중기목표는 원자력 발전소의 신설을 막고 녹색에너지를 향한 새로운 움직임을 만드는 정도가 아니었을까 싶다. 장기목표는 (급진 분파들이 상정하는 것으로) 궁극적으로 환경문제 해결을 위해 국가와 자본주의를 극복하는 것일 수 있겠다. 그런데 이런 기준들을 놓고 보면 단기목표는 전혀 달성되지 못했다. 해당 원전이 결국에 가동되었으니. 하지만 놀랍게도 중기목표는 쉽게 달성되었다. 70년대의 시위 이후 25년간 미국에서 원전 신설계획은 제안되지 않았고, 환경보호담론은 하나의 상식처럼 공론화되고 번성하게 되었다. 물론 장기적 목표는 아직도 요원하다(사실 이 목표는 그것을 주장하는 이들에게조차 그 구체적 이미지가 어떤 것인지 분명치 않다).

그렇다면 이 반핵운동은 승리한 것인가, 패배한 것인가. 어떤 점에서 그것은 패배한 운동이었다. 초기 2~3년은 들불처럼 타올랐지만 결국 자신의 요구를 관철시키지 못했고, 대중은 썰물처럼 빠져나갔으며 활동가들은 좌절했으니. 하지만 다른 점에서 그 운동은 승리했다. 실제로 향후 몇십 년을 좌우하는 성취를 이루었으니.

물론 시간적으로 뒤에 있다는 것이 우리에게 과거 운동에 대해 함부로 말할 권리를 주지는 않는다. 다만 당시의 수행자에게는 절망적이고 아무런 소득 없이 끝나 버린 것 같은 운동이 실제로는 엄청난 성취를 이룬 경우가 많다는 걸 말하고 싶다. 운동의 승패 문제를 어떻게 다루냐에 따라 활동가들의 진로는 크게 바뀐다. 똑같은 시점에 어떤 이들은 투쟁이 끝나감에 좌절하는 반면 다른 이들은 투쟁이 열어 놓은 새로운 가능성에 주목한다. 어떤 이들은 자신들이 도달한 곳을 한계라 생각하고, 다른 이들은 그곳을 새로운 출발점이라고 생각한다. 상황은 항상 진행 중에 있다. 그러나 어디로 진행할 것인지는 언제나 정해져 있지 않다.

03
촛불의 성취

이제 촛불시위에 대해 한번 물어보자. 우리는 승리했는가, 패배했는가. 일단 단기목표인 '전면 재협상'은 결국 따내지 못했다. 그렇다면 중기목표는 어떤가. 사람들마다 중기목표가 무엇인지 판단이 다를 수 있겠지만 내가 생각하는 것은 이렇다. 대중들의 삶을 불안에 빠뜨리고 양극화를 심화시켜 온 신자유주의 정책을 저지하는 것, 그리고 대중들을 배제하는 정치적 의사 결정 체제, 즉 '데모스 없는 데모크라시'를 저지하고, 새로운 민주주의 모델을 발명하고 소통시키는 것.

만약 중기목표가 이런 것이라면 이번 촛불시위는 꽤 큰 승리를 거두었다. 신자유주의 핵심 정책의 하나인 '민영화'가 부분적으로 저지되었다. 정부는 공식적으로 전기, 가스, 수도, 건강보험의 민영화를 추진하지 않겠다고 밝혔다. 물론 그 불씨가 완전히 꺼진 것은 아니다(아마 그들은 여론이 역전되기를 기다리고 있을 것이다). 하지만 지난 10여 년간 한국사회에서 '민영화'라는 말이 가졌던 긍정적 뉘앙스('관치'라는 말의 부정적 뉘앙스와 대비되어 '자유롭고' '효율적인' 운영 방식)는 완전히 뒤집혔다. 민영화는 본래 그 말의 적합한 번역어라고 할 수 있는 '사유화'의 부정적 뉘앙스(삶의 '공공성'을 파괴하는 '사적 독점')를 그대로 뒤집어썼다. 그 외에도 '대운하'나 '미친 교육'으로 대표되는 공공성 파괴 정책이 저지되거나 공론화되었다.

민주주의 모델의 혁신과 소통이라는 점에서 보자면 성취는 더 커 보인다. 운동조직의 대의를 통하지 않는 운동, 정치인의 대의를 통하지 않는 정치, 미디어의 대의를 통하지 않는 여론이, '매개 없이' 직접 생산되고 소통되었다. 무엇보다 대중들은 스스로를 하나의 공통된 신체로 생산했다. 그것은 하나의 정체성으로 환원되지 않으면서도 절묘하게 서로 융합한 일종의 '질적 다양체'였다. 아주 다른 커뮤니티들이 자신들의 색깔을 살린 채로 하나의 흐름을 형성할 수 있었다는 것, 그리고 국가와 개인의 이분법이 아니라, 비국가적이지만 공통적인 '공공성'을 형성할 수 있었다는 것은 앞으로 수십 년간 한국사회의 방향을 크게 좌우할 성취라고 할 수 있다.

04
과정 중의 존재

지금 내가 쓰라린 가슴을 위무하기 위해 '승리했다'는 말을 하려는 건 아니다. 여기서 강조하고 싶은 것은 운동의 승패를 다루는 태도 자체가 운동의 진행에 큰 영향을 미친다는 사실이다. 그리고 어떤 단절점, 어떤 명확한 척도로서 운동의 승패를 확정지으려는 태도는 지극히 위험하다는 점이다. 그레이버의 말처럼 "우리가 약간은 이겼다"는 점을 인식하는 것이 중요하다. 조금 덧붙이자면 우리는 여전히 "과정 중에 있다"는 점, 그것도 우리가 "약간 이겼기 때문에" 새롭게 열린 어떤 과정, 어떤 면에서 '레벨 업'이 되어 조금 어려운 국면이기는 하지만 어떻든 새롭게 열린 길 위에 있다는 사실을 인식해야 한다.

어떤 단절적 목표를 제시하고 거기를 넘지 못하면 우리는 패배한 것이라는 근본주의자들의 태도는 바람직하지 않다. 그들의 단호함, 즉 현재로서 성취가 불가능한 기준을 제시하고 거기에 미달하는 어떤 성과도 받아들이지 못하겠다는 태도는 어떤 점에서 비관주의와 절망감을 예비하는 일이다. 사실 근본주의자들의 반대편에는 전쟁의 불임성을 걱정하는 소심한 이들이 서 있다. 이들 역시 승리의 가시적 기준을 제시하려 한다는 점에서는 크게 다르지 않다. 다만 이들은 승리의 기준을 대폭 낮춰 문제를 해결하려고 한다. '교육감 선거에서 승리만 한다면'(지금은 그것도 실패했다. 꽤 많은 이들이 이것 때문에 또 좌절했다), '경찰청장을 물러나게 할 수만 있다면'. 그러나 이런 태도는 근본주의만큼이나 위험하다. 그것은 대중운동의 방향과 폭을 선험적으로 제한해 버릴 수 있기 때문이다. 배후에 절망감을 둔 단호함도, 배후에 소심함을 둔 소박함도, 좋은 선택지가 아니다. 승패를 확정하려는 열망은, 우리가 지금 '과정' 중에 있으며, 앞으로도 '과정 중의 존재'일 수밖에 없다는 사실을 부인하려는 태도, 더 정확히 말하자면 '과정을 빨리 끝내고 싶은' 피로감의 산물이다.

**05
저강도 전쟁사회의 전망**

확실히 말하건대, 촛불은 결코 '전망 없는 전쟁'이 아니다. 오히려 촛불시위 덕분에 전쟁의 새로운 전망이 열렸다고 해야 할 것이다. 예언가처럼 말해 본다면, 아마도 한국사회는 당분간 힘든 '저강도 전쟁사회'를 경험할 것이다. 부와 권력, 여론의 영역에서 대중들의 추방은 계속될 것이고, 이에 맞선 대중들의 난입도 계속될 것이다. 촛불시위가 없었다면 이 '저강도 전쟁'은 매우 추악하고 잔인하며, 비극적인 것이 될 뻔했다.

삶의 불안정에 시달리던 노동자가 길거리에서 이유 없이 십여 명을 살해한 일본의 '아키하바라' 사건, 인종적·계급적 차별에 시달리던 젊은이들이 이유 없이 길거리의 자동차들을 불 질러 버린 프랑스의 '방리유' 사태. 이것이 모두 '불안사회', '전쟁사회'의 한 단면들이 아니고 무엇이겠는가. 정부 때문에 대중은 불안에 시달리고, 그런 대중의 존재가 두려워 정부는 치안을 강화하는 것. 이 기괴한 구도가 우리에게 닥치고 있다.

내게 어느 일본인 학자는 1년간 일본의 자살자가 3만 명이 넘는다며 이렇게 말했다. "삶의 불안에 시달리는 일본인은 스스로 죽거나, 아키하바라에서처럼 남을 죽임으로써 자신을 죽입니다." 어떤 전쟁이 매년 이토록 많은 사람들을 죽음으로 내몰 수 있을까. 자살자들은 물론 모두 개인적 이유를 갖고 있을 것이다. 그러나 뒤르켐 이래 사회학자들이 믿는 것처럼 자살자들의 개인적 죽음은 또한 사회적 죽음이다. 거기에는 개인적 사정만큼이나 사회적 사정이 있다. 그래서 자살자들은 어떤 의미에서 피살자들이기도 하다.

작년 통계에서 한국은 OECD에서 가장 자살률이 높은 나라가 되었다. 소위 '자살사회'에 들어선 것이다. 대중의 상당수는 안전이 전혀 보장되어 있지 않는 삶의 불안정 지대에 내몰려 있고, 대중의 목소리를 대의할 조직이나 기구

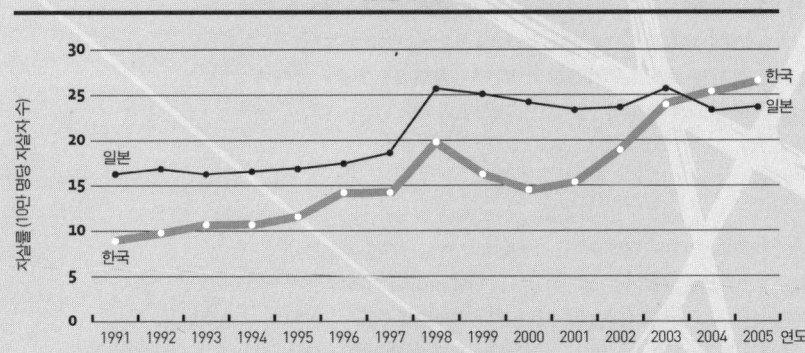

자살률 추이

들은 사라져 가고 있다.

 촛불은 우리에게 어떤 의미를 갖는가. 촛불은 우리 전쟁의 양상을 어떻게 변화시켰는가. 두 여중생을 추모하기 위해 우연히 제안되었던 그 촛불이 물리적 폭력 — 전경의 방패를 뚫을 수는 있지만 한 국면을 뚫기에는 한없이 보잘것없는 — 을 대신할 새로운 힘, 그 파괴력에서 물리적 폭력을 훨씬 능가하는 사회적 소통의 길을 제시해 주었다. 그리고 그 촛불이 삶의 안전을 개인이 아닌 집단의 시각에서 풀 수 있는 가능성을 열어 주었다.(촛불이 우리에게 어떤 한계를 보인다면, 그것은 경찰이 설치한 장벽을 넘지 못해서가 아니라, 우리 소통이 여전히 불충분하고 우리 신체가 만족스러울 만큼 다질적이지 못하기 때문이다. 무엇보다 촛불은 추방된 자들의 형상, 그러면서도 열심히 싸우고 있는 자들의 형상, 가령 비정규직 노동자들의 형상을 담아내지 못하고 있다.)

 지금 우리는 전쟁의 끝에 있는 것이 아니라, 하나의 전쟁이 열어 놓은 새로운 전망 앞에 서 있다. 집권자들과의 전쟁이 개별적 폭력도 집단적 난동도 아닌, 다른 형태로 수행될 수 있다는 것. 무엇보다 우리의 전쟁은 성을 쌓고 곤봉과 방패를 휘두르며 선동적 찌라시를 뿌리는 저들의 저차원적 전쟁과 다르다는 것. 우리는 삶을 함께 구성하고 새로운 지성과 새로운 신체를 생산하는 고차원적 전쟁을 알고 있다는 것. 포연이 자욱한 전쟁이 아니라, 아니 설령 그런 전쟁 속에 있을 때조차, 우리의 전쟁은 니체의 말처럼 '향기가 나는 전쟁'이 될 것이라는 것. 우리는 이것을 알고 있고 이것을 믿고 있다.

>>> 『부커진 R』 2호 필진 소개 (가나다 순)

고병권
'연구공간 수유+너머'에서 '연구자 대중'으로서 살아가고 있다. 추장이라는 직책을 맡은 덕에 '고추장'으로 통한다. 그 동안 『니체, 천 개의 눈 천 개의 길』, 『니체의 위험한 책, 차라투스트라는 이렇게 말했다』, 『화폐, 마법의 사중주』, 『고추장, 책으로 세상을 말하다』 등을 썼다. 2006년, 연구실 동료들과 한미FTA와 평택 미군기지 건설, 새만금 간척사업에 반대하는 대행진을 한 이래, '무엇을 쓸 것인지'와 '어떻게 싸울 것인지', '어떻게 살아갈 것인지'가 수렴해 감을 느낀다. 새로운 대중운동을 표현할 새로운 말들을 낳기 위해 노력하고 있다.

박정수
작년 말 '욕망'이라는 키워드로 현대 자본주의 사회의 구성원리와 운동방향을 그려 보라는 과제가 주어졌다. 막막했다. 프로이트, 라이히, 지젝, 가타리 등의 '욕망이론'을 공부해 왔다지만 정작 어떤 욕망의 현실에서 출발해야 할지 갈피를 잡을 수 없었다. 장고 끝에 하나의 수(단어)가 떠올랐다. '안보'(security). 안보야말로 우리 시대의 통치자와 경영자와 대중들이 공통적으로 욕망하는 대상이 아닌가? 논문이 진행될수록 현실은 내 사유보다 더 큰 폭으로 요동쳤다. 촛불집회와 금융공황의 소용돌이 속에서 새로운 종류의 욕망을 창안해야 한다는 절실함이 커졌지만 상상력은 커지지 않았다. 불안에 잠식되지 않는 안보욕망의 기술을 위해 암중모색 중이다.

오하나
'연구공간 수유+너머' 연구원. 연구실에서는 주로 통역·번역 기계이다. 물고기가 물을 의식하지 않듯, 서로 다른 언어를 쓰는 이들이 나를 매개로 '미끄덩' 말을 주고받을 때 기쁨을 느낀다. 그러나 무엇보다 가장 큰 기쁨은 '내 생각'을 '나의 글'로 옮기는 것이다. 생각을 글로 옮길 때 비로소 주변의 많은 이들이 선명하게 다가왔다. 더 많이 공부하고, 글 쓰며 관계를 만들어 나가는 것이 앞으로의 목표다. 현재 사카이 다카시(酒井隆史)의 『자유론』을 번역하고 있다.

이진경
20년 전 『사회구성체론과 사회과학방법론』이란 책으로 '데뷔' 했고, 그 뒤 직업적 혁명가를 꿈꾸며 활동하다가, 감옥 안에서 사회주의 붕괴를 겪었다. 그 뒤 사회주의 사회 역시 근대 사회였다는 생각에서 근대에 대한 다양한 공부를 하고 책을 썼다. 지금은 자본주의와 근대를 넘어선 관계로서 코뮨주의를 화두로 공부하고 있으며, '연구공간 수유+너머'에서 활동하는 한편, 서울산업대 교수로 재직 중이다.

조원광
'연구공간 수유+너머' 연구원. "어떻게 잘 먹고 잘 살아 볼 것인가?"라고 묻다가 동료들을 따라 프롤레타리아트나 혁명 같은 단어를 붙들게 되었다. 그 단어를 자연스레 입에 올릴 만큼 능동적이지 못한 것 같아 늘 부끄럽지만, '하다 보면 되겠지'라고 생각하고 있다. 프롤레타리아트와 혁명이 어딘가에 존재하는 실체가 아니라 운동이라면, 비정규직이야말로 그 운동을 만들기 위해 주목해야 하는 이들이라 생각하고 글을 쓰게 되었다. 니체, 맑스, 스피노자 푸코, 들뢰즈 등의 눈을 동경하며, 그들의 눈을 빌려 더 잘 먹고 잘 사는 게 꿈이다. 최근에는 푸코에게 비-주권적 권력 파악 방식을 배우고 이를 실험하느라 즐겁게 지내고 있다.

최진호
'연구공간 수유+너머' 연구원. 성균관대학교 동아시아학술원 박사를 수료했다. 학부와 대학원에서 대중매체를 공부했으나 최근의 매체보다는 먼지와 곰팡내 나는 100여 년 전 신문이나 잡지에 더 관심을 가졌다. 과거는 지나버린 순간이 아니라 오래된 미래이며, 이 속에서 다른 삶의 가능성을 찾을 수 있다고 생각했기 때문인 듯하다. 낯선 것들이 마주치고 서로 흐르는 '현장' 속에서 즐거움과 활력을 느낀다. 최근에는 니체와 루쉰을 통해 '소통과 흐름' [通流]의 문제를 고민하고 있다.